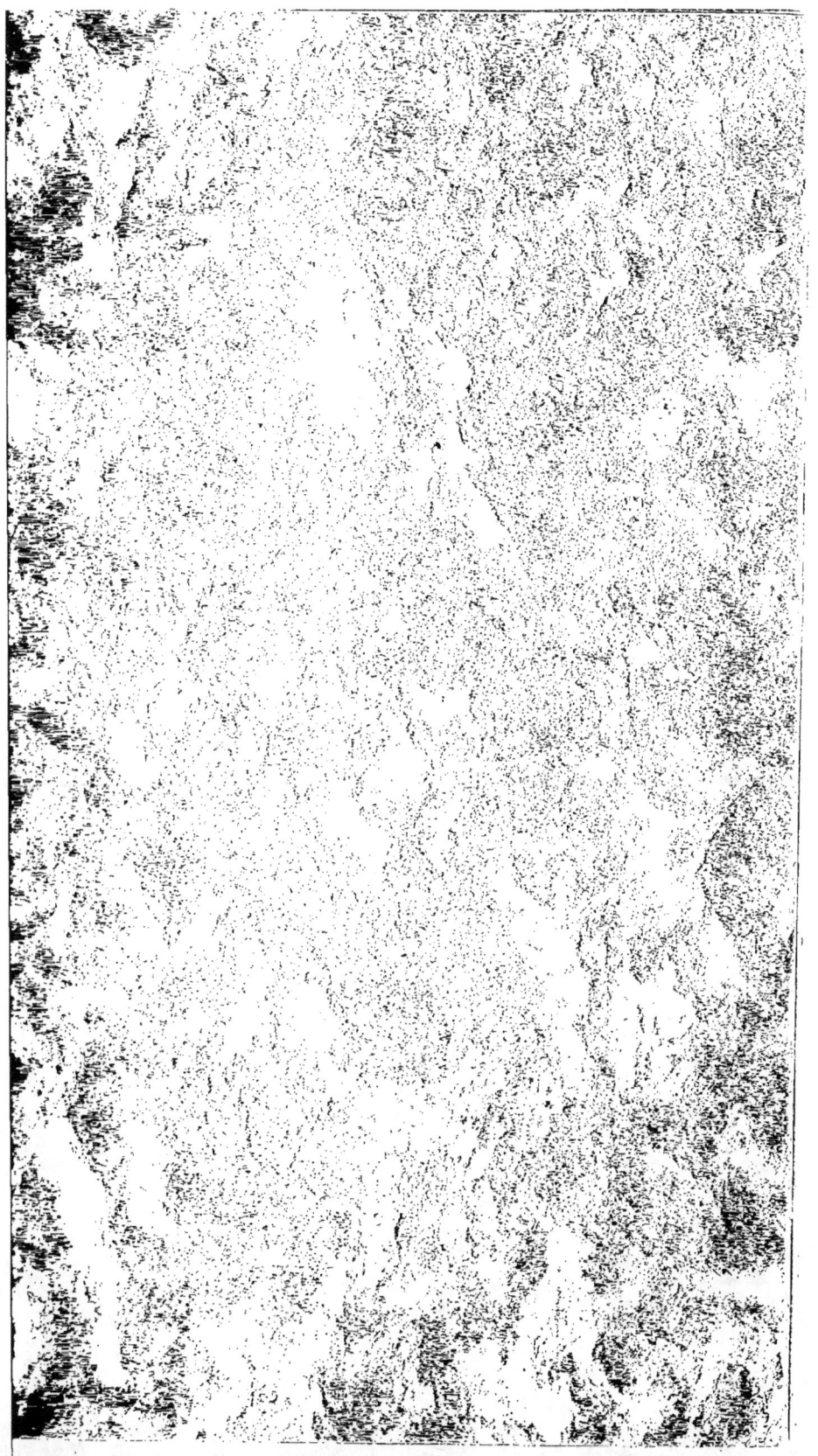

KNODERER 1976

INTRODUCTION HISTORIQUE

A L'ÉTUDE DE LA

LÉGISLATION FRANÇAISE.

IMPRIMERIE DE H. FOURNIER ET Ce, RUE SAINT-BENOIT, 7.

INTRODUCTION HISTORIQUE

A L'ÉTUDE DE LA

LÉGISLATION FRANÇAISE

PAR

VICTOR HENNEQUIN

AVOCAT A LA COUR ROYALE DE PARIS

LES JUIFS

TOME PREMIER.

PARIS

JOUBERT, LIBRAIRE-ÉDITEUR,
RUE DES GRÈS-SORBONNE, 14.

1841

PLAN D'ÉTUDES SUR LA LÉGISLATION.

> Daduantaige, veu que les lois sont extirpees du myllieu de philosophye morale et naturelle, comment lentendront ces folz qui ont par Dieu moins estullié en philosophye que má mulle? On reguard des lettres d'humainité et congnoissance des anticquitez et hystoires ils en estoyent chargez comme ung crapault de plumes : dont toutesfoys les droictz sont tous plains et suns ce ne peuvent estre entenduz.
> RABELAIS. *Pantagruel*, liv. 2, chap. 10.

Au mois de novembre 1834, nous nous présentions à la Faculté de Droit de Paris pour y suivre les cours.

Jamais, nous osons le dire, les amphithéâtres ne reçurent étudiant mieux disposé, plus rempli de foi dans la science de ses maîtres, plus respectueux pour la parole qu'ils allaient prononcer.

Il est vrai que nous attendions cette parole attachante, instructive, profonde; peut-être étions-nous trop difficile en matière d'enseignement, mais à qui la faute? Nous étions habitué à l'étendue, à la justesse dans les idées, à l'agrément dans la forme; nous venions d'avoir M. *Adolphe Garnier* pour professeur de philosophie.

Nous avions suivi tous les cours du collége avec intérêt, avec zèle. Lorsque après la science des mots, la grammaire, après la science des faits, l'histoire, était venue la science des idées, la philosophie, nous nous étions enthousiasmé pour l'horizon qu'on nous découvrait après nous avoir conduit par la main jusqu'au sommet de la montagne.

Nous abordions l'étude du droit avec l'espoir de conquérir un point de vue plus large encore.

La morale, immuable, inanimée dans la philosophie, allait prendre vie dans la législation. Le programme officiel nous annonçait deux études : le droit français, le droit romain.

Le professeur de droit français exposerait sans doute les principes communs à tous les peuples sur la famille, sur la propriété, sur les peines; il montrerait par l'histoire quelle filière ces idées mères avaient suivie, comment elles s'étaient diversifiées. Le texte officiel du Code civil ne serait que le dernier mot et le résumé de son cours.

Quant à l'enseignement du droit romain, pour être utile il ne vivait que d'histoire, de rapprochements avec les législations modernes; le professeur n'oubliait jamais qu'il parlait en France, à des Français, ou bien son cours était une superfétation dispendieuse qu'il fallait dénoncer à l'économie de la chambre.

Nous écoutions.

Nous avons entendu.

Notre mécompte fut amer. Le professeur de droit français, sans rattacher par la moindre transition son enseignement à nos études précédentes, commentait les articles du Code civil par ordre de numéro, conciliant par des subtilités ceux qui se contredisaient, mettant en opposition ceux qui semblaient concorder le mieux. Sans jamais interroger l'esprit, la pensée des lois, on traduisait les mots à l'auditoire comme s'il se fût agi d'un texte juif. Nous apprîmes que cette belle méthode s'appelait l'*exégèse*.

L'enseignement du droit romain n'était pas moins triste; point de philosophie, point d'histoire, point de législations comparées; minutieuse analyse d'une procédure fossile. Quel texte invoquerons-nous devant le préteur? Avons-nous l'*actio in factum* ou la *condictio furti?* Qu'est-ce que l'interdit *utrubi?* Quand faut-il agir *ad exhibendum?* Telles sont les grandes, les utiles questions qu'on agitait devant l'auditoire!

Quand des hommes sont chargés par l'État de faire comprendre la loi, il est déplorable de les voir négliger soit la logique, soit la tradition, ces deux flambeaux, pour discuter sur les points et les virgules, chercher, qui des *corrélations*, qui des *antinomies*, s'enfermer une matinée entière pour trouver un système large, fécond, tout nouveau.... sur quoi? sur l'article huit cent et tant. Il est triste de voir des professeurs faire accorder et discorder des textes devant un auditoire qui leur dirait volontiers avec Molière :

« Qu'ils s'accordent entre eux ou se gourment, qu'importe ! »

Ce qu'on enseigne à la Faculté, soit par la parole,

soit par la plume, n'est pas de la philosophie : les professeurs ne la savent pas et n'en parlent que pour s'en moquer; ce n'est pas de l'histoire, serait-ce du moins la pratique des affaires? Pas davantage; il n'y a pas un tribunal en France où l'on fasse de la procédure, où l'on plaide, où l'on juge conformément aux opinions des écoles de droit. Nous admettons, de confiance, qu'il y a des *opinions de l'école.*

Non, l'enseignement de la Faculté n'a rien de commun avec l'étude de l'homme moral, rien avec les faits de l'histoire, avec la pratique de l'huissier. C'est une science de convention qui n'a d'usage que dans les concours et les examens. Trahison! Vous interrogez les élèves sur une science que vous avez fabriquée, et vous savez qu'elle ne s'apprend nulle part, si ce n'est à des leçons qu'il est impossible d'écouter, ou dans des livres qu'on ne peut pas lire!

La mesquine pensée de faire la guerre à des individus est fort loin de nous; c'est une Faculté, c'est un enseignement que nous dénonçons. Un service public est manqué. La science du droit, brillante et féconde en Allemagne, riche en travaux distingués dans nos Facultés de province, n'est à Paris qu'un commerce de paroles vides et de livres nuls : parlons franchement, de papier sali.

Nous savons que le mal diminue. La sollicitude du gouvernement s'est éveillée; les innovations marchent. Si nous n'avons pas qualité pour y concourir, nous déchargerons du moins notre conscience en exprimant ce que la Faculté de droit, telle qu'elle était naguère, telle qu'elle est encore en partie, nous a fait sentir, une sincère et violente indignation.

Il est naturel que nous ayons voulu suppléer à l'enseignement qu'on nous devait et que nous n'avons pas reçu, que nous ayons cherché par nos propres forces le principe philosophique, les origines historiques de la loi. Pour réparer le temps perdu, nous avons entrepris, dans l'isolement des travaux que l'association publique aurait dû faire pour nous, des recherches dont les cours et des livres chèrement payés auraient dû nous épargner la peine.

Pourquoi publier le résultat de ces études? C'est d'abord pour sauver à d'autres les mêmes fatigues, pour faciliter le travail des étudiants mystifiés comme nous. Si nous pouvons les aider, nous le devons : c'est un des motifs qui nous décident à déposer les dossiers de l'avocat, à faire passer notre robe noire à l'état de pur symbole; c'est une des raisons qui nous encouragent à pénétrer dans la carrière d'écrivain, cette carrière où les uns sont tués par le sarcasme, les autres par l'indifférence. Nous savons que nous y entrons peut-être comme le gladiateur dans le cirque, pour y mourir.

Faciliter l'intelligence des lois actuelles est un but que nous voudrions atteindre accessoirement, mais telle n'est pas la fin dernière de nos travaux. Si nous remontons à l'étude du passé, ce n'est pas seulement pour éclairer un présent transitoire, mais pour chercher les principes généraux qui ont régi l'humanité jusqu'à nos jours et qui présideront à ses destinées futures. Sous ce point de vue, nos études ne s'adressent pas seulement à l'homme qui applique les lois, au légiste, mais à celui qui doit les faire, au législateur.

La société souffre. Notre civilisation n'est admirable que relativement aux temps qui l'ont précédée. Aujourd'hui la guerre est encore possible, l'émeute est possible; nous voyons l'application de la peine de mort quelquefois, la prostitution tous les soirs. Il y a dans nos rues des mendiants et des prolétaires, dans nos maisons des domestiques. S'ils ne portent plus la chaîne de l'esclave, leur abaissement moral est encore une souffrance, même pour ceux qui se font servir. Un chant de douleur s'élève des villes civilisées. L'enfant séparé de sa famille, contraint à des études pour lesquelles on ne consulte ni son aptitude ni ses goûts; le vieillard qui meurt souvent dans l'abandon, la jeune fille mariée sans qu'elle puisse faire un choix intelligent et revenant mainte fois traîner au foyer maternel une existence flétrie; tous font leur partie dans ce concert lugubre. La voix du jeune homme n'y manque pas, car il ne peut satisfaire le premier besoin de son existence, l'amour; la femme jeune et pure pour laquelle Dieu l'a formé, n'est pas accordée à celui qui cherche laborieusement l'entrée d'une carrière. Qu'il attende; il pourra se présenter, lorsque avec la fraîcheur de la jeunesse se seront dissipées la délicatesse et la poésie de son âme; lorsque l'or et les rides lui seront venus.

Jusque-là, point d'amour pour lui ; la débauche patentée s'offrira seule ; la coupe qui pouvait étancher sa soif, on la retire ; on lui dit : buvez, en l'entourant de poisons. Le cœur de l'homme était un vase plein d'essences précieuses, il voulait le déposer sur un autel de marbre orné de fleurs ; il verra son vase jeté par terre et mêlant ses parfums avec la boue du ruisseau. L'urne s'épuise, la jeunesse passe. Devrons-nous quitter la vie sans avoir aimé, la terre sans y avoir pris la seule fleur qui mérite d'être cueillie ? Vainement, pour nous consoler, nous annoncera-t-on l'autre vie et l'amour des anges, nous partirons en regrettant les joies de ce monde et les anges qui n'ont pas d'ailes.

Les maux que nous signalons, guerre, émeute, peine de mort, prostitution, mendicité, paupérisme, domesticité, mariages mal assortis, célibat immoral de la jeunesse, influent gravement sur la plupart des existences ; nous n'en rendons responsable aucun individu ni aucune classe de la société. Nos contemporains n'ont pas créé ces conditions de la vie ; ils les ont trouvées. Ce sont des restes de barbarie que le progrès social n'a pas eu le temps d'effacer. N'accusons personne d'entre nous de ces calamités qui nous frappent presque tous, mais travaillons de bon accord à l'amélioration de la commune destinée.

Les maux de la société présente ne sont pas incurables et ne doivent pas être envisagés comme des nécessités de la vie humaine. Nous n'admettons la nécessité du mal que dans le passé ; nous l'excluons de l'avenir, et croyons que l'homme peut le bannir complètement de la terre. Si l'on n'adopte pas cette conviction tout entière, du moins admettra-t-on la possibilité d'un progrès immense. Il y a quatre mille ans, les Européens étaient des sauvages tatoués qui portaient pour vêtement une peau de bête et s'appuyaient sur une massue; c'est ainsi qu'ils sont représentés, sous le nom de *tam-hou*, sur les monuments de l'ancienne Égypte [1]. Le chemin qu'ils ont fait depuis cette époque, nous répond de leur progrès à venir.

Comment le seconder? Ce n'est pas en réclamant le changement des formes gouvernementales. Ces formes doivent être perfectionnées comme tout en ce monde, mais leur influence est moindre qu'on ne le croit généralement sur la vie intime, sur la véritable vie. On a tort de penser que le jour où le drapeau tricolore deviendrait rouge ou blanc, le bonheur de la majorité des Français augmenterait d'une manière sensible. Depuis cinquante ans que notre pays a essayé toutes les formes de gouvernement, il y a toujours eu des mendiants, bien qu'on les ait cachés quelquefois, toujours des ouvriers indigents; partout et sous mille formes la douleur a continué de vivre.

S'éloigner des partis politiques, c'est se rapprocher des écoles socialistes. Nous honorons en

---

[1] Champollion le jeune; Lettres d'Égypte et de Nubie, p. 250. — Rosellini; I Monumenti dell' Egitto e della Nubia.

particulier les intentions et les croyances des phalanstériens. L'homme qui lira le seul exposé de leur doctrine que nous ayons eu entre les mains, l'ouvrage intitulé *Destinée sociale*[1], verra ses idées s'agrandir, quelques études de politique et de philosophie qu'il ait faites. A ce livre nous avons emprunté plus d'un point de vue. Comme lui nous acceptons pour devise le mot d'*harmonie*: c'est le but vers lequel nous tendons, le nom de l'état social qui remplacera notre civilisation. Toutefois, avant de sympathiser sans réserve avec l'école nouvelle, nous attendons qu'elle se rattache plus complètement au passé de l'humanité; qu'elle s'appuie sur d'autres livres que ceux de Fourier, et cesse d'attribuer à lui seul des principes d'unité, d'association vers lesquels les générations marchent depuis le commencement du monde, guidées par leurs philosophes, leurs inspirés, leurs législateurs. A nos yeux, Fourier n'est pas tout le passé, le phalanstère n'est pas tout l'avenir.

Établir l'harmonie dans la commune, c'est-à-dire dans le plus simple élément de l'administration, tenter sur un point de la France une épreuve d'association agricole et industrielle qui doit réussir et transformer le monde entier sans contrainte, sans loi, par la seule puissance de l'exemple, tel est le plan des phalanstériens. Nous souhaitons le succès à cette entreprise commencée avec un zèle, un désintéressement qui nous sont connus; mais ce

---

[1] Par Victor Considérant.

moyen de hâter le progrès social ne nous semble pas le seul, ni le meilleur. La France est un pays centralisé, la France est un pays de législateurs. C'est du centre et de la législation que l'avenir nous paraît dépendre. La législation, par les principes qu'elle formule et sanctionne, a quelquefois devancé le progrès des mœurs, et lui a donné toujours une consécration que rien ne remplace. Nous espérons beaucoup des hommes qui font les lois. Déjà pour eux les anciennes devises des partis ont peu d'intérêt; tous les jours on comprend un peu moins les mots de carlisme, de juste milieu, de républicanisme; tous les jours un peu mieux les mots de société, d'humanité. Nous plaçons de l'espoir dans une assemblée où siége M. de Lamartine, glorieux nom qui rattachera la politique présente à celle des générations futures.

S'il est vrai que les plus faibles auxiliaires puissent, chacun dans sa mesure, concourir aux grandes œuvres, nous voudrions concourir au travail du législateur en écrivant trois ouvrages dont voici les titres :

PRINCIPES DE LA LÉGISLATION CHERCHÉS DANS LA NATURE MORALE DE L'HOMME.

INTRODUCTION HISTORIQUE A L'ÉTUDE DE LA LÉGISLATION FRANÇAISE.

ÉTUDES SUR LA LÉGISLATION FRANÇAISE.

Les trois parties de notre travail correspondent à la division que l'on conseille depuis longtemps pour l'étude des lois, philosophie—histoire—texte. C'est par la seconde, par l'histoire, que nous débutons aujourd'hui.

Il serait plus logique de commencer par la philosophie; mais l'heure n'est pas venue, pour nous, d'imprimer un livre sur l'âme, sur Dieu, sur les plus hautes questions que soulèvent les sciences morales. Ces travaux sont le résumé d'une vie. Il faut à l'intelligence toute sa maturité, toute sa force, non pour atteindre à ces hauteurs, mais pour tenter vers elles un légitime effort.

Cet ouvrage d'ailleurs a besoin des autres. Un livre où l'on prétendrait exposer les principes communs à toutes les législations, montrer l'unité dans la philosophie, avant de laisser apparaître la diversité dans l'histoire, doit s'appuyer sur une expérience complète. C'est quand l'auteur aura soigneusement étudié tous les monuments législatifs qu'il aura le droit d'essayer un système. Aujourd'hui, l'édifice reposerait sur les nuages; cherchons du marbre dans ces belles carrières qui s'appellent Pentateuque, Digeste, Ordonnances des rois de France, et taillons les colonnes qui le soutiendront un jour.

En ajournant, en publiant le dernier l'ouvrage qui doit introduire à tous les autres, qui prendrait la première place dans nos travaux achevés, nous imitons le musicien et l'architecte; l'un termine la composition de son opéra par l'ouverture, l'autre son édifice par la porte.

Dès à présent nous ne marchons pas au hasard; quelques principes généraux nous guident. Nous allons en donner une esquisse, en déclarant qu'ils s'offrent d'eux-mêmes à la critique, pourvu qu'elle ne soit

Ni légitimiste,
Ni juste milieu,
Ni républicaine,
Ni catholique,
Ni protestante,
Ni juive,

En un mot, pourvu qu'elle soit purement et simplement scientifique. Nous n'hésiterons jamais à remplacer par une vérité l'erreur qui nous sera démontrée. Nous aspirons au progrès, par conséquent au changement; tout ce qui vit change. Nous ne sommes point de ceux qui reprochent aux contemporains les plus éminents des variations apparentes qui ne sont que le développement naturel de leur pensée. La bulbe se fait tulipe, la chrysalide papillon, l'œuf devient oiseau; le règne inorganique seul reste toujours le même. Entre l'intelligence qui tend toujours au mieux, et celle qui reste invariable, qui conserve en 1841 les opinions de 1815, il y a la même différence qu'entre la plante et le minéral; l'une est la fleur, l'autre le caillou.

PRINCIPES DE LA LÉGISLATION CHERCHÉS DANS LA NATURE MORALE DE L'HOMME [1].

Le législateur ne devrait pas étudier seulement l'homme moral, mais aussi l'homme physique. Le monde matériel et le monde immatériel sont unis dans la nature; ils sont trop séparés dans la science. Cependant, pour interpréter les lois, la connaissance de l'homme moral, de l'âme, est la plus importante.

L'âme de l'homme joue dans ce monde un rôle passif et un rôle actif.

Considérée comme être passif, elle est douée d'*intelligence*, et reçoit des idées; de *sensibilité*, et subit des émotions. Comme être actif, elle possède la *volonté*.

L'intelligence a deux facultés, percevoir, induire, qu'on pourrait appeler savoir et croire, car la perception donne des certitudes, et l'induction de simples probabilités.

Comme perception, l'intelligence nous met en rapport avec le présent et avec le passé.

Dans le présent, nous percevons des êtres finis, c'est-à-dire limités dans l'étendue et dans la durée, et un être infini.

Les êtres finis sont matériels ou immatériels.

---

[1] Voyez deux ouvrages de M. A. Garnier, — Précis de Psychologie, — la Psychologie et la Phrénologie comparées.

Les êtres matériels se distinguent par deux caractères; nous les percevons par l'intermédiaire des sens, qui ont tous de l'analogie avec le tact. On pourrait dire en généralisant l'expression, que les êtres matériels sont *tangibles*.

Comme second caractère ils sont composés de parties, et par conséquent divisibles.

L'être immatériel n'est point tangible et n'a point de parties.

Les êtres matériels sont perçus par l'intermédiaire des cinq sens, c'est la nature physique tout entière; l'être immatériel, c'est l'âme.

Pour la perception du passé les impressions déjà reçues sont conservées et renouvelées par un organe spécial, une partie du cerveau; le tableau placé devant l'intelligence, au lieu de faits actuels lui présente des faits accomplis, mais elle ne fait que percevoir.

L'être infini c'est Dieu; il n'est pas limité dans l'étendue ni dans la durée. Lorsque nous contemplons séparément ces propriétés divines, nous les appelons espace infini, temps éternel; mais le temps et l'espace n'ont pas d'existence indépendante de l'être divin.

Dieu se montre à nous à travers le monde fini sous quatre aspects. Les êtres finis sont des modifications qui nous font remonter à Dieu, *substance* infinie.

Des effets qui nous font remonter à Dieu, *cause* infinie.

Des accomplissements d'une loi que nous appelons *bien absolu,* et qui est encore Dieu.

Des formes à travers lesquelles apparaît Dieu comme *absolue beauté.*

Nous avons dû rapprocher toutes les données que fournit la perception, parce qu'elles ont ce caractère commun d'arriver à nous comme des certitudes; ce n'est point par elles, c'est seulement par l'induction tirée d'une expérience incomplète, que l'erreur peut entrer dans notre intelligence ; toutefois, comme la faculté perceptive s'exerce sur des objets très-divers, on l'a subdivisée, pour l'étude, en *perception extérieure matérielle,* c'est elle qui reçoit les données des sens, *sens intime* par lequel l'âme s'observe elle-même, *mémoire* ; *perception d'évidence rationnelle* qui a pour objets la substance, la cause, le bien et le beau, c'est-à-dire les quatre aspects de l'être infini. On donne même à la perception du bien le nom spécial de *conscience.*

Par la seconde faculté de l'intelligence, l'*induction,* nous dépassons l'expérience. La Providence, considérant que notre vie est courte et nos moyens d'observation individuelle très-limités, a voulu que nous puissions acquérir d'autres connaissances que celles que nous avons personnellement vérifiées. L'homme admet volontiers que le fait advenu dans une circonstance se reproduira dans une circonstance semblable ; l'induction est la croyance naturelle à la stabilité des rapports qui unissent les phénomènes.

Cette faculté abrége beaucoup le travail scientifique, mais elle peut nous tromper. Un seul Dieu régit la nature, mais il la gouverne par des lois multiples; nous pouvons attribuer à l'une l'effet qui provient d'une autre; aussi, bien que l'induction, quand elle porte juste, soit l'acte intellectuel le plus brillant, cette faculté ne doit prendre son essor qu'en ayant pour point de départ une large expérience.

Passive comme l'intelligence, la sensibilité n'a qu'une forme s'émouvoir, c'est-à-dire jouir par l'objet aimé, souffrir par l'objet contraire.

Les objets qui produisent chez l'homme des émotions sont très nombreux; la relation qui unit la sensibilité à une classe d'objets s'appelle *instinct* ou *affection*.

Les affections sont le mobile de l'homme; le Créateur avait une intention quand il nous les a données; il faut les classer d'après leur but providentiel.

Les affections ont pour but la conservation de l'individu, la constitution de la famille, l'organisation de la société.

Les instincts relatifs à la conservation de l'individu sont l'alimentivité qui porte à chercher une proie, — la destructivité qui la déchire, — l'activité, soit physique, soit intellectuelle; elle nous fait trouver le plaisir dans un exercice qui développe toutes les facultés et en entretient le jeu. — L'amour du repos, qui tempère l'instinct précédent. — L'amour du bien-être, c'est-à-dire des sensations agréables. — L'instinct hygiénique apparent chez plusieurs animaux; il suggère la propreté et les précautions sanitaires. — L'amour de la vie. — L'appréhension ; elle nous met en garde contre les ténèbres et les phénomènes imprévus. — La combativité, défense du fort. — La ruse, arme du faible. — L'habitativité, qui nous fait chercher un abri. — La constructivité, qui l'édifie.

Les instincts constitutifs de la famille sont : l'amour. — L'amour physique, auquel notre langue n'a pas su donner de nom spécial. — La pudeur. — L'affection pour la progéniture. — L'amour filial.

Les instincts qui organiesnt la société ont deux buts : réunion, action.

Les instincts dont le but est la réunion sont : la sympathie; elle nous fait partager les plaisirs et les peines de nos semblables. Ce sentiment nous rattache à toute l'humanité; mais il est des personnes qui nous sont particulièrement sympathiques. — La socialité, qui réclame un compagnon; — l'expansivité, qui veut un confident; — la véracité, qui met de la sûreté dans les relations humaines.

Pour l'action sociale, nous trouvons d'abord un instinct de direction, le sentiment de moralité qui jouit de tous les actes conformes à l'intention providentielle et souffre des actes contraires. Il a pour auxiliaires le sentiment religieux et le sentiment des arts. Le beau n'est-il pas une manifestation de l'être divin ?

Près du sentiment religieux nous placerons le goût du merveilleux, par lequel nous accueillons avec plaisir les faits contraires à l'ordre de la nature. Chez les nations avancées, le merveilleux n'a de place que dans les arts, mais chez les peuples naissants il est très-utile à la propagation des religions.

Après l'instinct de direction et ses auxiliaires, nous trouvons des affections qui ont pour but les deux conditions de l'action sociale, la conservation et le progrès.

Les affections conservatrices sont : l'instinct de propriété, qui refuse de livrer aux hasards du changement les biens acquis, — la vénération pour l'ancien, — l'habitude, — l'imitation, — l'instinct de majorité, qui nous rattache à l'avis du grand nombre, — l'esprit de corps, — la crainte de l'inconnu, — le ridicule, moyen de défense que les opinions établies possèdent contre les novateurs.

Les instincts progressifs sont : l'émulation, — l'indépendance, — la confiance en soi-même, — l'amour des louanges, — l'instinct du commandement, — l'amour du savoir, — de la variété, — de l'unité.

Les instincts exercent une influence immédiate sur le corps ; non seulement ils lui donnent l'expression, mais ils lui font accomplir des actes ; ils ont à leur disposition la force motrice.

L'homme doit-il se laisser conduire par les instincts? C'est le rôle de l'animal; le nôtre est plus digne; nous avons reçu *la volonté.*

La volonté possède une action intérieure et une action extérieure. Intérieurement, elle agit sur l'intelligence pour rendre ses opérations plus précises, et prend alors le nom d'attention; elle agit aussi sur la sensibilité; par un travail difficile, il est vrai, mais possible, elle comprime ou développe les instincts.

Extérieurement, elle dirige la force motrice dont elle est la maîtresse légitime, et qui ne produit, quand la passion la conduit seule, que des mouvements désordonnés.

Quel usage la volonté doit-elle faire de son pouvoir? Elle doit agir conformément à l'idée du bien qui nous est révélée par la conscience.

Toutes les règles que cette faculté nous présente peuvent se ramener à une seule, accomplissement de la volonté de Dieu. Il nous a donné un corps et une âme, nous ne devons mutiler ni l'un ni l'autre; ce que la conscience nous permet, en d'autres termes, notre droit est le développement de toutes nos facultés intellectulles, affectives et même physiques; ce droit peut s'exprimer par le mot de *liberté.*

Mais notre liberté, pour n'être pas nuisible à celle d'autrui, pour ne pas périr elle-même, doit accepter une condition qui résume tout ce que la conscience prescrit; le devoir tout entier, c'est *l'ordre.*

Le premier principe de l'ordre est la conservation, l'homme y manque lorsqu'il laisse un instinct dépérir ou lorsqu'il souffre que l'un d'eux se développe de manière à étouffer les autres.

Cette conservation ne doit pas être uniforme. Si tout instinct doit avoir sa place, les places ne sont pas égales; il y a des instincts, tels que le besoin des aliments, l'amour du bien-être, qui ont pour objet des êtres matériels; d'autres dont l'objet est intellectuel, comme le goût de la science et des arts. Il est dans les intentions de la Providence que l'homme développe les seconds plus que les premiers; autrement il ne serait pas lui-même, car c'est la supériorité, la richesse de son intelligence qui donne à l'homme son rang dans la création.

Les instincts peuvent être comparés sous un autre rapport; il en est qui sont individuels, égoïstes; il en est d'autres qui sont accompagnés de sympathie, qui nous intéressent aux plaisirs et aux souffrances de l'objet aimé : tels sont l'amour, l'affection pour la progéniture, l'amour filial et cette vaste sympathie qui nous rattache à l'humanité tout entière. Il est dans les intentions providentielles que les sentiments sympathiques, tendant à généraliser le bonheur, soient plus développés que les sentiments individuels; ainsi, après le devoir de la conservation, nous trouverons comme second principe d'ordre le devoir du progrès : il consiste à faire prédominer l'intelligence sur la matière, l'association sur l'individualisme.

Les règles que nous venons d'indiquer ne s'appliquent pas seulement à l'individu, mais encore aux nations, qui sont des êtres collectifs ayant une enfance, un âge mûr, une vie dans l'humanité. La nationalité est un lien naturel entre les hommes; toute convention politique tendant à la créer serait une fiction sans puissance. Les membres d'une même nation sont réunis par un même type physique et surtout par une ressemblance de caractère.

Le caractère, pour l'individu comme pour la nation, c'est la proportion dans laquelle on possède les différentes affections. Il décide du rôle que jouera l'individu dans la société, la nation dans l'humanité.

La manifestation du caractère national spontanée, non régie par des institutions, ce sont *les mœurs*.

Mais si la volonté de l'individu peut et doit agir sur ses instincts, il en est de même de la volonté d'une nation; cette volonté s'exprime par *la loi*, qui a deux caractères : *promulgation*, par une autorité compétente, des règles que l'on entend appliquer; *sanction* ou fixation d'une peine contre les infracteurs. L'ensemble des lois se nomme législation.

Le législateur, en agissant sur les mœurs, doit respecter la liberté et ne pas intervenir sans motif. La restriction d'une liberté qui n'est pas nuisible est une vexation; d'une liberté utile est une tyrannie. Mais le législateur doit toujours agir pour faire respecter les conditions salutaires de l'ordre, intervenir au nom de la conservation; car il doit concilier et satisfaire autant que possible tous les intérêts qui se produisent dans la nation, au nom du progrès; il doit faire prévaloir l'intelligence sur la matière, l'association sur l'individualisme.

Faire prédominer l'intelligence sur la matière, c'est faire prévaloir une chose qui n'est pas tangible sur une chose qui est tangible, ce qui est un sur ce qui est composé de parties.

L'opposition de la tangibilité et de la non-tangibilité n'a de nom spécial que dans la langue des philosophes; le langage vulgaire ne l'a point désignée spécialement. Nous dirons *matérialiser* pour faire prévaloir le principe tangible; *spiritualiser* pour faire prévaloir le principe intangible.

Un exemple rendra sensible le progrès de la législation dans cette direction. La vente est matérielle chez les Juifs, où l'acheteur d'un mouton n'en devient propriétaire qu'après l'avoir pris dans ses bras et soulevé du sol; la vente l'est moins chez les Romains, où il suffit que le vendeur ait opéré la tradition, par exemple en mettant dans la main de l'acquéreur le licou de l'animal; la vente est tout à fait spiritualisée chez les Français, qui déclarent la propriété transférée par la seule volonté des contractants.

La matière peut être considérée sous un autre rapport. Elle est composée de parties, l'intelligence est une; par conséquent le progrès législatif aura pour effet de remplacer en toutes choses la diversité par l'unité.

Ainsi l'effet du progrès dans le sens de l'intelligence est double. L'effet du progrès dans le sens de l'association est double aussi.

Développer l'association, c'est d'abord y faire entrer le plus d'éléments possible, c'est *généraliser*.

L'association manquerait de puissance et de direction si on ne la combinait pas avec le principe d'unité. L'association doit être *centralisée*.

La volonté individuelle et la législation qui doivent agir dans une direction commune étaient aussi loin que possible de leur but dans les premiers temps du monde. Elles s'en sont toujours rapprochées depuis. Il s'agit de faire régner sur la terre le spiritualisme et l'association. Le matérialisme et l'individualisme sont les caractères des jeunes individus et des jeunes nations.

Il en doit être ainsi. La matière au premier âge domine tout; elle est plus importante à connaître que les faits intellectuels. L'intelligence peut attendre la nourriture sans mourir; le danger pour elle c'est l'erreur dont les blessures sont guérissables; mais le corps périt sans retour si des aliments ne le renouvellent pas; il périt s'il n'est pas soustrait aux atteintes de l'ennemi, de l'animal féroce, des intempéries. On songera plus tard à l'intelligence. L'homme avant tout doit connaître la matière qui peut le nourrir, le vêtir et le protéger.

Dans la civilisation la plus avancée les besoins du corps conservent cette nature impérieuse. Ils ne sont pas les premiers dans l'ordre d'importance, de dignité surtout, mais souvent ils se font satisfaire les premiers dans l'ordre du temps.

Quant à l'individualisme, il n'est pas étonnant qu'il caractérise les nations naissantes. Les instincts relatifs à la matière, l'alimentivité, le besoin d'une habitation, tous ceux, en un mot, qui ont pour but la conservation du corps, sont égoïstes. Dans une époque où l'industrie n'a pas fécondé la nature, où la richesse, insuffisante pour tous, se borne aux fruits sauvages et aux bêtes fauves, ces instincts sont entre les hommes une source permanente de rivalités et de guerres.

Depuis le règne absolu de la matière et de l'individualisme,

Jusqu'au triomphe complet de l'intelligence et de l'association, l'histoire de l'humanité présente quatre phases : l'état sauvage, — la barbarie, — la civilisation, — l'harmonie. Nous en indiquerons par un tableau les principaux caractères.

	CARACTÈRE GÉNÉRAL.	RELIGION.	
		DOGME.	CULTE.
ÉTAT SAUVAGE.	Satisfaction exclusive des intérêts individuels.	Fétichisme. (Adoration des minéraux, des végétaux, des animaux, des astres, ou sabéisme.)	Sacrifices humains.
BARBARIE.	Satisfaction exclusive des intérêts de famille.	Mythologie polythéiste. (Anthropomorphisme.)	Sacrifices d'animaux.
CIVILISATION.	Satisfaction exclusive des intérêts sociaux.	Mythologie monothéiste.	Sacrifices symboliques.
HARMONIE.	Harmonie entre les intérêts des individus, de la famille et de la société.	Déisme pur.	Enseignement et hymnes religieux.

ART.

	CARACTÈRES DE L'ART.	COSTUMES.
ÉTAT SAUVAGE.		Nudité, tatouage.
BARBARIE.	Despotisme de la matière.	Diversité dans les costumes.
CIVILISATION.	Despotisme de la pensée.	Uniformité dans les costumes.
HARMONIE.	Harmonie de la pensée et de la matière.	Harmonie dans les costumes.

DROIT PUBLIC.

	GUERRE.	RELATIONS INTERNATIONALES.	CLASSE DOMINANTE.
ÉTAT SAUVAGE.	Guerre avec anthropophagie.		
BARBARIE.	Guerre avec incendie et massacre.	Ambassades extraordinaires.	Noblesse ou classe destructive. (Efforts du clergé pour constituer la théocratie.)
CIVILISATION.	Guerre soumise au droit des gens.	Ambassadeurs résidents.	Bourgeoisie ou classe marchande.
HARMONIE.	Paix universelle.	Congrès permanents.	Artistes, savants, industriels, ou classe productive.

ÉCONOMIE POLITIQUE.

	RICHESSE DOMINANTE.	INDUSTRIE.	COMMERCE.
ÉTAT SAUVAGE.	Fruits sauvages, bêtes fauves.		Échanges en nature.
BARBARIE.	Richesse pastorale. .... Agriculture.	Ateliers serviles. .... Corporations.	Monnaie caractérisée par le poids.
CIVILISATION.	Industrie.	Liberté de l'industrie.	Monnaie caractérisée par l'empreinte.
HARMONIE.	Harmonie de toutes les richesses.	Industrie associée.	

DROIT CIVIL.
LES PERSONNES.

	CARACTÈRE DE LA LÉGISLATION.	DÉSIGNATION DES PERSONNES.	
ÉTAT SAUVAGE.		Noms personnels et significatifs.	Tatouage particulier.
BARBARIE.	Lois non écrites.	Nom personnel du fils joint au nom personnel du père.	Signature par le cachet.
CIVILISATION.	Lois écrites.	Nom personnel joint au nom de la famille.	Signature par les lettres qui forment le nom.
HARMONIE.	Harmonie des mœurs et de la loi.		

DROIT CIVIL.
LES PERSONNES.

	POUVOIR DU MAITRE.	POUVOIR PATERNEL.	RELATIONS ENTRE LES SEXES.	LES BIENS.
ÉTAT SAUVAGE.			Communauté des femmes, promiscuité.	Communauté.
BARBARIE.	Esclavage. .... Servage.	Esclavage de l'enfant et de la femme. Patriarchat.	Polygamie.	Propriété féodale.
CIVILISATION.	Domesticité.	Dépendance de l'enfant et de la femme.	Monogamie imparfaite; adultère, prostitution.	Propriété morcelée.
HARMONIE.	Transformation de la domesticité en services publics.	Indépendance industrielle de l'enfant et de la femme.	Monogamie parfaite. Le mariage mis en harmonie avec l'amour.	Propriété associée.

DROIT PÉNAL.

	DÉPOSITAIRES DE LA JUSTICE.	BUT PRINCIPAL DE LA PEINE.	DEGRÉ LE PLUS ÉLEVÉ DE LA PEINE.	COMPENSATION A LA RIGUEUR DES PEINES.
ÉTAT SAUVAGE.	Vengeance individuelle.			
BARBARIE.	Les vieillards et les inspirés.	Faire un exemple.	Peine de mort avec tortures.	Compositions pécuniaires. Droit d'asile.
CIVILISATION.	Magistrature professionnelle.	Empêcher la récidive.	Peine de mort.	Droit de grâce.
HARMONIE.		Moraliser.		

Il existe dans les législations un principe d'unité, c'est la nature de l'homme. Elle est au fond la même partout. Chez tout individu, chez toute nation, les facultés intellectuelles, les affections, la volonté, telles que nous les avons indiquées, existent, soit développées, soit en germe. A moins de ces anomalies que la nature physique et morale présente accidentellement, aucune faculté, aucun instinct ne manque entièrement ; il suffit qu'ils soient distribués dans des proportions inégales pour que les caractères soient variés.

Le fond de la nature humaine étant partout le même, son histoire est la même aussi. Les quatre phases du développement social présentent partout les mêmes traits. Cette unité n'a pas toujours été reconnue par les historiens, n'est pas mise entièrement à découvert aujourd'hui même ; cependant tout le monde commence à l'entrevoir : on sait qu'il n'y a pas seulement des biographies individuelles ni même nationales, qu'il existe sur terre une vie collective, une vie *humanitaire* ; ce terme est encore insolite, on hésite avant de l'employer, mais le langage varie à chaque époque en même temps que les pensées, la génération présente conçoit des idées qui manquaient à ses pères : il nous faut des mots que leur dictionnaire ne contenait pas.

Faire passer les hommes de l'extrême isolement à l'association, ce n'est pas les civiliser comme on le dit improprement. Suivant nous, le mot de civilisation désigne une phase du progrès social reconnaissable à des caractères tranchés, exclusifs; on ne la trouve dans l'antiquité qu'à la fin de l'empire romain, encore n'y est-elle pas complète; mais elle se montre entière et typique dans l'Europe moderne, depuis les dernières années du moyen âge jusqu'à nos jours. Quand on fait passer des hordes sauvages à l'état de peuple barbare, on ne les civilise pas, on commence à les mettre sur la voie de l'association, à les *socialiser;* les quatre périodes que nous avons distinguées les unes des autres sont des degrés différents de *socialisation*. Pour ce mot très-long et désagréable à prononcer, nous avons à faire encore plus d'excuses que pour celui d'humanitaire.

Aucune nation ne s'est encore élevée jusqu'à l'harmonie. Cependant la France actuelle montre vers cet état social des tendances qu'il importerait de seconder.

Toutes les nations n'ont pas traversé les autres phases avec une égale rapidité; plusieurs sont restées près du point de départ. La barbarie occupe actuellement sur le globe plus de place que la civilisation; il existe encore des sauvages.

Plusieurs causes produisent cette inégalité; les unes sont indépendantes de l'homme, c'est par exemple la situation géographique. Un individu, comme un peuple, n'arrive par ses propres observations qu'à des connaissances très-limitées. Son intelligence ne le conduira pas loin s'il ne profite pas des observations étrangères, s'il ne se met pas en relation avec le dehors. Une situation matérielle qui rend ces relations difficiles, paralyse le progrès. La barbarie se conserve dans les montagnes, et la sauvagerie dans les îles.

Une autre cause de l'inégalité qui existe entre les nations, sous le rapport du progrès social, dépend de l'homme; c'est la différence du travail, l'inégalité même des efforts. Les peuples et ceux qui les conduisent peuvent marcher plus ou moins vite, plus ou moins directement vers l'harmonie; ils peuvent faire des pas rétrogrades, bien qu'il leur soit impossible de résister longtemps à l'impulsion de leur nature organisée pour le progrès. Toutefois, même dans la sphère de l'activité humaine, Dieu n'abandonne pas toute influence. Nous ignorons d'après quelles lois il dispense aux nations les grands hommes, le plus beau de ses présents; mais les peuples au milieu desquels apparaissent des âmes extraordinaires par l'étendue, la netteté de l'intelligence ou par l'énergie de la volonté, parcourent en peu d'années le chemin que d'autres nations font en un siècle.

Aujourd'hui le temps est venu, pour les races les plus avancées, de tendre la main à celles qui sont restées en arrière, pour que toutes marchent avec ensemble; l'harmonie universelle, tel est le but vers lequel Dieu nous dirige en nous prescrivant de développer tout notre être, suivant la loi de la conservation et du progrès; car Dieu a un but, une volonté. Nous protestons contre cette croyance, aujourd'hui répandue, qui ne voit en Dieu qu'un être passif ou plutôt un terme abstrait pris pour désigner les affinités de la matière, la végétation des plantes et la reproduction des animaux. Dieu est autre chose qu'une vie aveugle répandue dans l'univers. Ceux qui vous disent que Dieu c'est le ruisseau qui court, la brise qui souffle, l'oiseau qui chante, détruisent au fond l'existence de Dieu. Leur croyance est le panthéisme, qui n'est que de l'athéisme poétique et sentimental et qui nous reporte à la religion des sauvages, l'adoration de la nature. Réfléchissez à ceci : l'homme est intelligent, l'homme a des sentiments, l'homme possède une volonté libre : or l'homme ne s'est pas fait lui-même; il existe un être infiniment plus grand que lui, cet être a mille perfections que nous n'avons pas et qui nous échappent ; mais il faut au moins reconnaître qu'il ne nous est inférieur en rien, qu'il a toutes les facultés que nous possédons, et que si nous sommes libres, il l'est infiniment plus que nous. L'homme indépendant, volontaire, ne peut être la créature d'un Dieu sans indépendance et sans volonté.

 La liberté divine, qu'il est fort singulier de défendre, mais qui pourtant a besoin de l'être aujourd'hui, se concilie très-bien avec le caractère immuable que présentent les lois de la nature. La volonté de Dieu n'est pas un caprice. Il appartient à l'homme de tâtonner, d'essayer successivement plusieurs moyens pour arriver à ses fins; l'imperfection de son intelligence l'empêche de discerner quelle est la plus directe et la seule bonne; mais

Dieu n'a pas cette incertitude. Il sait pourquoi les astres marchent, les nations se multiplient, la terre germine; il ne lui appartient pas de se corriger et de retoucher son œuvre; une seule intention guide l'ensemble; une pensée est dans le monde : cherchons-la.

Nous croyons que la nature peut se diviser en deux parts, la sphère dans laquelle règne l'activité divine, et la sphère laissée à l'action de l'homme.

Dans la part de Dieu, nous trouvons toujours l'harmonie, c'est-à-dire des éléments différents qui s'accordent, plusieurs choses concourant à une seule. Cette harmonie, toute naturelle, à laquelle les hommes n'ont pas touché, éclate dans la gravitation qui soutient et dirige les astres, dans la succession des saisons, dans la physiologie des êtres vivants et surtout de l'homme, dans l'histoire naturelle presque entière.

Cette harmonie suffit pour exclure l'explication de l'univers par le hasard; elle suffit pour qu'une religion rationnelle repose sur les bases les plus solides. Cependant l'harmonie ne règne pas en toute chose; il y a des désordres dans le monde. Les marécages qui rendent certaines contrées insalubres et qui, en Europe même, de nos jours, n'ont pas cédé complètement aux efforts de la civilisation, les orages, les courants et les trombes qui détruisent nos vaisseaux, les inondations qui submergent nos récoltes, les tremblements de terre qui renversent encore aujourd'hui des cités entières dans l'Amérique du Sud, ne présentent certainement aucune harmonie avec l'existence de l'homme et ses besoins. Des accidents nuisent aux nations, frappent les individus. S'il est vrai, comme le dit la Genèse, et comme nous le croyons, qu'un déluge ait anéanti dans l'Asie une société naissante, il arrive parfois aussi dans les familles qu'un enfant dont l'intelligence se développait chaque jour, un être qui paraissait né pour un bel avenir, soit arrêté par la mort. Si la nature physique contient des principes contraires à l'homme, les hommes entre eux ne sont pas liés par une harmonie parfaite. La rareté des objets qu'ils poursuivent fait naître des rivalités, et, même sans intérêt, il existe des antipathies. Enfin, la relation de l'homme à Dieu est si difficile à bien établir, que les philosophies et les religions, travaillant pour fonder un dogme et un culte, n'ont encore présenté que des à peu près. Ces désordres, ces incohérences sont la part de travail que Dieu donne à l'homme. Non seulement on peut en faire disparaître les suites fâcheuses, mais les causes même qui les produisent peuvent être combinées de manière à nous devenir utiles. L'harmonie de la nature avec l'homme, des hommes entre eux, de l'homme avec Dieu, voilà ce qu'il faut accomplir. Nous devons être fiers de ce rôle et remercier la Divinité. Concevant un monde harmonieux, elle ne l'a réalisé qu'imparfaitement et nous a voulu donner la gloire de faire, au prix de nos efforts, de nos douleurs, une partie de son œuvre.

INTRODUCTION HISTORIQUE A L'ÉTUDE DE LA LÉGISLATION FRANÇAISE.

> Interroge les anciennes générations et cherche la trace de nos pères.
> Car nous sommes d'hier, et notre vie n'est qu'une ombre sur le sol.
> Jor. viii. 8.

L'histoire de la législation forme un lien nécessaire entre la philosophie et les textes qui nous régissent, la morale et le code civil.

Si l'étude des législations passées avait besoin de se justifier, elle invoquerait d'abord le dramatique tableau qu'elle présente, les couleurs dont elle peut s'enrichir, car l'enfance du monde comme celle de l'homme est parée d'une poésie matérielle. Tout principe eut sa forme, toute idée son image, tout axiome juridique son symbole.

Mais la curiosité n'est pas le seul besoin que l'histoire des législations satisfasse; c'est peu de plaire, elle veut encore servir. Semblable aux livres du moyen âge, avec des lettres d'or et dans un encadrement de fleurs, elle inscrit une doctrine austère.

Nous avons une loi. D'où vient-elle? Cette question résolue en éclaire, en décide presque une seconde: quelle sera la loi de l'avenir?

Le Bulletin des lois, les cinq codes sont de nos jours la législation dans sa forme officielle, dans sa manifestation pratique; mais une forme n'est jamais que transitoire, l'élément immortel c'est la morale, c'est la double règle de la conservation et du progrès, c'est le *droit*. Ce dernier mot, dans son acception la plus belle, désigne les principes de moralité antérieurs et supérieurs à la législation qui les formule; dans les écoles, le droit n'est que la connaissance des textes, la science des corrélations et des antinomies.

La morale sociale quittera quelque jour la tente qui lui fut dressée par Napoléon, tente déjà bien déchirée; puis elle ira plus loin se construire un pavillon neuf.

Ainsi le droit, voyageur éternel, occupa des stations qui furent appelées: loi mosaïque, droit romain, capitulaires, coutumes, ordonnances ; l'étudier dans un texte, c'est ne connaître qu'*un point* de la route qu'il a suivie.

Mais si vous cherchez les traces de sa marche antérieure, si vous regardez par quels chemins il est arrivé jusqu'à nous, son passé vous apprendra son avenir; pour connaître sa route future, il suffira de prolonger *la ligne* qu'il a parcourue.

Dans l'antiquité, l'orient et l'occident nous offrent des législations intéressantes et par leur couleur pittoresque et par leur influence morale; nous gardons l'espoir de les étudier toutes, mais nous ne pouvons les placer toutes sur le même plan. L'œil se perdrait dans un tableau qui représenterait à la fois le péristyle grec, le temple égyptien, la pagode indienne ; l'esprit pourrait s'égarer dans un livre où Solon rencontrerait Zoroastre, et Manou Sésostris.

Ce que nous désirons d'ailleurs n'est pas de bien décorer la scène et d'y multiplier les costumes, c'est d'y jouer un drame instructif; une pensée nous guide, celle de trouver des résultats applicables à notre époque.

Considérées de ce point de vue, les législations antiques se réunissent en une seule, le droit romain. Sa logique, son esprit de classification les résume toutes, et si cette jurisprudence règne dans l'enseignement public à l'exclusion des autres, ce n'est pas une usurpation, c'est une légitime conquête.

Mais le droit romain eut deux âges bien différents.

D'abord il n'est que l'expression du Latium. — Plus tard il est celle du monde.

D'abord il applique avec une rigueur célèbre les durs axiomes du paganisme; plus tard, modifié par un élément nouveau, le christianisme, il devient moins logique, mais plus moral et plus vrai.

Cet élément étranger au droit, ce nouvel allié qui s'unit à lui, pour déjouer ses vieux arguments, il est vrai, mais pour lui suggérer des élans généreux, des contradictions sublimes, le christianisme donne seul l'intelligence du droit romain sous les empereurs.

Cette religion nouvelle ou, pour rester fidèle à notre sujet, cette nouvelle école de morale et de droit n'avait-elle pas ses antécédents ?

Elle les eut en Judée dans les institutions mosaïques.

Voici le fil qui va nous conduire à travers l'histoire des premiers peuples. Le christianisme et le droit romain, ces deux puissances qui finissent par s'allier, naissent en des contrées différentes, sont formées d'éléments divers.

Pour comprendre le droit du monde antique, il faudra nécessairement étudier

Les lois de Moïse,
La législation de Rome païenne,
La doctrine de Jésus-Christ,
Le droit romain transformé par cette doctrine.

Notre introduction historique à l'étude de la législation française se divisera donc en quatre parties : — *Les Juifs.* — *Rome païenne.* — *Jésus-Christ.* — *Constantinople.*

Ce plan seul annonce que nous ne séparons pas l'histoire religieuse de l'histoire des lois. Les principes qu'une législation formule et sanctionne sont ceux de la morale, telle qu'elle est comprise par les contemporains ; et la forme influente, populaire de la morale n'a pas été jusqu'à nos jours la philosophie, mais la religion. Dans l'antiquité, les dieux expliquent les peuples. Renonçons à comprendre le bas empire et le moyen âge, si nous n'étudions pas le christianisme. De nos jours la loi paraît athée, bien qu'elle ne le soit pas réellement ; une froide raison la dirige seule, mais l'enthousiasme religieux renaîtra bientôt parmi ceux qui président aux destinées sociales, et les tables de la loi rayonneront encore des feux du ciel.

Pour interpréter les lois de Moïse, nous devrons interroger l'Égypte, lui demander pour quelle part ses leçons entrèrent dans l'œuvre de ce grand homme. Rome païenne et ces Douze Tables, que l'on a dit empruntées à la Grèce, nous fourniront l'occasion de jeter un regard sur les institutions helléniques. Nous ne chercherons pas, ce qui est secondaire, si les décemvirs, si dix Romains ont passé la mer Adriatique; mais si l'influence de la Grèce, si des emprunts aux lois de Sparte et d'Athènes se font reconnaître dans la législation de l'Italie.

Si nous remplissons ce cadre, l'Égypte, la Judée, Rome, la Grèce, nous auront permis de vérifier, par une large expérience, les lois générales du progrès législatif. Dans l'antiquité nous ne cherchons que le droit romain; mais autour de lui viennent se grouper toutes les législations qui ont influé sur le monde occidental.

Dans l'ère moderne aussi nous trouverons une législation reine, un peuple dont les institutions peuvent éclairer celles des autres. Dans sa terre généreuse toute plante croît vite; à l'heure où ses voisins n'ont obtenu que des germes il vous montre la fleur éclose et vous pouvez lire dans le calice. Ce peuple, héritier de l'influence romaine, ce maître de législation pour l'Europe entière, c'est la France.

ÉTUDES SUR LA LÉGISLATION FRANÇAISE.

Si l'étude des législations mortes, mortes il est vrai comme la fleur, en nous donnant le fruit, se divise en plusieurs parties, la législation française doit subir une division plus compliquée; il s'agit d'un seul peuple, mais il nous touche de près, et pour l'histoire comme pour l'optique, le lointain diminue les objets, la proximité les grossit.

La classification que nous allons indiquer n'est point parfaite ni définitive, mais c'est la plus rationnelle que les lois actuelles puissent supporter; les traditions sont incohérentes, la logique est un principe d'harmonie, et la législation française, malgré sa lutte, en partie victorieuse, contre les traditions, les subit encore plus qu'elle ne pense.

La législation règle des intérêts d'une importance diverse et qui s'enferment les uns dans les autres, comme des cercles concentriques; abordons d'abord le plus vaste : c'est le droit international. Nous disons le droit et non pas la loi, car les principes qui régissent les rapports de la France avec les autres nations ne sont pas tous formulés, ce qu'ils devraient être. Si l'association commence à déborder les frontières, c'est par le libre élan des mœurs. La loi ne les suit pas encore. C'est pourtant un malheur grave que l'absence d'un lien stable et régulier entre les puissances européennes. Chaque législation fonctionne dans son cercle, se fait appliquer par les magistrats qui lui ont prêté serment, par les gendarmes qui portent sa cocarde. Faut-il, au delà du fleuve ou de la montagne qui sert de limite, exécuter un jugement relatif à l'état civil, poursuivre un criminel, prendre une hypothèque, que de lenteurs et de difficultés! L'impuissance des lois d'un pays sur les habitants d'un autre encourageait naguères le brigand italien qui pillait et tuait sur la frontière du pape et du roi de Naples, encourage maintenant l'éditeur belge qui vit aux dépens des écrivains français, à soixante lieues de Paris, se nourrit de leur encre et s'habille avec le papier de leurs livres. Ce ne sont là, si l'on veut, que des questions privées : voyez les questions générales. A chaque instant la guerre est sur le point de s'allumer; des peuples, dont les intérêts sont communs, demain, peut-être, vont s'exterminer, parce qu'ils n'ont pas régularisé les moyens de s'entendre. Les premiers rapports officiels et pacifiques qui ont lieu entre les nations, ce sont les ambassades extraordinaires. Des princes font alliance, concluent mariage, se complimentent sur une victoire; ils font porter leurs messages par des seigneurs empanachés et brodés de perles; un second progrès, c'est l'institution des ambassades permanentes. Chaque peuple se constitue à perpétuelle demeure un représentant chez les autres; il existe pour les étrangers, dans chaque capitale, un protecteur légal; il existe même un palais dont les dalles sont assimilées, par une fiction bienfaisante, au sol même de la patrie. L'association fait un progrès encore. Dans les crises importantes, les nations accréditent des représentants extraordinaires; il se forme des congrès. Ces congrès se sont prolongés de nos jours durant des années entières. C'est un fait heureux, dont il importe de constater les résultats. C'est grâce à la conférence de Londres, à ses éternels protocoles, dont nos journaux se sont moqués avec trop de légèreté, que l'Europe a pu traverser sans guerre générale, c'est-à-dire sans désastres pour tous les peuples, des événements tels que la révolution de juillet, les insurrections de Pologne et de Belgique. Il faut faire un pas de plus; il faut rendre les congrès permanents, il faut créer en Europe un tribunal supérieur, formé des mandataires de toutes les puissances, jugeant régulièrement, nous osons même dire avec publicité, les questions internationales. Ce sont les moyens de réaliser ce plan qu'il faut préparer par l'étude des législations anciennes, qu'il faut trouver dans l'étude intelligente de notre histoire. Une fois l'association des puissances européennes réalisée, les questions d'exécution de jugement au delà d'une frontière, d'hypothèque, d'extradition, de contrefaçon même et de douane, se simplifient; les causes de guerre s'évanouissent. On comprend que l'ambition des puissances civilisées est légitime, parce qu'elle aura pour résultat de répandre sur le monde entier les trésors de science et d'industrie confinés aujourd'hui dans l'Europe occidentale; au lieu de lutter pour paralyser leur développement réciproque, pour maintenir, par la contrainte, un équilibre aussi stérile qu'impossible, les nations éclairées s'étendent largement et parallèlement sur le monde barbare, la Russie passe le Caucase, la France l'Atlas, l'Angleterre s'établit en Chine. Dans cette œuvre, où chacun ne voudra conquérir la terre que pour l'ensemencer, il serait téméraire d'indiquer les parts. C'est cependant sur ce point que l'attention de tous les esprits sera bientôt portée. Ne semble-t-il pas qu'à la Russie, puissance grande et calomniée, appartienne de droit tout ce qui est slave de race ou grec de religion; non seulement la Pologne, qui acceptera plus tard les destinées auxquelles on l'a trop violemment associée, mais la Hongrie, mais toutes les provinces de l'empire autrichien, qui ne sont pas allemandes ni italiennes; la Turquie d'Europe avec la Grèce, la Turquie, convoitée depuis si longtemps par les Russes, la Turquie dont ils ont détruit l'armée irrégulière en 1811, les réguliers en 1829, la flotte à Navarin; la Turquie, incapable de se régénérer sans eux, qui leur appartient de fait, qui leur appartiendra de nom quand nous serons guéris de haines sans fondement et de méfiances sans cause.

A la Russie revient encore toute l'Asie du nord jusqu'à la limite qui serait fixée avec l'Angleterre; à l'Angleterre appartient d'un droit incontestable et divin la Syrie qu'elle fertilisera, qu'elle couvrira de chemins de fer et qui fera circuler dans l'Occident, par un trajet rapide, toutes les richesses du monde oriental. L'Angleterre prendra, si vous ne vous donnez la grâce de les lui offrir, l'Arabie, la Perse, l'Inde, la Chine où elle a déjà mis le pied, la Polynésie. Une troisième puissance a droit au partage, c'est la France.

Le rêve de Napoléon, l'empire auquel il ne put donner qu'un équilibre instable, se réalisera. La France doit prétendre à réunir sous son gouvernement tout pays qui parle français, la Belgique, la moitié de la Suisse, la Savoie; à s'associer par une étroite confédération l'Italie, l'Espagne et le Portugal. Avec cet ensemble de forces, elle effectuera d'une manière décisive et profitable cette occupation de l'Afrique entière qu'elle essaie déjà sur deux points, Alger et le Sénégal. Il semblerait juste que l'Égypte, fécondée plusieurs fois par notre sang, l'Égypte, illustrée par les exploits de saint Louis et de Napoléon, l'Égypte qui dut à notre dernière occupation le germe de ses manufactures, et dont nos savants ont su faire parler les inscriptions; que l'Abyssinie qui veut entrer en commerce avec nous et qui vient d'envoyer des présents au roi des Français, fussent compris dans notre part. Entre la France et l'Angleterre, la mer Rouge servirait de frontière.

Arrêter ces lignes avec trop de précision serait ajouter à la témérité de les faire entrevoir. De pareilles questions ne se tranchent pas, on les discute longtemps, mais au moins faut-il les discuter. Les mots d'intégrité de l'empire ottoman, d'hérédité du pacha, ces notes, ces *memorandum*, toute cette procédure diplomatique, non moins étroite que la procédure judiciaire, n'en imposent à personne. Il s'agit pour les peuples civilisés de partager le monde barbare franchement et à l'amiable.

Il existe une quatrième puissance que nous n'avons pas nommée, l'Allemagne.

Son indépendance est sacrée, parce qu'elle forme une race à part, parce qu'elle a son caractère et sa langue, parce qu'elle est trop belle et trop puissante pour servir d'annexe à d'autres contrées. L'Allemagne, à laquelle on peut joindre sans trop de violence la Hollande, la partie orientale de la Suisse et le Tyrol, compose une précieuse unité que nul n'entamera. La Prusse, plus habile, plus entendue en affaires que le reste de la Germanie, sera le centre administratif de cet empire.

Une fois les parts déterminées, les puissances, loin de se contrarier, se prêteraient un mutuel concours, et toutes prendraient un accroissement proportionnel dans leurs directions diverses.

Nous le répétons, nous attachons peu d'importance aux lignes que nous avons indiquées, bien qu'elles correspondent pour la plupart à des positions déjà prises; mais ce que nous n'abandonnons pas, c'est le double principe d'alliance étroite entre les pays européens, de partage du monde barbare. Il y a six ans que M. de Lamartine proclamait ce système [1], aujourd'hui la presse quotidienne commence à le vulgariser [2].

Donner à ces questions un mode régulier d'être discutées, ouvrir à toutes les nations européennes une enceinte où toutes aient le droit de siéger, dont nulle ne pût être exclue par le caprice et la ruse; tel est le but vers lequel doivent tendre des études sérieuses sur le droit international.

Vient ensuite la législation politique, c'est-à-dire la loi réglant en France le mode du gouvernement; le mode actuel est le meilleur qu'on ait encore pratiqué. Ce n'est point au nom du pouvoir absolu, vaincu plusieurs fois et sous plusieurs déguisements; ce n'est point au nom de la république et de cet empire dont la constitution pour être salutaire eut besoin de circonstances exceptionnelles, qu'on peut réclamer contre cette sentence: mais après les expériences contemporaines, il serait puéril de dire que le progrès, qui ne marche pas sans changement, soit exclu de la politique, partant, qu'il puisse y avoir une forme de gouvernement définitive. On ne fixe pas plus la législation politique d'un pays que sa langue. Tous nous soupçonnons qu'il existe en France un principe supérieur aux formes gouvernementales, principe en vertu duquel elles se remplacent les unes par les autres. On l'appelle souve-

---

[1] Voyage en Orient, t. 4. Résumé politique.
[2] V. le National du 10 août 1841.

raineté du peuple; nous aimons mieux dire intérêt général.

Ce principe n'a pas encore un mode régulier, surtout complet, de se proclamer et de se faire obéir. Lorsqu'il est froissé violemment, c'est par la violence qu'il se manifeste, et l'émeute à l'intérieur annonce l'imperfection de la législation politique, tout aussi bien que la guerre à l'extérieur nous prouve l'enfance de la législation internationale.

Accorder à l'intérêt général une expression légale, lui reconnaître et régulariser entre ses mains un droit supérieur à toute forme traditionnelle de gouvernement; tel est le problème qu'il faut essayer de résoudre par des études sur la législation politique.

Dans un cercle plus restreint d'un degré se présentent les lois administratives. Cette législation nouvelle, incomplète, est destinée à s'accroître d'une manière indéfinie; sa devise, l'unité, sera celle de l'avenir.

La législation politique règle de quelle manière chaque nation fera ses lois, et détermine les procédés les plus généraux d'exécution, l'administration descend aux détails; elle cherche à satisfaire les besoins de l'homme dans la mesure de la conservation et conformément au principe du progrès. Fondée sur une bonne division psychologique, répondant au besoin religieux par l'organisation du culte, au sentiment des arts par des lois qui favoriseraient largement l'architecture, la sculpture, la peinture, la poésie, au désir de savoir par l'enseignement public, à la nécessité de l'hygiène par des mesures de salubrité, par l'organisation des hôpitaux et des fonctions médicales ; en un mot fondant sa classification sur les affections de l'homme, sachant les comprendre et les satisfaire, la législation administrative serait de toutes les études la plus attrayante.

Il est impossible aujourd'hui de rien lire de plus ennuyeux qu'un livre de droit administratif.

Pourquoi ? Parce que dans ces ouvrages, au lieu de songer à l'esprit de la loi, à son application régulière, on ne se préoccupe que des désordres qui peuvent survenir dans les rouages, des contestations, des conflits. On détaille la procédure administrative, on en compte les agents, ministres, conseillers d'État, préfets, maires, noms abstraits qui ne disent rien à l'âme, qui n'auront nul charme pour nous si vous ne savez pas nous intéresser d'abord aux fonctions de ceux qui les portent.

Après la législation administrative nous rencontrons la loi civile ; elle se divise en deux parties : l'état des personnes, la propriété.

L'un et l'autre de ces objets, nous ne craignons pas de le dire, finiront par se rattacher au droit administratif. On cessera de voir deux législations qui se côtoient et souvent se combattent : l'une étroite, routinière, c'est le droit civil ; l'autre intelligente et pleine d'avenir, c'est le droit administratif.

Le nom de législation commerciale désigne encore une division que nous acceptons pour l'étude, mais que nous considérons comme transitoire. Aujourd'hui la législation civile est compliquée dans le but d'être sûre, la législation commerciale est chanceuse pour être rapide; pourquoi toutes deux ne seraient-elles pas sûres et rapides à la fois, en d'autres termes, pourquoi y en aurait-il deux? Ne s'agit-il pas dans l'une et dans l'autre d'acquérir la propriété, de la transmettre? La différence qui les sépare est traditionnelle et non logique; elle ressemble à cette distinction du meuble et de l'immeuble, qui s'effacera devant le terme plus général et seul rationnel de *valeur*.

Après avoir étudié l'action régulière de la loi, nous passerons aux faits accidentels et subversifs, aux crimes. Nous dirons quelles sont les armes dont la volonté nationale peut se servir pour intimider ceux qui voudraient commettre le mal, empêcher les agents immoraux de récidiver, et surtout les rendre meilleurs. C'est le triple but de la législation pénale.

La procédure civile et criminelle réglant le mode suivant lequel les contestations doivent être terminées, les infractions découvertes et punies, nous ouvre encore un double cadre. Leur cercle est le plus restreint de tous; espérons qu'il va se rétrécir encore. La procédure n'est faite que pour des malheurs, des accidents sociaux résultant aussi souvent des vices de la législation politique, administrative, civile ou commerciale, que les maladies du corps humain proviennent d'un mauvais régime. Le progrès porté dans les autres parties de la législation, réduira l'influence de ces dernières en même temps qu'un progrès spécial les simplifiera. Nous devons le désirer tous, en considérant la quantité des intelligences que la procédure absorbe et l'importance des capitaux qu'elle engouffre.

On peut saisir maintenant l'ensemble des travaux que nous voulons réaliser sur la législation française ; transformés en volumes ils porteraient les titres suivants :

Droit international.
Législation politique,
— *administrative,*
— *civile,*
— *commerciale,*
— *pénale.*
Procédure civile
Et Procédure criminelle.

INTRODUCTION HISTORIQUE

A L'ÉTUDE DE LA

LÉGISLATION FRANÇAISE.

LES JUIFS.

Le plan que nous venons d'exposer nous justifiera du reproche, si c'en est un, de faire de l'histoire pour de l'histoire, sans conséquence pratique, et d'imprimer plusieurs volumes pour faire savoir quelle pouvait être l'ancienne législation des Juifs.

Les Juifs sont pour nous l'anneau d'une chaîne, et, pour éviter toute méprise, nous allons expliquer le double but que nous nous proposons en parlant de ce peuple.

Nous voulons faire connaître la législation juive;

Faire connaître un des éléments du christianisme.

Un des éléments, car le christianisme en a trois. Il se compose du judaïsme, c'est-à-dire des antécédents que Jésus trouva dans la Judée;

De l'influence personnelle du Christ;

Des travaux de la philosophie grecque, apportés à l'église naissante par les Pères.

L'élément que nous allons étudier est le judaïsme;

nous le montrerons naissant à la vocation d'Abraham, cette rupture d'un grand génie avec l'idolâtrie orientale, allant prendre à l'Égypte, cette mère des cérémonies, toutes les formalités de son culte, complètement organisé par Moïse, et s'enrichissant encore par les conceptions des prophètes.

L'exposé de la législation juive aura pour résultat de vérifier les lois générales que nous avons énoncées, d'examiner si les peuples débutent par le matérialisme et l'égoïsme, s'ils finissent par le spiritualisme et l'association, si les phases de la vie sociale, dont nous avons esquissé le tableau, présentent les caractères et sont liées par les transitions que nous avons indiquées. Nous saurons comment un grand législateur, et il n'y en eut pas de plus grand que Moïse, peut accélérer le développement d'un peuple en faisant intervenir les conditions de l'ordre au milieu d'une sauvage liberté. Ce spectacle ne saurait être sans conséquences profitables pour tous les temps, pour tous les pays.

L'étude de la religion juive, considérée comme antécédent du christianisme, aura deux résultats précieux.

Le premier est de rattacher les institutions des Juifs à celles des Romains et par conséquent des nations modernes. Les Romains, en se faisant baptiser, n'ont adopté aucune loi politique, civile ou pénale des Juifs; mais ils leur ont pris le christianisme, c'est-à-dire l'expression la plus pure et la plus large de leur pensée religieuse.

Le second résultat sera de détruire les points d'appui qui peuvent rester encore à la foi juive et à la foi chrétienne.

Ce résultat, nous l'annonçons avec une assurance d'autant plus complète qu'il ne nous appartient pas. Le dix-huitième siècle a ruiné pour toujours les bases surnaturelles du mosaïsme et du christianisme. En rappelant ce fait, en déclarant que nous voudrions le compléter s'il était nié par des illusions trop vivaces, nous n'avons pas besoin d'ajouter que nous reconnaissons tout le mérite historique et relatif du christianisme auquel l'Occident doit la civilisation, ni même que cette doctrine a proclamé des vérités impérissables. Tout ce qui a été enseigné de vrai par les quatre principaux fondateurs du christianisme, Moïse, Jésus-Christ, Platon, Aristote, n'est pas attaqué, n'a pas besoin d'être défendu. Le vrai ne meurt pas.

La foi dont le néant doit être mis en évidence pour tout le monde, c'est l'opinion qui supposerait

Que Moïse a pris ses dogmes et ses lois ailleurs que dans son intelligence;

Que Jésus-Christ est autre chose qu'un homme.

Ces deux erreurs ont eu leur utilité, leur nécessité peut-être, mais il est temps d'y voir clair; nous le répétons, il faut en détruire les derniers points d'appui.

Nous n'engagerons à cet égard aucune polémique, cela n'est plus nécessaire. Nous ne discuterons rien. Nous nous contenterons de chercher le vrai sur toutes les questions, sans arrière-pensée, de montrer dans quelle circonstance, dans quel but chaque institution religieuse, chaque loi s'est produite. On pourra comparer ensuite cette vérité franche et simple, cet édifice solide avec l'échafaudage construit à plaisir par les Pères de l'église. Nous les laisserons transformer l'histoire et la législation des Juifs en prophéties, en figures du christianisme ; tronquer les textes, détourner les mots de leur sens, voir le Christ dans Adam, le reconnaître dans Josué, l'imaginer dans David, trouver même, ils sont allés jusque-là, l'image du crucifix dans le serpent d'airain dressé par Moïse. Tout cela ne se réfute pas. Qu'on se pénètre du vrai, le nuage se dissipera de lui-même.

On est généralement de notre avis sur l'origine purement humaine de l'Ancien Testament et de l'Évangile. Telle est au fond l'opinion de ceux même que l'on désigne comme les personnifications d'un culte spécial. Nous ne prenons pas M. Guizot pour un protestant, M. Salvador pour un juif; nous ignorons si M. Lacordaire se fait illusion à lui-même; mais un costume dont on s'affuble ne nous fera pas accepter pour des prédications de dominicain ces brillantes leçons de philosophie et d'histoire qui seraient si bien placées au Collége de France.

Si le déisme n'est pas nouveau ni rare, on n'a pas l'habitude de le professer avec franchise. Nous voudrions avoir quelque influence sur les modes. Nous donnerions celle-là.

La crainte de nuire à la religion, à la morale, impose à beaucoup d'écrivains des réticences honorables quant au motif; mais nous ne croyons pas que, pour être religieux et moral, il soit absolument nécessaire de conserver des idées fausses sur une partie intéressante et notable de l'histoire. La vénération pour Dieu, la connaissance de nos devoirs, peuvent reposer sur la vérité pure. Montrez un homme dans Moïse, un homme dans Jésus-Christ, le christianisme en mourra sans doute, mais la religion n'en souffrira pas.

Elle y gagnera, bien au contraire. Rien ne lui est plus funeste que cette existence fausse, galvanique, artificielle, que l'on maintient depuis quarante ans au christianisme. La crainte d'entendre prêcher une doctrine entachée de miracles et de prophéties, de se voir imposer des pratiques arriérées, condamnées depuis longtemps par la raison publique, arrête le peuple sur le seuil des églises dans lesquelles il voudrait pénétrer, car il a besoin de rendre un culte. Pour l'attirer, il ne suffit pas de mettre dans nos temples des orangers en fleurs, d'y faire entendre une musique de théâtre et des prédicateurs romantiques, il faut un enseignement rationnel, progressif, en harmonie complète avec toutes les sciences. Que le gouvernement intervienne avec plus de hardiesse dans l'instruction donnée aux prêtres. Plus de juifs, plus de protestants, plus de catholiques; honorons tous un même Dieu par le même enseignement et les mêmes hymnes; qu'elle soit décidée au profit de la raison, la triste guerre du séminaire et de l'université. Les enfants trouvent aujourd'hui dans les colléges un aumônier qui les regarde comme perdus s'ils profitent des leçons du professeur de philosophie, un professeur de philosophie qui les regarde comme des imbéciles s'ils profitent des leçons de l'aumônier; le même gouvernement paie l'un et l'autre. Sortons de cette anarchie. Le dix-huitième siècle, qui manqua trop souvent de sérieux et de sentiment dans les questions religieuses, a cependant la gloire d'y avoir introduit le bon sens. C'est une conquête qu'il ne faut pas seulement conserver, mais étendre.

DOCUMENTS RELATIFS AUX JUIFS.

SOURCES.

Pour l'étude de la législation juive, la source la première et la plus importante est cet ouvrage que plusieurs langues ont appelé le *Livre* par excellence, le *Sépher*[1] en hébreu, la *Bible*[2] en grec.

En réalité, ce n'est pas un livre, mais une bibliothèque tout entière : philosophie, droit, histoire, poésie, tout s'y trouve, et Salomon, par son suave cantique, y fait entrer jusqu'aux chants d'amour.

---

[1] ספר
[2] Βίβλος.

Le caractère législatif est spécialement imprimé dans l'œuvre qu'on attribue à Moïse, le Pentateuque; là sont les textes impératifs, mais pour trouver la préparation de la loi dans les mœurs, pour en suivre dans les événements la destinée historique, il faut parcourir toute la littérature d'Israël.

La Bible est une source historique des plus précieuses; plus d'une fois les monuments égyptiens ont servi de preuve à ses récits. Ces Hébreux de l'Exode pétrissant des briques pour les pharaons, nous les retrouvons sur une peinture antique [1]; un dessin plus récemment reproduit nous montre les fils de Jacob allant en caravane s'établir dans la terre de Geshen [2]. Le merveilleux dont la Bible s'enrichit à chaque page ne la rend pas stérile pour la science. Le merveilleux, chéri des peuples enfants, n'a-t-il pas embelli toutes les annales de l'antiquité? Nous voyons chez les Grecs la mythologie peupler le ciel, les forêts et les ondes; les archives de l'Orient dans Hérodote, ou de Rome naissante chez Tite-Live, sont enluminées de miracles. Ne soyons pas étonnés de trouver chez les Juifs un même luxe de poésie. A travers ce langage figuré, cette richesse d'emblèmes, l'exacte vérité reste toujours transparente. On l'a dit avant nous [3], « Am-

---

[1] Rosellini, *I Monumenti dell' Egitto e della Nubia*.

[2] Revue de Westminster, juillet 1841.

[3] Description de l'Égypte. Texte, t. 3, Antiquités. Mémoire sur le séjour des Hébreux en Égypte, par M. Dubois-Aimé.

phion bâtissant Thèbes au son de sa lyre, Jéricho tombant au bruit des trompettes d'Israël, sont des phrases aussi faciles à ramener à leur véritable sens que ce vers de Boileau :

« Condé dont le seul nom fait tomber les murailles.[1] »

Nous ne nous attacherons pas à dégager tous les faits de l'exagération et du symbole, de cette gaze à travers laquelle on les distingue. Confiants dans l'intelligence des lecteurs, nous ne nous croyons pas obligés d'expliquer tous les miracles en détail. Nous aimons mieux les expliquer tous en une fois, poser des règles d'interprétation qui leur soient communes.

On ne connaît qu'imparfaitement la nature de Dieu, le mode de son action dans ce monde. Nous ne ferons de progrès sérieux dans cette connaissance que du jour où la science religieuse remplira la place occupée provisoirement, et faute de mieux, par la théologie.

Ce que nous savons, c'est que la puissance divine n'a rien de capricieux, qu'elle se manifeste par des lois invariables. Une expérience constante de cette fixité nous autorise à rejeter comme mensonger, fût-il écrit dans l'Ancien Testament ou dans l'Évangile, le récit de tout miracle, c'est-à-dire de tout événement qui ne dépendrait pas d'une loi générale de la nature.

[1] Boileau, épître 4.

Cependant les narrations de miracles remplissent l'histoire de tous les peuples. Elles sont d'autant plus fréquentes qu'on remonte vers l'enfance des nations; ces récits ont une triple origine : ignorance, — poésie, — ruse sacerdotale.

Ignorance des lois de la nature. Un fait qui vous paraît miraculeux, parce qu'il a lieu rarement et qu'il appartient à des causes inconnues, cessera d'être surnaturel quand, en l'observant mieux, on aura découvert les lois auxquelles il se rattache. On finira par le comprendre, peut-être même par le reproduire. Si le magnétisme animal était dans le monde une force réelle, ce que nous n'avons pas à garantir, on concevrait que la manifestation de cette force par des faits rares, accidentels, alors que nul ne l'observait régulièrement, ait richement fourni de miracles la crédulité de nos pères. Cherchons d'autres exemples. Les Hébreux sortant de l'Égypte ont pu prendre le reflux de la mer Rouge reculant devant eux comme elle a reculé plus tard pour le passage du général Bonaparte, la chute de la manne, le passage des cailles, tous ces faits qui se reproduisent périodiquement dans le désert, pour une intervention surnaturelle de la Providence en leur faveur.

Poésie. Nous classerons sous ce mot l'exagération et le symbolisme.

Comme tout peuple aux impressions vives, les Hébreux s'exagéraient facilement les faits; on reconnaît cette disposition, même dans les parties de la Bible où la religion n'intervient pas. Quelques tribus seulement combattent un petit peuple, les Agaréens : après la victoire elles emmènent :

Cinquante mille chameaux ;

Deux cent cinquante mille brebis ;

Deux mille ânes ;

Et cent mille hommes[1] !

Nous ne parlons pas de ce roi d'Éthiopie qui n'a pas moins de trois cent mille chars et d'un million de soldats; de ces batailles où cinq cent mille hommes restent sur la place ; ni même du roi Josaphat qui tire de la Judée une armée d'un million quatre-vingt mille hommes, sans compter les garnisons.

De pareils récits au miracle il n'y a qu'un pas. Les Hébreux ont exagéré lorsque, des parfums qu'on brûlait devant l'arche, ou des réchauds fixés au bout d'une perche, qui guidaient leur caravane, suivant l'usage conservé dans l'Arabie, ils ont fait une colonne ardente la nuit, nébuleuse le jour, qui aurait marché devant eux.

Ils ont symbolisé quand ils ont dit, probablement sur la foi de Moïse lui-même, qu'au moment où la religion qu'il allait enseigner rayonna complète dans sa pensée, il vit un buisson ardent au milieu duquel il reconnut le Dieu d'Abraham, d'Isaac et de Jacob.

La ruse sacerdotale est encore une source abon-

---

[1] Paral., liv. I, chap. v, vers 21.

dante de miracles. Il ne faut pas toujours la condamner. Si Moïse ou Mahomet s'étaient contentés de dire à leurs tribus nomades et presque sauvages :

Vous adorez les idoles ; il vaut mieux croire qu'il n'y a qu'un seul Dieu ; l'unité du monde le prouve. Dans les relations entre les sexes vous ne suivez aucune règle ; je ne puis vous empêcher d'être polygames, mais je vais vous proposer des réformes qui rendront le mariage un peu plus digne. Vous avez des esclaves ; je vous conseille d'adoucir leur sort ;

La foule eût répondu ce qu'elle dit à Moïse, avant qu'il eût pris le caractère d'inspiré : Qui t'a fait notre chef et notre juge[1] ? Le matérialisme de cet auditoire annonçait qu'on ne pouvait agir sur lui par la raison ; son amour pour le merveilleux disait qu'il fallait le prendre par la crédulité.

Ni Moïse ni Mahomet n'eussent réalisé le bien qu'ils devaient faire s'ils n'avaient dit avec assurance : Voici ce qu'ordonne le Seigneur. Il fallut que Moïse montât sur le Sinaï, dont il avait défendu l'approche sous peine de mort, qu'à son retour il racontât une entrevue avec Dieu, qu'il montrât sur des tables de pierre dix lois gravées de la main divine et qu'il voilât son visage, comme pour en cacher les rayons. Il fallut que, pour prolonger le prestige, il entrât quelquefois dans le saint des

---

[1] Exod. II, 14.

saints, partie réservée du tabernacle, où Dieu, disait-il, descendait pour lui parler. Il fallut que Mahomet se fît béqueter l'oreille par une colombe merveilleuse.

Chez ces hommes supérieurs et bien intentionnés, la ruse sacerdotale était nécessaire pour opérer le bien; nous les approuvons; mais cette ruse devient condamnable quand, sans but sérieux, elle entretient l'ignorance du peuple; elle devient infâme quand on l'emploie à faire le mal.

Ces précautions prises contre les livre des Hébreux, nous pouvons en lire les titres.

Le Pentateuque, son nom le dit, est composé de cinq livres[1] : *la Genèse*, histoire de la création et de la vie patriarcale; *l'Exode* qui raconte la sortie d'Égypte et pose les bases de la législation; *le Lévitique*, régulateur du culte; *les Nombres* ou dénombrement du peuple; *le Deutéronome* ou complément de la loi.

Viennent ensuite le livre de *Josué*, les *Juges*, *Ruth*, les *Rois*, deux livres de *Paralipomènes* ou complément[2] qui conduisent l'histoire juive jusqu'à la captivité de Babylone; les deux livres d'*Esdras;* ceux de *Tobie*, de *Judith*, d'*Esther*, de *Job*, qui forment la transition de l'histoire à la poésie; enfin les *Psaumes*, les *Proverbes*, l'*Écclésiaste*, le *Cantique des Cantiques*, le livre de la *Sagesse*, l'*Ecclé-*

---

[1] Πέντε τεύχεα.
[2] Τὰ Παραλειπόμενα, les choses omises.

siastique, les *Prophètes* et les deux livres qui racontent les exploits des *Maccabées*.

Tous ces ouvrages composent l'Ancien Testament des catholiques[1]. Les Juifs regardaient la plupart de ces livres comme inspirés par Dieu; c'est à ce titre qu'Esdras, au retour de la captivité, les réunit dans un catalogue qui devait faire loi pour le peuple et que les Grecs ont appelé Canon[2]. Parmi les livres canoniques, les Juifs distinguaient la *loi*, c'est-à-dire le Pentateuque; les *Prophètes*, ils rangeaient sous ce titre Josué, les Juges, Ruth, les Rois, tous les prophètes excepté Daniel.

[1] Horum librorum indiculum nobis confecit Tridentina synodus, sess. 4. Sacrorum, inquit, librorum indicem huic decreto adscribendum censuit ne cui dubitatio suboriri possit quinam sint qui ab ipsa synodo suscipiuntur. Sunt vero infra scripti : Testamenti Veteris, quinque Moysi, id est Genesis, Exodus, Leviticus, Numeri, Deuteronomium; Josue, Judicum, Ruth, quatuor Regum, duo Paralipomenon, Esdræ primus et secundus qui dicitur Nehemias, Tobias, Judith, Esther, Job, Psalterium Davidicum centum quinquaginta psalmorum, Parabolæ, Ecclesiastes, Canticum canticorum, Sapientia, Ecclesiasticus, Isaias, Jeremias cum Baruch, Ezechiel, Daniel, duodecim prophetæ minores, id est Osea, Joel, Amos, Abdias, Jonas, Michæas, Nahum, Habacuc, Sophonias, Aggæus, Zacharias, Malachias, duo Machabæorum primus et secundus; Testamenti Novi quatuor Evangelia, secundum Mathæum, Marcum, Lucam et Joannem; Actus Apostolorum a Luca evangelista conscripti; quatuordecim epistolæ Pauli apostoli ad Romanos, duæ ad Corinthios, ad Galatas, ad Ephesios, ad Philippenses, ad Colossenses, duæ ad Thessalonicenses, duæ ad Timotheum, ad Titum, ad Philemonem, ad Hebræos, Petri apostoli duæ, Joannis apostoli tres, Jacobi apostoli una, Judæ apostoli una, et Apocalypsis Joannis apostoli.— Bonfrerius. *Pentateuchus Mosis commentario illustratus.*

[2] Κανών, règle.

Enfin, sous le nom d'*hagiographes*, en grec écrivains sacrés[1], on plaçait Job, les Psaumes, les Proverbes, l'Ecclésiaste, le Cantique des cantiques, Daniel, les Paralipomènes, Esdras. On a des doutes sur l'estime que faisaient les Juifs d'Esther et du prophète Baruch; chez eux la Sagesse, l'Ecclésiastique, Tobie, Judith, les Maccabées, n'étaient pas canoniques, mais seulement vénérés comme des ouvrages pieux. Les protestants ont rejeté les mêmes livres que les Juifs.

On a beaucoup discuté sur l'auteur du Pentateuque, sur l'époque à laquelle cet ouvrage fut écrit. Nous n'éluderons pas cette question qui nous paraît indiquée par les convenances de notre sujet, mais nous la trouvons moins importante qu'on ne l'a dit. Elle ne porte que sur le matériel de la rédaction. Si l'on démontre que Moïse n'a pas écrit le Pentateuque, si Moïse n'est pas l'auteur de la forme, il ne restera pas moins l'auteur du fond. C'est bien sa doctrine cosmogonique, historique, c'est bien la législation donnée par lui qui se retrouvent dans cet ouvrage; conservées par la tradition et par quelques documents écrits, elles furent très-fidèlement retracées. A quel autre génie de ces temps lointains attribuer la conception de cet ensemble? N'est-ce pas Moïse qui créa les Juifs? Tout chez ce peuple n'est-il pas animé de son souffle? Nous le déclarons; quelle que soit la conclusion de nos recherches sur

---

[1] Ἁγία γράφειν.

les origines du Pentateuque, nous appellerons la Cosmogonie de la Genèse système de Moïse, les lois de l'Exode, du Lévitique, des Nombres, du Deutéronome, lois de Moïse; pour nous l'auteur du Pentateuque sera Moïse; la rédaction seule est en litige, et c'est une question secondaire.

Moïse fournit pour la composition des cinq livres des enseignements verbaux que la tradition conserva; les tables de pierre sur lesquelles il grava le décalogue et qui furent conservées dans l'arche; enfin, la Bible rapporte que ce législateur écrivit un volume appelé le Livre du pacte[1], mais ce dernier document ne traversa pas l'époque anarchique des juges; le recueil que nous appelons aujourd'hui Pentateuque fut écrit longtemps après Moïse. La tradition qui lui en attribue la rédaction n'a pour fondement qu'une méprise dont il est aisé de rendre compte. Le Pentateuque expose la religion qu'enseigna Moïse, raconte avec détail la vie de ce législateur, contient un exposé de ses lois; dans toutes les parties de cet ouvrage Moïse est le sujet principal : voilà pourquoi s'est établie l'habitude de nommer les cinq premières parties de la Bible *Livres de Moïse*, comme on appelle livre de Ruth, livre de Job, livre d'Esther, les ouvrages qui racontent l'histoire de Ruth, de Job ou d'Esther; on n'a jamais cru pour cela que la jeune glaneuse, que Job personnage

---

[1] Exod. xxiv, 4, 7. — Deut. xxxi, 9.

fictif, ou que la favorite d'Assuérus aient tenu la plume[1].

Ce qui nous décide à refuser au législateur hébreu la rédaction du Pentateuque, ce n'est pas seulement la forme indirecte de la narration qui nomme toujours Moïse à la troisième personne, ainsi César et Napoléon parlent d'eux-mêmes dans leurs mémoires; mais cet indice réuni à d'autres n'est pas à négliger, surtout si l'on observe que le Pentateuque vante Moïse et le critique, parle dans un passage de son extrême douceur, l'appelle homme divin, lui reproche ailleurs une désobéissance.

Nous n'accordons encore qu'une valeur subsidiaire à cette objection-ci : Moïse mourut dans les sables du désert avant d'atteindre la terre cultivable, et plusieurs de ses lois portent sur la récolte des olives, sur les vendanges, sur les haies qui doivent clore les champs; le législateur pouvait régler d'avance la culture de la Palestine qu'il avait aperçue dans un premier voyage. Ne sait-on pas que les auteurs d'un système le supposent toujours réalisé? Leur imagination se promène sous les portiques de l'édifice qu'ils vont construire.

Ce qui commence à devenir plus grave, c'est

---

[1] Nescio vero quo auctore satis idoneo compertum sit Pentateuchum Mosis ipsius fuisse autographum. Vulgo dicitur, sed non omnibus probatur. Peyrère, *Præadamitæ*, p. 173.

Libros Mosis ita dictos putant non quod à Mose conscripti sint, sed quod de Mose agant. Rosenmuller, *Scholia in Vetus Testamentum*.

qu'on ne peut attribuer à Moïse un ouvrage qui raconte sa mort en ajoutant ces mots qui la placent dans le lointain des souvenirs : Personne *jusqu'à ce jour* n'a pu trouver sa sépulture, et il ne s'est plus trouvé dans Israel de prophète semblable à Moïse, qui connût Dieu face à face.

S'il est vrai que cette raison concluante s'applique seulement à la fin du Deutéronome, nous opposons au reste du Pentateuque un argument qui, pour être nul aux yeux des croyants, n'est pas moins décisif pour nous. Les cinq livres sont pleins de faits merveilleux, par conséquent inexacts ; des contemporains les eussent repoussés. Il faut des siècles pour que les réalités se déguisent ainsi sous l'exagération et le symbole. On ne poétise pas le présent, mais l'antiquité. Ce n'est pas à quelques années de distance que le passage à gué de la mer Rouge ou l'embrasement de villes situées sur un sol bitumineux, deviennent autant de miracles. Le temps seul donne à la statue de Charlemagne ses proportions colossales, au barde Ossian son étoile, à Moïse les deux traits de lumière.

Ajoutons que les répétitions, les contradictions sont fréquentes dans la Bible entière. Si le livre des Rois attribue d'abord au prophète Élie, puis au prophète Élisée, le double miracle de l'huile qui se multiplie et de l'enfant qu'un saint homme ressuscite en s'étendant sur son corps ; si la même captivité de Jérémie est répétée deux fois de suite, si nous avons une double histoire d'Esther, si le livre de

Daniel nous montre ce prophète parvenu à l'âge mûr et finit en nous racontant son enfance; si des chiffres divers se combattent quand le texte évalue la cavalerie de Salomon ou d'Holoferne, ou bien quand il fait les dénombrements d'Israël et de Juda, le Pentateuque n'échappe point au même désordre. Dans la Genèse, le double récit de la création de l'homme, le triple enlèvement de la femme d'un patriarche par un roi infidèle, la confusion dans laquelle sont présentées les lois de Moïse, sont des exemples de cette incohérence. Elle ne détruit pas la valeur tantôt historique, tantôt poétique des matériaux employés, mais elle prouve qu'une seule main ne les a pas façonnés.

Moïse n'a pas écrit le Pentateuque. Le style indirect employé toujours en parlant de sa personne, les détails agricoles multipliés dans la loi, sont pour ce fait des commencements de preuve; la fréquence des miracles, le désordre de l'ouvrage, font à nos yeux preuve complète[1].

---

[1] Nihil vero est quod pluribus lectorem atteram exemplis ut lucem soli fænerem et probem rem per se clarissimam, neque erit quare mirari quisquam post hoc debeat cum animadverterit tam multa in illis legi obscura, confusa, inordinata, trunca et mutila, sæpius repetita, omissa plurima, extra locum et seriem posita, quoties reputabit congestos illos esse apographorum farraginem. Peyrère, *Præadamitæ*, p. 176.

Nec hic opus habeo omnia Pentateuchi recensere; si quis modo ad hoc attenderit quod in hisce quinque libris omnia, præcepta scilicet et historiæ, promiscuè sine ordine narrentur, neque ratio temporum habeatur, et quod una eademque historia sæpe aliquando

Si ces considérations ne suffisaient pas, si l'on voulait des raisons de texte, nous citerions dans le Pentateuque des pasages nécessairement postérieurs à Moïse, et si nombreux qu'on ne peut les regarder comme des interpolations, ainsi que les partisans de la rédaction mosaïque le reconnaissent en désespoir de cause; c'est le fond même de l'ouvrage, c'est le style tout entier. Ouvrons la Genèse. Moïse, qui mourut sur la frontière de la Palestine encore occupée par les infidèles, n'eût pas dit : Le Kananéen était *alors* dans le pays![1] et, dans un autre passage, le Kananéen et le Périzzéen habitaient *alors* cette terre[2]. Ces phrases ne purent être conçues qu'après l'achèvement de la conquête par les Hébreux. Ce n'est pas Moïse qui, dans la Genèse, a pu nommer la ville d'Hébron[3], puisque d'après le témoignage d'un autre livre biblique, elle s'appela Cariatharbé jusqu'au temps de Josué[4]. Moïse n'a pas pu dire : Abraham poursuivit les Assyriens jusqu'au pays de Dan[5], qui ne prit ce nom qu'après le partage de la Palestine entre les tribus[6]. Saül au moins était monté

---

diversimodè repetatur, facile dignoscet hæc omnia promiscuè collecta et coacervata fuisse. Spinosa, *Tractatus theologico-politicus*, p. 117. Voy. cap. 18 *in quo ostenditur Pentateuchon et libros Josue, Judicum, Ruth, Samuelis et Regum non esse autographa.*

[1] Gen. xii, 6.
[2] Gen. xiii, 7.
[3] Gen. xiii, 18.
[4] Josué, xiv, 15; xv, 13.
[5] Gen. xiv, 14.
[6] Juges, xviii, 29.

sur le trône avant qu'on écrivît ce passage : Voici les princes qui régnèrent à Édom *avant que les fils d'Israël eussent un roi* [1].

L'Exode nous apprend que les Israélites se nourrirent de manne jusqu'à ce qu'ils arrivassent dans un pays habitable, jusqu'à ce qu'ils touchassent aux frontières du pays de Kanahan. Le texte ajoute qu'on mit dans l'arche un *gomor* plein de manne ; comme le gomor était pour les rédacteurs une mesure ancienne, tombée en désuétude, ils disent pour en donner une idée à leurs contemporains, le gomor est le dixième de l'*éphi* [2].

Le Deutéronome débute par cette phrase : Voici les paroles que Moïse adressa au peuple d'Israël, *de l'autre côté du Jourdain*. Quand ces mots furent écrits on avait passé le Jourdain que Moïse ne franchit jamais [3]. Ce législateur, parlant d'un événement contemporain, n'eût pas dit ailleurs : Jahir, fils de Manassé, posséda tout le pays de Basan qui, de son nom, s'est appelé pays de Jahir *jusqu'à nos jours* [4]; Moïse, après avoir triomphé d'Og, roi de Basan, n'eût pas adressé ces paroles à l'armée qui venait de le voir périr : On montre dans Rabbath, ville des Ammonites, le lit de fer de ce géant ; c'est un lit de neuf coudées. Moïse n'eût pas ajouté surtout comme

---

[1] Gen. XXXVI, 31.

[2] Exod. XVI, 35, 36.

[3] Deut. I, 1. Voy. Huet, *Demonstratio Evangelica*, propos. 4, cap. 14. Leclerc, *Genesis : Dissertatio de scriptore Pentateuchi*.

[4] Deut. III, 14.

le Deutéronome, « suivant la coudée royale » *juxta cubitum regis*[1].

S'il est aisé de repousser l'opinion qui ferait de Moïse l'écrivain du Pentateuque, il est plus difficile d'en découvrir les véritables rédacteurs. Cependant on peut établir, avant d'entrer dans les détails, que toutes les parties de l'ancien Testament furent écrites longtemps après les événements qu'elles racontent, et à des époques peu éloignées les unes des autres; la conformité du style et de la langue, qui diffèrent très peu du Pentateuque aux prophètes, et qui eussent sensiblement varié si la rédaction eût occupé un grand nombre de siècles, nous le prouve.

La Genèse ne fut pas rédigée sur de simples traditions. Tous les détails de noms et de chronologie qu'elle contient, n'auraient pu se conserver oralement. Il existait parmi les juifs des documents écrits qui furent mis en ordre de la même manière que chez les Grecs on harmonisa les chants de rapsodes, mais les soudures furent mal dissimulées. Il y a des répétitions dans la Genèse. Nous avons parlé du double récit qui retrace la création de l'homme, de la triple histoire d'une femme de patriarche enlevée par un prince idolâtre. Le Dieu des Juifs est désigné par des noms divers. *Elohim*[2], mot pluriel, paraît d'autant plus mal choisi pour exprimer l'unité divine, que ce terme est emprunté à la religion phénicienne où il désignait collectivement les dieux inférieurs,

---

[1] Deut. III, 11.
[2] אלהים

compagnons de Saturne[1]; *Jehovah*[2], d'autre part, est le nom le plus sublime qu'on ait donné à la Divinité. Chacun sait qu'il signifie il a été, il est, il sera[3]. Ces désignations de l'être infini paraissent appartenir à plusieurs époques, à plusieurs auteurs. Guidé par ces indications, un médecin du dix-huitième siècle, Jean Astruc, a essayé de retrouver les Mémoires originaux d'après lesquels fut rédigé le Pentateuque; réunissant d'un côté tous les passages où Dieu est appelé Elohim, de l'autre tous ceux où on le nomme Jehovah, il a obtenu deux récits de la création très complets et tout à fait distincts. Outre ces deux principaux Mémoires, Astruc en signale d'autres dont la Genèse ne contient que des fragments.

Le livre de Josué, qui suit le Pentateuque, est très-postérieur à l'époque de Josué. Non seulement il est rempli de merveilleux, ce qui prouve que les hommes et les événements sujets de ce livre avaient pour les écrivains l'auréole de l'antiquité, mais il trahit sa date par plus d'une locution. Le rédacteur remonte évidemment à des chroniques lointaines pour lui. S'il parle de douze pierres érigées par les Hébreux

---

[1] Οἱ δὲ σύμμαχοι Ἴλου, τοῦ Κρόνου, Ἐλωεὶμ ἐπεκλήθησαν, ὡς ἂν Κρόνιοι, οὗτοι ἦσαν οἱ λεγόμενοι ἐπὶ Κρόνου. Sanchoniathon cité par Eusèbe, Préparation évangélique, liv. 1, chap. 10.

[2] יהוה

[3] יהיה   הוה   היה
  ihieh   hoveh   hahiah
  erit   est   fuit

après le passage du Jourdain, il ajoute : elles y sont demeurées *jusqu'à nos jours*[1].

La même formule s'applique au monceau de pierres qui couvrit le corps d'Achan lapidé.

« Ils asssemblèrent sur lui un monceau de pierres, qui est demeuré là *jusqu'à nos jours*[2].

Ces allusions à des époques éloignées sont fréquentes dans la Bible ; elles sont de style dans toutes les parties historiques de ce recueil. Nous renonçons à les signaler en détail[3].

Comme le Pentateuque, qui cite *le Livre des guerres du Seigneur*[4], le livre de Josué fut rédigé sur des documents perdus pour nous, notamment *le Livre des Justes*. Le rédacteur invoque cette autorité, bien connue de ses contemporains, dans un passage où il semble douter lui-même et craint avec raison de trouver des incrédules. Voici le texte :

« Le soleil et la lune s'arrêtèrent jusqu'à ce qu'Israël se fût vengé de ses ennemis. Cela n'est-il pas écrit dans le Livre des Justes ? Le soleil s'arrêta donc au milieu du ciel et retarda son coucher l'espace d'un jour entier[5]. »

On voit que le rédacteur hésite. Avant de de-

---

[1] Josué, IV, 9 ; V, 9.

[2] Josué, VII, 26.

[3] Voy. Leclerc, Sentiments de quelques théologiens de Hollande, 7ᵉ lettre, p. 131 ; 8ᵉ, p. 157.

[4] Nombres, XXI, 14.

[5] Josué, X, 13.

mander compte à Galilée de son incrédulité, l'inquisition n'eût-elle pas dû chercher si l'auteur du livre de Josué n'avait pas douté le premier et si la Bible était bien sûre de son fait?

Le Livre des Justes est encore cité dans le second livre des Rois [1].

Pour démontrer que la rédaction de l'ouvrage qui porte pour titre *les Juges* est postérieure à ces magistrats guerriers, il suffit de rappeler cette phrase souvent répétée dans leurs annales : Il n'y avait pas encore de rois en Israël [2].

Le Pentateuque, Josué, les Juges, tous les écrits qui retracent des événements antérieurs à la royauté, ne furent point rédigés pendant la période agitée des juges et l'anarchie de la conquête, mais au moment où l'état juif se trouva dans des conditions régulières, où les rois eurent ces *ministres des commentaires*, espèces d'historiographes, comme nous en trouverons à la cour des pharaons, des rois abyssins, du Perse Assuérus; sous le règne de David, ces fonctions étaient remplies par un nommé Josaphat. C'est lui, nous le pensons, qui dirigea la rédaction du Pentateuque ; elle fut commencée après l'avénement des rois, comme le prouvent dans les cinq livres plusieurs allusions à la monarchie [3]; elle fut terminée avant que David eût conquis sur les Ammonites la cité de Rabbath, dont il extermina

---

[1] Rois, l. II, 1, 18.
[2] Juges, xvii, 6; xviii, 1, 31; xxi, 24.
[3] Gen. xxxvi, 31. Deut. iii, 11.

les habitants. Le Deutéronome parle de cette ville comme si elle appartenait encore aux fils d'Ammon[1].

Les cinq livres étaient non seulement écrits mais vénérés dans la nation, lorsque Salmanasar, roi des Assyriens, s'empara de Samarie. Les infidèles dont il peupla cette ville demandèrent aux Juifs des livres sacrés et reçurent le Pentateuque avec respect; ils rejetèrent constamment les autres livres, sans en excepter Josué, probablement parce qu'ils furent rédigés postérieurement à leur conversion.

Les ministres des commentaires ne se contentèrent pas de remplir, en écrivant le Pentateuque, Josué, les Juges, l'arriéré que présentaient les annales du peuple juif. Ils écrivirent l'histoire des rois et en formèrent des archives très-volumineuses. Elles sont perdues pour nous. Après la chute des rois, et probablement au retour de la captivité de Babylone, à l'époque où l'on voulut raviver la religion nationale, flétrir les princes qui l'avaient méconnue et faire considérer les malheurs du peuple juif comme des punitions de son impiété, des inconnus, prêtres probablement, dans tous les cas dévoués au parti sacerdotal, comme le prouve l'esprit général de leurs livres, écrivirent, pour l'usage du peuple, des abrégés de l'histoire juive. Ces abrégés sont les livres des Rois et des Paralipomènes, que nous avons entre les mains. Les auteurs donnent à leurs contemporains des explica-

[1] Deut. III, 14.

tions pour leur faire comprendre les mœurs des temps éloignés où figurent leurs personnages; ils disent, par exemple : « Autrefois, dans Israël, celui qui voulait consulter Dieu parlait ainsi : Venez, allons trouver le Voyant. On donnait alors le nom de voyant[1] à ceux que maintenant nous appelons prophètes[2]. » Les auteurs de ces abrégés nous disent à quelle source ils puisent, et terminent la biographie de chaque souverain par cet avis : Quant au surplus de ses faits et gestes, quant aux guerres qu'il eut à soutenir, on peut les lire dans les archives des rois d'Israël (ou de Juda).

Ruth, Judith, Esther, Job, sont des romans bien plutôt que des récits historiques, et passent pour des productions de la captivité. L'époque de rédaction que nous indiquons ne peut être prouvée quant à Ruth. Nous savons seulement que cette histoire, dont les personnages sont placés par l'auteur au temps des juges, fut composée après l'avénement de David, puisqu'on nomme ce prince parmi les descendants de Booz[3]; Judith, Esther, ne sauraient avoir été rédigés avant la captivité. L'on croit la même chose de Job, parce que l'auteur fait jouer un rôle à Satan, et que les mauvais anges, dont le Pentateuque ne fait pas mention, ne furent connus des Juifs que par suite de leurs relations avec les nations orientales.

---

[1] Roé ראה
[2] Nabi נביא. Rois, l. I, ix, 9.
[3] Leclerc, Sentiments de quelques théologiens de Hollande, p. 150.

L'auteur de Job a voulu représenter un Iduméen[1]; le texte le prouve. Les possessions de Job sont attaquées par les Sabéens[2] et les Chaldéens[3], qui devaient être ses voisins du sud et de l'orient. Si la date de ce poëme n'est fixée que par une conjecture, nous savons certainement que le personnage principal est fictif, et que son histoire est une allégorie morale. La conversation de Satan avec Dieu[4]; les malheurs qui fondent sur Job avec tant de rapidité, que la poste de Job, *Hiob-post*, est proverbiale en Allemagne pour désigner un enchaînement de nouvelles fâcheuses[5]; l'arrivée de ses amis, qui restent assis près de lui sept jours et sept nuits avant de parler[6]; son rétablissement miraculeux, tout nous annonce qu'il ne faut pas chercher dans ce livre des faits mais des idées. L'auteur finit en nous apprenant qu'après ses malheurs Job eut sept fils, trois filles, et vécut encore cent quarante ans[7].

Il est certain que le recueil de psaumes contient beaucoup d'œuvres poétiques de David. Ce prince y dépeint les persécutions que Saül lui faisait subir, sa fuite de Jérusalem après la révolte d'Absalon.

---

[1] Aristée cité par Eusèbe, Préparation évangélique, XIX, 25.
[2] Job, II, 15.
[3] Job, II, 17.
[4] Job, I, 6, 7; II, 1, 2, 6, etc.
[5] Dictionnaire de Thibaut, V° *Hiob*.
[6] Job, II, 13.
[7] Job, XLII, 13, 16.

Cette œuvre, écrite avec un désordre lyrique, devait prêter, par ses obscurités, une riche matière aux inventions subtiles des Pères, qui ne virent nulle part David et le passé, mais partout le Christ et des prophéties. Au recueil primitif les Juifs ajoutèrent successivement des psaumes étrangers à David. Les invocations continuelles à la montagne de Sion, qui n'était pas consacrée, mais habitée par des idolâtres au temps de ce prince, au tabernacle de Jérusalem, qui n'avait pas encore de temple, le prouvent assez. Le psaume qui commence par ces paroles : *Sur les fleuves de Babylone.....* est le chant de douleur de la captivité.

Les noms de tous les poëtes qui apportèrent leur contingent au recueil des cantiques hébreux ne sont pas perdus. Le XLIXe psaume est intitulé psaume *d'Asaph*, et nous lisons dans les Paralipomènes, liv. II, ch. 29, v. 30 : « Ézéchias et les princes ordonnèrent aux lévites de louer le Seigneur, en chantant les paroles de David et d'Asaph, le voyant [1].

Au retour de la captivité, ce fut Esdras, surnommé *Sopher*, l'écrivain, qui recueillit les livres juifs, compara les textes, corrigea quelques fautes, et détermina la collection canonique.

Les Juifs ont rédigé de nombreux ouvrages qui ne nous sont point parvenus. Outre les guerres de

---

[1] Voy. Bonfrerius, *Pentateuchus Mosis commentario illustratus*, p. 34 : *de Scriptore psalterii.*

Jéhovah, le Livre des Justes, la Bible nomme les paroles du prophète Nathan, les livres d'Ahias le Silonite, et d'Addo le voyant[1], les commentaires de Jéhu, fils d'Hanani[2]. Que sont devenus les cinq livres de Jason le Cyrénéen? Les Maccabées citent de Jérémie un long passage qu'on cherche en vain dans ce prophète[3]. Les Maccabées nous disent encore que Néhémie, dans une bibliothèque, a réuni les livres des prophètes, ceux de David et les *Lettres des princes*[4].

Ces lettres, analogues sans doute aux *rescrits* des empereurs romains, seraient précieuses pour l'histoire du droit. Elles compléteraient une législation dont nous n'avons que les fragments. Comme recueil législatif, la Bible ne suffit pas à tous les besoins d'un peuple et ne prévoit pas toutes les circonstances de sa vie.

Après la captivité, les rabbins ou docteurs juifs développèrent la loi de Moïse par une jurisprudence d'interprétation qui forma ce qu'ils appelèrent la *loi orale*. Pour en égaler l'autorité à celle

---

[1] Paral. l. II, ix, 29; xii, 15.
[2] Paral. liv. II, xx, 34.
[3] Macc. l. II, ii, 1.
[4] Quare noluerit Deus se, qualis esset, manifestum dare hominibus, quare itidem perplexè et obscurè cum illis locutus sit; quare perplexius et obscurius dicta sua scriptis mandari curaverit, quare tandem autographa ipsa quamplurima quæ divini scriptores a Deo ipso hauserant perire siverit, neque eorumdem ad nos nisi obscuriora multo et turbatiora manavisse apographa voluerit, inquirant sagaciores. Peyrère, *Præadamitæ*, p. 179.

des livres saints, ils disaient que Dieu l'avait donnée verbalement à Moïse sur le mont Sinaï; que depuis elle s'était conservée de mémoire. Tant que dura le temple, cette loi ne fut pas écrite, mais un siècle après le siége de Jérusalem, qui eut lieu, comme on sait, l'an 70 du Christ, le rabbin Juda le saint la rédigea sous le nom de *Mischna*[1], qui veut dire double[2]. Comme le Digeste des Romains, cet ouvrage est à la fois un commentaire et une loi. Sur chaque point, les opinions des maîtres ou rabbins y sont présentées; on met en regard les doctrines des écoles opposées, puis on résout la difficulté par l'avis *des Sages*, c'est-à-dire des docteurs qui rédigèrent l'ouvrage avec Juda. La controverse s'exerça sur la Mischna, comme elle avait fait sur la Bible. Trois cents ans après la ruine du temple, et par les soins du rabbin Jochanan, une glose de la Mischna parut à Jérusalem sous le nom de *Ghémara*[3], ou complément[4]. Cent ans plus tard, Babylone, où les Juifs avaient une académie, produisit sa Ghémara. La réunion de la Mischna et de la Ghémara forme le *Thalmud*[5]; ce mot veut dire doctrine. Le Thalmud de Babylone est plus complet, plus estimé que celui de Jérusalem[6].

[1] מישנה

[2] Δευτέρωσις.

[3] גמרא de גמור perfecit, confecit, absolvit, complevit, implevit, finivit.

[4] Τελείωσις.

[5] תלמוד doctrina, disciplina, doctrinalis farrago.

[6] Voy. Wolf, *Bibliotheca hebræa: de Nomine et origine Thalmudis.*

Les dates que nous indiquons ne sont pas précises, et ne sauraient l'être. Il n'y avait pas sous les empereurs romains de journal de la librairie ; les Juifs, souvent persécutés, cachaient leurs livres. Il ne manque pas d'écrivains modernes qui nous disent en quelle année parurent la Mischna, les Ghémaras ; ils citeraient au besoin le jour et l'heure. Il est certain que la Mischna parut après Adrien puisqu'elle nomme Adrien, que les Ghémaras sont postérieures à Dioclétien puisqu'elles font mention de cet empereur ; mais la Mischna fut-elle terminée en 180, dernière année de Marc Aurèle, ou, comme d'autres le veulent, fut-elle achevée en 189, sous Commode par le rabin Hakkadosch[1] ? La Ghémara de Jérusalem ne parut-elle qu'en 422, sous Théodose II ? Est-ce bien en 367 que le chef de l'Académie de Babylone, Rabbi Asché, commença la Ghémara qui porte le nom de cette ville ? son œuvre fut-elle terminée après lui, en 500 ou en 505 ? Les écrivains qui tranchent ces questions ne s'appuient sur aucune preuve. Nous douterons toujours de ce qui est douteux.

Le Thalmud est peu connu parmi nous, parce qu'aucun lien ne le rattache aux origines du christianisme. Ce livre n'eut pas l'influence historique de la Bible ; il n'en a pas non plus le style inspiré. Cependant la jurisprudence rabbinique mériterait d'être plus étudiée. Non seulement elle fit loi chez

---

[1] Bartoloccio, *Bibliotheca rabbinica*, t. 3, p. 79.

un peuple célèbre et doit à ce titre avoir une place dans les annales du monde, mais elle contient le secret d'une méthode précieuse, c'est de développer l'esprit d'une loi sans en modifier la lettre. Tant que le progrès de la législation ne suivra pas exactement celui des mœurs, tant que les légistes devront appliquer des textes arriérés, il faudra vivifier la loi par des interprétations subtiles en apparence, fécondes en réalité.

Nous avons eu la pensée de placer chaque développement thalmudique à la suite du texte mosaïque dont il est le commentaire. Ces interprétations, toujours conçues selon la lettre de Moïse, souvent selon son esprit, font comprendre de quelle manière sa loi passa dans les faits; mais on ne pouvait, sans un choquant anachronisme, rapprocher des lois mosaïques la jurisprudence des rabbins. Si l'esprit général des deux législations est le même, les siècles ont changé les applications. L'Exode et la Mischna proscrivent les idolâtres, mais l'idolâtre pour l'Exode c'est le Kananéen, l'adorateur de Moloch; pour la Mischna c'est le Grec et le Romain qui se sont mêlés à la population de l'Asie. Comment citer au pied du Sinaï des textes qui nomment Hérode et les Césars? C'est dans la période postérieure à la captivité de Babylone que se forma la jurisprudence rabbinique, c'est là que nous l'avons rejetée.

COMMENTAIRE.

Pour connaître les lois d'un peuple, les textes originaux ne suffisent pas toujours, il serait rigoureux d'exclure entièrement les commentateurs ; aussi voulons-nous les employer. Nous interpréterons la Bible et le Thalmud par un commentaire. Ce commentaire est vivant ; ce n'est pas un livre, c'est une nation, c'est l'Abyssinie.

L'Abyssinie est pour l'homme qui étudie les lois ou qui les fait un pays des plus curieux. Les coutumes barbares qu'il a conservées jusqu'à notre époque jettent un grand jour sur les mœurs de l'antiquité toute entière et spécialement des Israélites. Donnons une idée de cette contrée à laquelle nous emprunterons l'explication de plus d'un texte.

Au sud de l'Égypte, au delà du désert de Nubie et même du Sennâr, il est une terre élevée, montueuse ; de toutes parts on y voit grandir des cimes dentelées. Cette terre pourtant n'est pas aride ; dans les vallées, sur le flanc même des montagnes, sont jetés de verts pâturages. Ce pays a sa végétation, sa flore ; les mimosas, les kantoufas épineux, le colquall, l'arbre à baume, y croissent de toutes parts. Là l'hippopotame, le crocodile, habitent les ondes ; l'éléphant, le rhinocéros, animent les forêts qui s'étendent au nord du pays. La noblesse abyssine va quelquefois troubler ces monstres ; ses armes n'épargnent pas les nègres Changallas, ces Troglodytes de l'antiquité, qui l'hiver habitent des cavernes, l'été des bois. Les Abyssins les tuent ou les réduisent en esclavage et ne leur font pas la guerre, mais la chasse.

Dans la partie occidentale de l'Abyssinie, le lac Dembéa s'étend comme un miroir; entre les montagnes, comme dans des rigoles, serpentent plusieurs cours d'eau, *le Tacazé*, *le Fleuve Bleu*, branche du Nil que le voyageur Bruce prit pour le Nil même et dont il crut découvrir les sources, bien qu'il ne les ait vues et décrites que le troisième [1].

L'Abyssinie fut peuplée par une réunion de nations. Son nom arabe le dit. *Habesh* signifie *convenæ*, mélange [2].

Une race qui habite aux sources du Nil Bleu et se distingue encore par sa vénération religieuse pour ce fleuve[3], les *Agaus*, sont en Abyssinie l'élément le plus ancien de la population. Dans ce pays vinrent se fixer les pasteurs Barabras dont plusieurs tribus circulent encore dans la haute Égypte et la Nubie. En Abyssinie s'arrêtèrent aussi des Arabes; il en vint même de l'Arabie heureuse, du royaume de Saba.

Les habitants que cette mixtion produisit, les Abyssins, habitent une partie de ce territoire mal défini que les anciens nommaient Éthiopie, cepen-

---

[1] Combes et Tamisier, Voyage en Abyssinie, t. 3, p. 302.

[2] Ludolf, *Historia Æthiopica*, lib. 1, cap. 1.

[3] Salt, Deuxième Voyage en Abyssinie, traduction française, t. 2, p. 21, 109.

dant ils ne sont pas noirs comme les Éthiopiens de l'antiquité, qui étaient les nègres de Nubie. Les Abyssins sont des hommes grands, au teint brun, aux belles formes; on les voit animer les sites de leur patrie avec leur chevelure noire et luisante de beurre, leurs caleçons, leur ceinture de toile. Ils tiennent d'une main la lance au fer large et lourd, de l'autre le bouclier souvent orné d'une queue de cheval. Les seigneurs ont une chemise de toile bleue: heureux qui peut y coudre une bordure de soie. Cependant le goût du luxe est vif chez cette nation comme chez tous les Barbares. Dans les grandes cérémonies, il ne manque aux grands de l'Éthiopie moderne ni peaux de lion, de tigre et de rhinocéros pour couvrir leurs chevaux, ni dais au-dessus de leur tête; ils portent alors des armes ciselées, et dissimulent sous une étoffe à fleurs d'or leur habituelle misère [1].

Dans ses pauvres maisons où les bestiaux, même chez les princes, sont au râtelier dans la salle d'audience, ce peuple mange de la chair crue sur un pain de teff qui sert d'assiette et d'aliment, comme dans les récits de l'Énéide; il boit l'hydromel et le bouza dans des cornes de bœuf, première coupe des anciens. Un commencement de relations avec l'Europe a fait pénétrer les *brulhés* ou breuillis qui sont des verres de Venise.

L'Abyssinie est un pays barbare conservé jusqu'à

---

[1] Poncet, Lettres édifiantes, t. 3, p. 304.

nous par son isolement, par ses montagnes. C'est un livre ouvert pour tous ceux qui veulent connaître l'antiquité, car elle a passé tout entière par cet état social. L'Abyssinie en 1841, telle qu'elle est demeurée jusqu'à nous, est un commentaire vivant de l'Iliade, de l'Énéide, mais surtout de la Bible.

La vie actuelle des Abyssins est celle des anciens Israélites. Tous les voyageurs l'ont reconnu. Quant à moi, disait M. Salt en 1812, j'avoue que pendant mon séjour en Abyssinie j'étais si frappé de cette ressemblance, que parfois je ne pouvais m'empêcher de m'imaginer que j'habitais parmi les Israélites, et que j'étais reporté à quelques mille ans en arrière, c'est-à-dire au temps où les rois étaient pasteurs et où les princes de la terre, armés de lances et de frondes, allaient, montés sur des mulets, combattre les Philistins [1].

Cette ressemblance, nous pourrions dire cette identité, s'explique par la philosophie et par l'histoire ; par la philosophie, car deux peuples parvenus à la même phase de développement social ont nécessairement les mêmes coutumes. Les Hébreux étaient barbares ; les Abyssins le sont aujourd'hui.

Par l'histoire, car l'influence d'Israël sur l'Abyssinie fut directe, les Juifs ont colonisé ce pays. Les archives éthiopiennes racontent que la reine de Saba, *Nicaula*, *Makéda* ou *Belkis*, qui visita Salomon et fut éblouie de sa grandeur, fut séduite par ce

---

[1] Salt, Deuxième Voyage en Abyssinie, trad. franç., t. 2, p. 53.

prince, non seulement comme reine, mais comme femme; elle aurait eu du roi de Jérusalem un fils nommé *Ménilek* qui serait la souche des rois Abyssins [1]. Ils se disent de la race de Salomon et portent, en guise d'armoirie, l'emblème de la tribu de Juda, le lion courant, avec cette devise :

« Le lion d'Israël et de la tribu de Juda a vaincu. »

Cette généalogie n'a rien d'impossible. Il est vrai que Belkis était arabe. Son royaume de Saba était séparé de l'Abyssinie par la mer Rouge, et s'appelle aujourd'hui l'Yémen. Les Sabéens sont les Homérites, peuple de l'Arabie heureuse [2]. Nous le savons d'Agatharchides, qui nous apprend une étrange coutume de cette nation. (Le roi de Saba, s'il sort de son palais et se montre en public, est tué par ses sujets à coups de pierres.) Mais enfin l'empire de Belkis pouvait s'étendre sur les deux rives de la mer, et l'Évangile, en l'appelant reine du midi, n'exclut de ses possessions ni l'Arabie, ni l'Abyssinie.

Belkis et Ménilek attirèrent en Abyssinie les Juifs. Ils y formèrent un peuple séparé qui s'est conservé jusqu'à nos jours sous le nom de Falachas; leurs coutumes, auxquelles le nom de Salomon donnait un grand prestige, furent imitées par les habitants. Le jésuite Lobo s'exprime ainsi sur les Abyssins.

---

[1] Voy. Alvarez, Description de l'Éthiopie, p. 56. Combes et Tamisier, Voyage en Abyssinie, t. 2, p. 118.

[2] Ἐφεξῆς δὲ τὸ τῶν Σαβαίων ἐπισυνάπτει γένος, μέγιστον τῶν κατὰ τὴν Ἀραβίαν, καὶ παντοίας κύριον εὐδαιμονίας.... τὸ δὲ τῶν Σαβαίων ἄστυ, πολὺ κάλλιστον τῶν κατὰ τὴν Ἀραβίαν. Agatharchides, *De mare Rubro*.

« Ils ont la circoncision ; ils observent le jour du sabbat ; ils ne mangent pas de viandes défendues par la loi. Les femmes sont obligées de se purifier. Le frère épouse la veuve de son frère ; enfin ils conservent beaucoup de cérémonies des Juifs [1]. »

Tout en reconnaissant avec Lobo que les Abyssins ont conservé beaucoup de cérémonies juives, nous n'affirmons point que les coutumes citées par lui soient précisément celles qui ont une origine hébraïque. Il y en a plusieurs, comme le mariage du frère avec la veuve de son frère mort sans enfants, qui se retrouvent à peu près partout ; les autres, spécialement la circoncision, la distinction des viandes pures et impures, étaient égyptiennes avant d'être juives ; mais on ne peut nier l'influence d'un peuple sur l'autre, quand on trouve dans les annales abyssines des noms tels que Gédéon, David, Isaac, quand on remarque des coïncidences minutieuses comme celle qui est indiquée par Bruce.

En 1768, ce voyageur vit rentrer dans la ville de Gondar le héros de l'histoire abyssine, le ras Michaël Souhoul, qui venait de remporter plusieurs victoires.

« Une chose singulière que je remarquai dans cette entrée triomphale, c'était la coiffure des gouverneurs de province. Ils avaient sur le front un large bandeau qui allait se nouer derrière la tête et au milieu duquel s'élevait un cœur d'argent doré d'environ quatre pouces de long, et qui avait préci-

---

[1] Jérôme Lobo, Relation historique d'Abyssinie, p. 78.

sément la forme de nos éteignoirs de flambeau. Cet ornement s'appelle dans leur langue *kirn*, c'est-à-dire *la corne*, et on ne le porte que dans les grandes cérémonies qui suivent les victoires. J'imagine que cette coutume, ainsi que presque toutes celles que les Abyssiniens suivent, leur vient des Hébreux, dans les livres desquels on trouve plusieurs allusions à cette corne :

« J'ai dit au milieu des fous : N'agissez pas follement; et aux méchants : Ne levez point la corne. »

« Ne levez point votre corne haut; ne parlez point avec le cou raide. »

« Ma corne, tu t'élèveras comme la corne d'une licorne. »

« Et la corne des justes s'élèvera avec honneur. »

On trouve encore dans les psaumes beaucoup d'autres passages tels que ceux-là.

Les Abyssins admirèrent les Juifs, les imitèrent souvent. Cependant on ne peut dire qu'ils aient embrassé complètement le judaïsme, ni surtout qu'ils y aient persévéré avec constance. Une inscription lue par M. Salt dans les ruines de l'ancienne capitale abyssine, de la ville sainte, Axum, nous montre un roi de ce pays prenant le titre de *Fils du dieu Mars*[1].

La religion de la contrée était donc un mélange de judaïsme et de paganisme, lorsque l'an 330 de notre ère, sous le roi Abréha, l'Abyssinie fut convertie au christianisme par deux apôtres, Frumentius et Édé-

---

[1] Salt, Deuxième Voyage d'Abyssinie, t. 2, p. 185.

sius[1]; ce peuple est très-religieux, il se montra plein de ferveur. Tout chrétien, pour se distinguer des infidèles, se para d'un collier bleu. Les édifices consacrés au culte s'élevèrent en si grand nombre, que le souverain du pays prit avec justice le nom de *roi des mille Églises;* de toutes parts on vit des processions de moines portant des croix, agitant des sonnettes, et manifestant par des démonstrations encore assez sauvages leur adoration pour la vierge Marie. *Marie* est le nom le plus vénéré dans la contrée.

La réputation du christianisme abyssin devait pénétrer jusqu'en Europe. Longtemps on y dit merveilles d'un prince éthiopien dont le vrai titre est celui de *Négus*, mais qui fut connu d'abord sous le nom faux et ridicule de *prêtre Jean.*

La configuration géographique de l'Abyssinie, sa nature inaccessible, qui a conservé chez elle la barbarie, y conserve en revanche le christianisme comme un parfum dans une coupe. L'Abyssinie ne devint jamais mahométane, et les Arabes, conquérants de l'Égypte, n'étendirent point leur influence sur elle.

C'est par l'intermédiaire d'Alexandrie que l'Abyssinie s'est toujours rattachée au monde chrétien; comme Alexandrie, elle se sépara de l'église romaine. Les Abyssins appartiennent à la communion grec-

---

[1] Ludolf. *Historia Æthiopica*, lib. 3, cap. 2 : *de Habessinorum conversione ad fidem christianam.*

que et à l'hérésie d'Eutychès[1]. Le patriarche alexandrin choisit parmi les moines coptes et leur envoie leur père ou *abouna*, c'est-à-dire le chef de la religion dans leur pays.

L'histoire de l'Abyssinie chrétienne se compose de longues guerres avec les mahométans des pays voisins, surtout avec les Maures du royaume d'Adel, qui ne purent, malgré leurs efforts, entamer le territoire. Le nom du Négus Amda Sion est l'un de ceux qui brillent le plus dans cette lutte héroïque.

Un autre événement capital est l'apparition des Portugais sur ce théâtre. D'une part Pédro Covillan, parti du Sénégal, traverse toute l'Afrique et arrive comme ambassadeur chez les Abyssins, qui le retiennent prisonnier ; de l'autre, les Portugais établis aux grandes Indes prêtent quelques troupes aux Négus pour les appuyer dans leurs expéditions contre l'infidèle. En 1560, les jésuites s'introduisent en missionnaires, critiquent le dogme, le culte, la morale des Abyssins, veulent les détacher de la communion grecque et même les rebaptiser : ces Pères excitent des troubles ; on les expulsa, mais cependant ils laissèrent quelques germes de civilisation dans le pays.

Un événement non moins important, c'est l'apparition des Gallas.

Un peuple noir, voisin des Hottentots et des Caffres, fut poussé vers le nord de l'Afrique par un

---

[1] Voyages du père Sicard : Lettres édifiantes, t. 5, p. 5.

instinct semblable à celui qui fit descendre les Vandales sur le midi de l'Europe et finit par se montrer, au milieu du seizième siècle, sur les confins de l'Abyssinie. Son aspect effraya. Ce peuple était sauvage, cruel à la guerre, et vivait de nombreux troupeaux de bœufs qu'il poussait devant lui. Les chefs montaient une vache les jours de cérémonie et se faisaient, avec les intestins de cet animal, de hideux colliers. Malgré les efforts des Abyssins, ces nouveaux venus ont fini par s'établir dans une de leurs provinces, par conquérir une partie de l'*Amhara*, qu'ils possèdent aujourd'hui. Leurs mœurs se sont améliorées. Bruce les avait vus pasteurs, idolâtres, combattant, soit à pied, soit à cheval, avec de longs bâtons durcis au feu ; MM. Combes et Tamisier les ont trouvés agriculteurs, mahométans pour la plupart, tous cavaliers, armés de sabres et de fusils [1].

Au dix-huitième siècle, au moment où se renouvelait la constitution de la France, l'Abyssinie, sur un moindre théâtre, éprouvait une profonde révolution.

La race royale avait toujours été respectée. Elle régnait à Gondar, dans un vilain château de briques, splendide pour la contrée. Entouré de quelques glaces de Venise, le prince se croyait très-magnifique et portait son casque, surmonté d'une boule de verre bleu, avec autant de majesté que s'il eût été coiffé du diadème de Louis XIV. La race de

---

[1] Combes et Tamisier, Voyage en Abyssinie, t. 2, p. 290, 298, 303.

Salomon ne manquait pas de luxe et de grandeur. Sur le seuil de sa demeure on voyait deux *Nagarits* ou tymbales, symbole du commandement dans ce pays. L'une s'appelait l'agneau; elle retentissait pour annoncer des amnisties, des proclamations miséricordieuses; l'autre, le lion, précédait par son roulement terrible les arrêts de mort et les déclarations de guerre. Le prince avait ses lanciers du Lasta, ses mousquetaires du Tigré, sa garde de cavaliers nègres aux cottes de mailles d'acier. Le jour de son sacre on lui rappelait qu'il avait des droits sur Sion, sur la Montagne Sainte.

Au couronnement du roi d'Abyssinie Socinios ou Melec Segued, qui régna de 1605 à 1632, le monarque, habillé de damas pourpre, portant une chaîne d'or autour du cou et ayant la tête nue, se présenta sur le parvis de l'église ; deux jeunes filles lui barrèrent le chemin avec un cordon de soie cramoisi en lui disant : Qui êtes vous ?

— Je suis votre roi, le roi d'Éthiopie. Les jeunes filles répondent: Vous ne passerez point; vous n'êtes point notre roi.

Le prince fait quelques pas en arrière, puis il se présente de nouveau.

— Qui êtes-vous?

— Je suis votre roi, le roi d'Israël.

— Vous ne passerez point ; vous n'êtes point notre roi.

Le prince revient une troisième fois à la charge; même question de la part des jeunes filles ; le monarque répond cette fois : Je suis votre roi, le roi de Sion ; puis, tirant son sabre, il coupe la corde en deux. Aussitôt les vierges s'écrient : Cela est vrai, vous êtes notre roi, le vrai roi de Sion[1].

Cette grandeur devait s'éclipser; le pouvoir royal devait disparaître devant la puissance des premiers ministres, des *Ras*.

Cette révolution fut opérée au dix-huitième siècle par un grand homme d'état, un grand homme de guerre qui, malheureusement pour sa gloire, vivait dans un pays où rien ne s'imprime, et n'avait pour artillerie que des fusils à mèche à balles de fer; c'est le ras Michaël.

Les rois devinrent pour lui des instruments. Il les traîna à la suite de ses armées, les empoisonna, les remplaça les uns par les autres, suivant ses besoins. Il les exploitait comme en France le malheureux Charles VI était exploité tour à tour par les Bourguignons et les Armagnacs. Son ambition éveilla celle des gouverneurs de province. Laissant les rois végéter à Gondar, dans l'isolement et la misère, tous les chefs abyssins se livrèrent une guerre qui dure encore; guerre barbare, s'il en fut, où l'on mutile les blessés, où l'on brûle les villages, où l'on allume les feux de bivouacs avec des charrues.

Nous espérons que bientôt l'Europe intervien-

---

[1] Bruce, Voyage en Nubie et en Abyssinie, t. 3 : Règne de Socinios ou Melec Segued.

dra. Aujourd'hui même, l'Abyssinie vient de faire un effort pour se rattacher aux nations civilisées, qui seules peuvent calmer ses douleurs, lui donner la science, la paix, l'industrie. Cinquante personnes envoyées en Égypte par *Oubi*, roi du *Tigré*, se trouvaient au Caire au mois de juin dernier. C'est le même prince qui vient d'envoyer au roi Louis-Philippe un présent d'armes et de chevaux. D'autre part, les voyageurs européens sont attirés par l'intérêt que présente l'Abyssinie. L'Allemand Ruppel, les Français Combes, Tamisier, plus récemment M. Rochet d'Héricourt[1], viennent de visiter ce pays; un missionnaire anglican, M. Gobat, y a passé trois années. Ces rapports se multiplieront. Bientôt l'Abyssinie ne sera plus ce qu'elle est aujourd'hui, l'échantillon le plus complet, le plus instructif de la barbarie antique; mais elle aura des lois, de bons procédés agricoles, industriels. Elle cessera de couper le pied aux voleurs, d'émasculer les vaincus, de tailler en pièces les rebelles avec un coutelas; les femmes cesseront d'être à peu près toutes des prostituées; on ne volera plus les hommes libres pour les vendre aux Musulmans, comme esclaves, dans le port infâme de Jidda. Les Abyssins perdront l'habitude de dépouilller le voyageur qui s'aventure au milieu d'eux, lui prenant dans une province ses armes, dans une autre ses habits, dans la troisième sa chemise. Ils recevront des remèdes pour

---

[1] V. la Revue des Deux Mondes du 1er juillet 1841.

l'éléphantiasis, qui n'est pas rare au milieu d'eux; pour le ténia, dont ils sont atteints presque tous. Désirons cette révolution pacifique; contribuons-y; n'aimons pas assez le pittoresque pour y sacrifier l'humanité.

Telle qu'elle est encore, telle qu'elle demeurera toujours consignée dans les récits de voyageurs nombreux et récents, l'Abyssinie est essentielle à consulter pour pénetrer le sens de la Bible.

DIVISION.

En nous occupant des anciens peuples, nous ne nous livrons point sans réserve à l'histoire. Il n'entre pas dans notre plan d'exposer cette chronologie du monde antique, si douteuse que deux dates ne sont pas encore décidées, la création du monde et la naissance de Jésus-Christ; nous ne songeons pas à présenter la nomenclature complète des dynasties et des batailles; d'autre part, nous ne voulons pas nous borner à la reproduction des textes législatifs. Nous parlerons des mœurs autant qu'il le faudra pour expliquer les lois; nous admettrons autant de faits qu'il sera nécessaire pour faire connaître les mœurs.

Quel que soit le point de vue sous lequel on envisage le peuple juif, son histoire présente trois périodes :

Les patriarches, — les juges, — les rois;
La famille,   — la tribu, — le royaume.

Par une division correspondante, nous chercherons dans les mœurs des patriarches la *préparation* de la loi; — sa *promulgation* sous Moïse; — dans l'époque suivante, son *application*.

Ce dernier mot ne sera pas toujours juste. Le contact des tribus kananéennes fit oublier la loi de Moïse. C'est par intervalles qu'elle fut remise en vigueur, et la plupart de ses restaurateurs s'attachèrent seulement aux cérémonies, au matériel du culte; mais il suffit qu'ils aient gardé ces emblèmes, qu'ils les aient fait parvenir au Christ: l'étincelle, ainsi transmise, trouva le flambeau qu'elle devait allumer.

PREMIÈRE ÉPOQUE. — LES PATRIARCHES, PRÉPARATION DE LA LOI.

TEMPS ANTÉRIEURS A LA VOCATION D'ABRAHAM.

L'époque patriarcale est comprise tout entière dans la Genèse.

Nous avons dit qu'en refusant la rédaction de cet ouvrage à Moïse, nous le regardions comme auteur de la pensée. La situation politique de ce législateur explique pourquoi la Genèse fait intervenir jusqu'à cinq fois un contrat divin qui promet à la descendance d'Abraham la terre de Kanahan; pourquoi Jacob offre au Seigneur les prémices et la dîme de ses biens, pourquoi le livre hébraïque, éternisant le crime de Lot et de ses filles, donne cette origine impure à deux peuples, les Ammonites et les Moabites.

Reportez-vous à Moïse, au départ d'Égypte, car c'est alors, c'est avant la promulgation des lois, que Moïse enseigna tous les faits recueillis plus tard dans la Genèse; vous verrez un homme de génie entraînant une nation vers la terre qu'il a choisie. Il faut en promettre la conquête : on fait intervenir la parole du Seigneur. Moïse organise un gouvernement religieux, il lui faut des subsides; il consacre l'impôt par l'exemple de Jacob; enfin des peuples ennemis prendront les armes; le Juif ne les craindra plus s'il les méprise. Les Ammonites et les Moabites sont nés de l'ivresse et de l'inceste.

Tous les enseignements et tous les actes de Moïse reposent sur ce principe, que le caractère des Hébreux, riche en mauvais côtés en présentait un très-bon, par lequel on pouvait les conduire, le sentiment religieux. Ce n'est pas comme philosophe ni comme profond politique que Moïse réclama leur confiance, c'est comme confident du ciel.

Un ami de Dieu ne pouvait rien ignorer de ce qui s'était passé sur la terre, et devait en instruire son peuple, dont quelques traditions sur Abraham, Jacob et Joseph, formaient toute la science; il devait à ces hommes une histoire complète, à commencer par la création du monde.

Il est difficile d'admettre que tous les astres aient commencé d'être le même jour, et qu'ils se soient allumés autour de notre planète comme autant de flambeaux ; ce qu'on nomma longtemps avec emphase création du monde n'est qu'un fait relativement assez minime, la formation de la terre.

Cependant Moïse accepta l'expression reçue, et prit sur lui de raconter la *création du monde.*

Le ciel et la terre, créés d'abord, ne formaient qu'un ensemble confus ; l'Esprit de Dieu était porté sur les eaux. Tout à coup, par la volonté divine, la lumière jaillit pour éclairer ce chaos. Dieu fabrique le firmament comme une voûte solide [1], qui sépare les eaux inférieures des eaux supérieures, et qui s'ouvrira par des écluses lorsque viendra le déluge universel [2]. Les eaux inférieures se rassemblent en un seul lieu qui prend le nom de mer ; le solide apparaît et s'appelle terre. Sur le sol, à peine découvert, germent les végétaux et les arbres, Dieu crée les astres dont le but sera d'éclairer la terre et de marquer les jours et les années [3] ; alors seulement notre globe s'anime ; la mer produit les poissons et les oiseaux, la terre les quadrupèdes et les reptiles. Enfin, pour couronner l'œuvre, l'homme est créé.

La séparation des eaux inférieures et supérieures par le firmament, ce rôle de luminaire et d'horloge de la terre attribué aux astres, sont des idées qui ne satisfont pas les modernes, mais qui étaient, au temps de Moïse, et même du Pentateuque, le dernier mot de la science. D'ailleurs, quand on

---

[1] Gen. I, 6.
[2] Gen. VII, 11.
[3] Gen. I, 14.

renonce au travail inutile de justifier ce récit dans toutes ses parties, on le trouve poétique et même vraisemblable sous plusieurs rapports. La science actuelle paraît confirmer l'ordre indiqué dans la succession des êtres.

On a vu qu'à l'origine l'esprit de Dieu flotte sur les eaux; le sol n'apparaît sous l'onde qu'après trois jours. Il ne nous appartient pas de prononcer si c'est à bon droit que la Genèse accorde à l'eau tant d'importance dans la formation de la terre; mais cela est probable. La géologie actuelle considère comme autant de dépôts produits par des inondations successives les *terrains stratifiés*; ils forment sous nos pieds plusieurs couches parsemées de fossiles divers. Cette humide cosmogonie apparaît dans les croyances et peut-être dans les souvenirs des plus anciennes nations. Les Égyptiens, parmi lesquels Moïse fut élevé, regardaient l'eau comme le principe de la création, création permanente pour eux, car ils voyaient le Nil apporter à l'Égypte la fertilité, le sol même[1]. La terre, disaient-ils, est encore entourée par l'onde, les dieux du soleil et de la lune ne font pas leur route en char, mais en bateau[2]. Cette idée ressemble beaucoup à la distinction mosaïque des eaux supérieures et inférieures; la cosmogonie de la Genèse est à nos yeux une communication faite par la sagesse égyptienne, mais

[1] Jamblique, sect. 7, cap. 2.
[2] Plutarque, *Isis et Orisis*. Clément d'Alexandrie. *Stromat.*, liv. 5, n° 7.

purifiée, comme tout ce que Moïse prit en Égypte, par la conception juive, le monothéisme. L'Égypte fit à plusieurs époques la même révélation. Thalès, Diodore de Sicile interrogèrent ce pays. Le premier enseigna que le monde était sorti des flots, le second proclama la même doctrine dans l'introduction si philosophique de sa bibliothèque historique. Il est curieux de voir l'Inde s'exprimer sur le principe aqueux de la création dans les mêmes termes que la Bible.

« Les eaux ont été appelées Nârâs, parce qu'elles étaient la production de Nara (l'esprit divin). Ces eaux ayant été le premier lieu de mouvement (ayana) de Nara, il a, en conséquence, été nommé Nârâyana (*celui qui se meut sur les eaux*)[1].

Le rédacteur de la Genèse divise, sans doute d'après Moïse, en plusieurs époques, la création que nous venons de retracer; il appelle ces époques, non pas des périodes, comme on l'a inventé depuis, mais *des jours ayant un soir et un matin*, sans songer qu'il ne crée le soleil qu'au quatorzième verset et lorsque la moitié de l'œuvre est accomplie. C'est le nombre sept qui préside à cette division. La création se fait en sept jours et voici pourquoi :

L'une des plus anciennes religions, religion bien antérieure à la conception du Dieu Jehovah comme à la rédaction de la Genèse, c'est l'adoration des astres. Les hommes étaient encore des sauvages

---

[1] Lois de Manou, traduites par Loiseleur Deslonchamps.

nomades, qu'ils avaient déjà remarqué les phénomènes les plus saillants de l'astronomie. De tous les astres, ils en avaient distingué sept : le soleil, la lune, Mars, Mercure, Jupiter, Vénus et Saturne.

A chacun de ces astres un jour fut consacré. Leurs noms se retrouvent encore dans la désignation des jours de la semaine en latin, en français, en anglais et dans un grand nombre d'autres langues; le nombre sept, devenu plus tard, dans le calendrier hébraïque, la base de la semaine, de la période sabbatique, du jubilé, était déjà sacré lorsque la Genèse fut conçue. Il était naturel de le faire figurer dans l'histoire de la création.

Des erreurs évidentes, une belle poésie, des traditions répandues chez les nations les plus anciennes, et qui méritent, à ce titre, l'attention de la science, voilà ce que nous trouvons dans la cosmogonie physique de la Genèse.

Quant à l'idée que ce livre nous donne du principe immatériel, du Créateur, elle est juste et vraie. Dès les premières pages de la Genèse, le Tout Puissant possède l'unité. Il n'y a qu'un seul Dieu. L'avoir dit les premiers, telle est la gloire des Juifs. Moïse ne croyait pas seulement à l'unité de Dieu, il le croyait immatériel, et ce principe est aussi dans le Pentateuque ; mais parfois il y est voilé. Parlant à des enfants, le législateur prend souvent leur langage. Jehovah se promène au vent du soir dans le paradis qu'il a planté[1]. Pour voir la tour de Babel,

[1] Gen. III, 8.

il faut qu'il descende des cieux[1]. Il partagera même le repas d'Abraham. Nous ne reprochons pas à l'auteur ces concessions de pure forme, souvent nécessaires pour que sa pensée fût acceptée [2]. Tel qu'il se présente, malgré la figure humaine que la Bible consent parfois à lui prêter, malgré les nuages ou le buisson de feu qui l'entourent, Jehovah, pour les Hébreux, est encore une conception trop élevée. Sans cesse ils courront à Baal. Ce sera pour nous un beau spectacle que la lutte des grands prêtres, des envoyés de Dieu, des prophètes, contre les instincts de cette populace. Les hommes de la vérité sont méconnus, lapidés, sciés, mis en croix, mais ils se transmettent fidèlement la loi qui met leur peuple au-dessus du reste du monde. Elle rendit un grand service à la terre, cette dynastie d'hommes supérieurs qui sut maintenir un culte public fondé sur le monothéisme, depuis Moïse jusqu'à Jésus-Christ. Par elle, l'Occident tout entier conçut de la Divinité une idée grande et juste; et Mahomet, dérobant le feu du ciel, éclaira l'Orient d'une lumière prise au même foyer.

Le Dieu des Juifs est bien supérieur aux divinités

---

[1] Gen. xi, 5.

[2] Quidnam sibi vult cum scriptum est in lege *et sub pedibus ejus*, item *scriptæ digito Dei, manus Dei, oculi Dei, aures Dei*, et id genus alia? Omnia juxta hominum notitiam qui tantum apprehendunt corpora et loquitur lex phrasi humana, omniaque sunt allegorica ut *quum acuero coruscantem gladium meum.* Quid? Gladiumne habet et ense interficiet? Non nisi metaphoricè et totum istud est metaphoricum. Maïmonides *De fundamentis legis*, I, 8.

des nations orientales. Le Dieu de l'Inde n'est autre chose que l'ensemble de la création; il n'a pas d'action sur la nature, il est la nature même; pour créer il ne façonne pas, il donne sa substance; il se décompose.

« Pour la propagation de la race humaine, — de sa bouche, de son bras, de sa cuisse et de son pied, Brahma produisit le brahmane (prêtre), le kchatrya (guerrier), le vaisya (commerçant ou agriculteur) et le soûdra (esclave)[1].

Le Dieu des Juifs est autre chose que la nature, il la pétrit, il la façonne à son gré; c'est un Dieu vivant : s'il dit que la lumière soit, la lumière brille, et cependant, en reconnaissant en Dieu une cause libre, Moïse n'exclut pas du monde l'unité de substance : l'âme de l'homme est une émanation divine; être infini, cause infinie, ces deux aspects de la Divinité paraissent à la fois dans la Genèse.

« Dieu forma l'homme du limon de la terre, et il souffla sur sa face un souffle de vie, et l'homme eut une âme vivante[2]. »

Après avoir parlé du monde physique d'après les enseignements de l'Égypte, de Dieu d'après les traditions laissées par Abraham, et embelli le tout par son propre génie, Moïse devait parler de l'homme. L'humanité commença-t-elle par un seul individu et sur un seul point du globe? C'est une hypothèse

---

[1] Lois de Manou, traduites par Loiseleur Deslonchamps, p. 8.
[2] Gen. II, 7.

à laquelle semble résister la diversité des races. L'unité du genre humain est dans les tendances morales, dans la communauté du but. Faut-il la placer aussi dans la communauté d'origine? Cette question n'est pas résolue encore; mais Moïse n'avait le droit d'hésiter sur aucun point scientifique. Il devait parler avec assurance. Il fit sortir l'humanité d'un seul homme.

Il suppose à cet homme une intelligence tout à fait développée et le place au sein de toutes les jouissances. Il le devait; s'il avait présenté le monothéisme comme une découverte de l'esprit humain assez récente et ne remontant pas au-delà d'Abraham, cette doctrine, à laquelle le matérialisme populaire n'était que trop hostile, n'eût pas obtenu d'autorité. Suivant Moïse, elle repose sur la révélation. Le Créateur, à l'origine du monde, communiquait par la parole avec sa créature. Il fallait que l'homme, presque divinisé par ce contact, eût été voisin de la perfection dès les premiers instants de son existence. Les historiens grecs, qui n'avaient pas de dogme à fonder, qui consultèrent avec désintéressement les traditions des peuples, y trouvèrent que l'homme avait débuté par l'état sauvage, que d'abord analogue à la bête fauve, sauf le principe de développement qui existait dans son âme, il s'était lentement transfiguré par le travail[1]; ils le montrè-

---

[1] Τοὺς δὲ ἐξ ἀρχῆς γεννηθέντας τῶν ἀνθρώπων φασὶν ἐν ἀτάκτῳ καὶ θηριώδει βίῳ καθεστῶτας. Diodore de Sicile, liv. I.

rent rallié par la crainte des animaux féroces et cherchant dans les cavernes sa première demeure. Cette origine est la vraie : la rappeler à l'homme aujourd'hui qu'il est roi de la terre et qu'il affermit chaque jour sa conquête, ce n'est pas l'humilier, c'est le glorifier et lui donner confiance dans son avenir.

Venus d'un seul point ou de plusieurs, les premiers hommes furent nomades ; ils allaient devant eux, quittant une contrée lorsqu'ils l'avaient dépouillée de ses fruits; peu nombreux, ils vivaient sans industrie des richesses de la création.

Ces trésors sauvages, que la terre offre à l'homme primitif pour lui donner le temps de réfléchir et d'inventer un mode de travail, devinrent bientôt rares par l'imprévoyance avec laquelle ils étaient consommés et par la multiplication de la race humaine. Les nomades affectionnèrent les endroits les plus riches et finirent par s'y fixer. Les fleuves qui font verdir les pâturages, qui fournissent la pêche et facilitent les échanges aussitôt que le sauvage a conçu la pirogue, exercèrent en tout pays une attraction sur la race humaine. Encore aujourd'hui les capitales sont bâties sur des fleuves.

Les deux plus anciens rassemblements de nomades, qui se rattachent à l'histoire hébraïque, eurent lieu près du Nil; là se forma le peuple d'Égypte, — et dans ces pâturages arrosés par le Tigre et l'Euphrrte, ce pays au milieu des fleuves, que les Grecs ont appelé *Mésopotamie*[1]. Les nomades qui s'y arrêtèrent s'appelèrent Chaldéens; c'est de leur sein que devait se détacher Abraham, souche de la race juive.

Le rassemblement qui se forma le long du Nil fut antérieur à la réunion motivée par l'Euphrate. L'Asie est un pays riche; les pâturages y abondent; la vie nomade pouvait s'y prolonger, elle y existe encore; mais en dehors de la vallée du Nil, l'Égypte est sablonneuse, aride; il fallut se rapprocher du cours d'eau qui faisait vivre les pêcheurs, et dont les bords, fécondés par l'inondation, faisaient éclore des fruits naturels comme le lotus.

Les premiers Égyptiens vivaient d'ognons et de racines; ils arrachaient les roseaux du fleuve pour s'en faire des huttes. Les prêtres du pays ont transmis à Diodore de Sicile la tradition de ce temps sauvage [2].

Un homme de génie, dont aucun historien de l'antiquité n'a mis l'existence en doute, Osiris, fit connaître à cette population les richesses agricoles. Il planta la vigne. Voilà pourquoi les Grecs et les Romains, l'appelant Bacchus, ont travesti ses guerres dans l'Inde en mascarades. Sa femme et sœur, Isis, enseigna la culture des céréales; on les déifia.

La terre de l'Égypte n'avait pas alors sa forme

---

[1] Ἐν μέσῳ ποταμῶν.
[2] Diodore de Sicile, liv. I.

actuelle, elle était profondément échancrée par la Méditerranée. La mer occupait l'espace dans lequel la vase du Nil a produit le Delta. La Basse-Égypte n'existait pas.

C'est dans la Haute-Égypte, à Thèbes, que s'établit d'abord un principe de gouvernement; plus tard la monarchie égyptienne se rapprocha de la mer et de cette Europe sur laquelle elle devait exercer tant d'influence. La Basse-Égypte prenait de la consistance; Menès acheva de conquérir par des chaussées le terrain sur lequel il bâtit Memphis, à la pointe même du Delta.

La société égyptienne était fort avancée; déjà la ville de Thèbes, embellie par l'imagination populaire, faisait sortir cent chars attelés de chevaux blancs par chacune de ses cent portes, que la population chaldéenne flottait encore.

Moïse, pour raconter les faits et gestes des premiers hommes, avait à choisir entre les traditions historiques de deux contrées, l'Égypte et la Chaldée; il écarta les annales de l'Égypte, première nation qui eût fait de l'histoire une science régulière; il ne s'en servit point parce qu'il voulait dissimuler l'influence que ce pays avait exercée sur ses idées, et rattacher les Hébreux à leur origine étrangère. Il emprunta les premiers personnages de la Genèse aux traditions des Chaldéens. Les souvenirs de ce peuple remontaient moins haut que ceux de l'Égypte, Moïse ne put déguiser l'immense lacune de ses connaissances, qu'en plaçant l'époque de la création du monde[1] beaucoup plus près de ses contemporains que ne le veulent les archives de l'Égypte et de plusieurs autres nations. Il remplit l'intervalle qu'il respecta par la biographie de personnages vraiment historiques et dont l'existence nous est attestée par d'autres monuments que la Bible.

Adam, Seth, Mathusalem, Lamech, Noë, ne sont point, il est vrai, les premiers habitants de la terre, mais ce sont les plus anciennes illustrations de la Chaldée. Les Chaldéens ne remontaient pas dans leurs traditions plus haut qu'Adam, parce que cet homme est le premier qui, parti de l'Orient[2], se soit arrêté dans leur pays, dans les pâturages arrosés par le Tigre et l'Euphrate, qui lui parurent un jardin délicieux.

Un moine du XVIIe siècle, Peyrère, dans son livre sur les préadamites, a très-bien montré qu'Adam ne fut pas le premier homme et que la Bible même contredit cette idée. La Genèse suppose le monde déjà peuplé à l'époque de la mort d'Abel. Caïn fugitif est maudit *par tous les hommes* comme un assassin; il bâtit *une ville*, toutes choses qui supposent une population nombreuse, étrangère à la famille adamique. Peyrère signale ces faits, il montre Adam comme la souche des Juifs et non de la race humaine; mais il tire peu de profit de sa découverte

---

[1] Voyez Astruc, Conjectures sur les mémoires originaux dont Moïse s'est servi pour composer la Genèse.

[2] Voyez Kircher, *OEdipus ægyptiacus*, t. 1, p. 166, et surtout Maïmonides, *More neboukim*, pars 3, cap. 29, p. 422.

parce qu'il persiste dans la foi chrétienne : il n'est hardi que relativement à son époque, hardi suivant le mode restreint d'Astruc, de Luther, nous dirons même de Spinosa, car les conséquences du traité de théologie politique sont voilées, et, malgré l'ironie de la distinction, qui attribue au philosophe la connaissance de la vérité, au théologien l'obéissance et la piété [1], Spinosa, dans ce livre, ne se révèle pas tout entier. Peyrère semble attacher beaucoup d'importance à faire concorder son opinion avec le texte de la Bible [2]; il s'appuie sur saint Paul; il a la bonté de se demander si l'étoile des mages était une véritable étoile ou seulement un météore [3]; si, pour Ézéchias, c'est le soleil lui-même qui a rétrogradé, ou seulement l'ombre portée sur le cadran solaire. Des lueurs d'esprit scientifique scintillent ; on trouve partout l'envie de restreindre le miracle, nulle part la résolution de le nier.

Les noms d'Adam et de ses héritiers, disséminés dans l'espace de temps assez restreint que s'était réservé Moïse, ne suffirent pas encore à le remplir.

---

[1] *Tractatus theologico politicus*, cap. 14.

[2] Exponere nunc in animo est continua exercitationis causa et gratia systema ipsum theologicum quo doctrina omnis Evangelii ex præadamitarum hypothesi fusius explicetur et appareat positionem hanc, ne dicam fidei quæ in Christo est quoquo pacto officere, quin illam etiam tricis quampluribus quibus implicatur extricare, necnon oculis et mentibus ubique fere illustriorem exhibere. Peyrère, *Præadamitæ*, *in proemio*.

[3] Stella quæ apparuit Magis facula fuit in aere, non stella in cœlo.

Il en résulta, pour les premiers patriarches, des biographies de plusieurs siècles.

Les traditions chaldéennes, bien plus vraisemblables, bien plus conformes à l'histoire générale de l'humanité que les récits théologiques de Moïse, attribuaient à Adam et à sa postérité pour religion le fétichisme et le sabéisme [1]. Mais le chef des Hébreux, en écrivant l'histoire, avait surtout pour but de donner une base à sa religion et à ses lois; à ce but respectable il sacrifie sans hésiter l'exactitude des faits; non seulement il supprime dans la vie des premiers hommes tous les détails relatifs à l'adoration des astres, mais il introduit des fictions morales, telles que l'union si pure d'Adam et Ève, ainsi que leur chute. Si Moïse, au lieu d'être un révélateur, avait pu se livrer sans réserve à la science, il aurait vu que l'homme, dans les relations entre les sexes, débuta par la promiscuité. Les femmes d'abord furent communes. Lisez Hérodote, qui nous montre ce fait chez presque toutes les tribus de la Thrace; voyez en Libye les hommes s'assembler tous les trois mois. On leur présente les enfants nouveau-nés et l'on cherche à deviner par la ressemblance des traits quels pourraient être les pères. Lisez ce que dit Agatharchides des Éthio-

---

[1] Insuper existimàrunt Adamum fuisse virum ex viro et fœmina sicut reliqui homines progenitum, sed tamen magnis laudibus ipsum evexerunt; dixerunt illum fuisse apostolum lunæ, vocâsse homines ad cultum lunæ et libros composuisse de culturà terræ. *More Neboukim*, pars 3, cap. 29, p. 422.

piens Troglodytes, peuple à mœurs primitives s'il en fut; les femmes et les enfants sont communs [1].

Un premier effort de la morale produisit la polygamie; c'est la première forme du mariage. Elle donne à l'homme plusieurs femmes, mais elle lui impose des obligations envers elles. Le lien du droit et du devoir commence à se former. Les Égyptiens, les Hébreux contemporains de Moïse, étaient polygames.

Un nouveau progrès amène la monogamie. Elle est d'abord imparfaite; les mariages sont mal assortis, satisfont rarement le cœur de l'homme; à côté de l'union légitime on trouve l'adultère et la prostitution; c'est l'état actuel.

La quatrième phase, c'est la monogamie parfaite. Le mariage est fondé sur la sympathie, mis en harmonie complète avec l'amour.

Moïse, appliquant cette idée que le premier homme, en communication directe avec Dieu, devait approcher de la perfection, ne l'entoura pas de femmes; il ne lui en donna qu'une seule pour laquelle il lui attribua les sentiments d'un véritable amour.

« Voici, dit Adam, l'os de mes os, la chair de ma chair.

« C'est pourquoi l'homme laissera son père et sa mère pour s'attacher à son épouse. Ils seront deux dans une même chair. »

---

[1] Αἱ δὲ γυναῖκες κοιναὶ καὶ οἱ παῖδες. Agatharchides, *de mare Rubro*.

Moïse fit des lois plus avancées que l'esprit de son temps, quelquefois même il nous fait deviner que sa pensée portait plus loin que ses lois. Ses efforts législatifs en faveur de l'épouse furent incomplets; il laissa subsister la répudiation, la polygamie : il eût inutilement compromis son pouvoir en luttant avec trop de raideur contre le matérialisme de l'époque et l'entraînement du climat; mais il plaça dans la Genèse l'union d'Adam et Ève comme une protestation, comme un conseil ; c'est un germe que le christianisme sut faire fleurir.

La chute du premier homme est racontée avec des détails ingénieux comme allégorie. Le serpent séduit Adam par le moyen d'Ève, c'est-à-dire le désir corrompt l'esprit par l'intermédiaire de la chair. Aussitôt, au lieu du bonheur et de l'innocence qui s'enfuient, la science du bien et du mal entre dans l'âme avec le remords.

Il est fâcheux que cette fable poétique ait pour conclusion le dogme du péché originel, la réprobation de l'humanité punie pour la faute de son premier père. Cette conception n'est pas d'une saine morale. Toute responsabilité est individuelle; mais le péché originel pouvait seul expliquer comment l'homme n'était pas resté dans cet état de béatitude au milieu duquel Dieu l'avait placé; la première erreur commise dans le récit entraînait cette seconde : avec la perfection pour point de départ, il fallait le péché originel pour expliquer les souffrances de l'homme sur la terre, la prédominance des instincts matériels sur les plus nobles élans de notre âme, le désaccord de notre pouvoir et de nos désirs. Il est évident que nous sommes créés pour un état meilleur. Moïse, qui ne voyait point, comme les hommes d'aujourd'hui, le paradis terrestre dans l'avenir, crut devoir le placer dans le passé.

De quelque utilité, de quelle nécessité même que fût la fiction du péché originel dans le système théologique de Moïse, ce grand homme aurait dû reculer devant la choquante injustice de punir, pour la désobéissance d'un seul couple, toutes les générations encore à naître : nous le pensons aujourd'hui ; mais les contemporains de Moïse trouvaient le jugement de Dieu fort naturel. Chez eux la famille était la seule puissance organisée, le seul élément d'association. L'opinion dans ses jugements, la pénalité même dans ses rigueurs, ne distinguaient pas entre les membres d'une même famille. Souvent pour le crime d'un seul on les conduisait tous au supplice. Moïse, qui combattit dans ses lois les résultats les plus barbares de ce préjugé, ne sut pas s'en dégager entièrement, et le consacra sans trop de répugnance, dès la première page de son livre.

Sauf la doctrine du péché originel, la morale de la Genèse est toujours vraie. Le cri de la conscience est énergique dans le terrible dialogue de Dieu et de Caïn, comme dans ces paroles de Lamech assemblant ses épouses:

« Écoutez-moi, femmes de Lamech ; j'ai frappé un homme, j'ai fait couler son sang. »

« On tirera vengeance de Caïn sept fois, de Lamech soixante-dix fois. »

Primitivement, il n'y avait pas de justice régulière. Lamech ne dit pas : Je serai puni ; mais : *On tirera vengeance.*

Moïse trouva dans les traditions chaldéennes le souvenir d'une vaste inondation postérieure à la création de l'homme[1]. L'extrême orient n'en avait pas subi les effets[2] ; mais l'Asie mineure, témoin de ce bouleversement, le croyait universel. Moïse adopta cette version : tirant de tous les faits une conclusion morale, il vit dans le déluge la colère de Dieu contre les péchés.

« Et Dieu dit : Mon esprit ne restera pas avec l'homme, car l'homme n'est que chair. »

A cette pensée on reconnaît Moïse révolté du matérialisme de ses Hébreux. Sa pensée spiritualiste s'exhale ainsi par intervalles. Malgré les concessions de forme qu'elle est obligée de faire aux Juifs, la Bible étincelle de ces traits qui marque la filiation de Moïse au Christ. Plus d'un éclair unit les cimes du Sinaï et du Calvaire.

Non-seulement l'histoire du déluge repose sur un fait réel, et seulement exagéré par la Bible ; mais l'Asie n'avait pas oublié qu'un homme, Noé, avait

---

[1] Voy. Cuvier, Discours sur les révolutions du globe, p. 8.
[2] Voy. L'Égypte de Murtadi, traduite par Vattier.

sauvé sa famille dans un bateau rempli de provisions. Moïse, qui recueille tous ces souvenirs, mais qui veut les faire tourner au profit de sa loi, ne manque pas de distinguer les animaux enfermés dans l'arche en purs et impurs. C'était un anachronisme, puisque cette distinction ne fut enseignée aux Juifs que par Moïse lui-même, qui l'imita des prêtres égyptiens. Mais il fallait consacrer par l'autorité de la religion et du temps des prescriptions utiles comme hygiène; il fallait défendre aux Juifs la viande du porc souvent ladre, la chair, alors jugée nuisible, du lièvre, des reptiles, des oiseaux de proie.

Le déluge recommencera-t-il? Moïse rassure les Hébreux; il leur montre sur la terre la branche d'olivier, dans les nuages l'arc-en-ciel, symboles de la clémence divine; mais il les tient par la terreur, et ne répond de rien s'ils n'observent pas un pacte conclu entre le Seigneur et Noé.

Nous ne laisserons point passer sans lui rendre hommage le nom de ce Chaldéen, que Moïse et le *More Neboukim* appellent Noé, qu'Alexandre Polyhistor nomme Xisuthrus[1]. Les récits arabes[2] nous le montrent construisant son arche, malgré les moqueries et les insultes de la foule. Ces hommes supérieurs, malmenés par leurs contemporains,

---

[1] Voy. Volney, Recherches nouvelles sur l'histoire ancienne, t. I, p. 127.

[2] L'Égypte de Murtadi, traduite par Vattier.

méritent qu'on réhabilite leur mémoire. C'est la réhabiliter que la dégager de ce merveilleux, de ces fables qui font disparaître en eux l'humanité, qui leur enlèvent, en les transfigurant, tout le mérite de leurs efforts. Où l'ignorance des peuples a placé le dieu et le demi-dieu, le confident du ciel, montrer l'homme qui souffre et travaille, l'homme imparfait, glorieux et méritant par cela même, c'est un pieux service que nous voulons rendre à bien des héros. Saintes et grandes âmes, les hommes de votre temps vous méconnaissent et vous insultent; les hommes du siècle suivant ne vous méconnaissent et ne vous outragent pas moins par leurs stupides apothéoses. Les pères vous crucifient, les fils vous changent en dieux ! Pardonnez-leur toutefois; leur vénération tardive, inintelligente, peut être sincère; c'est naïvement qu'ils se disent religieux et nous appellent impies. Hommes glorieux, bienfaiteurs de la terre, ayez égard à leur bonne foi.

Noé, sabéen de religion, comme tous les habitants de la Chaldée, astronome plus qu'eux, sut prévoir l'inondation de l'Asie[1]. Sauver sa famille et ses bestiaux dans une arche de son invention, n'est pas la seule preuve qu'il donna de son génie; la Chaldée lui dut le présent que l'Égypte attribue à son Osiris, la culture de la vigne. Enfin Noé fut l'auteur de cette réforme que Moïse appelle pacte

---

[1] Noé timens quam ex astris prospexerat cladem. Bérose, cité par Kircher, *Œdipus ægyptiacus* t. 1, p. 178.

du Seigneur avec Noé; les rabbins la commentèrent plus tard sous ce titre: Loi des Noachides.

Noé défendit de tuer les hommes, règle dont on ne pouvait alors espérer l'exécution; il interdit encore deux usages cruels en vigueur dans la Chaldée: on coupait la chair des animaux vivants pour la manger palpitante.

On leur faisait des incisions pour boire leur sang chaud.

Ces deux coutumes dans lesquelles on n'avait cherché d'abord qu'une délectation sauvage étaient devenues pratiques religieuses.

« Il nous a été défendu, écrivait au douzième siècle la gloire des Juifs du moyen âge, le rabbin Maïmonides, de manger le membre détaché d'un animal vivant, parce que c'est un acte de cruauté. D'ailleurs, les rois des Gentils, dans leurs cérémonies idolâtriques, avant qu'on sacrifiât une victime, lui coupaient un membre, et le dévoraient à l'instant même[1]. »

L'usage de boire le sang chaud faisait partie du même culte.

La guerre était alors utile aux hommes; par la guerre une nation s'appropriait, à l'exclusion des autres, la jouissance des pâturages, des forêts, des fleuves, seule richesse d'un monde sans industrie. La guerre était la source du bien. Les dieux étaient guerriers; Jehovah le fut lui-même. On les suppo-

---

[1] More Neboukim, pars 3, cap. 48, p. 496.

sait altérés de carnage. Les Chaldéens pensaient que leurs divinités se nourrissaient de sang; en boire, c'était se mettre en rapport avec les dieux. L'homme repu de cet aliment découvrait l'avenir. Les gens délicats, voulant se soustraire à cet usage, mais ne perdant pas la foi, recevaient le sang des victimes dans un vase qu'ils déposaient par terre. Ils faisaient cercle autour et mangeaient la chair de l'animal, tandis que les dieux, on le pensait du moins, venaient boire le sang contenu dans le vase. Après avoir ainsi pris son repas de compagnie avec la divinité, l'on s'endormait et l'on recevait en songe des révélations célestes [1].

Noé réprouva ces odieuses coutumes, il voulut qu'on égorgeât l'animal avant de le dévorer et qu'on répandît le sang sur la terre au lieu de le boire. Voici les paroles que la Genèse met dans la bouche du Seigneur :

« Tout ce qui se meut et vit sera votre nourriture; je vous livre tous les animaux aussi bien que les légumes verts;

« Sous cette réserve que vous ne mangerez pas la chair avec le sang [2]. »

Le Lévitique, le Deutéronome, renouvelleront ce précepte avec des détails qui nous le feront mieux comprendre. L'insistance de Moïse, à cet égard, prouve que de son temps la loi de Noé n'était pas

---

[1] More Neboukim, pars 3, cap. 46, p. 485.
[2] Gen. ix, 4.

toujours observée. Le Thalmud y revient encore et détermine la punition du Juif qui mange la chair vivante ou qui boit du sang. Ces usages n'existèrent pas seulement chez les Araméens et chez les Juifs ; descendons au sud de l'Égypte, arrivons chez les Nègres Changallas, qui vivent au nord de l'Abyssinie. Voici ce qu'en dit Agatharchides, qui les nomme éléphantophages :

« Ces Éthiopiens, postés sur un arbre, guettent le passage des éléphants. Tout à coup ils tombent sur l'animal, saisissent d'une main sa queue et se cramponnent par les pieds à sa jambe gauche, puis avec une hache faite pour cet usage, ils lui coupent à grands coups le nerf du jarret droit. Ils font cette blessure et se tiennent à la queue avec autant de vigueur que s'ils défendaient leur vie ; c'est avec raison, il faut mourir ou vaincre....... La force des coups et la perte du sang font tomber la bête. — Agatharchides se trompe, c'est la section du nerf qui la fait tomber. — Les compagnons du chasseur sont là ; pendant que l'éléphant vit encore, ils lui coupent des morceaux de chair sur la croupe et font un repas joyeux. La bête, ainsi vaincue, périt d'une mort lente et cruelle[1]. »

Les Changallas habitent sur les frontières de l'Abyssinie. Dans l'Abyssinie même nous trouverons

---

[1] Ἐπὰν τὸ ζῶον ἐκ τῆς πληγῆς καὶ τῆς αἱμορραγίας πέσῃ, οἱ συνθηραταὶ παραγίνονται τὸ πτῶμα, καὶ τοῦ θηρίου ζῶντος ἔτι παρατέμνοντες ἐκ τῶν ὀπισθίων τὰς σάρκας, ἀλέξονται τὸν ἔσχατον τοῦ καταποντηθέντος οὕτως ὑπομένοντες θάνατον. Agatharchides. *De mare Rubro*. Περὶ τῶν ἐλεφαντοφάγων.

les mêmes faits. Bruce a placé dans son ouvrage une dissertation sur l'usage de manger la chair vivante, malheureusement, cette dissertation, très-érudite, est de Marsham, que le voyageur anglais ne cite pas[1]. Bruce nous donne ensuite la description de ce qu'il appelle un *banquet sanglant* en Abyssinie. Un bœuf tout mugissant est taillé par morceaux à la porte de la salle, on en distribue aux convives la chair palpitante. Le malheureux animal n'expire qu'après avoir servi de pâture aux maîtres, puis aux valets. Tous les voyageurs récents ont nié l'exactitude de ce récit. Les Abyssins, ont-ils dit, ne donnent point de pareils banquets; il est vrai qu'ils découpent les bœufs en morceaux qui tous ont un nom spécial et qu'ils mangent la *brinde* ou chair crue, ce qui blesse étrangement nos habitudes culinaires, mais on commence toujours par égorger le bœuf de manière à lui séparer presque la tête du corps. Cette dernière pratique, empruntée aux lois de Moïse, est restée religieuse, même depuis l'adoption du christianisme, et l'on jugule comme on baptise, au nom du Père, du Fils et du Saint-Esprit[2].

Cependant l'erreur de Bruce était pardonnable, s'il est vrai, comme le raconte Salt, un de ses plus vifs contradicteurs, que la chair est servie aux con-

---

[1] Bruce, Voyage en Nubie et en Abyssinie, t. 5, p. 620 et suiv. Marsham, *Canon Chronicus*, p. 187.

[2] Salt, Deuxième Voyage en Abyssinie, t. 2, p. 38.

vives adhérente à un os, par lequel les serviteurs la tiennent et pendant que les fibres sont encore pantelantes[1].

D'ailleurs, s'il faut abandonner la croyance aux banquets solennels de chair vivante, il sera toujours prouvé que les Abyssins en ont mangé dans quelques circonstances, et que les soldats qui conduisent des bestiaux, se font peu de scrupules de leur prélever quelques déjeuners sur la croupe.

Bruce vit deux guerriers exercer cette cruauté sur une vache qu'ils firent marcher devant eux après avoir fermé grossièrement ses blessures. Un pareil fait se trouve consigné dans le second voyage de Salt lui-même avec des détails identiques [2].

Un troisième témoignage ne permet pas de douter, celui du capitaine Rudland. Voici ses paroles :

« Quand nous entrâmes par la première porte de la salle, on fit briller un couteau sur la gorge de la vache, car, quand on peut tuer l'animal en présence du ras, non-seulement on témoigne à celui-ci plus de respect, mais la *brinde* en est réputée plus exquise. *Cette fois, on ne fit qu'enlever une partie de la peau et l'on porta immédiatement sur la table une tranche de chair estimée comme un bon morceau, dont les muscles tremblaient et palpitaient encore pendant qu'on la dévorait* [3]. »

---

[1] Salt, Premier Voyage en Abyssinie, t. 2, p. 50.
[2] Salt, Deuxième Voyage en Abyssinie, t. 2, p. 38.
[3] Salt, Premier Voyage, t. 1, p. 288.

Quant à l'usage de boire le sang chaud, si nulle relation n'atteste qu'il soit ou qu'il ait été dans les mœurs de l'Abyssinie, M. Salt le signale chez plusieurs tribus gallas. Cet auteur cite particulièrement un chef qui aimait à boire du sang, et chaque fois une corne pleine[1].

On voit que Noé proscrivait deux abus répandus chez un grand nombre de nations. C'est avec raison que Moïse et les rabbins répétèrent les mêmes défenses; car l'usage de la chair vivante blesse la sympathie que nous devons à tout être capable de souffrir; la coutume de boire le sang nuit à la santé publique.

Après Noé, la terre se peuple, les nations se forment. Les généalogies que Moïse leur assigne ont le mérite de concorder merveilleusement avec leurs noms. On aime à voir descendre de Mado les Mèdes, de Chus, les Cuschites ou Éthiopiens, de Philistim, les Philistins ou habitants de la *Palestine*, de Labim, les Libyens, de Lud, les Lydiens, d'Assur, les Assyriens, d'Édom, les habitants de l'Idumée. Ces rapprochements séduisent. On est tenté d'approuver Flavius Joseph quand il dit au nom des Juifs : « Nous voulons bien le céder aux Grecs en ce qui touche le style et les prétentions à l'éloquence, mais non pas en ce qui regarde la vérité de l'histoire ancienne et des faits qui se sont passés en

---

[1] Salt, Deuxième Voyage, t. 2, p. 46,

chaque pays [1]. » Malheureusement on se demande si les généalogies hébraïques ne sont pas faites après coup, si ce n'est pas d'après le nom du peuple qu'on a créé le nom du fondateur. Ainsi les Grecs faisaient bâtir Canope par Canopus, pilote de Ménélas, Péluse par Pélée, père d'Achille, Memphis par la nymphe Memphis, fille d'Épaphus et du dieu Nil, l'Éthiopie portait le nom d'Æthiops, fils de Vulcain, l'Égypte celui d'Égyptus, fils de Nilus [2]. La malheureuse tentative de Tacite pour faire venir les Juifs de Crète et du mont Ida, *Judæi, Idæi*, doit nous rendre suspectes les origines historiques fondées sur l'analogie des mots.

Bientôt la race chaldaïque, encore mouvante, fit un effort impuissant pour se fixer au sol et pour former un état; un chef politique essaya de condenser cette population pastorale et de lui faire bâtir une ville, mais la diversité des tribus était encore trop saillante; l'opposition des mœurs, la *confusion des langages* trahirent bientôt ce qu'il y avait de factice dans cette unité prématurée. Laissant pour tout édifice une tour inachevée, les constructeurs se dispersèrent [3].

Plus tard l'œuvre d'association fut reprise au même lieu. Cette fois elle fut heureuse, et par les

[1] Joseph, Contre Apion, liv. 1, chap. 1.
[2] Pausanias, Description de la Grèce, liv. 7, chap. 2. M. Letronne, Mémoires de l'Académie des Inscriptions, t. 10, p. 314.
[3] Gen. xi.

soins d'un prince nommé Bel par Hérodote, Nemrod par la Bible, Babylone s'éleva.

TEMPS POSTÉRIEURS A LA VOCATION D'ABRAHAM.

RELIGION DES HÉBREUX.

NAISSANCE DU DOGME.

C'est du milieu des Chaldéens que va sortir la race hébraïque, si puissante sur les destinées religieuses de l'Occident tout entier.

Cette race eut pour souche l'arrière-petit-fils de Sem *Heber*[1], dont vient le nom des *Hébreux*; après Jacob ou Israël ils pourront s'appeler *Israélites*. Les membres de la tribu de Juda porteront les premiers le nom de *Juifs* qui doit s'étendre à toute la nation. L'étymologie d'Israélites et de Juifs est seule incontestable; un même doute enveloppe tout le dixième chapitre de la *Genèse*. Le nom et la personne d'Héber sont peut-être inventés après coup. Les Hébreux menèrent longtemps la vie nomade; ils émigrèrent de Mésopotamie en Kanahan, de Kanahan dans l'Égypte, de l'Égypte dans le désert, du désert en Kanahan; le nom qu'ils reçurent peut très bien venir d'*habar*[2], passer d'un lieu dans un autre, et signifier nomades[3].

---

[1] Gen. x, 22, 23, 24.

[2] עבר

[3] Hebræus, Περάτης, transitor. Voyez Menochius, *De republica Hebræorum*, I, 1. — Ursini, *Antiquitates hebraicæ*, p. 18.

Quoi qu'il en soit de la personnalité d'Héber, celle d'Abraham est incontestable. A la naissance de cet homme supérieur, la Bible sort des traditions douteuses; la richesse des détails, le naturel des personnages font comprendre que Moïse arrive à des traditions restées vivantes chez les Hébreux; nous ne voguons plus, nous touchons la terre, nous abordons dans le domaine des faits certains.

ABRAHAM EN CHALDÉE.

Nous rappellerons cependant les récits fabuleux qui ont poétisé la naissance et la jeunesse d'Abraham; le merveilleux qui s'attache au souvenir des grands hommes fait partie de leur histoire; il nous apprend, sinon les faits de leur vie réelle, du moins la profonde impression qu'ils ont produite; on n'aurait pas tout dit sur le brave Roland si l'on ne parlait pas de son cor magique, et, dans une histoire complète de Napoléon, l'on n'oubliera pas son étoile.

A l'heure, disent les rabbins, où vint au monde Abraham notre père (que la paix soit avec lui), un astre apparut à l'orient et dévora quatre planètes qui se trouvaient aux quatre coins du ciel. Les sages dirent à Nemrod: « En ce moment il vient de naître à Tharé un fils; de ce fils sortira un peuple qui obtiendra les biens temporels et spirituels du monde entier. Si notre avis peut te convenir, qu'on donne au père une maison pleine d'or et d'argent et qu'il tue son fils. » Le roi fit cette proposition à Tharé qui répondit par un apologue.

« On dit au cheval : donne-nous ta tête que nous la coupions, et nous te donnerons un grenier plein de grain. Le cheval répliqua : Vous êtes fous. Si vous me coupez la tête, qui mangera le grain? Moi je vous dis : Si vous tuez mon fils, qui héritera de cet or et de cet argent que vous me promettez? »

Nemrod insiste. Tharé cache son fils pendant trois ans dans une caverne. Il y avait deux ouvertures ; par l'une Dieu envoyait du pain, par l'autre de la viande. Sorti de sa caverne, Abraham se demande qui a créé le ciel, la terre et les hommes. Un jour il adora le soleil comme son Dieu, mais, le soir, le soleil disparaît au couchant. La lune se montre escortée d'étoiles. Toute la nuit Abraham adore la lune, mais le matin elle disparait à son tour et le soleil se remontre. Alors le jeune Chaldéen se dit : ces astres n'ont aucune puissance. Il existe au-dessus d'eux quelque Dieu vivant que je dois adorer. Pour continuer à s'éclairer, Abraham rentra chez son père et lui demanda : — Qui a fait le ciel, la terre? Qui m'a fait moi-même? — Ce sont mes dieux, répondit Tharé. — Faites-moi les voir. — Les voici, reprit le père en montrant des idoles. Abraham dit alors à sa mère : Préparez-moi des mets délicieux pour que je les présente aux dieux de mon père. La mère y consentit. L'enfant mit son offrande devant l'idole principale, mais elle ne prononça pas une seule parole. Ma mère, dit Abraham, le plat n'était pas assez bon; le dieu ne l'a pas accepté. La mère fit un second essai, mais l'idole resta sans voix. Alors Abraham, rempli d'une inspiration divine, s'écria : Elles ont une bouche et elles ne parleront pas; elles ont des yeux et elles ne verront pas. Aussitôt il alluma du feu et brûla toutes les idoles.

Tharé était absent. A son retour il s'indigna de voir ses dieux brûlés, et s'en prit à son fils. — Ce n'est pas moi qui les ai brûlés, dit Abraham, c'est le plus grand qui a mis le feu à tous les autres. — Insensé! répondit le père, comment cela serait-il? ces dieux n'ont pas de mouvement. C'est moi qui les ai façonnés. — O mon père, que votre oreille entende ce que dit votre bouche. Si le principe du mouvement n'est pas en eux, ne me dites pas qu'ils ont fait le ciel et la terre[1].

Tharé se plaignit à Nemrod, et ce roi voulut bien discuter avec Abraham pour lui faire adopter l'une des religions de la Chaldée.

Adore le feu, dit le prince. — Il vaut mieux, répondit Abraham, adorer l'eau qui éteint le feu. — Adore l'eau. — Il vaut mieux adorer le nuage d'où l'eau découle. — Adore le nuage. — Il vaut mieux adorer le vent qui dissout le nuage. — Adore le vent. — Il vaut mieux adorer l'homme qui prévoit d'où vient le vent. Ici le roi, furieux, fit jeter son

---

[1] Voyez Extraits de la Medrasch dans Bartoloccio, Bibliothèque rabbinique, t. 1, p. 640.

interlocuteur dans un brasier; mais Abraham était incombustible [1].

Nous rappelons des contes faits à plaisir par les rabbins. Ce feu, dans lequel ils font jeter Abraham, n'est qu'un jeu de mot sur le nom de la ville qu'il habitait. « Je t'ai fait sortir d'Ur en Chaldée, dit le Dieu de la *Genèse*. » Ur, en chaldéen, veut dire feu. Les rabbins ont imaginé que le texte signifiait : Je t'ai fait sortir de la fournaise des Chaldéens [2].

Sous toutes ces fables il faut retrouver trois faits : la naissance d'Abraham dans un pays idolâtre, les conceptions religieuses plus pures dont il fut éclairé, son départ pour les contrées occidentales.

Abraham naquit en Chaldée [3], à Babylone peut-être [4]. La population presque sauvage qui l'entourait avait conservé la religion d'Adam, cette religion d'un attrait presque irrésistible en Orient, l'adoration des astres. On voyait dans les temples un soleil d'or, une lune d'argent. Les prêtres enseignaient que les étoiles composaient la cour céleste et que le soleil était le plus grand des dieux. Abraham

---

[1] Voyez les textes rapportés par Kircher, *OEdipus ægyptiacus*, t. 1, p. 253.

[2] De Boissi, Dissertations critiques pour servir d'éclaircissements à l'histoire des Juifs, chap. 1 : de l'idolâtrie d'Abraham avant sa vocation.

[3] Georges le Syncelle, t. 1, p. 183. — Eusèbe, Préparation évangélique, liv. 8, ch. 6. — Clément d'Alexandrie, Stromat. liv. 1. — Leclerc. *Genesis*, *dissertatio de lingua hebraica : chaldaica lingua usum esse Abrahamum*.

[4] Eusèbe, Préparation évangélique, liv. 9, chap 17.

soupçonna de bonne heure qu'il y avait au-dessus du soleil un créateur; il le dit et discuta publiquement contre les prêtres sabéens; vaincus dans la lutte ils le firent mettre en prison par le roi. Comme Abraham possédait la juste influence des intelligences supérieures, on n'osa ni lui rendre la liberté ni le mettre à mort; on confisqua ses biens, puis on l'exila vers l'occident [1]. Proscrit pour une sainte cause, il reprit cette vie nomade dont la Chaldée commençait à peine à se déshabituer, et s'avança vers la terre de Kanahan; là, sur une montagne, il fit une profession publique de sa foi.

C'est un fait général dans l'histoire de l'humanité que la vénération religieuse attachée aux montagnes. La Grèce eut ses monts sacrés; sur l'Olympe siégeait la cour céleste. Les Kananéens faisaient leurs sacrifices sur *les hauts lieux* [2]. Dans tout culte naissant, la montagne a joué le plus grand rôle. Elle s'élève vers les nuages comme un immense autel et rapproche du ciel le mortel qui gravit sa cime. N'est-elle pas le rendez-vous naturel de l'homme et de la Divinité? Chacun d'eux fait la moitié de la route.

Les religions, même les plus avancées, ont profité de ce prestige. Avant de donner ses lois, Moïse monte sur le Sinaï; la première prédication du christianisme, c'est *le Sermon sur la montagne*.

---

[1] More Neboukim, p. 421.
[2] Deut. xii, 2.

Abraham gravit le mont Moriah, qui fait partie de Sion et devait porter un jour le temple de Jérusalem; c'est là qu'au milieu de ses serviteurs il proclama l'unité divine *en se tournant vers l'occident*. C'était rompre avec les religions orientales qui adoraient le lever du soleil. Le saint des saints devait être placé à l'occident du sanctuaire hébraïque. Abraham indiqua cette direction le premier[1].

Nous pourrions trouver dans l'adoption de l'Occident par Abraham un symbolisme qu'il n'y voyait pas; nous pourrions dire que le peuple dont ce grand homme fut la souche, est occidental, sinon par le domicile, du moins par les tendances. La Judée est à l'est en géographie, à l'ouest en histoire; l'extrême Orient, l'Inde, la Chine, eut sa lumière, sa révélation, son boudhisme, mais l'influence des Hébreux fut occidentale, c'est l'Europe qu'ils devaient éclairer.

ABRAHAM DANS LA TERRE DE KANAHAN.

Abraham n'est pas un législateur si l'on ne veut donner ce nom qu'aux rédacteurs de lois; jusqu'à Moïse il n'y eut parmi les Hébreux que des coutumes; mais Abraham est l'auteur de trois réformes confiées à la tradition. Il conçut la croyance en un seul Dieu; il importa la circoncision; il abolit les sacrifices humains.

[1] *More Neboukim*, pars 3, cap. 45, p. 473.

Pour sentir quelle vénération doit s'attacher au nom glorieux d'Abraham, il faut savoir au milieu de quel peuple il vivait, de quelles religions et de quelles mœurs il sut détacher sa descendance.

La famille hébraïque vivait en Palestine comme les Arabes qui campent encore dans cette contrée. Dans ses voyages, elle passait au milieu de tribus déjà fixées sur le sol par la culture et la construction des villes. Abraham approche de Solyme, et Jacob de Sichem.

Ces petits états vivaient dans une barbarie tout à fait primitive. Ils étaient idolâtres; leurs mœurs étaient grossières; lisez le dix-neuvième chapitre de la Genèse, écoutez les cris des Sodomites, enfants et vieillards, quand ils viennent assiéger la demeure de Lot. Admirez l'hospitalité du patriarche lorsqu'en échange des étrangers qu'il a reçus il offre la virginité de ses deux filles à cette impure cohue. La même scène fut renouvelée dans Israel par les Benjamites longtemps après la loi de Moïse, mais alors le sentiment moral était plus fort; les tribus s'armèrent; Benjamin fut exterminé.

Nul peuple ne prit les armes contre Sodome, mais cette ville périt par une catastrophe tellement effrayante, qu'il fallut peu d'effort à l'imagination de Moïse pour y montrer une vengeance du ciel.

Sodome, Gomorrhe et les trois villes qui périrent avec elles, Adama, Ségor et Seboïm, étaient bâties dans une vallée bitumineuse; des puits de bitume y étaient en exploitation; il est probable que, suivant l'usage babylonien, cette substance entrait comme ciment dans l'architecture des cinq villes. La moindre cause accidentelle suffit pour embraser un ensemble aussi combustible; villes et terrain, tout s'abîma. La vallée se creusa comme un vaste entonnoir; les sources souterraines trouvant une issue se mêlèrent au bitume. Ainsi se forma la mer Morte ou lac Asphaltide.

L'historien Joseph, d'accord avec la Genèse[1], raconte une expédition d'Assyriens antérieure à l'incendie de la Pentapole ou des cinq villes [2].

« Ils entrèrent dans les terres de Sodome, où ils campèrent dans le lieu qui s'appelait vallée des puits de bitume, à cause des puits de bitume que l'on y voyait alors, mais qui depuis la ruine de Sodome a été changé en un lac que l'on nomme Asphaltide, parce que le bitume en sort continuellement à gros bouillons[3]. »

Après avoir indiqué si clairement la cause de cette métamorphose, Joseph ne la devine pas; c'est de lui que nous tenons les récits les plus crédules sur la mer Morte, ses environs, ses fruits remplis de cendre[4].

Moïse avait tiré parti du déluge dans l'intérêt de

[1] Gen. xiv, 2, 10.
[2] Πέντε πολεῖς.
[3] Joseph, Antiq. jud. liv. 1, ch. 9. — Mémoires du chevalier d'Arvieux, t. 2, p. 192. — Voyez M. de Chateaubriand, Itinéraire de Paris à Jérusalem.
[4] Voyez Joseph, Guerre des Juifs, liv. 4, chap. 27. — Strabon, liv. 16.

la morale, il intimida la débauche en lui rappelant le sort des Sodomites, peuple impur, que le Seigneur eût épargné s'il avait trouvé dans son sein dix justes. Les rabbins travaillèrent sur ce texte et détaillèrent, dans la Ghemara, toute la perversité de Sodome; nous passerions sous silence leurs récits, s'il n'était permis de croire que, sous des inventions souvent absurdes, se cachent quelques traditions du passé. On peut admettre qu'il y ait eu à Sodome quatre juges menteurs, faussaires, prévaricateurs, que dans cette ville l'homme qui en blessait un autre fût tenu de payer le prix du sang. Ces compositions pécuniaires sont un usage universel qui ne cessa chez les Hébreux mêmes qu'en vertu d'une loi mosaïque. Est-il vrai qu'à Sodome l'homme qui poussait une femme et la faisait avorter, devait réparer sa faute en la rendant enceinte de nouveau? Ce genre de compensation n'a rien d'incompatible avec le profond matérialisme du pays et de l'époque. Quant au lit de Procuste, sur lequel les Sodomites mutilaient en trahison les étrangers, et dans lequel Éliezer, serviteur d'Abraham, s'excusa de coucher en prétextant un vœu, cette histoire nous semble une rêverie, aussi bien que celle du pauvre qui vint mendier à Sodome. Chaque habitant lui donna une pièce d'or, mais il fut défendu à qui que ce fût de lui vendre du pain; le pauvre mourut de faim, et chaque Sodomite reprit sa pièce. Une jeune fille qui avait voulu donner de la nourriture au mendiant, périt par le supplice des auges[1]. Il est fâcheux que les auteurs de ce passage aient appliqué à l'histoire un esprit né pour les contes arabes.

Le séjour d'Abraham en Palestine est rempli, dans la Genèse, de prophéties et de miracles. Les altérations que Moïse fait subir aux annales de l'Asie, ses erreurs volontaires comme historien, ont pour but de faciliter son travail de législateur ; inculquer aux Juifs la croyance en un seul Dieu, leur montrer ce Dieu vivant et terrible, qui communique dès l'origine avec les hommes et se promène à grands pas dans sa création, leur inspirer le respect de la morale et des lois qui la consacrent ; leur donner le désir d'aller dans la Palestine, et la certitude de s'y établir ; en un mot, seconder les idées religieuses, législatives, politiques de Moïse, tel est le but de l'histoire qu'il enseigna, que la Genèse nous conserve.

Abraham fut vraiment appelé, réellement béni par Dieu, puisqu'il eut l'inspiration de renoncer à l'idolâtrie ; mais cet élan de l'intelligence et du cœur, devint pour Moïse, qui voulait impressionner un peuple charnel, une *vocation* faite par le Seigneur à haute voix, une bénédiction donnée les mains étendues. Ce n'est pas tout. Comment les Hébreux n'eussent-ils pas marché pleins d'assurance vers la terre de Kanahan, lorsqu'ils entendirent cette

---

[1] Ghemara, Sanhédrin xi, § 71. — Cocceius, p. 421.

phrase attribuée à Jehovah lui-même : « Je donnerai cette terre à ta postérité? »

La même assurance est répétée cinq fois, toujours avec un développement nouveau. Des rois sortiront d'Abraham; ses descendants seront aussi nombreux que les grains de sable et les étoiles.

Dans les célestes paroles se trouve une prophétie, qui n'était, à l'époque où la Genèse fut rédigée, que le récit d'un fait accompli, le départ d'Égypte.

« Sache d'avance que ta race doit vivre étrangère dans un autre pays. On la réduira en servitude, on l'humiliera quatre siècles.

» Mais je jugerai, moi, la race qui doit l'asservir, et tes descendants sortiront avec de grandes richesses.»

Cet avenir de grandeur et de gloire, souvent annoncé par les guides du peuple juif, est un prestige dont tout politique habile sait entourer le berceau d'un peuple. On sut placer dans les fondements du Capitole une tête qui parut aux Romains l'emblème de l'empire universel.

Une fois, pour solliciter l'allocution divine, Abraham a recours à des pratiques superstitieuses, c'est une réminiscence des cultes idolâtriques, au sein desquels sa jeunesse s'était passée.

Abraham prend une vache, une chèvre, un bélier, tous *trois* âgés de *trois* ans; il les coupe par moitié : il immole encore une tourterelle, une colombe.

Puis il passe la journée à chasser les oiseaux de proie qui planent sur ces cadavres.

Le soir, il s'endort de fatigue et Dieu lui parle pendant son sommeil.

La *Genèse* ne dit pas qu'Abraham ait bu le sang des victimes. Du reste, les cérémonies de son sacrifice sont l'exacte reproduction du mode de divination le plus usité dans la Chaldée. Consacrée par l'autorité du Pentateuque, la coutume de chercher l'inspiration divine en s'endormant après un sacrifice se perpétua chez les Juifs. Strabon, qui la constate, crut que Moïse en était l'auteur. « Moïse, dit le géographe grec, prescrivit aux Hébreux qui avaient le don de faire d'heureux songes, de sacrifier un animal et de s'endormir couchés sur sa peau ; ils avaient ainsi des visions qui les éclairaient sur leurs propres affaires et leur permettaient même de donner des conseils à leurs concitoyens[1]. »

Les encouragements donnés à l'ambition des Hébreux se retrouvent dans la visite d'Éliézer à Rebecca. On dit à la fiancée : Que tes enfants croissent par milliers, que ta postérité possède les portes de ses ennemis, que les nations de la terre soient bénies dans ta race; plus tard, les mêmes formules sont répétées à Isaac. Ces refrains sont dans le goût de l'antiquité. Nous ne lisons pas moins de redites chez Homère; mais ici, chez Moïse, remarquons autre chose qu'une habitude littéraire. L'avenir qu'il promet à la famille d'Isaac est un stimulant qu'il donne à sa nation; les Hébreux ont la concep-

---

[1] Strabon, liv. 16.

tion lente; ils sont habitués à l'Égypte. Pour les faire marcher vers la terre promise, il faut renouveler dix fois dans les mêmes termes les assurances de conquête et de gloire; l'insistance de l'auteur est le marteau qui s'acharne sur une enclume rebelle.

ABRAHAM EN ÉGYPTE.

Abraham avance vers l'orient; il finit par se trouver dans le voisinage de l'Égypte, du pays que les Hébreux appellent Mesraïm.

L'Égypte avait été régie par cette longue suite de rois que plus tard elle appela des dieux; déjà le premier des princes, appartenant à la race humaine, c'est-à-dire moins poétisés par les traditions, Ménès, avait bâti Memphis; un de ses premiers successeurs, Paréthon [1], régnait en Égypte quand Abraham fut décidé, par une famine, à pénétrer dans ce pays.

La vallée du Nil était plus anciennement cultivée, plus riche en céréales que toutes les contrées voisines; on y courait comme au grenier commun de l'Afrique et de l'Asie. L'histoire de Joseph, surtout, met ce fait en évidence. A l'Égypte, Abraham demanda non-seulement le pain du corps, mais aussi le pain de l'âme. Ce grand homme allait trouver les Égyptiens, tant pour partager leur abondance que

---

[1] Artapanus cité par Eusèbe, Préparation évangélique, liv. 9, chap. 18.

pour connaître la théologie de leurs prêtres et s'éclairer par la discussion [1].

Les longs entretiens d'Abraham avec les prêtres d'Héliopolis sont attestés par Alexandre Polyhistor [2]. Tous les auteurs s'accordent à dire que le père des Hébreux, venu des contrées où le soleil se lève, l'emportait sur les Égyptiens quant à la science astronomique; mais il apprit, en retour, des rites religieux qu'il devait mettre en pratique.

L'ancienne Égypte fut guerrière et conquérante. Il est difficile d'attribuer aux mensonges de la vanité nationale ces représentations de victoire si fréquentes sur les monuments de la Nubie et de la Thébaïde; ces scènes encore plus glorieuses, où les habitants de l'Afrique centrale [3], et même les Indiens caractérisés par leurs costumes, viennent rendre hommage aux pharaons comme à des suzerains [4], et leur offrent en tribut des plantes et des animaux variés. Cependant la plus grande influence de l'Égypte ne fut point militaire; ce n'est pas le fer à la main qu'elle transmit aux autres pays les richesses de science et d'art qu'elle avait amassées. Une conquête doit être une association. L'Égypte méprisait trop les étrangers pour fonder par la guerre un empire durable.

---

[1] Nicolas de Damas cité par Eusèbe, Préparation évangélique, liv. 9, chap. 16.

[2] Eusèbe, liv. 9, chap. 17.

[3] Gau, Antiquités de la Nubie : bas-reliefs de Calapsché.

[4] Rosellini, *I monumenti dell' Egitto e della Nubia*, MR. CLV, CLVI étrangers peints sur les monuments de l'Égypte.

Nous ne parlons pas des conquêtes d'Osiris, placées dans un lointain nébuleux ; mais l'histoire de Rhamsès-le-Grand ou Sésostris, bien postérieure, est aussi mieux précisée ; on a mesuré jusqu'à la taille de ce roi ; Manéthon lui donne quatre coudées trois palmes deux doigts [1]. Sous sa conduite, l'Égypte et l'Éthiopie combinées envahirent l'Asie Mineure, la Scythie, même la Thrace ; mais ce fut un débordement passager et qui ne laissa pas, comme le Nil, la terre fécondée. On sait que Sésostris érigea partout sa statue, vêtue moitié à l'égyptienne, moitié à l'éthiopienne, tenant, de la main droite une lance, de la gauche des flèches, avec cette devise écrite sur la poitrine : « J'ai conquis ce pays par la force de mes épaules. » A cette proclamation de la victoire il joignit l'insulte. Nous ne parlons point de ces colonnes obscènes et dérisoires qu'il faisait ériger sur sa route, bien qu'Hérodote les ait vues ; mais il n'entrait dans les villes que sur un char traîné par des rois vaincus [2]. L'Égypte, qui versait ainsi l'ignominie sur les nations soumises, perdit rapidement ses conquêtes. Les Perses, personnifiés par le brutal Cambyse, foulèrent aux pieds les dieux étrangers ; leur empire, agrégation de provinces mécontentes, fut dissous au premier choc d'Alexandre. Les Macédoniens, despotes partout, oppresseurs si cruels en Palestine, ne purent

---

[1] Georges le Syncelle, t. 1, p. 112.
[2] Diodore de Sicile, liv. 1.

disputer le monde aux Romains. Il n'y eut de conquête durable que celle de Rome, qui s'appropriait les coutumes du vaincu ; que celle du Franc, qui faisait asseoir le Gaulois et le Romain à la table même de ses rois.

Si la principale influence de l'Égypte ne s'exerça point par la guerre, cette influence ne fut pas moins grande. Comptez les colonies qui allèrent en Grèce mettre un terme à la vie sauvage ; songez à ces longues conversations des prêtres d'Égypte avec les historiens, les philosophes grecs, à ces conseils maternels donnés par l'ancienne patrie aux Hellènes qu'elle regarda toujours comme ses enfants. On a signalé mainte fois cette émission du génie égyptien vers l'Occident ; mais l'influence orientale de l'Égypte ne doit pas être oubliée. La philosophie grecque et le culte juif, qui devaient plus tard se réunir ensemble sous le nom de christianisme, sont deux épanouissements de l'intelligence égyptienne. Orphée, Solon, Platon, Pythagore virent l'Égypte au nom de la Grèce[1] ; elle fut visitée au nom des Juifs par Abraham, Moïse et Jésus-Christ.

---

[1] Οἱ γὰρ ἱερεῖς τῶν Αἰγυπτίων ἱστοροῦσιν ἐκ τῶν ἀναγραφῶν τῶν ἐν ταῖς ἱεραῖς βίβλοις, παραβαλεῖν πρὸς αὐτοὺς Ὀρφέα τὲ καὶ Μουσαῖον καὶ Μελάμποδα καὶ Δαίδαλον· πρὸς δὲ τούτοις Ὅμηρόν τε τὸν ποιητὴν καὶ Λυκοῦργον τὸν Σπαρτιάτην· ἔτι δὲ Σόλωνα τὸν Ἀθηναῖον καὶ Πλάτωνα τὸν φιλόσοφον· ἐλθεῖν δὲ καὶ Πυθαγόραν τὸν Σάμιον καὶ τὸν μαθηματικὸν Εὔδοξον· ἔτι δὲ Δημόκριτον τὸν Ἀβδηρίτην καὶ Οἰνοπίδην τὸν Χῖον. Diodore de Sicile, liv. 1; Amsterdam 1746, t. 1, p. 107.

NAISSANCE DU CULTE.

CIRCONCISION.

Ce n'est point la croyance en un seul Dieu, pensée dont Abraham garde l'initiative, ce n'est point le dogme que les Hébreux empruntèrent à l'Égypte, ce sont les cérémonies du culte ; leur religion n'avait qu'une âme ; en Égypte elle prit corps, c'est à l'exemple de ce pays que nous verrons Moïse régler le mobilier du sanctuaire, les costumes sacerdotaux, le mode des consécrations et des sacrifices. Abraham commença cette longue série d'emprunts, lorsqu'après son retour d'Égypte[1] il établit dans sa famille un rite célèbre, la circoncision.

De toute antiquité les Égyptiens connurent la circoncision, passèrent pour en être les inventeurs. « Les autres peuples, dit Hérodote, ne songent pas à modifier les parties naturelles, s'ils n'ont pas été instruits par les Égyptiens[2]. Les Phéniciens, *les Syriens qui habitent la Palestine*, confessent qu'ils ont reçu ce rite de l'Égypte ; les Phéniciens que le mariage unit aux Grecs, en perdent bientôt l'usage. »

Les Syriens qui habitent la Palestine, ce sont les Juifs, il ne faut pas s'y tromper, l'historien Joseph s'empresse de le reconnaître[3]. Ils avouaient au temps

---

[1] Gen. xii, xvii.
[2] Hérodote, liv. 2 ; édit. Schweighæuser, t. 1, p. 305.
[3] Joseph contre Apion, liv. 1.

d'Hérodote, que la circoncision chez eux n'était qu'une imitation de l'Égypte. Diodore de Sicile énumérant les colonies égyptiennes, dit avec plus de précision : « Le peuple de Colchide établi dans le Pont, ainsi que *les Juifs* qui habitent entre les Syriens et les Arabes, sont venus d'Égypte ; aussi ont-ils l'usage de circoncire leurs enfants d'après un rite imité des Égyptiens[1] ».

Hérodote attribue cette pratique à la propreté. Les Égyptiens, dit-il, préfèrent la propreté à la belle apparence[2].

Les Égyptiens ne se contentaient pas de circoncire les hommes ; ils pratiquaient sur les femmes une opération correspondante que tous les auteurs, d'après James Bruce, appellent *excision*. Les Égyptiens, dit Strabon, observent avec le plus grand soin d'élever tous les enfants qui leur naissent et de circoncire les garçons et même les filles[3].

On a cru reconnaître les traces de l'excision sur les momies[4].

Hérodote se demande si la circoncision ne viendrait pas aux Égyptiens d'un pays plus méridional, de l'Éthiopie, qui la pratiquait de son temps. Nous le pensons ; lorsqu'on s'enfonce dans l'Afrique, au sud, à l'ouest, on trouve la circoncision. Agatharchides la signale comme un usage religieux chez les

---

[1] Diodore de Sicile, liv. 1.
[2] Hérodote, liv. 2 ; édit. Schweighæuser, t. 1, p. 306.
[3] Strabon, liv. 17.
[4] Description de l'Égypte, texte, t. 1, p. 345.

Éthiopiens troglodytes[1]. Les voyageurs modernes constatent la circoncision des deux sexes dans l'Abyssinie[2], chez les nègres du Dar-Four[3], où elle est considérée comme un usage immémorial[4], chez les Mandingues, jusqu'au Sénégal[5].

Voici sur les Mandingues l'attestation de Mungo-Park :

« Les deux sexes, tant parmi les Buschréens (nègres mahométans) que parmi les Kafirs (nègres fétichistes), en atteignant l'âge de puberté subissent la circoncision. Les Kafirs ne regardent pas tant cette opération comme une cérémonie religieuse que comme une chose utile et commode. Ils ont à la vérité quelque idée superstitieuse qu'elle contribue à rendre les mariages plus féconds. L'opération se fait à la fois sur plusieurs jeunes gens, qui tous sont exempts de toute espèce de travail pendant les deux mois subséquents. Ils forment pour ce temps-là une société qu'on nomme *Solimana* et qui va dans les villages voisins faire des visites, chanter et danser. Ils y sont bien reçus et bien traités par les habitants. J'avais souvent, dans mes voyages, rencontré de ces troupes, mais elles étaient toutes composées

---

[1] Agatharchides, *De mare Rubro*.
[2] Bruce, Voyage en Nubie et en Abyssinie, t. 5, p. 720.
[3] Browne, Nouveau Voyage dans la haute et basse Égypte; la Nubie, le Dar-Four, etc., t. 2, p. 150.
[4] Combes et Tamisier, Voyage en Abyssinie, t. 3, p. 205.
[5] Mémoires du chevalier d'Arvieux, t. 3, p. 172.

— 143 —

de mâles. A Kamalia, j'eus occasion de voir une solimana de jeunes filles[1]. »

Descendons au sud-est, on circoncit les enfants dans l'île de Madagascar [2]. Ainsi, cet usage existe dans toutes les parties de l'Afrique. Sous un soleil brûlant il fut institué comme une précaution peut-être minutieuse contre les effets de la chaleur et de la malpropreté. La circoncision se répandit jusqu'en Égypte. Abraham l'y trouva.

Les Abyssins et les peuples noirs que nous avons cités pratiquent l'excision ; les Coptes, descendants des anciens Égyptiens, l'ont conservée [3]. Sur la fin du dix-huitième siècle, le voyageur Sonnini voulut s'éclairer sur le but de cet usage; il obtint, et ses connaissances comme naturaliste justifiaient cette curiosité, que l'excision serait faite en sa présence sur plusieurs jeunes filles; il affirme que cette opération, pratiquée depuis l'Égypte jusqu'au pays des Hottentots, a pour but de détruire une excroissance particulière aux naturelles de ces contrées [4]. Les Hébreux n'imitèrent pas l'excision, qui ne leur était pas utile. Strabon nous dit à la vérité que la coutume de circoncire les garçons *et les filles* fut adoptée par les Juifs, « peuple originaire de l'Égypte [5]. »

---

[1] Mungo-Park, Voyage dans l'intérieur de l'Afrique. Paris, an v, t. 2, p. 13.
[2] Voyages de Jean Struys, t. 1, p. 32.
[3] Purchas, *Pilgrims*, t. 3, p. 841.
[4] Sonnini, Voyage dans la haute et basse Égypte, t. 2, p. 32.
[5] Strabon, l. 17.

Mais il faut joindre cette erreur de plus à celles qu'il a commises sur la Judée.

On n'est pas d'accord sur la cause première de l'opération faite sur les mâles, de la circoncision proprement dite. Les uns veulent voir dans ce retranchement une facilité donnée à la génération. Maïmonides dit au contraire que la circoncision réprime les passions des hommes[1]. L'Allemand Michaelis, dans ses questions sur l'Arabie, demande si la circoncision dans les pays chauds ne préserverait pas d'une maladie particulière[2]. Nous nous en tenons, pour notre part, à l'opinion d'Hérodote, et ne voyons, dans la circoncision primitive, qu'une mesure de propreté.

Cependant, chez les anciens, le sentiment religieux guide les nations; il imprègne de sa couleur toutes les coutumes jugées utiles; c'est un vernis qui les conserve. Quel que fût le but originaire de la circoncision, c'est dans une pensée religieuse qu'Abraham l'adopta.

Un groupe de pasteurs, compagnons de sa vie errante, avaient reçu de sa bouche le dogme d'un

---

[1] Quod autem circumcisio virtutem intensivam membri illius voluptatemque debilitet, id extrà omnem dubitationem est. Nam cum membrum illud statim in ipsa nativitate sanguinem suum effundit, tegumentumque amittit, sine omni dubio exinde debilitatur. Hinc dixerunt sapientes nostri mulierem cum viro incircumciso matrimonio junctam, difficulter ab illo posse abstrahi. *More Neboukim*, pars 3, cap. 49, p. 505.

[2] Michaelis, Recueil de questions, p. 17.

Dieu unique, immatériel; il voulut faire naître au milieu d'eux l'esprit de corps, excellent préservatif de toutes les religions, de toutes les doctrines; il voulut qu'une marque indélébile empêchât à jamais ces pasteurs de se confondre avec le reste des populations asiatiques. Moïse poétisa selon son usage cette intention religieuse d'Abraham. La Genèse met les paroles suivantes dans la bouche de Dieu lui-même :

« Voici le signe de l'alliance qui sera observée entre moi et vous et votre race : tout mâle né parmi vous sera circoncis [1]. »

Le Seigneur exige que l'enfant soit circoncis huit jours après sa naissance. Ainsi on laisse passer *sept* jours et nous retrouvons ici, comme dans le récit de la création, le nombre consacré par l'ancienne adoration des sept grands astres.

Il faut circoncire l'esclave né dans la maison, circoncire l'esclave acheté, bien qu'il ne soit pas de race hébraïque.

Que le mâle incirconcis soit exterminé!

Cette déclaration de guerre aux incirconcis est un anachronisme, soit de Moïse, soit du rédacteur. Il emprunte évidemment aux lois mosaïques ce principe d'extermination, moyen de conquête dont Abraham n'avait pas besoin.

En exécution du nouveau précepte, *la gent* d'Abraham se présente au couteau. Le texte distingue

---

[1] Gen. XVII, 10.

deux fois entre les esclaves nés chez le maître et les esclaves achetés.

SACRIFICES.

Dans les sacrifices qu'elle offre, la famille circoncise se montre digne du Dieu qu'elle adore; elle renonce aux victimes humaines.

Les peuples voisins de l'état sauvage, voulant offrir à Dieu les prémices de tous les genres de richesses, lui sacrifient le premier-né des animaux et même de l'homme. Cette odieuse coutume se perpétua, longtemps après, Moïse dans la Chaldée et dans *Aram*. On appelle ainsi la réunion de ces petits peuples qui acceptaient la suzeraineté religieuse de Babylone. Les adorateurs de Baal et de Moloch brûlaient des enfants des deux sexes devant l'image de ces dieux sanguinaires[1]. Quelquefois on se contentait de consacrer les jeunes gens en les faisant passer à travers la flamme [2]. Carthage emporta ces rites de l'Asie. Au temps du roi Josaphat, un souverain de Moab, assiégé par trois armées, conduit sur les remparts son fils aîné, son héritier présomptif pour en faire un holocauste[3]. Le même usage est constaté par les psaumes.

« Et ils se mêlèrent aux nations et ils apprirent leurs œuvres.

---

[1] Deut. XII, 31.
[2] *More Neboukim*, pars 3, cap. 37, p. 449.
[3] Rois, liv. 4, III, 27.

« Et ils servirent les idoles sculptées et devinrent un objet de scandale.

« Et ils immolèrent leurs fils et leurs filles aux démons, et ils versèrent le sang innocent, le sang de leurs fils et de leurs filles, qu'ils sacrifièrent aux sculptures de Kanahan[1]. »

Les prophètes, surtout Isaïe[2], s'indignent contre le même culte.

Les Kananéens, dans leurs odieux sacrifices, assimilaient jusqu'au bout l'homme aux animaux. Les entrailles de la victime étaient consultées, et les prêtres réservaient pour leur table une partie de sa chair. Le livre de leur Sagesse leur fait ce sanglant reproche[3].

La Grèce elle-même passa par les mêmes coutumes. Les sacrifices de la fille d'Agamemnon, du fils d'Idoménée, sont la tradition devenue poétique d'un usage trop réel, et Racine est bien entré dans la vérité locale en s'écriant :

« Un Calchas odieux
Dans son sein palpitant consultera les dieux ! »

Au temps et dans le pays d'Abraham, le sacrifice d'un enfant premier-né par la main de son père, passait pour le plus religieux des actes. Abraham fut tenté de l'accomplir. Il y était poussé par ces

---

[1] Psaume cv, 35, 36, 37, 38.
[2] Isaïe, LVII, 5.
[3] Sagesse, XII, 5.

préjugés d'éducation qu'on prend souvent pour la voix divine. Il attacha sur le bûcher son fils Isaac ; il leva même le glaive ; mais la réflexion, mais la conscience, furent l'ange qui vint arrêter son bras ; un bélier remplaça la victime, et depuis, sauf la rechute de Jephté, les sacrifices humains furent abolis parmi les Hébreux.

Si Abraham prit à l'Égypte la pratique de la circoncision, à lui seul revient l'honneur de s'être abstenu des sacrifices humains. L'ange, que la Genèse fait intervenir entre le père sacrificateur et son fils, symbolise très-bien l'inspiration. Le patriarche, en jetant le fer homicide, n'imitait pas l'Égypte, car elle sacrifia des hommes jusqu'à l'époque d'Amosis, qui vécut vers le temps de Moïse.

RELIGION D'ISAAC ET DE JACOB.

La religion d'Abraham, croyance au vrai Dieu, circoncision, culte restreint aux sacrifices d'animaux, se perpétua par Isaac et par Jacob. Isaac suivit sans hésiter les enseignements de son père. Jacob, nature étroite, astucieuse, intéressée, compromit l'avenir religieux des Hébreux, qui était aussi le nôtre ; il n'eut rien de la foi généreuse, désintéressée, d'Abraham ; il douta de Jehovah jusqu'au jour où des prospérités matérielles, qu'il attribuait à ce Dieu, l'eurent converti.

Jacob s'éveille après son magnifique rêve de l'escalier qui conduit au ciel.

« Jacob fit un vœu disant : Si Jehovah marche avec moi et me garde dans le chemin que je vais suivre, s'il me donne du pain pour me nourrir, un vêtement pour m'habiller,

« Si je reviens heureusement à la maison de mon père, *je prendrai Jehovah pour mon Dieu.*

« Et cette pierre que je viens d'ériger s'appellera maison de Dieu, et de tout ce qu'il me donnera je lui offrirai la dîme. »

Jacob érige une pierre à la place où il a rêvé de Jehovah. Des pierres seront amoncelées lors de la réconciliation de Jacob avec Laban, son oncle[1]. Un pareil monument constatera pour les Hébreux la possession de la Palestine. La Bible est remplie de faits analogues. Les pierres levées se retrouvent chez tous les peuples. Elles blanchissent sur les rivages de la Suède comme sur les côtes de notre Bretagne. Ce point de contact entre les nations n'a rien qui doive étonner. Le premier culte des hommes, le fétichisme, est aussi varié que les régions de la terre. L'adoration de la nature physique se diversifie comme les productions des contrées, mais il y a des pierres partout, et partout se retrouve le culte des pierres. On les érige sur le sol; on leur fait des onctions d'huile; les jours de fête on les habille[2]. Dans la Chaldée, dans le pays de Kanahan, cette religion vivait en concurrence avec l'adoration

---

[1] Gen. XXXI, 45, 46.
[2] Voyez Dulaure, des Cultes qui ont précédé l'idolâtrie.

des astres, Abraham l'avait rejetée comme toutes les branches du fétichisme. Pour sa famille, la pierre brute n'était plus un Dieu; mais, respectée encore, elle était employée comme *monument*, c'est-à-dire témoignage et souvenir: toutes les fois que des hommes qui ne savent pas écrire, ni ciseler un autel, une colonne, voudront conserver par un signe matériel le fait qui les a préoccupés, l'idée nouvelle qu'ils ont acquise, la pierre du chemin, le rocher détaché de la montagne est le signe que leur offrira la nature; il suffira jusqu'au jour où l'art imprimera sur la matière un cachet plus intelligent [1].

Jacob érigeant une pierre dans l'endroit qu'il appelle maison de Dieu, emploie, dans une intention différente, il est vrai, l'ancien rite des adorateurs de pierres.

« Jacob se levant le matin, prit la pierre qu'il avait placée sous sa tête et l'érigea en souvenir, *versant de l'huile dessus* [2]. »

C'est longtemps après avoir fait fortune aux dépens de son oncle, que Jacob, ou si l'on veut Israel, se décide à perpétuer la tradition religieuse de ses pères. Ses troupeaux couvrent la plaine, ses pasteurs pourraient lutter contre une armée. Le temps est venu de rendre à Jehovah le culte promis en échange de la richesse. Il est vrai qu'épousant deux filles et emmenant plusieurs serviteurs

---

[1] Voyez Notre-Dame de Paris, l. 5, chap. 2.
[2] Gen. XXVIII, 18.

de Laban, Jacob a fait entrer dans sa demeure un élément idolâtrique : aussi visite-t-il le bagage de ses serviteurs ; il prend leurs boucles d'oreilles, qui portaient sans doute quelques signes de leur croyance religieuse, et qu'il fait enterrer avec les idoles. En témoignage de la foi nouvelle qu'ils embrassent, tous changent de vêtements.

L'importance symbolique du costume est un fait naturel chez les peuples enfants, parce que les sens les dominent encore, plus naturel chez les Orientaux, parce que leur soleil vivifie toutes les nuances. Le blanc, sous leur ciel, est de l'argent, le jaune de l'or, le bleu de l'azur, et l'on dirait que le blason prit, dans ces régions éclatantes, son langage poétique. Dans toute la Bible, une riche tunique veut dire grandeur, une robe de bure disgrâce [1].

Un pharaon donne à Joseph la pourpre et l'anneau ; plus tard, nous verrons Mardochée vêtu comme le roi de Perse.

Balthazar déclare que si quelque magicien peut lire les trois mots écrits sur la muraille, il sera vêtu de pourpre, portera un collier d'or et deviendra la troisième personne du royaume [2].

COUTUMES CIVILES DES HÉBREUX.

Après avoir parlé du dogme et du culte, nous pouvons entr'ouvrir la tente des patriarches, y

---

[1] Rois, l. 4, xxv, 29.
[2] Daniel, v, 7.

chercher les coutumes civiles dont Moïse a fait des lois.

DES PERSONNES.

DU POUVOIR PATERNEL.

La première phase de l'existence humanitaire, la vie sauvage, est le développement exclusif des instincts individuels. Chaque homme, isolément, poursuit une proie et la déchire, se défend par la force ou par la ruse, se réfugie dans une caverne ou se construit une hutte en réunissant quelques branches. Les éléments d'association qui peuvent se montrer alors et qui sont moins complets que chez les castors, n'ôtent pas à cette période son caractère d'individualisme.

La phase suivante et supérieure, la barbarie, est le règne absolu de la famille. Les hommes se rapprochent, une société s'organise, mais d'après un principe purement matériel, la communauté du sang. Les deux sexes ne se mêlent plus au hasard comme les animaux; le mariage permet de reconnaître la paternité. Le père est le maître absolu de tous ceux qui sont sortis de lui; tous sont, à la lettre, sa propriété; l'individualisme est comprimé, détruit; les droits d'une société supérieure à la famille ne sont pas mieux reconnus que l'indépendance individuelle. Un père, chez les Romains, peut condamner à mort son fils consul, et le saisir au milieu de ses licteurs.

Lorsque vient la civilisation, troisième phase, un pouvoir supérieur à la famille s'est complètement formé, l'état. Il attire à lui toutes les attributions du père; les instincts sociaux deviennent exclusifs comme ceux qui ont régné les premiers. Il ne manque pas de systèmes qui veulent organiser l'humanité sans tenir compte de la famille, et qui la traitent comme le régime exclusivement familial traitait l'individualisme.

Le propre de l'harmonie sera de trouver une combinaison qui laisse à l'individu toute sa liberté, à la famille toute son influence, à la société tous ses droits. Il le faut, car la distinction des affections de l'homme en trois groupes correspondant au développement individuel, familial, social, n'a rien d'arbitraire. Elle est dans la nature. La législation doit accepter l'homme tout entier.

Chercher à résoudre, à propos des Hébreux, un problème tout nouveau, que notre société se pose à peine, ce serait un anachronisme; à la France actuelle sont réservées ces questions. Chez les Hébreux, à l'époque d'Abraham, règne le gouvernement de la famille. La justice est exercée, la propriété se transmet, non pas en vertu de raisonnements, mais en vertu d'un principe physique, la procréation; les hommes sortis de la même souche sont réunis par un lien que nous appelons aujourd'hui *le sang*, que les Hébreux, plus matériels, nommaient *la chair*. Voici l'os de mes os, la chair de ma chair: telles sont les paroles que la *Genèse* met dans la bouche d'Adam quand il aperçoit la première femme. Laban recevant Jacob, l'embrasse en lui disant : Tu es mon os, tu es ma chair [1]. La veuve sans enfant épouse son beau-frère qui est la même chair que son mari. Le Lévitique dit à l'Israélite : Tu n'épouseras pas ta sœur, parce que c'est ta chair, ta tante, parce que c'est la chair de ton père.

Un état social semblable et dans lequel le procréateur, le père, seule autorité, seule justice, est aussi propriétaire absolu, non seulement de toutes les richesses, mais de toutes les personnes qui composent sa famille, se retrouve chez tous les peuples; c'est le patriarcat ou gouvernement paternel [2]. Chez les Romains, le *pater-familias*, chef de la *gens*, est un patriarche. Dans toute barbarie existe le patriarcat; mais nulle part il ne se dessine aussi complètement que chez les Hébreux, parce qu'il y a toujours un gouvernement supérieur, un état qui s'organise et qui tend dès l'origine à limiter l'absolutisme paternel. Dans la famille d'Abraham, isolée de toute nation, le despotisme du père s'est exercé sans contrôle; il est devenu typique; il s'est caractérisé si nettement que le mot de patriarcat fait songer à la famille d'Abraham, d'Isaac et de Jacob. Ainsi, des principes féodaux apparaissent dans toutes les histoires; mais le mot de féodalité fait songer au moyen-âge et à l'Occident. C'est qu'à cette

---

[1] Gen. XXIX, 14.
[2] Πατρὸς ἀρχή.

époque et dans cette contrée, sous l'influence de causes qu'il nous faudra chercher, la féodalité fut organisée d'une manière saillante et complète.

La famille est une première société; la puissance paternelle est un gouvernement primitif. Les générations, en se multipliant, élargiront par degrés le nombre des subordonnés; les liens du sang se relâcheront au profit d'une organisation supérieure. A l'esprit de famille succédera l'esprit de tribu, de province, de peuple : nous voudrions aujourd'hui constituer l'unité de l'Europe; nos descendants réaliseront celle du monde.

Les pasteurs hébreux n'en sont encore qu'à la famille. Chez eux, le droit du père sur le fils est celui du maître sur l'esclave, c'est-à-dire la propriété : les sentiments que la nature inspire font seuls une différence. Comme tout propriétaire antique, le père peut user, jouir, *abuser* de sa chose, c'est-à-dire en disposer. Il peut vendre, il peut mettre à mort; nulle puissance humaine ne pouvait arrêter le glaive d'Abraham levé sur la tête d'Isaac.

De pareilles coutumes confondent le droit pénal avec la puissance paternelle; le père est juge suprême, il condamne sans appel, et ses arrêts, exécutés à l'heure même, sont terribles.

« Voici qu'après trois mois on vint dire à Juda, fils de Jacob : Ta bru Thamar s'est livrée au désordre, elle devient enceinte. Juda répondit : Faites-la sortir et qu'elle soit brûlée [1]. »

---

[1] Gen. XXXVIII, 24.

Cette justice paternelle existe aujourd'hui chez quelques tribus barbares. Vous la trouverez soit à Montenegro, soit en Circassie.

La rigueur de Juda nous étonne quand nous lisons l'histoire de sa vie, qui n'était pas sans reproche. Le contraste qui existe entre ces mœurs relâchées et cette pénalité barbare est un fait général. Interrogez l'histoire des nations. Plus les mœurs sont dissolues, plus aussi les lois contre la corruption seront cruelles. Rome célèbre les bacchanales et punit de mort l'adultère. Le moyen-âge s'arme des rigueurs d'une religion triste et dure contre cet amour que ses troubadours chantent et qu'autorise l'exemple de ses rois. Plus le penchant sexuel est violent, plus la loi le réprime; le bien public le veut peut-être. Une certaine pureté de mœurs est indispensable aux nations; il faut que les liens de la famille se conservent et que la société se perpétue autrement que par des orgies. Quand la moralité, quand la pudeur sont insuffisantes pour maintenir dans le peuple la chasteté nécessaire, le législateur veut y suppléer par la crainte des tortures, soit en ce monde, soit en l'autre. Alors les égarements de l'amour, jugés uniquement d'après leurs résultats, sont mis au même rang que les plus grands crimes, appréciation fausse en elle-même, mais qui, par rapport aux intérêts sociaux, peut avoir sa vérité relative. Aujourd'hui la famille est assez fortement constituée, nos mœurs, bien qu'elles aient à s'épurer encore, bien qu'elles n'atteignent pas cette chasteté réclamée par la conscience, sont pourtant assez loin des saturnales antiques pour qu'on puisse apprécier les égarements amoureux à peu près à leur véritable valeur. Laissant à la conscience, au sentiment religieux, à l'opinion la direction de la vie privée, la loi ne punit que les violations flagrantes de la morale publique.

DE LA FEMME ET DU MARIAGE.

DU MARIAGE PAR ACHAT.

Si le pouvoir paternel, dans la barbarie, est le droit du maître sur les esclaves; si le père a la faculté de tuer ou de vendre ses enfants, la vente d'une fille par son père sera la première forme du mariage. Ce fait n'est pas spécial à tel ou tel peuple, il est humanitaire comme toutes les coutumes civiles qu'on remarque chez les Hébreux pendant l'époque patriarcale. Nous allons montrer le mariage par la vente, chez les noirs de l'Afrique occidentale.

« Si un homme, dit Mungo-Park en parlant des Mandingues, trouve une fille à son gré, il n'est pas nécessaire qu'il s'adresse d'abord à elle. La première chose à faire est de convenir avec les parents de l'indemnité à leur donner pour les dédommager de la société et des services de leur fille. La valeur de deux esclaves est le prix ordinaire, à moins que la jeune personne ne soit fort belle, auquel cas les parents élèvent très haut leurs prétentions. Si l'amant est assez riche et qu'il veuille donner la somme demandée, il fait alors sa déclaration à la fille, mais on ne regarde pas le consentement de celle-ci comme nécessaire au mariage. Si les parents sont d'accord et qu'ils aient mangé quelques noix de kolla que le prétendu leur offre comme arrhes du marché, il faut que la jeune personne épouse celui qu'ils ont choisi ou qu'elle reste fille, car elle ne peut désormais être donnée à un autre; si les parents le faisaient, l'amant serait autorisé à la réclamer comme esclave [1]. »

Les noces mandingues n'ont rien de curieux du reste, si ce n'est l'obligation pour le nouveau marié de distribuer des noix à ses amis; c'est la coutume romaine : *Sparge, marite, nuces.*

Le mariage, pour les patriarches hébreux, était l'achat d'une femme; c'était une affaire que l'on réglait soit directement, soit par l'entremise d'un mandataire, comme Éliézer qui part chargé de présents pour la famille de la jeune épouse [2]. Jacob arrive chez son oncle en fugitif et sans ressources, mais, par son travail, il achète deux épouses. L'usage de ces achats se montre plus nettement dans l'histoire de Dina, fille de Jacob.

Cet épisode nous révèle une opinion toujours contemporaine du patriarcat : la femme n'est rien

---

[1] Mungo-Park, Voyage dans l'intérieur de l'Afrique, t. 2, p. 13.
[2] Prolatisque vasis argenteis et aureis ac vestibus, dedit ea Rebeccæ pro munere; fratribus quoque ejus et matri dona obtulit. Gen. XXIV, 53.

dans la famille. Ainsi, la Bible, qui décrit les enfantements des épouses de Jacob et désigne tous ses fils par leurs noms au moment de leur naissance, ne nous parle pas de ses filles. Nous apprenons par hasard, à l'occasion d'un événement tout à fait étranger à la généalogie, que Lia avait une fille nommée Dina. « Les Abyssins, dit le père Tellez, ne comptent pas les femmes dans leurs généalogies, et cela leur est commun avec tous les Orientaux[1]. » Il aurait pu dire avec tous les barbares.

Pour comprendre la position de la femme chez ces peuples, il faudrait écrire, pour point de départ, une psychologie du sexe féminin; c'est une étude peu facile et pour laquelle, nous le regrettons, l'expérience nous manque. Heureusement les mœurs barbares ne sont pas fondées sur des observations complètes ni fines, les hommes des époques patriarcales ne comprennent pas la femme tout entière et nous n'avons pas besoin d'en savoir plus qu'eux pour faire connaître leurs mœurs. Ils constatent que la femme est physiquement plus faible que l'homme; ils vivent dans un temps où l'énergie matérielle est seule estimée, et cette faiblesse leur inspire le mépris; il se produit sous toutes les formes. Un fait l'augmente encore, c'est qu'il n'y a de liberté, de puissance, de droits que pour le chef d'une famille, et la femme ne peut espérer ce rôle. Elle n'est pas, dans la génération, la source, mais

---

[1] Tellez, Histoire de la haute Éthiopie, p. 15.

l'instrument; elle ne compte pas dans les généalogies.

Quand les lois se perfectionnent, la faiblesse de la femme suggère, au lieu du mépris, la protection; l'homme fait une découverte nouvelle, c'est que la pudeur, à laquelle les deux sexes étaient d'abord étrangers, est bien plus délicate et veut plus d'égards chez la femme que chez lui-même; mépris pour la femme, nullité de son influence dans la famille, tel est, envers elle, le premier caractère des coutumes et des lois; protection, ménagements pour la pudeur, tel est le second.

L'homme est puissant par la force; la femme ne l'est pas moins par le charme que le ciel donne à presque tous les êtres faibles et qui s'appelle la grâce. La grâce, il est vrai, ne peut être appréciée que par des âmes délicates elles-mêmes. Cependant les barbares la sentent s'ils ne la comprennent pas. Ils sont étonnés d'être charmés, subjugués par un être que leur bras peut renverser sans peine. Ils expliquent ce mystère par la magie. La femme possède un pouvoir surnaturel; on la méprise, mais on la vénère; cette contradiction, fort explicable, existait chez les Germains; elle se retrouve au milieu des Arabes[1]. Nous verrons que chez les Hébreux la femme passait pour supérieure à l'homme en matière de sorcellerie.

Chacun sait l'histoire de Dina. Elle est enlevée

---

[1] M. de Lamartine, Voyage en Orient, t. 4, p. 170, récit de Fatalla Sayeghir.

par Sichem, fils du roi Emmor[1]. Pour réparer l'outrage, le ravisseur offre d'épouser Dina; la famille de Jacob feint d'y consentir : Commencez, dit-elle, par vous faire circoncire avec votre peuple. Désarmé, comme le lion de la fable, Sichem accepte la condition. Le troisième jour de l'opération, au moment, dit la Bible, où la douleur est le plus vive, Siméon et Lévi massacrent les Sichémites, pillent leurs troupeaux, brûlent leurs maisons, traînent en esclavage leurs enfants et leurs femmes. Sichem avait pensé que le rapt est innocenté par le mariage. Ce sera l'idée de Moïse, ce sera celle de presque tous les législateurs. Les engagements du mariage assurent à la femme outragée un sort honorable; ils prouvent qu'elle inspirait un amour sincère et que le ravisseur, en l'arrachant à sa famille, consultait autre chose que l'égoïsme et le caprice. Remarquons aussi l'offre de Sichem. C'est un jeune prince admiré dans sa famille et passionné pour Dina; la Genèse le montre sous le jour le plus favorable: il prie le père de la jeune fille de fixer le montant de la dot; il est prêt à la payer pour acheter sa femme, suivant l'usage.

« Sichem dit au père et aux frères de Dina : Que je trouve grâce devant vous et tout ce que vous stipulerez, je le donnerai.

« Augmentez la dot et demandez des présents, je

---

[1] Théodote cité par Eusèbe, Préparation évangélique, liv. 9, chap. 22.

donnerai volontiers ce que vous aurez réclamé ; seulement, accordez-moi cette jeune fille pour épouse. »

Le patriarche, après avoir vendu sa fille, croyait conserver encore des droits sur elle. La puissance du père qui a formé la chair de la fille semblait supérieure à celle du mari, qui n'est pas de la même famille qu'elle. Dans l'état barbare, plus d'un père s'est cru le droit de reprendre sa fille mariée à un homme pour la vendre à un autre. Le beau-père philistin de Samson lui reprit sa femme. C'est alors que l'Hercule juif incendia les moissons des Philistins[1]. Un Ptolémée reprit sa fille au prince Alexandre Balas pour la donner à Démétrius Soter. Un fils d'Hérode, Alexandre se vit menacé par son beau-père de perdre de la même manière son épouse Glaphyra. Ce sont des étrangers qui donnent ces exemples ; mais les écrivains juifs qui les racontent ne s'en étonnent pas.

DE LA POLYGAMIE ET DU CONCUBINAT.

L'idée d'achat n'entraîne aucune exclusion. Des hommes qui ne connaissent pas encore le véritable amour et qui ne le savent pas jaloux, trouvent fort naturel d'acheter autant de femmes qu'ils peuvent en payer et en nourrir.

C'était le point de vue des Hébreux ; chez eux

---

[1] Juges, xv, 1, 2.

règne la polygamie. Cependant une démarcation sépare les femmes du même homme : les unes, de naissance libre, et les patriarches les envoyaient prendre jusqu'en Mésopotamie, pour qu'elles fussent de leur race, sont des épouses.

Les autres, esclaves, destinées à servir l'épouse, sont des concubines.

Sarah ne peut enfanter; elle présente à son mari Agar, esclave égyptienne, acquise pendant le séjour d'Abraham dans la terre des Pharaons [1]. « Vois, dit Sarah, par celle-ci peut-être aurai-je des fils. »

Si l'esclave était féconde l'épouse s'attribuerait la maternité.

Pourtant l'esclave a besoin d'être surveillée. Elle aspire à supplanter l'épouse, sinon dans le rang, du moins dans la faveur. Il y aura lutte, et la vaincue partira pour le désert, emportant tout au plus une peau de bouc remplie d'eau [2].

Le lien qui réunit Agar et Abraham, se retrouve dans les premiers temps de la Grèce. D'Omphale, reine de Lydie, Hercule eut Lamon, tige des Mermnades; de Malis, esclave de la princesse, naquit Argon, souche des Héraclides.

Lorsque Sarah fut morte, Abraham prit Chétura, qui n'était qu'une concubine, elle lui donna six fils, Zamram, Ieksan, Madan, Madian, père des Madianites, Iesbok, Sué. Le patriarche leur conseilla

---

[1] Mélon cité par Eusèbe, Préparation évangélique, liv. 9, ch. 19.
[2] Joseph, Antiq. jud., liv. 1, chap. 12.

d'habiter les pâturages de l'orient[1], pour ne pas nuire à son fils Isaac.

Nachor, frère du patriarche, eut pour femme Melcha, pour concubine, Roma[2].

A l'âge de quarante ans Esaü choisit deux épouses, Judith et Basemath. Elles rendaient la vie pénible à Rébecca, leur belle-mère. Nous voyons le même Ésaü, mari de Maheleth, fille d'Ismael[3], puis encore d'Ada et d'Oholibama[4].

On sait que Jacob épousa Rachel et Lia ; les servantes de ses deux épouses devinrent bientôt ses concubines, et de curieuses rivalités troublèrent la tente de Jacob.

Lia fut d'abord dédaignée ; mais elle reprit courage en devenant mère de quatre enfants, Ruben, Siméon, Lévi, Juda, pendant que sa sœur demeurait stérile.

Rachel, pleine d'envie, dit à son mari : Donne-moi des enfants ou je meure[5].

Suis-je Dieu ? répond Jacob. Rachel recourt alors à l'expédient de Sarah.

« J'ai ma servante Bala. Approche-toi d'elle ; qu'elle me donne des enfants. »

Bala devient mère de Dan, puis de Nephtali. Rachel s'en félicite.

---

[1] Joseph, Antiq. jud., liv. I, chap. 15. Gen. xxv, 6.
[2] Gen. xxii, 20, 24.
[3] Gen. xxviii, 9.
[4] Gen. xxxvi, 1, 2, 3.
[5] Gen. xxx, 1.

Mais Lia n'abandonne pas la partie. A son tour elle offre à Jacob une esclave nommée Zelpha, qui enfante Gad et Aser.

Cependant Rachel était toujours préférée.

Au temps de la moisson, Ruben trouve dans les champs des mandragores et les porte à sa mère Lia. « Rachel dit : Partage avec moi les mandragores de ton fils. »

« Lia répondit : N'est-ce pas assez de m'avoir ôté mon mari ? veux-tu me prendre aussi les mandragores de mon fils ? Eh bien, dit Rachel, qu'il dorme avec toi cette nuit pour les mandragores de ton fils. »

Le soir, comme Jacob rentrait de la campagne, Lia sortit à sa rencontre. « Tu t'approcheras de moi, dit-elle ; car je t'ai acheté pour les mandragores de mon fils. »

De ce marché résultent les naissances d'Issachar et de Zabulon.

A cette fécondité merveilleuse Rachel ne pouvait opposer que deux fils, encore étaient-ils de sa servante Bala ; mais elle finit par enfanter en personne un premier fils, Joseph ; un second, Benjamin.

Pour bien sentir l'intérêt d'amour-propre qu'apportaient les deux femmes dans cette lutte singulière, il faudrait interpréter les noms des enfants. Tous en hébreu signifient joie, victoire, allégresse. Les deux mères alternent leurs chants de triomphe.

Une fois que le patriarche avait eu commerce avec une servante de son épouse, cette esclave n'était pas une simple maîtresse, l'objet d'un caprice ;

elle avait dans la famille, sous le nom de concubine, une place inférieure, mais respectée. La *Genèse* indique, en passant, les relations de Ruben, fils aîné de Jacob, avec Bala, suivante de Rachel. Elle les qualifie d'*inceste*.

Une prohibition consacrée par les mœurs défendait à Ruben tout commerce avec les concubines de son père.

Quand la servitude est dans les mœurs, quand surtout la pensée de multiplier la famille est le premier intérêt, comme chez les Juifs, les relations du maître avec l'esclave sont si faciles, si fréquentes, que la législation n'a pas tort de les prévoir et de les régulariser.

Les Romains connurent aussi le concubinat; mais une grande différence les sépare des Hébreux. L'épouse et la concubine vivent ensemble sous la tente hébraïque. A Rome, on ne peut avoir que l'une ou l'autre; la loi ne souffre pas d'exception à la monogamie.

Cette différence s'accorde bien avec le rôle historique des deux peuples. Les Hébreux, sortis d'un seul homme, étaient dépositaires d'une semence précieuse. Cette famille, qui promenait ses bœufs et ses moutons dans les vallées de Kanahan, devait avoir une grande part dans la diffusion de la vérité religieuse, pourvu qu'elle se multipliât et pût devenir un peuple; le prix attaché par les Hébreux à la paternité leur permit de remplir cette mission. Que le père ait plusieurs femmes; que ses fils entourent sa table d'une couronne joyeuse. Bientôt, avec la famille, s'augmentera le nombre des pasteurs et des troupeaux; en peu de générations, le désert se couvrira d'habitants qu'il ne suffira plus à nourrir. Deux chefs de tribu ne peuvent pas vivre dans la même contrée; il faut que l'un marche à l'orient, l'autre à l'occident. Lot quitte Abraham; Jacob se sépare d'Esaü [1]. Ainsi la tige féconde élargit ses rameaux pour en couvrir le sol.

Les Romains suivirent un système de propagation tout différent. Ils étendirent, non pas leur race, mais leur influence. Les fils de Romulus sont moins une nation qu'un élément d'agrégation, qu'un système qui combine les peuples de l'antiquité; leur travail consiste à vaincre les étrangers pour former de leurs institutions variées un ensemble. La légion pour conquérir, le droit pour systématiser, voilà leurs moyens d'action, leurs conceptions originales. L'empire qu'ils fondent ne sort pas d'eux-mêmes, n'est pas le résultat d'une multiplication matérielle, et l'historien Joseph ne se contredit pas lorsqu'il nous montre, au siége de Jérusalem, *des soldats romains qui étaient Égyptiens*. C'est le fer et la jurisprudence qui font des Romains. Quand on agit par de telles voies, il n'est pas nécessaire que la famille soit un sérail, et les lois de Rome ne nous montrent le mariage qu'avec le caractère de la monogamie.

[1] Gen. xxxvi.

DU LÉVIRAT.

Le but exclusif du mariage hébreu, c'est de perpétuer la famille. Chacun veut avoir sa race. Les patriarches attachent une grande importance à la science généalogique, bien qu'ils ne la possèdent qu'à l'état rudimentaire. Tous les peuples ont débuté par donner aux hommes des noms individuels et significatifs, désignant, soit une qualité physique ou morale de l'enfant, soit une circonstance de sa naissance. « Chez les Changallas, dit M. Salt, lorsqu'un enfant vient au monde, le père lui donne un nom qui est ordinairement relatif à quelque particularité de sa naissance ou à quelque marque qu'il a sur le corps. Celui de qui j'ai tiré mes renseignements se nommait *Oma-Zéna*, parce qu'il était né avec une verrue sur la main ; d'autres s'appelaient *Immago Kiva*, né la nuit, *Vo Kéa*, né pendant qu'on faisait du bouza (espèce de bière), *Wennéa*, né sur la terre [1]. »

Plus socialisés que les Changallas actuels, les Égyptiens de l'antiquité portaient encore des noms significatifs. Dans le palais de Thèbes appelé Rhamesséion, les fils de Sésostris, représentés à la gauche de leur père, la plume d'autruche à la main, suivant leur fonction de porte-éventail [2], ont des

---

[1] Salt, Deuxième Voyage en Abyssinie, t. 2, p. 144.
[2] Champollion le jeune, Lettres d'Égypte et de Nubie, p. 278.

noms qui rappellent les victoires remportées par Sésostris au moment de leur naissance, ou bien ils s'appellent, soit *Patavéamoun*, Ammon est mon père, soit *Septenri*, approuvé par le soleil.

Si tous les noms primitifs eurent une signification, dans l'Europe, par suite du mélange des peuples et des langues, l'étymologie s'est presque toujours perdue. Le roi d'Abyssinie se fit dire les noms des ambassadeurs portugais qui allèrent le visiter avec le moine Alvarez. Il leur en demanda la signification et fut très étonné d'apprendre qu'ils ne la savaient pas.

La famille venant à se constituer, l'enfant joint à son nom celui de son père et s'appelle un tel, fils d'un tel. Les Hébreux, tous les Orientaux allèrent jusque là. Le nom de famille ne fut pas connu des Juifs, si ce n'est pour les tribus et les grandes sections de tribu, Cath, Mérari, Réchab. Les Romains, en appliquant à leurs patriciens le nom de la *gens*, approchèrent de la classification propre aux nations civilisées et qui consiste à réunir le nom individuel au nom de famille.

L'orgueil familial n'existait pas moins chez les Hébreux que chez les nations plus avancées dans l'art de désigner les hommes ; mais ce peuple était obligé à de plus grands efforts de mémoire. La succession de plusieurs générations se conservait dans les traditions de la famille. Quand la Bible introduit sur la scène historique un grand personnage, elle nous donne d'abord une idée de son importance par une litanie comme celle-ci :

Séir engendra Pharès,
Pharès engendra Sobal,
Sobal engendra Joram,
Joram engendra Jérimoth.

L'Hébreu qui reçoit de ses ancêtres une pareille liste aspire à la continuer; il tient plus à la conservation de sa race qu'à celle de son individu. Les rédacteurs de la Genèse prêtent souvent à Dieu des sentiments juifs. Après le meurtre d'Abel, il ne dit pas à Caïn : Le sang d'Abel crie vers moi, mais *les sangs* d'Abel, c'est-à-dire les générations que tu as détruites...[1] Pour consoler Adam et Ève, Dieu leur donne un autre fils, une autre souche à la place d'Abel[2].

Les mœurs, conformes à cet ardent désir de postérité, laissaient l'espoir de se reproduire, même à l'homme qui meurt sans enfants. Son frère doit épouser sa veuve, et leurs fils seront considérés comme la postérité du défunt.

L'obligation d'épouser la veuve, imposée au frère, est appelée *lévirat*, , du mot latin *levir*, beau-frère. Cette coutume se retrouverait chez un grand nombre de peuples arrivés au même état social que les Hébreux; contentons-nous de prendre pour

---

[1] Gen. IV.
[2] Posuit Deus semen aliud pro Abel.

exemple les Gallas, ces dangereux voisins de l'Abyssinie.

« Quand le fils aîné meurt et qu'il laisse plusieurs frères, le plus jeune d'entre eux est obligé d'épouser la veuve si elle est encore en âge de devenir mère; mais les enfants de ce mariage sont toujours regardés comme appartenant au frère aîné[1]. »

Juda, l'un des fils de Jacob, épousa une Kananéenne, nommée Sué.

Il en eut trois fils, Her, Onan, Séla. Her épouse Thamar, mais il est impie; Dieu le tue[2].

Nous ne nous arrêterons pas à commenter ces meurtres divins. L'antiquité grecque et romaine en offre de nombreux exemples. Le moyen-âge encore voyait la vengeance céleste dans un accident bizarre, dans une douleur mystérieuse, et plus d'un mal portait le nom d'un saint. En Éthiopie, plusieurs maladies sont attribuées à l'esprit malin[3].

Her était mort sans enfants. Juda dit à son fils Onan : Prends la femme de ton frère, habite avec elle et suscite à ton frère une postérité. Mais Onan,

« Sachant que les enfants ne naîtraient pas pour lui, »

Ne donne à Thamar que les apparences du mariage, et Dieu le tue[4].

---

[1] Bruce, Voyage en Nubie et en Abyssinie, liv. 3, règne de Sertza Denghel.

[2] Gen. xxxviii, 7.

[3] Poncet, Lettres édifiantes, t. 3, p. 349.

[4] Ille sciens non sibi nasci filios, introiens ad uxorem fratris sui,

« C'est pourquoi Juda dit à sa bru Thamar : Reste veuve dans la maison de ton père jusqu'à l'adolescence de Séla, mon dernier fils. »

L'enfant grandit, mais Juda ne songea pas à sa promesse. Thamar, ennuyée du veuvage, lui fit comprendre son mauvais procédé par une ruse digne de l'époque.

Imitant les courtisanes d'alors, elle alla s'asseoir sur la grande route, la tête voilée. Elle eut ainsi commerce avec son beau-père Juda, qui ne put la reconnaître, et se fit donner par lui un anneau, un bracelet, un bâton.

Plus tard, quand Juda voulut la faire brûler comme enceinte, elle montra les signes de reconnaissance qu'elle avait reçus. C'était dire au patriarche : Pourquoi m'avoir fait attendre si longtemps ?

Elle a raison, dit Juda, j'aurais dû lui donner Séla, mon fils [1].

DES ESCLAVES.

Chez les patriarches hébreux, l'esclavage est en pleine vigueur. Constatons l'origine et les principaux caractères de cette institution ; nous la retrouverons dans toute barbarie.

---

semen fundebat in terram, ne liberi fratris nomine nascerentur. Et idcirco percussit eum Dominus, quod rem detestabilem faceret. Gen. XXXVIII, 9, 10.

[1] Gen. XXXVIII, 26.

L'esclavage, suivant un système proclamé par le droit romain, naît de la guerre et de la victoire. Suivant un autre système, qui s'appuie du nom d'Aristote, l'esclavage résulterait de l'inégalité des races, nées les unes pour commander, les autres pour servir. Ces deux systèmes, et c'est ce qui arrive souvent dans les discussions, doivent être admis à la fois.

L'esclavage ne s'établit pas sans la guerre, on ne renoncerait pas à la liberté sans combat; mais il faut que le vainqueur soit intellectuellement supérieur au vaincu pour que le joug soit complet et durable; autrement la servitude est exceptionnelle et passagère. Vendez Joseph en Égypte, il y deviendra ministre; vendez-y les mamelucks, ils gouverneront le pays. Ce sont des faits de guerre qui déterminent l'esclavage, l'inégalité de races le maintient.

Il est heureux que la guerre antique ait eu l'esclavage pour dénouement, car antérieurement, le sort du prisonnier était de périr dans les tortures et d'être mangé par les vainqueurs. Le maintien de l'esclavage, quand la race asservie est inférieure à ses maîtres, est également justifiable; c'est une éducation dure, il est vrai, mais par laquelle l'esclave doit arriver au niveau de ses possesseurs.

L'empire de ces faits est indiqué par la Bible avec une clarté parfaite.

La source la première de l'esclavage, c'est la guerre, mais le droit du vainqueur se transforme;

on compte bientôt trois classes d'esclaves : ils sont pris, nés dans la maison ou achetés.

A ces classes primitives, s'en ajoutent plus tard deux autres, les hommes libres volés ou condamnés à l'esclavage.

Parlons d'abord de l'esclavage guerrier.

Longtemps on tua les prisonniers, souvent même avec des raffinements atroces. Plus tard, par humanité peut-être, mais aussi pour utiliser une valeur, on conserva les captifs à titre de propriété. Ce fut l'homme saisi par la main du guerrier, *mancipium*, sauvé par lui, *servus*. Cinq rois étrangers avaient envahi Kanahan, pillé Sodome et Gomorrhe, enlevé Lot et sa famille. Abraham les mit en déroute. Le roi de Sodome, délivré par ses armes, lui dit : *Donne-moi les prisonniers* et prends pour toi le reste du butin. Il y avait au temps des patriarches des esclaves pris.

Le maître appliquant à l'homme les règles de la propriété, possède avec la substance du captif ce qui est produit par la chose, ses enfants. Il y a des esclaves nés dans la maison. Rome les appelait *vernæ*. Ce sont les hommes de confiance. Abraham, allant combattre les cinq rois, n'arma de la lance que les esclaves nés chez lui.

Ce n'est pas tout; si le droit de propriété s'exerce sur l'homme, le maître aura la faculté de vendre sa chose. Il y aura des esclaves achetés, *emptitii*, suivant la langue du droit romain. La vulgate distingue les *vernæ* des *emptitii* chez Abraham. On trouve encore un célèbre exemple de vente sans sortir de l'époque patriarcale.

Les frères de Joseph sont rassemblés près d'une citerne. Que ferons-nous du songeur? Faut-il le tuer? Non, voici dans le lointain les chameaux d'une caravane ismaélite; ce sont des marchands d'esclaves; ils achèteront Joseph pour le revendre en Égypte.

A ces trois sources de l'esclavage, dont une seule, la guerre, est mère des autres, vient s'ajouter le vol. Quand l'exemple des guerriers a fait comprendre quel parti l'on pouvait tirer de l'homme, on s'empare de lui par violence, par surprise, dans le seul but de le faire esclave. Ce crime, connu de tous les peuples antiques, fut nommé *plagiat* par les Romains; les frères de Joseph furent des plagiaires[1].

Enfin la loi qui trouve une classe d'hommes asservie aux autres, vivant dans une condition malheureuse, s'empare de ce fait pour enrichir la pénalité. Les jugements firent ce qu'on appelait des esclaves de la peine, *servi pœnæ*.

Nous ne voyons pas que les patriarches aient usé d'un pareil droit; mais ils le connaissaient. Joseph a fait mettre de l'argent dans les sacs de ses frères, puis il les rappelle près de lui[2].

Pleins de frayeur, ils se dirent l'un à l'autre : Il

---

[1] Respondit Joseph : *Quia furto sublatus sum de terra Hebræorum* Gen. XL, 15.

[2] Gen. XLIII, 18.

nous fait rentrer à cause de l'argent que nous avons emporté dans nos sacs. Il va nous accuser faussement, nous faire esclaves et confisquer nos ânes.

En effet, Joseph leur dit : Que celui qui a pris ma coupe d'argent devienne mon esclave [1].

Nous nous sommes servis de termes latins pour désigner les subdivisions de l'esclavage, parce que les Romains ont eu le mérite de classer toutes les idées de l'antiquité; mais, si les mots sont latins, les choses sont toutes hébraïques. Comme à Rome, l'esclavage dans le camp des patriarches était gradué suivant la capacité des serviteurs. L'esclave ordinaire garde les troupeaux; quittant parfois le bâton pour la lance, il défend les pâturages de son maître. L'esclave intelligent remplit des fonctions élevées, il peut devenir héritier quand le maître n'a pas d'enfants; une prière d'Abraham l'atteste.

« Seigneur Dieu, que me donneras-tu ? Je vis sans enfants, et voici Éliezer, le fils de mon intendant.

« Tu ne m'as pas donné de postérité. Voici que le fils de mon esclave deviendra mon héritier. »

La comparaison de la Genèse avec le Digeste semble prouver que l'esclavage primitif, l'esclavage avant les réformes qui le modifient, n'a qu'une même organisation chez tous les peuples de l'antiquité; toutefois il faut tenir compte d'une nuance.

---

[1] Gen. XLIV, 10.

Occidentaux par leur influence future, les Hébreux habitent la terre orientale. En Orient, le sentiment de l'indépendance sommeille: l'esclavage, plus naturel qu'en Occident, s'impose moins violemment et n'imprime pas une flétrissure aussi profonde [1]. Les rapports d'Abraham avec Éliézer sont ceux d'un ami. Le patriarche ne craint pas d'armer une partie de ses esclaves et de les conduire au combat. Les Romains n'osaient pas armer les leurs, si ce n'est comme gladiateurs, après les avoir enfermés dans un cirque.

DES BIENS.

DES PARTAGES AU LIT DE MORT [2].

Le patriarche hébreu ne faisait pas de testament. Près de mourir, il rassemblait sa famille et distribuait lui-même ses richesses. Il bénissait l'aîné de ses enfants comme héritier d'Abraham et souche de la race hébraïque, donnait aux autres une bénédiction secondaire. L'aîné recevait dans les biens une part plus forte que celle de ses frères. Les fils des concubines obtenaient seulement des legs particuliers.

« Abraham donna tout ce qu'il possédait à Isaac.

« Quant aux fils des concubines, il leur fit des

---

[1] Salt, Deuxième Voyage en Abyssinie, t. 2, p. 147. — Sonnini, Voyage dans la haute et basse Égypte, t. 2, p. 384.

[2] Voyez Code civil, art. 1075 et suiv.

présents et les sépara, pendant sa vie, de son fils Isaac en les envoyant vers l'orient[1]. »

La Bible s'étend davantage sur les dernières volontés d'Isaac. On sait de quel débat fut témoin son lit de mort.

Dans tous les pays, sous mille formes, l'intelligence a lutté contre la force matérielle et l'a vaincue. Dans un pareil combat il semble naturel de s'intéresser à l'intelligence. Cependant elle se présente sous un jour défavorable. Elle triomphe par la ruse. L'esprit, si beau quand il s'agit de créer, d'établir, est moins grand s'il faut détruire; ce n'est pas son rôle. Il n'apporte pas au combat la noble et fière allure de la force.

Cette lutte que reproduiront plus tard David et Goliath, Eurysthée et son frère Hercule, le légiste de Philippe-le-Bel et le chevalier féodal, va s'offrir à nous sous les traits de Jacob et d'Esaü, ces enfants qui se battent dès le sein de leur mère[2].

Dans aucun épisode de cette guerre éternelle, l'intelligence ne descendit à des ruses plus basses, la force ne sut mieux garder une digne et généreuse attitude.

Déjà, spéculant sur la faim de son frère, s'emparant d'un cri de détresse, Jacob a surpris le droit d'aînesse, c'est-à-dire la meilleure part de l'héritage. Elle ne lui a coûté qu'un plat de lentilles ou plutôt *un mets de couleur rousse,* c'est l'expression de la

---

[1] Gen. xxv, 5, 6.
[2] Gen. xxv, 22.

Bible [1]. Au sujet de la bénédiction, la rivalité se réveille devant le lit de mort d'Isaac.

Le respect des fils d'Abraham pour la toute-puissance paternelle, leur croyance à l'intervention constante et miraculeuse de Dieu dans les affaires de ce monde faisaient de la bénédiction du père la plus précieuse des richesses. Esaü l'avait conservée même en vendant sa part d'aîné dans l'héritage matériel. On sait comment Jacob, se couvrant les mains de la dépouille d'une chèvre pour imiter la peau velue d'Esaü, se revêtant des habits de son frère, qui, suivant la Bible, exhalaient une odeur particulière, vient se présenter avec assurance au toucher, à l'odorat d'un père aveugle; comment Isaac, dupe de la ruse, donne à Jacob la bénédiction d'Esaü. Le malheureux deshérité se présente, laisse échapper des menaces de mort, et Jacob, effrayé, va chercher une retraite chez Laban, frère de sa mère.

La bénédiction réservée à l'aîné contient ces paroles : Sois le seigneur de tes frères. Que les fils de ta mère se courbent devant toi.

Ces mots sont un véritable talisman. Jéhovah, protecteur des fils d'Abraham, ne peut manquer de les accomplir à la lettre. Rien n'en saurait empêcher l'effet.

Lorsque Esaü dit en parlant de Jacob :
« Il m'a d'abord pris mon droit d'aînesse, main-

---

[1] Voyez Shaw, Voyages dans plusieurs provinces de la Barbarie et du Levant, t. 1, p. 288.

tenant il m'enlève ma bénédiction. Ne m'en as-tu pas, mon père, réservé une autre? »

Isaac lui répond : « Je l'ai constitué ton seigneur; j'ai soumis tous ses frères à son joug; je lui ai assuré le vin et le froment. Après cela, mon fils, que puis-je faire pour toi? »

« Comment! dit Esaü, n'as-tu qu'une bénédiction, mon père? » Isaac se laisse attendrir; mais il ne donne qu'une bénédiction d'un ordre inférieur. Elle ne contrarie en rien la première.

Ainsi, la parole du père est irrévocable. Cet esclavage de l'homme devant les mots, qui sera poussé jusqu'au dernier excès par les rabbins cabalistes, se fait remarquer chez les Hébreux au temps même des patriarches. L'Hébreu respecte son serment, mais la lettre de son serment; vénère sa loi, mais l'acception littérale de sa loi.

La bénédiction toute-puissante du père était celle que Dieu avait donnée à Abraham, transmise par voie d'héritage. Comme la postérité d'Abraham devait se multiplier autant que les étoiles et dominer tous les peuples du monde, la bénédiction devait s'étendre, avec les siècles, à toutes les nations de la terre.

Cette croyance est clairement exprimée par la *Genèse*.

Jacob, fuyant la colère d'Esaü, va partir pour aller trouver Laban, son oncle. Isaac l'appelle et lui parle ainsi :

« Que le Dieu tout-puissant te bénisse, te fasse

croître et te multiplie; sois le germe d'une foule de peuples.

« Que Dieu te donne la bénédiction d'Abraham; qu'il la transmette, après toi, à ta postérité. Possède la terre de ton pèlerinage, cette terre promise à ton aïeul [1].

On comprend maintenant le sens de cette phrase répétée à tous les patriarches : En toi, en ta postérité seront bénies toutes les nations de la terre.

Israël, ou Jacob, dispose de ses biens comme avaient fait ses pères. Près de mourir en Égypte, Israël, dont les regards tombent sur le sphinx et l'obélisque, sur des plaines de sable et des monuments de granit, se détourne de cette perspective étrangère. Il exige que son corps soit reporté dans sa terre natale. La vertu magique, la puissance matérielle attachées par les Juifs à la bénédiction du père se décèlent vivement à son lit de mort. Joseph lui amène ses deux fils Ephraïm et Manassé, plaçant l'aîné à sa droite, le second à sa gauche; mais Jacob les bénit en croisant les mains. C'est ainsi que la *Genèse* explique pourquoi Manassé, plus jeune, mais béni par la main droite, est devenu plus puissant que son frère.

Les dernières volontés de Jacob nous montrent encore plus clairement que celles d'Isaac que les biens étaient partagés entre les fils d'épouses, et que l'aîné n'avait de plus que ses frères qu'un préciput.

---

[1] Gen. xxviii, 4.

Le pouvoir absolu du père, l'organisation purement familiale, ce système signalé chez les Hébreux comme à l'origine de toute société, présente comme corollaire indispensable le droit d'aînesse. On ne veut pas que l'influence de la famille se divise. A ces époques où l'industrie n'a pas mis en circulation beaucoup de valeurs, on n'arriverait, par un morcellement prématuré de la fortune, qu'à l'isolement, à l'impuissance. Beaucoup sont sacrifiés pour qu'il reste entre les mains de quelques uns des moyens d'action véritables. Souvent le sacrifice ne trouve de compensation que dans la protection du frère aîné, dans le faisceau que continue à former la famille; mais, chez les Hébreux, le sacrifice des puînés fut moins complet qu'en beaucoup de pays. Le droit d'aînesse n'est qu'un prélèvement avant le partage.

Ruben, pour avoir souillé le lit de son père, est privé du droit d'aînesse. On le transporte à Joseph.

Je te donne, dit Jacob à son fils bien-aimé, l'aîné de Rachel, le sauveur de l'Égypte, je te donne, en dehors de ta portion fraternelle, le butin que j'ai conquis sur l'Amorrhéen par mon arc et par mon épée.

DE LA VENTE.

Indépendamment des donations faites au lit de mort, la propriété se transmet encore par la vente.

Il circulait dans la terre de Kanahan des produits

industriels assez remarquables; l'histoire d'Éliezer le prouve.

« Il tira des boucles d'oreilles pesant deux sicles, autant de bracelets du poids de dix sicles. »

On achetait aussi des immeubles. Les obsèques de Sarah jettent beaucoup de jour sur l'histoire de la vente.

« Je suis étranger parmi vous, dit Abraham à la tribu de Heth, accordez-moi le droit de sépulture. »

On lui vend un champ contenant un caveau double avec tous les arbres qui marquent la limite de cette propriété. Abraham, en paiement, *pesa* quatre cents sicles d'argent dont le titre était vérifié.

Il pesa les sicles; il ne les compta pas. Sur toute la terre, c'est d'abord sous forme de lingots que les métaux précieux entrèrent dans le commerce[1]. Il est juste de considérer la législation romaine comme la plus complète et la plus instructive de l'antiquité; mais quand nous oublions de l'éclairer par des comparaisons avec les mœurs et les lois des autres peuples, nous attribuons à Rome, comme institutions spéciales, le droit de vie et de mort du père sur ses enfants, la distinction de l'épouse et de la concubine, l'esclavage avec toutes ses classifications, la vente par la balance ou *mancipation;* ce sont, à nos yeux, des usages romains. Élargissons

---

[1] Voyez Adam Smith, Richesse des nations, traduction Blavet. t. 1er.

nos études, nous les trouverons communs à toute barbarie. En Abyssinie, au temps de Poncet, l'or ne se donnait qu'au poids. « Il est, dit ce voyageur, en lingots, que l'on coupe selon qu'on en a besoin, depuis une once jusqu'à une demi-drachme[1]. » C'est aussi par la balance que la vente s'opérait à la fin du XVIIIe siècle chez les Nègres Mandingues.

« Les Nègres, dit Mungo-Park, pèsent l'or dans de petites balances qu'ils portent toujours sur eux ; ils ne mettent aucune différence entre la poudre d'or et l'or travaillé, dans les échanges d'un article contre un autre. La personne qui reçoit l'or le pèse toujours avec son propre teele kissi[2]. »

Le teele kissi est une fève noire adoptée comme unité de poids.

A l'orient de l'Afrique, d'autres nègres, les Changallas, pèsent aussi l'or avec une fève ; c'est le fruit du *kuara*. « Il est rouge avec une marque noire au milieu. Ces fèves, lorsqu'elles sont bien sèches, ne varient pas de poids entre elles d'une manière sensible. On s'en est servi de toute antiquité pour peser l'or. La fève du kuara est appelée par les Européens *karat*. De l'Afrique, pays de l'or, elle passa dans l'Inde, pays des pierres précieuses ; elle y servit également de poids. Voilà pourquoi nous disons que l'or et les diamants sont à tant de karats[3]. »

---

[1] Poncet, Lettres édifiantes, t. 3, p. 313.
[2] Mungo-Park. Voyage dans l'intérieur de l'Afrique, t. 2, p. 73.
[3] Bruce, Voyage en Nubie et en Abyssinie, t. 9, p. 139. — Voyez Alvarez, Description de l'Éthiopie, p. 42, 81.

L'or se donne également au poids et par lingots dans l'empire chinois.

Les peuples que nous venons de nommer ne se servent pas de la balance, dans les ventes sans importance, où les métaux précieux sont inutiles. On emploie alors comme monnaie, suivant les productions du sol, ici des coquillages enfilés, là, comme en Abyssinie, des briques de sel[1] et des pièces de toile. Dans le monde moderne, la barbarie n'est absolue nulle part; la civilisation la touche et la modifie, les relations avec des pays plus avancés introduisent des pièces de monnaie; on les connaît en Chine, à Canton surtout, et les *talaris*, piastres européennes, ont cours en Abyssinie. Chez les Hébreux, il se faisait beaucoup d'échanges en nature, mais nous ne connaissons pas d'objet de vil prix qui eût un cours régulier comme les briques de sel en Abyssinie. Quant à l'or et à l'argent, on les employa d'abord en lingots, nous venons de le voir, et le *sicle*, avant de devenir le nom d'une monnaie, ne désignait que le poids le plus usité[2]. Telle est aussi l'origine du *talent* grec et romain. L'historien Joseph, racontant le siége de Jérusalem, dit que les

---

[1] Poncet, Lettres édifiantes, t. 3, p. 313.

[2] Non videntur signata pecunia tum usi, sed habuisse duntaxat laminas aureas et argenteas quas appenderent. Ex verbo *Schakal* appendit, factum est *Schekel* quod cum ex vocis notatione quodvis pondus significare queat, usu tamen semunciali ponderi quod siclum vocamus attributum est quia forte eo pondere in emendo et vendendo utpote commodissimo sæpius utebantur. Leclerc, Commentaire sur la Genèse, chap. xxiii.

machines de guerre de la douzième légion étaient les plus redoutables; *les plus petites pierres qu'elles lançaient pesaient au moins un talent*[1].

Le même auteur nous apprend qu'au triomphe de Vespasien et de Titus, on portait les tables de la loi, le chandelier d'or à sept branches, et la table d'or, *qui pesait plusieurs talents.* Comme les mots de sicle et de talent, celui de *livre*, en France, désignait un poids avant d'indiquer une monnaie.

Lorsque la société se développe et s'organise, lorsque l'état prend naissance, on perd l'usage de morceler les lingots ou les barres de métal au moment même de la vente, et de les peser individuellement : une centralisation s'opère; la valeur des quantités de métal, leur importance dans l'échange, sont toujours fondées sur le poids, mais le gouvernement pèse l'or, l'argent, le cuivre, avec une balance officielle, dans les établissements appelés monnaies; c'est l'état qui coupe le métal en parcelles ou pièces; il frappe ces pièces d'une effigie; il y joint l'indication de la valeur. Les pièces circulent avec cette garantie, on ne les *pèse* plus, on les *compte*.

Ce progrès s'opéra spontanément chez un grand nombre de peuples. Les Lydiens furent les premiers, à la connaissance des Grecs, qui se livrèrent

---

[1] Joseph, guerre des Juifs, liv. 5, chap. 18. — Voyez Hérodote, livre 2; édit. Schweighœuser, t. 1, p. 369.

au commerce et frappèrent de la monnaie d'or et d'argent [1].

Les Hébreux n'eurent de monnaie caractérisée par l'empreinte qu'après la sortie de l'Égypte, et nous ignorons à quel instant. L'activité de l'usure, contre laquelle réclame déjà Moïse, fait penser que ce fut de bonne heure. Peu de temps avant la captivité de Babylone, à l'époque de Jérémie, la monnaie frappée, le métal en lingots circulaient ensemble.

La Genèse, en nous apprenant que l'argent d'Abraham était *vérifié*, semble dire que le titre du métal était constaté, et que si les lingots n'avaient pas d'effigie, ils portaient au moins un contrôle [2].

Il ne faudrait point faire honneur de cette invention à la famille hébraïque, alors composée seulement d'Abraham et d'Isaac, mais aux Kananéens, ou plutôt à la reine de l'Asie, à Babylone. Les Juifs eurent sans contredit d'heureuses et précoces dispositions financières; mais ce trait de caractère leur vient de Jacob qui n'était pas encore né.

DE PLUSIEURS CONTRATS.

Ne pourrait-on pas classer parmi les contrats, au moins tacites, un noble usage du désert, l'hospitalité.

---

[1] Νόμισμα χρυσοῦ καὶ ἀργύρου κοψάμενοι ἐχρήσαντο· πρῶτοι δὲ καὶ κάπηλοι ἐγένοντο. Hérodote, liv. I.

[2] Voyez Leclerc, Commentaire sur la Genèse, chap. 23.

C'était, au temps des patriarches, une sorte d'emprunt que se faisaient l'un à l'autre ces pasteurs nomades. Les voyages étaient fréquents, l'argent rare, l'hospitalité naquit. C'est ainsi qu'au moyen-âge, quand les lettres étaient peu répandues, quand la procédure manquait de preuves écrites, le respect de l'homme pour sa parole et son serment fut le devoir le mieux pratiqué. Chaque nature de sol produit ses plantes ; chaque état social fait germer ses vertus.

En Abyssinie, il n'existe pas d'auberge, ni de caravansérail, mais dans chaque village le voyageur trouve une habitation, des aliments, n'eût-il ni toile ni morceau de sel pour les payer. On a remarqué que dans les cantons où l'agriculture a fait des progrès, où il existe quelque industrie, l'idée du droit, de la propriété, se développe, la générosité se perd, et l'on trouve difficilement un refuge.

Nous ne regrettons rien des mœurs barbares. Chez nous le travail donne une clé d'argent qui, dans toutes les villes, ouvre au voyageur une porte hospitalière. A la tente du pasteur nous préférons le caravansérail, au caravansérail l'hôtellerie. Ces réserves faites, nous aimons à voir Abraham, à l'apparition d'un étranger, cuire le pain sous la cendre et rôtir le veau gras [1].

Nous trouvons un contrat formel dans les rapports de Jacob et de Laban, son oncle.

---

[1] Gen. XVIII.

On sait que Jacob servit sept ans avant d'épouser
Lia, sept autres années pour Rachel, sept ans
encore pour gagner des troupeaux. Si l'on ne
prend pas ces dates à la lettre, elles désignent au
moins un long espace de temps.

Quand Jacob et Laban se rencontrèrent, tous
deux avaient fait leurs preuves de ruse et de cupidité. Laban, pendant les fiançailles de Rébecca,
laissa Éliézer sur le seuil, mais quand il aperçut les
bracelets de sa sœur, il eut meilleure opinion du
voyageur et le reçut avec mille prévenances. Jacob
arrivait chez son oncle, honoré par deux exploits,
l'histoire du plat de lentilles et de la bénédiction surprise au moyen d'une peau de chèvre. Une curieuse
lutte s'engage entre ces deux cupidités, l'une jeune,
l'autre déjà mûrie. L'oncle d'abord a l'avantage ; il
a plus d'expérience, il maintient Jacob longues années à son service et lui donne sa fille Lia, la chas-
sieuse[1], au lieu de Rachel, seule aimée ; mais Jacob
se forme à cette école de fraude. Il a travaillé pour
acquérir les deux femmes. Depuis qu'il les a épou-
sées, il refuse de donner des soins gratuits aux
troupeaux de son oncle. Entre Laban, propriétaire
des bestiaux, et Jacob qui les mène paître, se forme
un contrat, nécessaire en tout pays de pâturage, le
code civil l'appelle *bail à cheptel*.

« Le bail à cheptel est un contrat par lequel l'une
des parties donne à l'autre un fonds de bétail pour

---

[1] Lia autem lippis erat oculis. Genèse, XXIX, 17.

le garder, le nourrir et le soigner, sous des conditions convenues entre elles¹. »

« Je veux, pour ma part, dit Jacob à Laban, toutes les brebis, toutes les chèvres variées et mouchetées de tes troupeaux, tu garderas les blanches et les noires. »

A partir de cette époque, presque tous les animaux naissent mouchetés; c'était un tour de Jacob. Par un procédé, que les naturalistes apprécieront, il plaçait des écorces bigarrées sous les yeux des mères au moment de la conception.

C'est ainsi qu'il enlève à son oncle la meilleure partie de ses richesses et qu'il est obligé de partir furtivement, car il ne croit pas Laban moins offensé qu'Ésaü. Rachel le seconde de son mieux. Elle ne trouve sous sa main que les idoles de son père et les emporte.

La manière dont elle les cache montre assez que la pudeur n'était pas la vertu de cette époque ².

Lorsque Jacob retournait dans la Palestine, Ésaü vient avec cinq cents combattants à la rencontre de son frère. Jacob ne cherche pas à se défendre, mais à s'enfuir. Il envoie des troupeaux au-devant d'Ésaü pour le désarmer par des présents. Quand il l'aper-

---

¹ Code civil, art. 1800.
² Illa festinans abscondit idola subter stramenta cameli et sedit desuper : scrutantique omne tentorium et nihil invenienti

Ait : Ne irascatur dominus meus, quod coram te assurgere nequeo ; quia juxta consuetudinem feminarum nunc accidit mihi. Sic delusa sollicitudo quærentis est. Gen. xxxi, 34, 35.

çoit, il se prosterne *sept fois* jusqu'à terre et descend jusqu'à cette flatterie : J'ai vu ton visage comme j'aurais vu la face de Dieu !

Mais depuis longtemps le généreux frère avait oublié l'offense ; il embrasse Jacob, n'accepte ses présents qu'après de longues instances, veut faire route avec lui. Jacob, toujours défiant, prétend que ses femmes, ses enfants, ne pourraient suivre la marche de son frère; il refuse une escorte, assure Ésaü qu'il va le rejoindre, mais aussitôt que celui-ci a pris les devants, Jacob se hâte de changer de route.

La duplicité de ce caractère ne l'abandonne jamais; c'est un comique soutenu. Ésaü, d'autre part, est un de ces personnages sacrifiés qui relèvent un rôle inférieur par leur noblesse naturelle. Pour quelques lecteurs, Hector est plus intéressant qu'Achille, et le héros de l'Énéide, c'est Turnus.

RÉSUMÉ DE L'ÉPOQUE PATRIARCALE.

On connaît l'histoire de Joseph ; on sait comment l'aîné des fils de Rachel, vendu par ses frères, en Égypte, devint le ministre d'un pharaon ; comment il attira sa famille dans la province de Geshen. Ce récit, l'un des plus populaires de la Bible, ce récit, que les enfants ont écouté mille fois, excite, quand on le relit, un attendrissement nouveau. Laissons les arts y chercher des inspirations; quand tous auront tiré des diamants de cette mine féconde, il y restera, pour l'histoire de la législation, des pierres moins brillantes, mais encore précieuses. On est obligé d'y puiser plus d'un trait quand on veut décrire l'ancienne Égypte.

Des Chaldéens vient de se séparer une famille, germe d'un nouveau peuple; toujours nomade, elle ne se distingue point par une circonscription de territoire; sa nationalité, toute morale, ne consiste que dans le caractère; ce caractère, nous ne pouvons encore le tracer complètement, il faut attendre que, pendant quatre siècles de séjour en Égypte, la famille hébraïque se soit multipliée et que les douze frères soient devenus douze tribus. Déjà, cependant, quatre affections sont saillantes chez l'Hébreu : le sentiment religieux,— la moralité; car cette famille, dont les mœurs, au premier coup d'œil, paraissent dissolues et cruelles, l'emporte, par une moralité relative, sur les nations qui l'entourent; — l'affection pour la progéniture, qui n'inspire pas seulement la tendresse pour les enfants déjà nés, mais le désir d'en avoir; — enfin, l'instinct de propriété, parlons plus clairement : la cupidité.

La combinaison de ces éléments peut produire des natures très honorables et très viles. Quand le peuple israélite fut complet, on y remarqua deux races d'hommes : d'abord l'inspiré, le gardien de la religion pure, celui qui sent vivement la supériorité de Jehovah sur les idoles des Gentils. Cette classe, brûlant d'un enthousiasme saint et patriotique à la fois, se subdivise suivant la nature plus ou moins belliqueuse des individus, en prophètes qui se laisseront lapider en prêchant la vérité religieuse, en capitaines à l'épée sanglante, qui entraîneront sur leurs pas une nation peu militaire et se dévoueront pour enlever l'arche aux Philistins. Cette classe de Juifs, supérieure, mais restreinte, éclairée la première des feux du ciel, parce que son âme habitait les hauteurs, fut représentée, d'un côté, par Moïse, Samuel, Daniel, Élisée; de l'autre par Josué, Samson, Gédéon, les Maccabées.

L'autre classe, c'est le peuple tout entier. Par l'instinct religieux qu'elle veut satisfaire et dont son intelligence ne sait pas trouver l'objet véritable, elle dépend de la première classe; mais elle se laisse difficilement conduire, car elle ne reconnaît pas sa propre infériorité. Dans son besoin d'adorer, elle permettra qu'on l'entraîne aux autels de Jehovah; mais, pour peu que son maître s'éloigne, il la trouvera prosternée devant le veau d'or.

Chez cette race, la religion se combine avec la cupidité. Le Dieu qu'elle adore est celui qui lui donnera des bœufs, des vaches, fera croître ses oliviers; elle met son culte au concours entre les divinités; elle réserve la fumée de l'encens et des sacrifices au dieu qui rembourse le mieux les holocaustes. Le choix d'une religion, c'est pour elle le placement d'un capital.

La paternité n'était que secondaire chez les hommes inspirés. Abraham chérit son fils, mais une voix, qu'il croit d'abord celle du ciel, le décide à lever le couteau sur Isaac. Chez le peuple, ce sentiment a plus d'empire, mais il emprunte à la nature du Juif un caractère qui repousse. C'est la génération, la multiplication qu'on envisage. Le nombre des enfants, voilà, dans le mariage, la première considération, la seule. La femme, dans la *Genèse*, est montrée partout comme un moyen de reproduction. Agar, Sarah, ne sont pas autre chose. « Marie-toi, dit l'ange Raphaël au jeune Tobie, moins par amour que pour avoir des enfants [1]. » Le côté matériel de la famille est envisagé seul avec une persistance qui répugne.

Quant à la cupidité, nous n'avons pas besoin de la démontrer par des exemples; il nous semble qu'il s'agit des Juifs.

Nous dirons seulement qu'elle n'a pas un caractère d'audace. Elle est prudente, astucieuse, et ne marche à son but que par des voies détournées.

Il est remarquable que ces deux races d'hommes qui doivent, en se mêlant dans des proportions inégales, composer la nation des juifs, soient représentées, dès le début de leur généalogie, la première par Abraham, la seconde par Jacob.

Lorsque en arrivant en Égypte à la suite des fils d'Israël, nous trouverons pour la première fois, non plus des coutumes, mais des lois écrites, nous essaierons d'indiquer combien il importe, pour apprécier les législations, de faire l'étude des caractères

---

[1] Tobie, VI, 22.

nationaux. Il faudrait esquisser les penchants, la nature morale d'un peuple, avant de faire connaître ses institutions ; cette méthode habituerait le lecteur à suivre les phases d'une existence collective, à s'intéresser dans l'histoire, à la vie d'une nation, comme il s'intéresse à la vie d'un individu quand il lit des romans ou des biographies. Il ne suffirait pas de retracer le caractère d'un peuple, il faudrait encore expliquer comment il s'est formé. Ce travail d'explication n'est pas facile; peut-être, un jour, pourra-t-on le réaliser par une double recherche, celle des généalogies et celle des événements qui ont influé sur le peuple lors de sa formation ; pour les nations comme pour les individus, les impressions du jeune âge sont à peu près décisives.

La généalogie est une science très estimée aux époques patriarcales, où le principe de l'autorité sociale est dans la chair, comme disent les Juifs, dans le sang, comme disait l'ancienne France, où c'est d'après ce principe matériel qu'a lieu la succession des individus dans les mêmes fonctions, dans les mêmes richesses. A ces époques où les phénomènes matériels sont les plus observés, on constate que la physionomie, le teint, les allures se conservent héréditairement dans les familles ; on en conclut que les aptitudes morales se perpétuent également, et l'on ne se trompe pas toujours. Non seulement il est des maladies que les membres de certaines familles se transmettent ; mais l'hérédité de l'esprit et du caractère a lieu fréquemment. Ouvrez un dictionnaire biographique, vous y trouverez plus d'une race d'hommes se communiquant de père en fils le goût d'une certaine espèce de travail et le talent d'y réussir, depuis les Scaliger, qui font de la chronologie, et les Buxtorf, qui s'occupent d'hébreu, jusqu'aux Vernet, qui sont peintres. Les barbares eurent le tort de considérer l'hérédité physique et morale comme un principe sans exception, de fonder sur cette base une solidarité absolue entre les membres d'une même famille et de les juger tous en masse, conservant dans l'héritage des uns la richesse, les fonctions publiques, enveloppant les autres dans une infamie, quelquefois dans une pénalité commune. C'était ne tenir aucun compte d'un principe actif et libre, qui est capable de vaincre toutes les prédispositions héréditaires.

En admettant, ce qui n'est pas exact, que les facultés intellectuelles et affectives, tout ce qu'il y a dans l'âme de passif et de fatal, se transmissent de père en fils avec une régularité parfaite, la liberté, la responsabilité, la volonté personnelle resteraient à l'homme.

L'influence héréditaire, toutefois, est réelle, dans une certaine limite; c'est elle qui conserve le caractère des nations et c'est elle qui le constitue.

Les Hébreux sont peut-être le seul peuple que l'histoire nous montre à l'état de famille isolée. Jusqu'à Joseph nous comptons, homme par homme, tous les éléments de cette nation. C'est chez elle qu'il serait le moins difficile d'étudier comment la généalogie influe sur la formation d'un caractère national.

La morale et la religion, cette double gloire des Juifs, viennent d'Abraham ; c'est parce qu'il les possédait en surabondance qu'il fut expatrié. Son fils Isaac, religieux comme lui, si résigné lors du sacrifice, est une seconde épreuve d'Abraham, un peu moins caractérisée, comme il arrive quand, du même moule, on tire deux fois la même empreinte. Isaac se marie dans la famille de Bathuel, race habile, intéressée ; il épouse Rébecca, la sœur de ce Laban que nous connaissons. Elle était digne de son frère. La scène de fourberie qui se passe au lit de mort d'Isaac le prouve assez. De ce mariage résulta Jacob, aussi cupide que rusé, Jacob, dans lequel le caractère maternel prédomine. Il eût abandonné la tradition de ses pères et renié Jehovah si la fortune ne lui avait pas été favorable. D'Abraham vient toute la grandeur des Juifs, de Jacob vient toute leur bassesse. Tous deux sont représentés au départ d'Égypte. C'est Abraham qui vient, au nom de Jehovah, prescrire de quitter la maison de servitude ; c'est Jacob qui sort de l'Égypte comme de chez son oncle et qui s'enfuit en emportant le mobilier des Egyptiens.

Quant aux événements qui ont influé sur le peuple juif dans son premier âge, nous pourrions attribuer à cette source deux traits que nous constaterons chez la race hébraïque devenue adulte, c'est l'absence du courage militaire et l'intensité du courage passif, de la résignation, venus l'un et l'autre de la servitude égyptienne. Dans cet âge tendre où le moral du peuple, comme celui de l'enfant, dévie par suite des impressions trop fortes, les Hébreux furent menés à coups de fouet; ils n'eurent jamais l'honneur militaire. On les accabla de vexations; ils s'endurcirent à la douleur.

Pendant la période patriarcale, les institutions hébraïques n'ont pas dépassé l'état de coutume, première forme de la législation dans tout l'univers. Le dogme est l'unité de Dieu, conception qui fait la gloire impérissable d'Abraham; l'acte principal du culte est la circoncision prise à l'Égypte; les sacrifices humains sont abolis.

Les institutions civiles nous montrent le pouvoir du père dominant la société, donnant à l'époque jusqu'à son nom. Sous le maître absolu s'étagent les enfants, les épouses libres payées à leur père et dont le nombre n'est pas limité, les concubines sorties de la classe servile, les esclaves pris, achetés, nés chez le maître, volés ou condamnés à l'esclavage.

La propagation de la race est le premier orgueil. Les enfants nés de l'esclave sont attribués à l'épouse; le frère doit, en s'unissant à sa belle-sœur, donner au frère mort une postérité.

L'aîné, consacré par une bénédiction solennelle, hérite du pouvoir paternel; sa part est plus large que celle de ses frères; la femme, nourrie par son père ou par son mari, n'a point de propriété ni d'héritage.

Ce que nous apercevons le mieux dans cette société, c'est l'état des personnes, c'est la famille. Dans les contrats, tout paraît livré aux conventions particulières. Déjà les métaux précieux, bien que que non monnayés, facilitent les échanges. La pénalité ne se laisse entrevoir qu'une seule fois ; c'est pour nous montrer un bûcher.

Tous ces usages s'enchaînent, se fortifient, par un lien logique. C'est une voûte dont les pierres se prêtent un mutuel appui. Sous cette voûte toutes les nations ont passé. La période patriarcale, à peine déguisée par des nuances, se reconnaît dans l'histoire de tous les peuples; rien de particulier chez les Hébreux, si ce n'est l'indépendance religieuse d'Abraham, qui le sépare des nations, lui fait prolonger la vie nomade et rend le patriarcat plus saillant dans sa famille isolée; si ce n'est encore cette moralité relative, qui diminue sensiblement dans cette famille les conséquences habituelles de l'état barbare. L'esclave est bien traité, le droit du premier-né n'est pas absolu. Sauf ces nuances provenant du caractère, l'histoire d'Abraham, d'Isaac, de Jacob, est celle de tous les hommes primitifs, Asiatiques, Européens, et même, nous l'avons vu par l'exemple des Mandingues, blancs ou noirs. Si les mœurs des races humaines sont comme leurs épidermes, variées au premier coup d'œil, la réflexion, qui pénètre dans les institutions; le fer, qui cherche les organes de la vie, trouvent sous la diversité superficielle, des éléments identiques. L'humanité, semée sur le globe par la main divine, a déployé, sous l'influence des climats, ici des corolles d'or, là bas des étoiles d'argent, plus loin des coupes d'azur; mais on reconnaît des plantes d'une même famille à ces branches qui se croisent, à ces feuilles qui se cherchent et tendent à se mêler, surtout à la tige qui monte toujours vers le ciel.

SECONDE ÉPOQUE. — MOÏSE, PROMULGATION DE LA LOI.

Malgré les services rendus par Joseph, Mesraïm a vu de mauvais œil l'établissement de sa famille dans la terre de Geshen, région située dans la Basse-Égypte, ce qui devait un jour faciliter le départ des Hébreux. Nul Égyptien ne veut s'asseoir à la même table que les fils de Jacob.

« Il leur est défendu de manger avec des Hébreux; un pareil repas est, à leurs yeux, une souillure[1] »

Les rédacteurs de la Genèse, en faisant remonter jusqu'à l'époque de Joseph cette répugnance, qu'ils avaient observée de leur temps, ont tort d'employer le nom d'*Hébreux*; les fils de Jacob ne pouvaient pas être connus et considérés comme un peuple, avoir donné lieu en Égypte à une coutume spéciale. Il eût été plus juste de dire : Les Égyptiens ne mangent pas avec *les pasteurs*. C'est, en effet, l'habitude qu'avaient les frères de Joseph, de mener paître

[1] Gen. XLIII, 32.

des brebis qui les fit recevoir avec défaveur; la Genèse le dit[1]. Depuis longtemps les Égyptiens n'étaient plus nomades; ils ne pouvaient souffrir ces populations encore mouvantes qui venaient menacer leurs richesses et leurs arts; cette mer agitée qui battait leurs villes de pierres, ces *hycsos* contre lesquels ils déployaient tout l'effort de leurs armées.

On pourrait se demander, en élargissant encore le cercle, si les Égyptiens n'excluaient pas de leur table tous les étrangers sans exception. Les peuples chez lesquels le patriotisme et le sentiment religieux sont vifs n'admettent pas volontiers à l'intimité, à la communion de la table, ceux qu'ils regardent comme des infidèles. Dans l'Abyssinie actuelle on constate sa religion en ne mangeant pas des animaux tués par un homme d'une foi différente. Les chrétiens vont jusqu'à briser les plats dont un musulman s'est servi[2]. Celui qui mangerait sans distinction les bœufs mis à mort par des musulmans et par des chrétiens, passerait pour un idolâtre[3].

Pendant longtemps la famille de Joseph mena paître ses troupeaux dans le vert pays de Geshen; repoussant les mœurs et les enseignements de l'Égypte, n'étant plus soutenus par le génie d'Abraham, les Hébreux retombèrent bientôt à l'état sauvage. L'Égypte s'effraya de renfermer cette popula-

---

[1] Detestantur Ægyptii omnes pastores ovium. Gen. XLVI, 34.
[2] Combes et Tamisier, Voyage en Abyssinie, t. 2, p. 322.
[3] Ibid. t. 2, p. 245.

tion, essaya de la transformer et de se l'assimiler par l'esclavage. On les contraignit à bâtir des villes ; on les distribua par troupes dirigées par des hommes de leur nation; mais ces conducteurs de travaux étaient soumis au fouet des officiers, nous pourrions dire des commandeurs égyptiens [1].

Les Hébreux, ce peuple de pasteurs, étaient désespérés de faire des briques dont on ne leur fournissait même pas les matériaux. Leurs cris s'élevaient jusqu'au ciel.

C'est au milieu de cette désolation qu'apparaît le génie de Moïse.

Il naît dans la tribu de Lévi, dans celle qu'il doit un jour consacrer à la prêtrise. Les Pharaons ont-ils ordonné à leurs sujets de jeter dans le Nil tous les enfants mâles des Hébreux [2] ? Cette histoire ressemble trop à l'arrêt de mort porté contre Abraham avant sa naissance, à ce grand massacre d'innocents dont les évangélistes chargent Hérode, et dont l'historien Joseph ne parle point, pour n'être pas également suspecte. La pauvreté d'Amram et de Jocabed suffit pour expliquer l'abandon de Moïse; ne pouvant le nourrir, ils l'exposèrent sur le fleuve. Ainsi, dans la Chine, les indigents laissent leurs enfants à la merci des flots. Par esprit national, les Israélites ont cru nécessaire de poétiser le dénue-

---

[1] Exode v, 14. — Voyez Rosellini, *I Monumenti dell' Egitto e della Nubia.* MC. XLIX *gli Ebrei che fabricano i mattoni.*

[2] Exode I, 22.

ment dans lequel naquit Moïse; mais cela n'était pas nécessaire, sa gloire n'en souffre pas.

Le panier dans lequel flottait l'enfant fut arrêté par les roseaux du Nil; le nouveau-né, recueilli par Thermutis, fille du Pharaon, reçut le nom de Moïse, parce qu'en égyptien *mo* voulait dire eau, et *yses* sauvé [1].

La tradition donne au fils d'Amram deux autres noms. Avant de l'exposer, ses parents l'avaient nommé *Joakim*; il s'appelle *Melchi* dans le ciel [2].

L'Exode est très-concis sur les premières années de Moïse. Cette lacune faisait un beau texte aux légendaires : ils en profitèrent, et s'il est vrai que les contes fantastiques soient le complément nécessaire d'une grande gloire, cette auréole ne manqua pas à Moïse.

Laissons de côté ces Grecs, qui le confondent avec Musée, avec Mercure [3], qui le changent tantôt en philosophe, tantôt en somnambule [4]; contentons-nous des légendes juives.

Elles racontent que le Pharaon prit Moïse enfant dans ses bras et lui mit son diadème sur la tête; Moïse arracha le royal insigne, le jeta par terre et le foula aux pieds [5]. Les conseillers du prince en

---

[1] Joseph, Antiq. jud., II, 5.
[2] Clément d'Alexandrie, Stromat. 1.
[3] Eusèbe, Préparation évangélique, liv. 9, ch. 27. — Voy. Huet, Démonstration évangélique.
[4] Strabon.
[5] Joseph, Antiq. jud. liv. 2, chap. 5.

conclurent que cet enfant serait funeste à l'Égypte. On voulut le faire périr, et Thermutis, sa protectrice, eut beaucoup de peine à lui sauver la vie.

Tel est le récit de Flavius Joseph ; mais l'anecdote qu'il raconte est bien plus riche en développements dans la Medrasch, ou plutôt les *Medraschim*, commentaires anonymes sur la Bible. Dans ces récits faits par les Juifs, Moïse, âgé de trois ans, enlève la couronne de la tête du Pharaon et se la place sur le front. Chacun s'étonne; le roi s'effraie. On lui conseille de faire tuer Moïse, dont l'ambition vient de se révéler; mais l'ange Gabriel avait pris la figure de l'un des conseillers du roi. Il lui persuada de mettre des perles dans un vase, dans un autre des charbons ardents et de donner le choix à l'enfant. S'il prend les perles, dit l'ange, il sera prouvé que son intelligence est complète, qu'il s'est emparé de la couronne dans une intention mauvaise ; il est digne de mort. S'il porte la main sur les charbons ardents, nous en conclurons qu'il manque de discernement, que ses actions n'ont pas d'importance; il faudra le laisser vivre.

Cet avis fut adopté. L'ange prit la main de l'enfant, qui seul eût choisi les perles, lui fit saisir et porter à sa bouche un charbon ardent. Moïse en eut l'extrémité des lèvres brûlée ; cette ruse le sauva, mais il resta bègue [1].

---

[1] Voyez Extraits de la Medrasch. Bartoloccio, Bibliothèque rabbinique, t. 4, p. 115.

On le comprend, cette histoire fut inventée pour ennoblir une difficulté d'élocution que la Bible nous atteste chez Moïse.

ÉDUCATION DE MOÏSE.

Nous arrivons à l'éducation du législateur hébreu. Manethon ne craint pas de dire que Moïse fut prêtre d'Osiris sous le nom d'*Osarsiph*; Strabon l'appelle aussi prêtre égyptien. Nous n'admettons pas que Moïse ait été attaché à quelque divinité spéciale; il n'aurait pu, s'il avait exercé publiquement un culte idolâtrique, imposer avec tant d'autorité, de rigueur même, à ses concitoyens, l'adoration d'un seul Dieu; mais il fut prêtre d'Égypte, en ce sens que la caste sacerdotale, la classe des savants, l'adopta, comme avait fait Thermutis, et lui transmit toutes les lumières dont elle pouvait disposer. L'Exode le fait croire; les Actes des apôtres le disent de la manière la plus formelle [1].

Indépendamment de cette autorité infaillible pour les chrétiens, sérieuse pour tout le monde, Philon d'Alexandrie révèle le même fait avec plus de détails. « Moïse, dit-il, apprit des Égyptiens la science des nombres, la géométrie, la poésie, qui comprenait le rhythme, l'harmonie et la mesure, la musique, soit théorique, soit instrumentale et vocale. Il apprit encore leur philosophie, écrite en

---

[1] Καὶ ἐπαιδεύθη Μωϋσῆς πάσῃ σοφίᾳ Αἰγυπτίων. Act. ap. VII, 22.

caractères hiéroglyphiques, ou, ce qui rendrait mieux le sens de Philon, symbolisée par des *anaglyphes*, le rite suivant lequel ils honoraient les animaux comme des dieux, enfin l'astronomie [1].

Ces détails sur l'éducation de Moïse furent répétés presque littéralement par Clément d'Alexandrie [2].

Les sciences et les institutions de l'Égypte, étudiées par Moïse, devaient influer sur les lois qu'il donna plus tard. Toute histoire du peuple juif qui ne cherche pas à nous peindre l'antique société formée au bord du Nil, nous laisse dans les ténèbres. De Pauw, Warburton [1], l'ont bien compris. Un savant plus moderne et plus illustre, M. Champollion le jeune, a signalé l'influence de l'Égypte sur les Hébreux en quelques phrases que nous voulons reproduire :

« La connaissance réelle de l'Égypte ancienne importe aux études bibliques, et la critique sacrée doit en retirer de nombreux éclaircissements. La longue

---

[1] Philon, *De vita Mosis*.

[2] Ἐν δὲ ἡλικίᾳ γενόμενος, ἀριθμητικήντε καὶ γεωμετρίαν, ῥυθμητικήντε καὶ ἁρμονικὴν, ἔτι τε ἰατρικήν, ἅμα καὶ μουσικὴν παρὰ τοῖς διαπρέπουσιν Αἰγυπτίων ἐδιδάσκετο, καὶ προσέτι τὴν διὰ συμβόλων φιλοσοφίαν τὴν ἐν τοῖς ἱερογλυφικοῖς γράμμασιν. Clément d'Alexandrie, Stromat. liv. 1. — Voyez Origènes, t. 2, p. 82 ; *in Genesim homilia* 2.

[3] Moses was skilled in all the learning of Egypt, and the Israelites violently inclined to all their superstitions. The ritual law was instituted partly in opposition to those superstitions, and partly in compliance to the people's prejudices. Warburton, *The divine legation of Moses*, 3ᵉ édit., t. 2, p. 285.

captivité des Hébreux en Égypte, l'éducation tout égyptienne de leur premier législateur, durent nécessairement s'empreindre dans l'organisation politique et religieuse des enfants d'Israël. Les tribus, échappées par la ruse à l'oppression d'un peuple bien plus avancé qu'elles-mêmes dans la civilisation, ne purent, en rentrant dans le désert, se dépouiller en même temps des idées d'ordre, des habitudes civiles, ni oublier les pratiques des arts acquises pendant un séjour prolongé sur les rives du Nil, au milieu d'une nation agricole. Le chef hébreu, renouvelant la plus ancienne forme du gouvernement égyptien, *la théocratie*, qui se prêtait d'une manière plus efficace à l'accomplissement de ses vues, quitta la vallée de l'Égypte, non pour ramener les tribus à leur état primitif, à la vie nomade et pastorale de leurs pères, mais avec le dessein formé de les fixer sur un territoire limité, acquis par la conquête, et de les constituer, comme les Égyptiens, en une nation sédentaire, établie dans les villes, cultivant le sol et s'adonnant à tous les soins industriels. Moïse appliqua, autant que les circonstances locales devaient le permettre, les institutions civiles des Égyptiens à l'organisation de la société hébraïque. Il proclama des dogmes religieux essentiellement distincts de ceux de l'Égypte; mais, dans les formes extérieures du culte et surtout dans le matériel des cérémonies, il dut imiter et imita en effet les pratiques égyptiennes. L'étude des monuments égyptiens originaux, soit antérieurs, soit postérieurs à l'époque de Moïse, donnera donc une intelligence plus complète des textes originaux de la Bible[1]. »

Profitant, sur plus d'un point, des données acquises à la science par M. Champollion lui-même, nous vérifierons son assertion dans tous les détails. Nous ne savons s'il est nécessaire de repousser l'opinion de ceux qui, voyant entre les institutions égyptiennes et mosaïques des similitudes multipliées, minutieuses, palpables, voudraient présenter les Hébreux comme le modèle, les Égyptiens comme les imitateurs. Lorsque les enfants de Jacob arrivèrent dans la terre de Geshen, ils n'étaient, la Genèse les a comptés, que *soixante-dix personnes*[2]; ils ne formaient qu'une famille, étaient nomades, et, bien que leur croyance religieuse les distinguât de toutes les populations de l'Asie et de l'Afrique, ils n'avaient point de temple, point de prêtre, point de rite qui leur fût spécial; pour toute législation civile et pénale ils ne possédaient que des coutumes. L'Égypte formait un état puissant, très socialisé; Thèbes était bâtie, la monarchie de Memphis était fondée; l'Égypte était couverte de monuments admirables; elle avait des prêtres, des cérémonies religieuses, des lois, une administration, des armées. Comparez;

---

[1] Champollion le jeune, Grammaire égyptienne, introduction, p. xx.
[2] Omnes animæ domus Jacob quæ ingressæ sunt in Ægyptum fuere septuaginta. Gen. XLVI, 27.

dites-nous quel était le riche en fait de législation, quel était le pauvre. Les Égyptiens étaient remplis d'orgueil national; ils traitaient de barbares les hommes des autres pays, faisaient graver le portrait des Nègres et des Arabes sous la semelle de leurs sandales. Eux, les hommes par excellence, si l'on en croit les inscriptions de leurs édifices, eussent-ils voulu copier les lois d'un peuple étranger? et de quel peuple? de celui qu'ils méprisaient le plus, les lois de leurs esclaves, qui n'en eurent, d'ailleurs, qu'après être sortis de Mesraïm et s'être formés sous leur bâton. Lisez Manéthon, Lysimaque, Chérile; voyez de quelle manière ces auteurs invectivent la nation juive; il eût suffi, comprenez-le, qu'un usage fût israélite pour que l'Égypte le repoussât avec horreur.

S'il est impossible d'admettre que les Égyptiens aient rien emprunté des Hébreux pendant la servitude d'Israël, qu'à cette époque ils aient copié, par exemple, cette arche, ces pains de proposition, ces costumes sacerdotaux qui se trouvent chez les deux peuples, croirez-vous à des relations postérieures entre les deux nations? Il est vrai que le Pharaon Néco traversa la Judée en vainqueur[1], rendit Jérusalem tributaire, détrôna le roi Joackaz et l'emmena prisonnier[2]. Il faut reconnaître encore qu'après la prise de Jérusalem par Nébuchadnezzar, une troupe

---

[1] Paral., l. 2, xxxv, 20.
[2] Paral. l. 2, xxxvi, 4.

de Juifs effrayés descendit en Égypte[1]. Voulez-vous savoir quelle figure ils y firent : Parcourez les dessins de MM. Champollion et Rosellini, vous y verrez la personnification du peuple juif, les mains derrière le dos et la corde au cou. Qu'ils eurent alors de crédit et d'influence pour faire accepter leur culte!

Tout en respectant, dans les institutions de Moïse, la pensée qui fut, pour ainsi dire, la propriété des Juifs, le monothéisme, laissons la priorité du culte et de plusieurs lois, tant civiles que pénales, aux Égyptiens, ou plutôt essayons de présenter un tableau complet de l'Égypte. Le lecteur lui-même fera les parts.

L'ÉGYPTE.

Un double voile a longtemps couvert l'Égypte : le mystère de l'écriture qu'elle gravait sur ses monuments, l'incohérence des renseignements que les historiens nous ont transmis sur elle.

Plusieurs fois, une confiance prématurée s'est vantée de déchirer le premier voile. L'interprétation des hiéroglyphes n'embarrasse nullement le jésuite Kircher; De Pauw ne manque pas de nous dire : « M. Buttner, qui, par l'étude des bandelettes des momies, a retrouvé l'alphabet égyptien, dit qu'il n'était composé que de vingt-deux lettres[2]. » Nous

---

[1] Rois, xxv, 26.
[2] De Pauw, Recherches sur les Égyptiens et les Chinois, p. 129.

voyons même dans les œuvres de Marsham un obélisque traduit *et mis en vers.*

Malgré ces chants de triomphe un peu hâtifs, c'est de nos jours seulement que M. Champollion le jeune a trouvé la clé du système graphique égyptien. Les nombreuses inscriptions qu'il a lues prouvent que son système, s'il peut être perfectionné, n'est pas contestable dans ses bases.

Quant à l'incohérence reprochable aux historiens qui ont parlé de l'Égypte, ce second voile reste à peu près entier. Bien que nous nous attachions à l'étude des mœurs et des lois, à la vie des nations plutôt qu'à celle des individus, nous serions très secondés dans nos études par une liste exacte des rois égyptiens, par une chronologie qui déterminerait l'époque et la durée de leurs relations avec les Hébreux : les nomenclatures et les dates sont la charpente de l'histoire; mais que faire? Hérodote présente une liste des rois égyptiens; Diodore de Sicile en donne une différente. Survient Manéthon, conservé par Georges le Syncelle et nous offrant par dizaines, non plus les rois, mais les dynasties. Pour augmenter la confusion, des écrivains comme Joseph ou Eusèbe, qui ne prétendent pas faire une histoire complète de l'Égypte, mais qui nomment par hasard quelques-uns de ses souverains, citent des noms qui ne sont pas dans Hérodote, dans Diodore ni dans Manéthon.

Les travaux qui ont été faits pour sortir de ce désordre par Joseph Scaliger, Marsham, Perizonius,

Heeren, dans son *Manuel d'histoire ancienne*, sont estimables; mais une grande obscurité subsiste encore. La meilleure et la plus claire histoire d'Égypte, à notre avis, est un précis rédigé par M. Champollion le jeune, sur la demande du vice-roi Méhémet-Ali. Ce travail se trouve à la fin des *Lettres d'Égypte et de Nubie;* mais il faut lire M. Champollion le jeune avec réserve, à cause de son *patriotisme égyptien*. Cet homme distingué n'a pas échappé toujours à l'enthousiasme exclusif des savants pour l'objet de leurs études. Il est touchant de l'entendre parler de Sésostris ou *Rhamsès-le-Grand*, comme il l'appelle, avec la ferveur des soldats de Napoléon pour leur empereur. M. Champollion ne veut pas que les Coptes actuels soient les Égyptiens de l'antiquité. Les Coptes sont trop laids; il les récuse pour frères, combattant ainsi l'un des faits les mieux constatés; car le nom de *Copte* n'est que l'abréviation d'égyptien, en grec *Aï-guptos;* les voyageurs ont retrouvé chez cette race, sous une couche de christianisme, plusieurs vestiges des superstitions antiques, la venération pour le serpent, la croyance que le crocodile, enfant du Nil, respecte le Copte et ne dévore que les étrangers [1]. Enfin, M. Champollion lui-même, donnant de l'antique origine des Coptes une preuve bien supérieure à toutes les autres, a prouvé que leur langue est celle qui est gravée en hiéroglyphes sur les vieux temples du pays.

[1] Sonnini, Voyage dans la haute et basse Égypte, t. 3, p. 294.— Montulé, Voyage en Amérique, etc., t. 2, p. 181.

Nous n'avons une confiance absolue dans aucune des histoires de l'Égypte. Heureusement, les mœurs et les lois de ce peuple sont un peu mieux connues que son origine et ses dynasties.

Nous avons esquissé[1] le principe d'unité qui se retrouve dans toutes les législations : c'est la nature intelligente, affective et volontaire de l'homme ; cette substance première, que le législateur doit façonner, est à peu près la même partout ; la règle qui doit présider à son travail, en tout temps, en tout lieu, c'est le double principe de la conservation et du progrès. Les éléments de diversité sont secondaires, cependant il en existe. Tous les recueils de lois ne sont pas identiques. Entre le Deutéronome, le Digeste et le Code civil, on trouvera des différences ; elles viennent de trois causes. Toutes les nations ne progressent pas également vite ; les unes, et nous avons dit pour quelles raisons, sont déjà civilisées quand les autres ne sont pas sorties de la barbarie ou de l'état sauvage. La première cause de diversité, c'est le *degré différent de progrès social*. On peut le regarder entre les nations comme une simple différence d'âge.

Cette cause de diversité n'est pas la seule, car les peuples pris au même âge, bien qu'ils deviennent alors fort ressemblants, ne sont pas encore pareils : il faut noter entre eux la différence de race ; elle se

---

[1] Page 27.

manifeste par des signes matériels, comme la physionomie; ce sont les plus apparents, mais les moins graves; ce qui constitue principalement l'originalité de la race, c'est la proportion dans laquelle elle possède les différentes affections. Cette proportion qui la fera religieuse ou légiste, guerrière ou commerçante, et qui doit donner une couleur spéciale à ses lois; c'est le *caractère de la nation*.

La troisième cause est la *nature du pays* au milieu duquel la nation se trouve placée. L'état de ce pays sous le rapport minéral, végétal, zoologique, atmosphérique même, laisse toujours une empreinte dans les lois. Cette cause de diversité, la moins profonde, mais la plus saillante de toutes, dissimule à des observations légères l'unité morale du genre humain.

Les signes d'unité que présentent les législations tendront à se développer, à dominer tous les détails, puisque l'unité est un des caractères de l'intelligence et l'une des conquêtes que la philosophie promet à l'avenir. *L'inégalité*, sous le rapport du progrès social, doit complètement cesser entre les nations, mais la *diversité*, sans laquelle il n'y a pas d'harmonie, doit être organisée et non détruite; les caractères et les pays seront toujours variés. Ce n'est pas un fastidieux unisson, c'est un concert résultant de mille accords, que le chœur de l'humanité doit former devant l'Éternel.

Cherchons les causes de diversité qui ont pu caractériser les institutions de l'ancienne Égypte.

CIRCONSTANCES QUI CARACTÉRISENT LES INSTITUTIONS DE L'ANCIENNE ÉGYPTE.

DEGRÉ DE PROGRÈS SOCIAL.

Dans toute l'antiquité, nous entendons par ce mot la période qui se termine à la prise de Rome par les Hérules, il n'y eut pas de civilisation véritable. Les nations les plus avancées sont barbares. Les Juifs s'élèvent au-dessus de cette phase par leur religion, mais par le dogme et la morale seuls; leur culte est barbare, c'est l'immolation des animaux. On aimerait à considérer la Grèce et Rome comme civilisées. C'est sur leurs débris fécondés par le christianisme que la civilisation présente a germé; mais, si nous cessons de lever les yeux vers la fleur et si nous voulons nous astreindre à considérer la tige, nous reconnaîtrons que les Grecs et les Romains, malgré tout leur orgueil, admettaient le polythéisme, les sacrifices sanglants, l'esclavage, le droit de vie et de mort du père sur ses enfants, le droit d'asile, la torture pour les esclaves, c'est-à-dire la classe non privilégiée. Ce sont les traits constitutifs de la barbarie; ils s'effaçaient et la civilisation commençait à naître sous les derniers empereurs romains. Une irrésistible invasion de barbares ne détruisit pas cette plante mais en retarda la floraison.

Les Égyptiens, fort supérieurs à leurs voisins de la Libye, par exemple, qui sont des sauvages, formaient un peuple barbare[1] ; les Grecs même avaient l'ingratitude de le leur dire ; tous les anciens avaient le sentiment de cette barbarie du monde entier, dont, par patriotisme, ils s'exceptaient seuls. Les Juifs aussi nomment barbares tout ce qui n'est pas d'Israël [2].

Placer les Égyptiens dans la seconde phase de l'état social, c'est déjà faire entendre qu'ils ont plusieurs dieux, que le sang des victimes coule dans leurs temples, que l'art chez eux est majestueux et massif, qu'ils sont cruels et destructeurs à la guerre, qu'ils ne communiquent avec les gouvernements étrangers que par des ambassades accidentelles ; que chez eux les classes dominantes sont la noblesse et le clergé ; que leur industrie est exercée en partie dans les ateliers serviles ; qu'ils font circuler le métal en lingots ; que chez eux l'homme s'appelle un tel, fils d'un tel, et signe en apposant son cachet ; qu'ils ont des esclaves et plusieurs femmes ; que le père dispose de ses enfants. Appeler l'Égypte barbare, c'est dire d'avance que, chez elle, la distribution des propriétés foncières ressemble à la féodalité, que les supplices sont cruels et joignent à la mort des tourments. Tous ces traits se retrouvent, en effet, dans l'ancienne Égypte ; la barbarie, voilà le dessin général ; le caractère de la

---

[1] Ἑλλήνων οἱ μάλιστα ἀμφισβητοῦντες Ἀθηναίοις ἐς ἀρχαιότητα καὶ δῶρα παρὰ θεῶν φασὶν ἔχειν εἰσὶν Ἀργεῖοι, καθάπερ βαρβάρων Φρυξὶν Αἰγύπτιοι. Pausanias, liv. I, chap. 14.

[2] Mischna, édit. Surenhusius, t. 2, p. 392.

nation, la nature du pays, nous montreront quelles couleurs le nuancèrent.

CARACTÈRE DE LA NATION.

TRAITS COMMUNS A TOUTE L'ANTIQUITÉ.

Avant d'esquisser la nature morale des Égyptiens, et pour éviter mille redites, cherchons s'il n'y a pas des traits de caractère communs à toute l'antiquité.

Les nations primitivites, comme les enfants et par les mêmes raisons qu'eux, possèdent en excès tous les instincts qui se rattachent à la matière. L'amour des choses tangibles, colorées, bruyantes, savoureuses, parfumées, est pour eux une passion qui amène des guerres, car elle est égoïste et réclame des richesses que la terre, non fécondée par l'industrie, ne saurait fournir à tous ; outre ce matérialisme, qui n'est pas une affection spéciale, mais qui donne sa teinte au caractère entier, ces peuples ont un instinct surabondant, c'est l'amour physique; chargés de peupler la terre, ils accomplissent leur mission providentielle avec ardeur; en revanche, leur pudeur est presque nulle. Cet instinct contrarierait le précédent. Il est délicat d'ailleurs et grandit lentement, comme les plantes exquises.

Dans l'antiquité, la sympathie sommeille également. Si la pitié vivait, que de raisons n'aurait-elle pas pour verser des larmes? L'harmonie n'existe pas encore entre l'homme et la nature; au lieu de fruits et de fleurs, d'animaux dociles, elle n'a pour lui que des torrents, des marais, des bois impénétrables, des serpents et des lions. L'harmonie n'existe pas entre les hommes; ils se déchirent en se disputant les ressources que présente ce monde avare; guerres, famines, pestes, on ne voit que malheurs; les hommes passeraient leur vie dans l'affliction s'il fallait s'attendrir; ils s'en dispensent; ils sont durs.

Lorsque les hommes primitifs commencent à se socialiser, ne formassent-ils qu'une tribu patriarcale, un peuple barbare, ils reconnaissent les bienfaits de l'association, ils en deviennent enthousiastes, et chez eux naît l'esprit de corps. Il est exclusif, il engendre un violent mépris pour les hommes qui ne font point partie de la tribu, de la nation. Tel est le patriotisme des Égyptiens, des Juifs, des Grecs.

Ardents à l'amour, dont ils connaissent peu les délicatesses, sans pudeur, durs pour la nature souffrante, groupés par centres d'association exclusifs, les anciens ou les barbares marchent lentement et péniblement vers un état meilleur; quel sentiment les guide et leur fait accepter l'ordre, sans lequel tout progrès est impossible? Ce n'est pas la moralité, qui, chez eux, n'est guère moins imparfaite et confuse que la pudeur; c'est la religion qui leur parle avec autorité, voilant ses ignorances par des mystères. L'éducation de ces nations jeunes, que nous avons tort d'appeler antiques, est facilitée par le développement, et, pour ainsi dire, par l'*hypertrophie* du merveilleux.

Tous ces traits existent dans le caractère des Égyptiens; l'esprit de corps exclusif était saillant chez cette nation. Que nous puissions fouler sous nos pieds l'étranger, voilà ce que les guerriers demandent au ciel; les inscriptions de leurs monuments l'attestent[1]. Les dieux, imbus en Égypte, comme partout ailleurs, des préjugés de leurs adorateurs, répondent : Je te livre les barbares du midi et ceux du nord à fouler sous tes sandales. Nous avons parlé de ces chaussures, sous lesquelles on gravait le portrait de l'ennemi comme pour faire durer le triomphe. Le mobilier de l'ancienne Égypte, plein de style et de fantaisie d'ailleurs, aime à placer dans ses ornements l'étranger chargé de chaînes; il se courbe sous le trépied, se tord aux bras du fauteuil. Suivant les Égyptiens, il y a quatre parties du monde, ainsi rangées par ordre de dignité : la première, l'Égypte, est habitée par une race d'une couleur rouge foncé qui s'appelle *rôt en nérome*, les hommes par excellence; ils sont vêtus de caleçons blancs.

La seconde race est l'Asiatique; elle est jaune; ses habits sont riches et bigarrés. Elle se nomme *Namou*.

---

[1] Champollion le jeune, Lettres d'Égypte et de Nubie, p. 130, 276, 338.

La troisième race, *Nahasi*, est celle des Nègres.

La quatrième, *Tam-hou*, est celle des Européens. Le peintre égyptien les reproduit tels qu'il les voit. Ce sont, nous l'avons dit, des sauvages tatoués et couverts de peaux de bêtes[1].

Le sentiment religieux est encore, chez les Égyptiens, un des traits les plus marqués du caractère antique. Les Égyptiens, au dire d'Hérodote, sont la plus religieuse de toutes les nations[2]; ce sentiment produisit des rites si majestueux et si bien ordonnés que presque tous les peuples les imitèrent[3]. De Pauw dit avec raison : « C'est en Égypte qu'il faut chercher la racine de la plupart des institutions religieuses, et il est rare qu'on cherche longtemps sans la trouver, hormis lorsque la perte totale des monuments nous arrête, ou lorsque les contradictions des auteurs empêchent de bien discerner la vérité[4]. »

Le culte des Égyptiens, adopté par le mosaïsme, spiritualisé par le christianisme, vit encore en partie dans nos églises catholiques. L'onde lustrale que pré-

---

[1] Champollion le jeune, Lettres d'Égypte et de Nubie, p. 250.

[2] Hérodote, l. 1 ; édit. Sweighœuser, t. 1, p. 303.

Μάλιστα δὲ ἐπαινεῖν καὶ θαυμάζειν τὴν εὐσέβειαν αὐτῶν ἄξιον καὶ τὴν περὶ τοὺς θεοὺς θεραπείαν. Isocrate, Éloge de Busiris, p. 400.

Viros nobiles, deos colentes eminenter. Nusquam enim deorum mysteria sic perficiuntur quomodo ibi, ab antiquo et usque modo et pene ipsa omni orbi terrarum tradidit deos colere. Description du monde par un anonyme. *Geographi minores*, t. 3.

[3] Fecunda fuit cæremoniarum mater Ægyptus. Marsham, *Canon Chronicus*, p. 203.

[4] De Pauw, Recherches sur les Égyptiens et les Chinois, p. 121.

sente aux fidèles la coquille du bénitier, l'encensoir et la lampe du sanctuaire, les rameaux et les palmes, tout, jusqu'au pain bénit et même eucharistique, remonte aux Égyptiens par l'intermédiaire des Juifs. Les dogmes de l'Égypte n'étaient pas dignes de faire la même fortune que son culte. Cependant, le sentiment qui courbait le peuple de Memphis devant des dieux minéraux, végétaux, ou devant l'idole d'Osiris, pour être mal éclairé, n'était pas moins respectable. Instruisez cette nation ; la ferveur qui l'entraînait vers ces images grossières encore de Dieu, la remplira de zèle pour la Divinité mieux comprise. Le dieu du paganisme qui fit la plus longue défense contre le christianisme est l'Égyptien Sérapis. L'Égypte eut de la haine contre le christianisme tant qu'elle put le considérer comme impie, ce que paraissent d'abord toutes les innovations religieuses; mais une fois convaincue, elle fut plus ardemment chrétienne que les autres contrées, et la Thébaïde se remplit de solitaires.

N'ayons jamais d'éloignement pour les nations religieuses, ce sont les meilleures : il suffit de les éclairer. Les plus chrétiennes aujourd'hui seront un jour les plus ferventes pour le déisme. Qu'il s'agisse d'un peuple ou d'un individu, la dévotion sincère est le sceau d'une nature d'élite. L'erreur est guérissable ; l'indifférence mérite seule qu'on la méprise ou plutôt qu'on la plaigne.

TRAITS SPÉCIAUX A L'ÉGYPTE.

Nous n'avons encore signalé, dans l'Égypte, que des traits du caractère antique, franchement accentués. Quels sont les penchants vraiment particuliers au pays?

Génie conservateur.

Ce sont d'abord l'habitude, la vénération pour l'ancien, toutes affections qu'on pourrait réunir sous le nom de génie conservateur; l'Égypte éternise tout; c'est là son cachet principal. Ce génie conservateur inspirait d'abord le respect de la vieillesse, vénération peu connue des Hellènes; car cette nation, si l'on excepte les Spartiates, était moins conservatrice que progressive. En Égypte, le jeune homme va au-devant du vieillard, lui cède le bon côté de la voie publique, se lève à son aspect.

Ce n'était pas assez d'honorer ainsi les symboles vivants du passé, les Égyptiens voulurent conserver les hommes et les choses qui avaient cessé de vivre, les choses par l'histoire, les hommes par l'art des embaumeurs. L'Égypte, à la connaissance des Grecs, est le peuple qui ait cultivé le plus anciennement l'histoire; nous verrons, en parlant de la pénalité, qu'elle n'y souffrait pas de falsification; biographie des grands hommes, phénomènes naturels, elle consignait tout. Son induction, faible encore, cherchait même à tirer des conséquences de ce catalogue de faits; non-seulement, dans ce pays, l'homme qui s'éteint ne meurt pas dans les souvenirs de sa famille, ni même de la nation, mais l'art immortalise jusqu'à son corps. On sait quelle place occupaient les funérailles dans la vie de ce peuple; on sait que, dans les festins des riches, on portait autour de la table un petit cadavre de bois, de la longueur d'une ou deux coudées; en le présentant à chaque convive, on lui disait : « Bois et jouis de ton mieux, voilà ce que tu seras bientôt. »

Trois coutumes empreintes de matérialisme se retrouvent presque toujours dans les funérailles des barbares :

L'usage, pour ceux qui portent le deuil, de se montrer négligés et même sales, *squalentes;*

La coutume imposée, surtout aux femmes, d'exprimer la sympathie pour le défunt en se faisant un mal physique ;

L'usage de mettre auprès du mort les objets qu'il affectionnait le plus; ils lui serviront dans une seconde vie que l'on entrevoit confusément et que l'on juge aussi matérielle que la première.

Ces trois faits se montrent en Égypte, mais une circonstance morale, le génie conservateur de ce peuple, une circonstance physique, l'abondance du bitume et des aromates, introduiront dans les obsèques égyptiennes une coutume particulière, la momification, *funera medicata,* suivant l'heureuse expression de Pline [1] et de Pomponius Méla.

Lorsqu'un homme important vient à mourir, ses parentes et les femmes de sa maison se jettent de la terre sur les cheveux et le visage; laissant le mort dans sa demeure, peu vêtues, les mamelles au vent, portant autour des reins une espèce de suaire, elles courent en se frappant la poitrine. Les hommes forment une autre bande qui donne les mêmes signes de désespoir. Ces démonstrations fatigantes devinrent bientôt vénales, et les monuments de l'Égypte nous montrent l'usage des *pleureuses.*

Se frapper la poitrine, cet acte que l'on ne peut mieux désigner que par le mot des Romains *planctus,* était l'atténuation d'une manifestation plus sauvage. Primitivement on se faisait des blessures. Le roi Psammétik Ier ouvrit aux étrangers ses ports, spécialement Rakoti, depuis Alexandrie. Sous les auspices de ce roi, des Ioniens, des Cariens vinrent s'établir en Égypte. Ces étrangers, moins avancés que les indigènes, se reconnaissaient dans les funérailles; on les voyait se faire des incisions aux tempes avec un couteau [2].

Hérodote nous a transmis cette remarque. Les lois de Moïse nous prouveront que les Hébreux se

---

[1] Ægyptii quibus mos est cadavera asservare medicata. Pline, Histoire naturelle, xi, 70.

[2] Ὅσοι δὲ Καρῶν εἰσί ἐν Αἰγύπτῳ οἰκέοντες, οὗτοι δὲ τοσούτῳ ἔτι πλέω ποιεῦσι τούτων ὅσῳ καὶ τὰ μέτωπα κόπτονται μαχαίρῃσι. Hérodote, l. 2.

distinguaient des Égyptiens par le même signe.

Beaucoup de peuples antiques se coupaient les cheveux dans les funérailles, mais les Égyptiens, habituellement rasés, se laissaient croître les cheveux et la barbe en signe de deuil.

Lorsqu'on s'était désolé convenablement, on portait le cadavre aux embaumeurs. Ils présentent à la famille les modèles en bois peint de trois momies; elles désignent autant de classes; c'est plus ou moins cher; un talent d'argent, vingt mines ou presque rien. Quel numéro voulez-vous? Si l'on a choisi le numéro 1, l'embaumeur, avec un instrument recourbé.... Mais pourquoi retracerions-nous ces détails? ils révolteraient, sans intérêt, plus d'un lecteur; nous n'emprunterons qu'un fait à Diodore : Le premier embaumeur, qui s'appelle *le traceur*[1], dessine sur le côté gauche du mort la forme de l'incision qu'il faut faire; *le prosecteur*[2], avec une pierre tranchante d'Éthiopie, enlève la chair suivant le tracé, puis il se sauve à toutes jambes; le peuple le poursuit de malédictions et lui jette des pierres pour faire retomber sur lui la peine de la profanation commise. Quant à ceux qui remplissent d'aromates l'ouverture qui vient d'être faite, aux *embaumeurs*[3] proprement dits, ce sont des personnages considérés, amis des prêtres; ils ont toujours

---

[1] Ὁ γραμματεύς, Diodore de Sicile, liv. 1; Amsterdam, 1746, t. 1, p. 101.

[2] Ὁ παρασχίστης.

[3] Οἱ ταριχευταί.

le libre accès du sanctuaire. Les femmes belles ou de bonne famille ne sont livrées aux préparateurs que trois ou quatre jours après la mort, et cela par une odieuse raison. Chez les embaumeurs, la pudeur des cadavres n'était pas sauve[1].

Quelquefois on dorait, non-seulement le cercueil, mais le corps lui-même. Aux environs de Thèbes on a trouvé, dans les grottes funéraires, des mains, des pieds couverts d'une couche d'or[2].

Le corps, si bien conservé qu'il ne perdait pas un cil, était placé par les parents dans un cercueil et rangé droit contre le mur, dans une galerie funéraire. Les membres de la famille venaient s'y promener et contempler les traits de leurs ancêtres avec un plaisir indicible, ou, pour mieux dire, étrange[3]. Pour nous qui n'avons pas au même degré que les Égyptiens la vénération de l'antiquité, des collections de cadavres, si bien conservés qu'ils fussent, seraient un lugubre spectacle; nous ne partageons pas tous l'opinion de Pietro della Valle, voyageur auquel un Arabe fit découvrir une momie.

« Nous arrivâmes enfin, dit-il, à ce lieu tant désiré où, proche d'un puits qui était découvert et fouillé depuis trois ou quatre jours, il avait caché dans le

---

[1] Τοῦτο δὲ ποιέουσι οὕτω, τοῦδε ἕνεκεν, ἵνα μή σφι οἱ ταριχευταὶ μίσγωνται τῇσι γυναιξί. Λαμφθῆναι γάρ τινά φάσι μισγόμενον νεκρῷ προσφάτῳ γυναικός. **Hérodote**, l. 2.

[2] Description de l'Égypte, t. 1. Thèbes, p. 17. — Abd-Allatif, Relation de l'Égypte, chap. 4.

[3] Παράδοξον ψυχαγωγίαν. Diodore de Sicile, liv. 1.

sable une momie qu'il en avait tirée, c'est-à-dire le corps entier d'un homme mort, *qui me parut quelchose de beau et de galand* pour avoir été parfaitement bien conservé et enseveli le plus curieusement qu'il se puisse dire [1]. »

La perpétuité donnée à l'homme après la mort par l'histoire et l'embaumement fit prendre à l'opinion publique, en Egypte, une direction toute particulière. La mort n'était que le commencement d'une seconde existence beaucoup plus longue que la première; occuper une place honorable dans les chroniques et dans ces cryptes où le corps devait rester le même éternellement, tel était l'avenir des hommes justes, avenir dont les mouvements et les agitations de la première existence n'étaient, pour ainsi dire, que l'entrée; c'était surtout à ce moment de la mort, qui est la naissance pour l'histoire, que l'opinion publique exerçait son contrôle : on examinait de près cet homme qui voulait entrer avec distinction dans les chroniques, avec honneur dans le tombeau.

Les plus belles funérailles avaient lieu, comme on le pense, à Memphis; on se rendait près du lac Achéruse, lieu charmant ceint de roseaux et de fleurs de lotus ; au-delà s'ouvraient les souterrains funèbres [2]. Chaque province avait son lac. La momie sortant de la maison des embaumeurs devait s'y présenter avant d'entrer dans le sépulcre. Sur

---

[1] Pietro della Valle, Voyages, t. 1, p. 201.
[2] Diodore de Sicile, liv. 1 ; Amsterdam, 1746, t. 1, p. 108.

les bords du lac, plus de quarante juges se rassemblent; ils sont assis en hémicycle; près d'eux, une barque est à flot. Le nocher s'appelle Caron; ce mot n'est pas grec, ainsi qu'on pourrait le croire, mais égyptien[1].

Chacun est libre d'accuser le mort devant les juges. Si l'on prouve qu'il a mal vécu, il est privé de la sépulture et remporté par ses proches; si nulle accusation ne s'élève ou si toutes sont réfutées, et dans ce cas l'accusateur était sévèrement puni, les parents cessent toute démonstration de douleur et l'on fait le panégyrique du mort; on ne parle pas de sa race, comme font les Grecs, dit Diodore, peut-être avec plus de malice que de vérité, mais bien de ses actions, à partir de l'enfance, de sa piété, de sa justice, de sa continence. L'orateur finit en priant les dieux infernaux de recevoir le défunt parmi les hommes justes. L'auditoire applaudit, on s'écrie que le mort est digne de vivre éternellement dans les enfers, c'est-à-dire dans les lieux inférieurs; l'Élysée et le Tartare étaient placés également sous la terre. Caron fait passer le lac à la momie.

Orphée, l'un des premiers émissaires de la Grèce en Égypte, fut témoin de ce rite. Il y puisa la croyance, ou plutôt le poëme des Hellènes sur l'autre vie. L'un des plus anciens législateurs grecs, Minos, s'assit au bord de l'onde funèbre avec deux

---

[1] Πρωρεὺς ὃν Αἰγύπτιοι κατὰ τὴν ἰδίαν διάλεκτον ὀνομάζουσι Χάρωνα. Diodore de Sicile, liv 1; même édit., t. 1, p. 103.

assesseurs dignes de lui; du reste, la couleur égyptienne fut bien conservée.

Pour sépulture, les rois de Thèbes s'étaient construit des monuments que l'on voit encore à Byban-el-Molouk; les rois de Memphis eurent leurs pyramides; quant au peuple, il avait pour dernier asile, dans la Thébaïde, ces montagnes rapprochées des villes qui furent d'abord des carrières, puis des cryptes funèbres jusqu'au jour où les solitaires chrétiens s'y réfugièrent. Souvent la torche du voyageur éclaire, dans ces grottes, des peintures et des sculptures précieuses. Tels sont les lieux que Belon nomme, avec son vieux langage, « les sépulchres où estoyent confiz les corps en leurs sépultures[1]. »

Dans la basse Égypte, les montagnes se sont éloignées; il fallut creuser ces puits d'où rayonnent sous la terre plusieurs galeries. C'est dans une plaine sablonneuse, à quelques heures de chemin au sud des pyramides de Giseh, au village de Sakkarah, que s'ouvrent les puits de momies les plus célèbres; c'était probablement la nécropole de Memphis; mais déjà, du temps du père Sicard, qui écrivait en 1716, cette mine d'antiquités était dévastée par les voyageurs et les Arabes. Faut-il s'étonner si M. Champollion le jeune a trouvé les puits vides et le sol couvert de débris embaumés[2]?

---

[1] Belon, Observations, p. 209.
[2] Champollion, Lettres d'Égypte et de Nubie, p. 68.

Les funérailles des rois, sur une plus grande échelle, étaient celles que nous avons racontées; les hommes et les femmes se désespéraient par bandes de deux à trois cents; les temples étaient fermés; pendant soixante-douze jours, point de sacrifice, nul ne touche au pain, au vin, à la viande, ne s'approche d'une femme, ne se baigne, ne se parfume; deux fois dans la journée, pendant ce deuil, on chante les louanges du mort. Cependant on l'embaume, et le jour même où finit le désespoir officiel, on présente à l'entrée du sépulcre le cercueil doré de la momie. Les prêtres qui faisaient fonctions d'historiographes lisent la vie du mort, biographie composée pendant le règne, et le plus souvent élogieuse. Si le prince était populaire, un grand bruit d'approbation se fait entendre, sinon des murmures éclatent et la momie n'entre pas dans le tombeau royal.

Il était rare qu'on plaçât une momie dans les grottes ou les puits sans déposer dans son cercueil ou à ses pieds les ustensiles qu'on lui jugeait le plus nécessaires. On a retrouvé jusqu'à du blé dans les sépultures. Aux funérailles royales, on portait encore plus loin la prévoyance; on égorgeait, pour servir le prince dans l'autre monde, un certain nombre d'esclaves égyptiens et nègres. On voit peintes, dans une célèbre sépulture, des figures d'hommes les mains liées derrière le dos et décapités; elles sont alternativement rouges et noires[1].

[1] Description de l'Égypte, pl. t. 2; Thèbes, Biban-el-Molouk, 86.

Ajoutons cependant que M. Champollion ne voit, dans les supplices représentés à Byban-el-Molouk, que l'image de l'autre vie et les tourments de l'enfer [1].

Nous ne pouvions visiter l'ancienne Égypte, ce royaume de la mort, sans nous arrêter à voir passer des funérailles : ce travail de conservation, cette impuissante aspiration de l'homme vers l'éternité, se retrouvera dans toutes les institutions du pays ; il nous expliquera la singularité de la religion, du système graphique, la coexistence dans le même pays de la féodalité et de la centralisation, les sûretés originales qui garantissaient les créances, la physionomie entière du pays. Longtemps l'Égypte resta la même, comme pour se laisser mieux observer par tous les philosophes antiques ; elle se conserva sous les Ptolémées [2], sous la domination romaine [3]. On peut dire qu'elle subsiste encore. Les monuments d'Égypte sont sur nos places ; les hommes d'Égypte dans nos musées. Cette immuabilité rend moins funeste l'incertitude où nous sommes sur la chro-

---

[1] Champollion le jeune, Lettres d'Égypte et de Nubie, p. 233.

[2] The grecian-like simplicity of the portico lead me to conjecture that both edifices were the work of the Ptolemies who constructed temples to the Egyptian deities in several part of Egypt in which they imitated the architecture consecrated to their worship. Burckhardt, *Travels in Nubia*, p. 102. *The author was speaking of two temples discovered in Nubia.*

[3] M. Letronne, Recherches sur l'Égypte, introduction, xlix. — Voyez M. Rosellini. Offrandes de Néron, de Géta, de Caracalla à Isis et Osiris, MR. CLXIX.

nologie de cette contrée. Il est moins important qu'il ne serait pour tout autre peuple de chercher à quel point de développement se trouvaient les sciences, les lois, les mœurs de l'Égypte, lorsqu'elles furent en contact avec Moïse. Nous savons que ce pays fut organisé, nous pourrions dire embaumé, dans l'antiquité la plus reculée. Il s'est conservé depuis comme ses momies.

L'esprit conservateur est ce que l'Égypte a de plus remarquable; on peut citer en seconde ligne la constructivité, l'instinct hygiénique.

Constructivité.

Les Égyptiens étaient un peuple bâtisseur; ils ont couvert leur pays de monuments imposants et durables[1]; la pyramide[2], déjà rongée par le salpêtre au temps d'Hérodote[3], se dégrade tous les jours, mais elle règne encore sur le désert; le sphinx n'a disparu qu'à moitié dans les sables; n'énumérons pas les obélisques, le lac de Mœris, le labyrinthe, les temples de granit et les colosses. La célébrité de ces monuments nous est familière à tous.

Les Égyptiens portaient de l'intelligence et du goût dans ces travaux. Diodore de Sicile dit avec un peu d'étonnement : « Ils admirent plus les archi-

---

[1] Pline, Histoire naturelle, xxxvi.
[2] Abd-Allatif, Relation de l'Égypte, liv. 1, chap. 4.
[3] Hérodote, liv. 2; édit. Schweighœuser, t. 1, p. 275.

tectes qui construisent un édifice que les princes qui en font les frais[1]. »

Instinct hygiénique.

L'Égypte est fortement douée de l'instinct hygiénique.

Cette disposition facilita la tâche des prêtres, lorsqu'ils voulurent, par des règlements bien moins religieux qu'administratifs, protéger la santé publique. Tous les Égyptiens étaient d'une propreté remarquable[2]; ils buvaient dans des vases de cuivre, mais ils les nettoyaient tous les jours, c'était une règle sans exception. L'étonnement d'Hérodote, à cet égard, fait peu d'honneur à la propreté des Grecs. Les Égyptiens trouvaient la barbe et les cheveux sales et se les rasaient complètement. Ce trait les distinguait de leurs voisins nomades. Quand on mit en liberté Joseph, on commença par *le raser*[3] et l'habiller à l'égyptienne.

Le peu de cheveux qu'on trouve aux momies, ne contredit point le témoignage d'Hérodote, de la Genèse et des monuments égyptiens. On conçoit que, pendant la dernière maladie d'un homme, on perdît l'habitude de lui raser la tête. Les femmes portaient leurs cheveux; il en était de même des jeunes enfants. Nous en verrons la preuve dans la

---

[1] Diodore de Sicile, liv. 1.
[2] Hérodote, liv. 1, p. 303, 350.
[3] Gen. XLI, 14.

cérémonie qui les consacrait à la Divinité et qui faisait tomber leur coiffure. Dans les monuments, Horus, et peut-être d'autres jeunes dieux, sont caractérisés par une tresse, qui, du sommet de la tête, retombe sur l'oreille droite[1]. Quant à la suppression de la barbe, elle n'est pas sans exception chez les laïques; mais ils ne portent jamais qu'une longue mèche de poils à la pointe du menton, ce que nous appelons une *royale*.

Les prêtres étaient d'une propreté plus scrupuleuse que le reste du peuple. Ils se lavaient à l'eau froide quatre fois en vingt-quatre heures, et se rasaient tous les poils du corps tous les trois jours.

Quant aux précautions médicales, les Égyptiens n'avaient pas besoin d'être excités. Chaque mois ils se purgeaient pendant trois jours. Ils faisaient un grand emploi des vomitifs et des clystères, dont l'ibis, disaient-ils, leur avait montré l'usage en prenant de l'eau du Nil avec le bec[2]. A leur avis, les aliments étaient la source de toutes les maladies. Leur premier soin, lorsqu'ils se sentaient indisposés, était de les rejeter[3]. Chez un pareil peuple, la médecine devait être très-cultivée; on ne voyait que médecins[4]. Les règlements relatifs à cette pro-

---

[1] Figurines du Musée égyptien. — Champollion, Précis du système hiéroglyphique, p. 95.

[2] Élien, *De animalium natura*, lib. 2, cap. 35, *de ibide quæ clysteres ostendit*.

[3] Hérodote, liv. 2. — Diodore de Sicile, liv. 1.

[4] Πάντα δ'ἰητρῶν ἐστὶ πλέα. Hérodote, liv. 2.

fession étaient fondés sur deux principes, qui passeront un jour dans nos lois, parce qu'ils sont excellents. Les médecins étaient considérés comme fonctionnaires publics et payés, non par les malades, mais par le trésor de l'état.

Il y avait unité dans la science médicale; mais chaque individu n'exerçait qu'une spécialité.

Ces deux principes sont supérieurs aux idées des législateurs modernes sur l'exercice de la médecine; mais l'Égypte ne les réalisa que d'une manière très-imparfaite. Le principe qui met les médecins dans la dépendance absolue de l'état n'est bon que si l'état est purement et simplement la concentration de l'intérêt général. En Égypte, l'état était représenté par une cour despotique. On usait avec raison des médecins dans un intérêt public, on en adjoignait un certain nombre à toute expédition militaire comme à tout voyage maritime de long cours, mais on abusait étrangement d'eux dans un intérêt particulier. Darius, fils d'Hystaspe, roi de Perse, avait à sa cour des médecins égyptiens; comme ils ne surent pas le guérir d'une entorse et lui tirèrent inutilement le pied dans tous les sens, on prépara des piquets pour les empaler; ils obtinrent difficilement leur grâce.

« Ce qu'il y a de fâcheux auprès des grands, dit très-bien Molière, c'est que, quand ils viennent à être malades, ils veulent absolument que leurs médecins les guérissent[1] »

[1] Malade imaginaire, acte 2, scène 6.

Les médecins égyptiens étaient encore en grande réputation sous les empereurs de Rome ; malheureusement, là comme en Perse, ce ne sont pas des cures qui les illustrent. Cossinus, chevalier romain, grand ami de Néron, était malade d'une dartre vive ; un médecin mandé de l'Égypte lui fit prendre une potion de cantharides qui le tua[1]. Voilà deux traitements qui ne furent pas heureux, mais ne jugeons pas la médecine égyptienne d'après deux faits.

L'unité dans la science médicale, la répartition des spécialités entre les individus se réalisaient également d'une manière tyrannique. L'unité scientifique s'établira chez nous par la communauté des convictions; en Égypte elle était imposée. Les règles de la médecine étaient invariables comme celles de tous les arts. C'était un code formé par les observations des médecins primitifs. Après le décès d'un malade, on examinait s'il avait été traité dans les règles ; s'il ne l'avait pas été, le médecin était mis à mort. L'innovation n'était impunie qu'à la condition de réussir.

Chaque médecin d'Égypte se renfermait dans un détail, mais, d'après l'organisation générale du pays, la perpétuité des mêmes fonctions dans chaque famille, et le système d'enseignement, d'après lequel

---

[1] Cossinum, equitem romanum, amicitia Neronis principis notum quum is lichene correptus esset, vocatus ex Ægypto medicus ob hanc valetudinem ejus à Cæsare, cum cantharidum potum præparare voluisset, interemit. Pline, Histoire naturelle, xxix, 30.

le père ne transmettait à son fils que la connaissance de son propre état, nous devons penser que c'était l'hérédité et non le libre choix qui décidaient les spécialités médicales; l'un s'occupait du cerveau, l'autre des dents, un troisième des entrailles. Les historiens, qui aiment à rétrécir les événements, et qui prennent les occasions pour les causes, disent que Cambyse envahit l'Égypte parce que le roi Amasis lui avait refusé un oculiste célèbre[1]. On appliquait le nom de médecins à tous ceux qui soignaient une partie du corps humain, quelle qu'elle fût. Parfois on étendait cette classification jusqu'aux embaumeurs.

Pour donner d'un peuple une idée complète, il ne faudrait pas séparer de son caractère moral une esquisse de sa constitution physique; mais l'étude des nations, sous ce rapport, n'a pas encore produit de résultat sur lequel on puisse s'appuyer avec une confiance absolue. La théorie, qui considère les Égyptiens comme des Nègres qu'auraient disciplinés des Indiens venus par la mer Rouge et l'Éthiopie, n'est pas, que nous sachions, au rang des certitudes. Les Égyptiens n'offraient pas le type de la beauté grecque; ce nez aplati, ces lèvres épaisses, dont le type est conservé par le sphinx, n'étaient pas rares au milieu d'eux, mais il ne faut pas dire avec Volney[2], qu'ils fussent noirs. Hérodote, cité à

---

[1] Hérodote, liv. 3.
[2] Voyage en Égypte et en Syrie.

l'appui de cette opinion, veut prouver que l'inondation du Nil n'a point pour cause une fonte de neiges. « En effet, dit-il, les pays d'où vient le Nil sont si chauds que les hommes y deviennent noirs[1]. Il s'agit de l'Éthiopie et non pas de l'Égypte. L'historien grec dit ailleurs que les habitants de la Colchide lui paraissent une colonie d'Égyptiens. Ils ont, dit-il, le teint noir et les cheveux crépus [2]. Ce passage est plus formel, mais on émettrait une opinion nouvelle et fort aventurée si l'on disait que les habitants de l'Asie-Mineure fussent des nègres; nous aimons mieux croire qu'en écrivant le mot noir, Hérodote voulait dire une couleur basanée. L'inspection des fresques égyptiennes tranche cette question. Les divinités sont peintes quelquefois de couleurs symboliques, comme le bleu[3], le vert[4]. Sauf ce privilége des êtres surnaturels, les hommes sont rouges et la plupart des femmes jaunes. Les artistes ont voulu, autant que le leur permettaient la simplicité de leur palette et la naïveté de leur talent, reproduire, avec la différence des sexes, une race basanée mais non pas noire. Si l'on veut retrouver les anciens Égyptiens, ce ne sont pas les nègres qu'il faut examiner, mais les Coptes; ils répondent à ce

[1] Οἱ ἄνθρωποι ὑπὸ τοῦ καύματος μέλανες ἐόντες. Hérodote, liv. 2, p. 287.

[2] Μελάγχροές εἰσι καὶ οὐλότριχες. Ibid.

[3] Eusèbe, Préparation évangélique, liv. 3, chap. 12: *De simulacro quod Elephantinopoli colitur.*

[4] Description de l'Égypte, Thèbes. — Hypogées, manuscrits sur papyrus, 1re, 3e part. et suiv. — Rosellini, MR. n° CXLV.

portrait tracé dans le deuxième siècle de l'ère chrétienne.

« Les Égyptiens sont d'une couleur rougeâtre et basanée; leur corps est maigre et sec[1]. » Quant à l'esprit colérique, ergoteur, qui leur est attribué, nous ne l'acceptons pas comme une peinture de l'ancien caractère égyptien. Ammien Marcellin parlait d'une race déchue, et l'on sait ce que devient le moral des grands peuples quand le sceptre est sorti de leurs mains. Les Grecs, sous la domination romaine, étaient signalés comme des marchands astucieux, et l'on n'ignore pas ce que furent, au moyen âge, les enfants d'Abraham, les exilés de Jérusalem.

Tout législateur éclairé s'est occupé de l'hygiène; ses soins, à cet égard, ont varié suivant les maladies endémiques de sa nation. La connaissance des maladies propres à chaque peuple fournirait un chapitre utile à l'histoire de la législation. Nous nous contenterons de dire que les Égyptiens étaient sujets à la lèpre, à la gonorrhée, maladies que nous retrouverons chez les Hébreux et qui tiennent une large place dans les lois de Moïse; qu'en outre, l'ophtalmie, la psorophtalmie, rendaient aveugle une partie notable de la population[2]. Un voyageur moderne est allé jusqu'à dire : L'Égypte est le pays

---

[1] Homines autem Ægyptii plerique subfusculi sunt et atrati, magisque mœstiores, gracilenti et aridi, ad singulos motus excandescentes, controversi et reposcones acerrimi. Ammien Marcellin, liv. 22, p. 254.

[2] Prosper Alpin, *de Medicina Ægyptiorum*, lib. 1, cap. 14. —

des aveugles [1]. Je ne crains pas d'exagérer, écrit un autre, en assurant qu'un quart de la population du Caire est complètement aveugle [2]. Dans la vallée du Nil régnait encore l'éléphantiasis, qui fait enfler les jambes du malade comme celles de l'éléphant [3], et le hideux sarcocèle.

NATURE DU PAYS.

Avant de chercher dans les mœurs le libre développement du caractère égyptien, dans les lois la discipline qu'il a subie, jetons un regard sur la nature du pays, voyons la scène avant de faire agir les acteurs.

Ce n'est pas dans les ouvrages des naturalistes, c'est surtout dans l'histoire et les lois que nous chercherons nos renseignements; par cette méthode, nous pourrons négliger des faits intéressants pour les sciences spéciales, mais nous n'omettrons rien de ce qui a profondément influé sur les mœurs et la législation.

L'Égypte, écrivait au calife Omar l'Arabe Amrou,

Sonnini, Voyage dans la haute et basse Égypte, t. 2, p. 28. — Montulé, Voyage en Amérique, etc., t. 2, p. 366.

[1] Granger, Voyage en Égypte, p. 22.
[2] M. de Forbin, Voyage au Levant, p. 71.
[3] Sonnini, t. 2, p. 261.

  Est elephas morbus qui propter flumina Nili
  Gignitur Ægypto in medio, neque præterea usquam.
          Lucrèce.

— Elephantiasis : Ægypti peculiare hoc malum, Pline, Hist. natur., XXVI, 5.

n'est autre chose qu'une terre noirâtre et des plantes vertes entre une montagne poudreuse et un sable rougeâtre.

Nous dirons moins laconiquement : L'Égypte est un pays étroit et long, borné au nord par la Méditerranée; à l'est, dans la largeur de l'isthme qui la joint à l'Asie, elle touche à l'Idumée, à l'Arabie pétrée, parcourue dans l'antiquité, comme aujourd'hui, par des *Scénites* ou tribus de la tente. L'Égypte est ensuite côtoyée par la mer Rouge, connue des anciens sous le nom de golfe Arabique. Ce pays a pour limites au sud, l'Éthiopie. Ses bornes, à l'ouest, n'ont rien de précis; l'Égypte finit avec les terres cultivables; elle cesse où commence le désert de Libye. Entre ces deux frontières, de sable à l'occident, de mer à l'orient, deux chaînes de montagnes venues du midi, la libyque et l'arabique, se suivent d'abord parallèlement, puis s'écartent. Le terrain compris entre elles est appelé *Vallée du Nil;* on trouve, à l'orient de l'Égypte, du côté de l'Arabie, de vastes carrières qui fournirent des blocs pour les pyramides; le sud est rempli de roches granitiques. Cette substance entra comme élément principal dans les monuments du pays; l'obélisque lui doit sa teinte rose [1].

---

[1] Omnes obelisci in Europæ civitatibus obvii, ubi excipias unum Florentinum, et maxima quoque pars eorum qui in Ægypto exstant atque in Abessina, facti sunt e Syenite lapide quem et pyrrhopœcilum vocat Plinius, Itali autem *granito rosso*, lithologi granitem rubrum. Zoega, *de Origine et usu obeliscorum*, p. 140.

L'Égypte est naturellement sablonneuse, aride ; le sol, couvert de nitre [1], ne serait pas apte à la végétation s'il n'était fécondé par le Nil.

Ce fleuve prend sa source au sud de l'Égypte, dans une contrée ignorée des anciens ; ils la nommaient vaguement terre du cinname, de la myrrhe, et croyaient que, s'ils cherchaient à l'explorer, ils seraient brûlés par le soleil [2]. L'eau du Nil est trouble, épaisse, mais sá fange est une richesse ; il descend de l'Abyssinie, ce nœud de montagnes, par des cataractes, entoure les îles de Philœ, d'Éléphantine, puis, au nord, l'île Prosopite. Il parcourt l'Égypte dans toute sa longueur, s'ouvre en éventail quand il arrive près de la Méditerranée ; c'est là qu'il se divise en plusieurs branches naturelles dont le nombre a varié. Le bras le plus oriental est la bouche Pélusiaque ; le plus occidental est l'embouchure Canopique. Ce réseau triangulaire forme le Delta. La terre du Delta, noire [3] et limoneuse, était considérée par les anciens comme un dépôt formé par la vase du fleuve [4] ; ils pensaient qu'elle avait comblé un ancien golfe, opinion confirmée par les écrivains et les voyageurs modernes [5].

---

[1] Pline, Histoire naturelle, xxi, 46.
[2] Diodore de Sicile, liv. 1.
[3] Abd-Allatif, Relation de l'Égypte, p. 3.
[4] Hérodote, liv. 1, p. 280. — Diodore de Sicile, liv. 1.
[5] Savary, Lettres sur l'Égypte, p. 13. — Volney, Voyage en Syrie et en Égypte. — Voyez sur cette question Heeren, de la Politique et du commerce, traduction Suckau, t. 6. — Kircher, Ædipus Ægyptiacus, t. 1, p. 3, 65.

Tous les ans, quand les pluies qui tombent en Abyssinie, d'avril en septembre, ont enflé le Nil, le fleuve déborde, change en océan la vallée dans laquelle il coule, ne laissant pointer, comme un archipel, que les hauteurs chargées de villes. Le fleuve croît à partir de la fin de juin [1], atteint en juillet son apogée et se retire lentement depuis septembre jusqu'à la fin d'octobre, laissant la terre fécondée par le limon qu'il a déposé.

A la proportion de la crue correspond le revenu, tant privé que public, du pays, la répartition des impôts; de là l'importance économique, politique même, des nilomètres, colonnes graduées qui mesurent l'élévation des eaux.

« L'accroissement du fleuve, dit Pline, est constaté par le nilomètre. La bonne mesure est de seize coudées; plus basses, les eaux n'arrosent pas tout le sol; plus élevées, elles le couvrent trop longtemps et se retirent trop tard. Celles-ci font perdre le moment de la semence en conservant les terres trop humides; celles-là ne le donnent pas en les laissant altérées; telle est l'opinion de l'Égypte. A douze coudées elle ressent la faim, à treize, elle souffre encore; quatorze coudées apportent l'espérance, quinze la sécurité, seize les délices [2]. »

---

[1] Purchas, *His Pilgrims*, t. 3, p. 833.

[2] Auctus, per puteos mensuræ, notis deprehenduntur. Justum incrementum est cubitorum sedecim : minores aquæ non omnia rigant; ampliores detinent tardius recedendo; hæ serendi tempora absumunt solo madente; illæ non dant sitiente. Utrumque reputat

Voilà le compte de Pline. L'Arabe Abd-Allatif, usant probablement de mesures différentes, demande, pour que l'année soit bonne, une élévation de dix-huit coudées.

De l'inondation dépend la vie de l'Égypte; les Grecs s'en étonnaient. Que feriez-vous, disaient-ils aux prêtres d'Héliopolis, si le Nil ne débordait pas? —Et vous, répondaient ces prêtres, s'il cessait de pleuvoir en Grèce[1]? En Égypte croissent[2] les palmiers, le nopal ou raquette, le dattier, le citronnier, le grenadier, dont les fruits suggérèrent à Moïse un des ornements du costume pontifical; le sycomore, ce figuier qui fournissait aux Égyptiens les planches de cercueil; le henné[3], cet arbrisseau dont la feuille, réduite en poudre, colore les ongles d'une teinte aurore; le syllicyprium, espèce de sésame : son fruit, nommé *kiki* par les anciens Égyptiens, donnait de l'huile[4], bonne, mais d'une forte odeur. Les mimosas, arbres d'Éthiopie dont les feuilles, semblables à celles de l'acacia[5] par la forme, fré-

---

provincia. In duodecim cubitis famem sentit, in tredecim etiam num esurit : quatuordecim cubita hilaritatem afferunt : quindecim securitatem : sedecim delicias. Pline, Histoire naturelle, v, 9.

[1] Hérodote, liv. 2, p. 277.

[2] Prosper Alpin, *de Plantis Ægypti*. — Abd-Allatif, Relation de l'Égypte, chap 2. — Voyez, sur les plantes de l'Égypte et leurs vertus médicinales, Dioscorides.

[3] Sonnini, Voyage dans la haute et basse Égypte, atlas, pl. 4. — Belon, Observations, p. 391. — Pietro della Valle, t. 2, p. 256.

[4] Dioscorides, lib. 1, cap. 38, *de Cicino oleo*.

[5] Dioscorides, lib. 1, cap. 133, *de Acacia*.

missent au moindre toucher, croissaient principalement dans la Haute-Égypte. Sur les bords du Nil, le papyrus, roi parmi les roseaux, balance sa houppe sur une tige déliée; cette tige peut se diviser en bandes très-minces. Collées les unes près des autres, elles forment ce papier primitif, dont l'usage remonte à la plus haute antiquité. Un rouleau de papyrus signifiait dans les hiéroglyphes symboliques, *origine qui se perd dans la nuit des temps* [1]. Le papyrus naquit à propos dans le plus ancien asile des sciences et des arts; les ignorants se contentaient de manger cette plante; les matelots en faisaient des voiles pour les embarcations qui suivent le cours du Nil, ces canots d'écorce, lestés par une pierre du poids de deux talents, qu'une corde suspend à la nacelle; cribles [2], chaussures, matelas, médicaments [3] pour les ulcères [4], à quoi le papyrus ne suffisait-il pas? Plus près de terre, nous trouverons l'hyssope, le byssus, c'est-à-dire le coton [5]; le lin, que les hommes tissaient, fournit à l'Égypte l'étoffe la plus estimée, l'étoffe sainte [6]. S'il est vrai que les céréales ne soient pas originaires d'Égypte, s'il est vrai que le pays dans lequel elles se

---

[1] Horapollo, liv. 1, § 30.
[2] Pline, Histoire naturelle, XVIII, 28.
[3] Pline, Histoire naturelle, XXIV, 51.
[4] Dioscorides, lib. 1, cap. 115, *de Papyro*.
[5] Pollux, Onomasticon, lib. 7, cap. 7, *de Byssinis*.
[6] Vestes inde sacerdotibus Ægypti gratissimæ. Pline, Histoire naturelle, XIX, 2.

propagent à l'état sauvage, et dont Isis les apporta, soit la Palestine[1], du moins est-il certain que l'Égypte sut les faire fructifier mieux que toutes les contrées voisines et qu'elle fut de très-bonne heure le grenier des Asiatiques, sans excepter les Kananéens; les Égyptiens, les Hébreux, mangeaient beaucoup de pain[2]. Pour féconder la grasse terre de Mesraïm, il suffit, suivant Hérodote, de l'ensemencer quand elle est encore humide et de la faire fouler par des troupeaux de porcs[3]. Suivant Diodore, on la ratisse avec de légers instruments plutôt qu'on ne la laboure; ces auteurs peuvent avoir raison quant à la basse Égypte. Élien, Porphyre, attestent qu'on la faisait fouler par des porcs; M. Champollion le jeune a vu sur les monuments, des béliers employés au même usage[4]. Mais la haute Égypte, moins limoneuse, voulait plus de culture; les sculptures qu'elle a conservées nous représentent nonseulement le semeur tirant le grain d'une poche qu'il porte en bandoulière, et l'homme armé de la houe[5], mais encore les bœufs et la charrue[6]. Mesraïm

---

[1] M. Dureau de Lamalle, Économie politique des Romains, liv. 3, chap. 10, Patrie des céréales, notamment du blé et de l'orge.

[2] Αἰγυπτίους δὲ Ἑκαταῖος ἀρτοφάγους φησὶν εἶναι, Athénée Deipnosophistes, liv. 10, p. 418.

[3] Hérodote, liv. 2. — Élien, de Naturá animalium, x, 16.

[4] Champollion le jeune, Lettres d'Égypte et de Nubie, p. 78.

[5] Description de l'Égypte, pl. t. 1, Thèbes, 30.

[6] Description de l'Égypte, pl. t. 1. El-Kab, 69, 70, 71; pl. t. 4. Heptanomide, 65.

Et quoniam de frugum, terræque generibus abundè diximus,

fait de l'orge une boisson, possède la vigne [1]; la tradition fait remonter cette importation jusqu'à l'époque d'Osiris, mais Hérodote semble indiquer que de son temps la vigne était rare en Egypte, que le vin de raisin, venu de l'étranger, se gardait pour les solennités et pour les prêtres. Parlerons-nous des pastèques, des concombres, des melons, qui rampent sur le sol, de ces ognons, dont on nourrissait les travailleurs, et qui furent longtemps regrettés des Hébreux? Après les inondations l'Égypte voyait s'épanouir la fleur appelée lotus, espèce de lys, dont la graine pouvait se réduire en pain, dont la bulbe était une nourriture délicieuse. Des plantes aquatiques, flottant sur le Nil, étaient encore autant de mets que le fleuve offrait aux habitants.

La nature végétale est déjà vivante, organisée, mais au milieu d'elle les animaux vont paraître [2].

nunc de arandi ratione dicemus, ante omnia Ægypti facilitate commemorata. Nilus ibi coloni vice fungens evagari incipit, ut diximus, solstitio et nova luna, ac primo lente, deinde vehementius quando in leone sol est, mox pigrescit in virginem transgresso atque in libra residet. Si duodecim cubita non excessit, fames certa est, nec minus si sedecim exsuperaverit; tanto enim tardius decedit quanto abundantius crevit et sementem arcet. Vulgo credebatur ab ejus decessu serere solitos, mox sues impellere, vestigiis semina deprimentes in madido solo, et credo antiquitus factitatum ; nunc quoque non multa graviora opera, sed tamen inarari certum est, abjectâ prius seminâ in limo digressi amnis, hoc est novembri mense incipiente. Pline, Histoire naturelle, XVIII, 47.

[1] Athénée, *Deipnosophistes*, l. 1, p. 33.

[2] Voyez Élien, *de Naturâ animalium*. Hasselquist.— Sonnini. Voyez les animaux d'Egypte et de Nubie, dessins modernes dans la description de l'Égypte, dessins antiques dans l'atlas de M. Rosellini.

Les plus remarquables sont : dans le fleuve, le crocodile aux rudes écailles, aux dents aiguës ; l'hippopotame et la loutre ; l'oxyrinque (espèce de brochet), le lepidotus (espèce de carpe), et l'anguille, poissons consacrés au dieu Nil. Nous trouvons, en terre ferme, le bœuf, le mouton, la chèvre ; son poil tissé formait une étoffe recherchée ; Moïse en couvrit son tabernacle ; le chat et le chien, le lièvre, dont les longues oreilles sont encore exagérées dans les hiéroglyphes ; le renard, le loup, petit, ressemblant au chien, avec lequel il s'accouple quelquefois [1], le chacal et l'ours. Le lion, que nous croyons rare aujourd'hui, figure souvent dans les peintures sacrées [2]. Plusieurs rois d'Égypte eurent des lions privés qui les suivaient à la guerre et qui déchiraient leurs ennemis ; dans le sud, aux confins de l'Éthiopie, se montrent le cynocéphale, littéralement singe à tête de chien [3], les antilopes ; une girafe est sculptée dans le temple d'Hermonthis [4]. Partout on rencontrait l'ichneumon, qui saute dans la gueule du crocodile pour lui curer les dents, dit Hérodote, pour lui ronger les entrailles, suivant Pline [5] et Diodore, qui ne fait ni l'un ni l'autre si

---

[1] Inertes hos parvosque Africa et Ægyptus gignunt. Pline, Histoire naturelle, VIII, 34.

[2] Élien, *de Naturâ animalium*, περὶ τῶν ἐν Αἰγύπτῳ ἐκθεουμένων λεόντων καὶ περὶ σφιγγός.

[3] Voyez Agatharchides, *De mare Rubro*.

[4] Description de l'Égypte, pl. t. 1, Hermonthis, 95.

[5] Histoire naturelle, VIII, 37.

l'on en croit les observateurs modernes [1]. Nommons encore la musaraigne, les rats, qui pullulent dans les environs de Thèbes, plusieurs espèces de serpents sacrés. L'une d'elles a deux cornes. Bruce l'a dessinée sous le nom de céraste ou serpent cornu. Les peintures égyptiennes nous montrent encore le serpent *uréus*, portant un disque sur la tête et couché sur sa poitrine gonflée; ce serpent, dont on distinguait dix variétés, s'il faut en croire Élien, fut appelé par les Grecs, tantôt aspic, tantôt basilic. Une erreur des Égyptiens lui donna beaucoup d'importance comme symbole. On disait qu'il ne pouvait mourir et que son souffle tuait les autres animaux. Cette immortalité, cette toute-puissance, fit de l'uréus un attribut des dieux, et la flatterie des artistes le plaça même sur la coiffure des rois [2].

La vie animale se présente en Égypte sous d'autres

---

[1] Denon, Voyage dans la haute et la basse Égypte, texte, p. 287.

[2] Ὄφιν ζωγραφοῦσιν ὃν καλοῦσιν Αἰγύπτιοι οὐραῖον, ὅ ἐστιν Ἑλληνιστὶ βασιλίσκον· ὃνπερ χρυσοῦν ποιοῦντες θεοῖς περιτιθέασιν· αἰῶνα δὲ λέγουσιν Αἰγύπτιοι διὰ τοῦδε τοῦ ζώου δῆλον εἶναι· ἐπειδὴ τριῶν γενῶν ὄφεων καθεστώτων, τὰ μὲν λοιπὰ θνητὰ ὑπάρχει, τοῦτο δὲ μόνον ἀθάνατον, ὅ καὶ προσφυσήσας ἑτέρῳ παντὶ ζώῳ, δίχα τοῦ δακεῖν, ἀναιρεῖ· ὅθεν ἐπειδὴ δοκεῖ ζωῆς καὶ θανάτου κυριεύειν, διὰ τοῦτο αὐτὸν ἐπὶ τῆς κεφαλῆς τῶν θεῶν ἐπιτιθέασιν. Horapollo, liv. 1, § 1.

Καὶ τοὺς βασιλεῖς ἀκούω τῶν Αἰγυπτίων ἐπὶ τῶν διαδημάτων φέρειν πεποικιλμένας ἀσπίδας. Elien, *de Naturâ animalium*, VI, 38.

Voyez Élien, x, 30. Περὶ τῆς ἀσπίδος, ἣν Αἰγύπτιοι θέρμουτιν ὀνομάζουσι. Idem, XVII, 5, 11, 7. Id., IV, 54. Περὶ τοῦ τῆς ἀσπίδος ἔρωτος.

Sacerdotes Æthiopum et Ægyptiorum gerunt pileos oblongos, in vertice umbilicum habentes et serpentibus quos aspides appeilant circumvolutos. Diodore de Sicile, liv. 4.

formes encore. Quand, à la lueur des torches, on descend dans les catacombes, ou s'ouvre un chemin dans les pyramides, les chauves-souris s'élèvent par tourbillons. Les insectes du pays sont: le scarabée, non moins employé que l'uréus dans les emblèmes; la mante, dont les pattes antérieures se recourbent comme des faux; les moucherons [1], les scorpions, les sauterelles, triple fléau. L'Égypte compte parmi ses oiseaux, l'ibis [2], échassier destructeur de grenouilles et surtout de serpents: tel est du moins le récit des anciens; l'aigle, l'épervier; si l'on veut connaître cet oiseau, le plus sacré parmi les Égyptiens, la description de Belon ne manquera pas d'édifier.

« On y voit les vautours, *sacres égyptiens*, milans et autres sortes d'oiseaux de charongne, entre lesquels celui que nommons sacre égyptien, y est plus fréquent que nul autre, ayant le corsage de corbeau, la teste de milan, le bec entre corbeau et aigle, car il est un peu croché par le bout [3]. »

Mesraïm abrite aussi le vautour, le hibou, le pélican, plusieurs oiseaux de passage comme les grues, les cailles, qui, dans leur saison, traversent l'Égypte et l'Arabie. Elles volent par bandes à fleur de terre et tombèrent ainsi dans les piéges des Hé-

---

[1] Horapollo, liv. 2, § 47.
[2] Voyez Cuvier, Discours sur les révolutions du globe, appendice sur l'ibis.
[3] Belon, Observations, p. 126.

breux [1]; le canard [2], l'oie, principale nourriture des prêtres; la poule, dont les Égyptiens, dès le temps de Diodore, savaient couver les œufs par une chaleur artificielle [3]; le coucoupha, c'est-à-dire la huppe [4]; sa gratitude pour ses parents lui avait mérité de devenir l'emblème de la reconnaissance, et sa tête décorait le sceptre des dieux [5]. Les historiens nomment encore un oiseau merveilleux, le phénix, qui se montre en Égypte tous les cinq cents ans; il ressemble à l'aigle, son plumage est rouge et or. Hérodote ne l'a vu qu'en peinture.

Nous venons d'esquisser des traits qui appartiennent à la nature et non pas à l'homme. La géographie politique a divisé l'Égypte en trois zones; au sud, la haute Égypte, appelée Thébaïde, du nom de Thèbes, sa capitale, et nommée de nos jours par les Arabes, *Sahid* ou supérieure [6]; puis, en allant vers le nord, la moyenne Égypte, appelée sous les Ptolémées Heptanomide; enfin, la basse Égypte ou Delta. Cette dernière commence à l'en-

---

[1] Joseph, Antiq. jud. liv. 3, ch. 1. — Hasselquist, p. 193.
[2] Description de l'Égypte, t. 3, pl. 34. Thèbes, Karnak.
[3] Savary, Lettres d'Égypte, p. 300.
[4] Upupa, voyez *Fagius targum Hierosolymitanum*. Lévitique cap. 11.
[5] Εὐχαριστίαν γράφοντες κουκούφαν ζωγραφοῦσιν διότι τοῦτο μόνον τῶν ἀλόγων ζώων ἐπειδὰν ὑπὸ τῶν γονέων ἐκτραφῇ, γηράσασιν αὐτοῖς τὴν αὐτὴν ἀνταποδίδουσι χάριν· ἐν ᾧ γὰρ ὑπ' αὐτῶν ἐξετράφη τόπῳ νεοσσιὰν αὐτοῖς ποιήσας, τίλλει αὐτῶν τὰ πτερά, τροφὰς δὲ χορηγεῖ μέχρις οὗ πτεροφυήσαντες οἱ γονεῖς βοηθεῖν ἑαυτοῖς δυνηθῶσιν· ὅθεν καὶ τῶν θείων σκήπτρων κουκούφα προτίμησίς ἐστι. Horapollo, liv. 1, § 55.
[6] Tattam, Grammaire copte, p. 133.

droit où le Nil se sépare en branches ; elle se termine à la mer. Les villes importantes[1] sont, à partir du sud, Syène, bâtie près de l'endroit où le Nil tombe en Égypte par une cataracte; Hermonthis ; Thèbes, appelée Diospolis par les Grecs, et dont les ruines sont encore triomphales; Tentyris, aujourd'hui Denderah. Nous ne parlons pas de Ptolémaïs, fondée seulement par les Grecs dans la moyenne Égypte. On trouve encore, à la pointe du Delta, Memphis; dans le Delta même, au milieu, Butis, Mendès, Busiris et Saïs, villes religieuses; à l'est, On [2] (ce mot veut dire soleil, les Grecs le remplacèrent par Héliopolis), et Péluse; à l'ouest, près de Canope, et sur la langue de terre qui sépare la Méditerranée du lac Maréotis, Alexandre devait installer sa ville d'Alexandrie.

Toutes les cités égyptiennes se pressent au bord du Nil, c'est de lui qu'on attend la vie. A quelque distance du fleuve l'Égypte est abandonnée ; on n'y trouve que l'eau saumâtre des citernes. L'abandon de ces régions était surtout complet avant Sésostris, qui élargit l'influence du Nil par des travaux hydrauliques ; il canalisa si bien l'Égypte, qu'après lui les chevaux et les chariots n'y circulèrent plus.

Dans cette œuvre pacifique, Sésostris nous paraît

---

[1] Voyez Ptolémée, Géographie, liv. 4, chap. 5. *Tabula tertia Africæ.*

[2] Voyez sur la position de cette ville, Description de l'Égypte, Héliopolis. — Champollion le jeune, l'Égypte sous les Pharaons, t. 2, p. 38.

plus grand que dans ses expéditions guerrières ; étendre par des canaux les effets de l'inondation, c'était agrandir l'Égypte cultivable, c'était doubler le pays. Augmenter la richesse matérielle n'est pas le seul but des gouvernements, mais c'est le premier ; les besoins physiques, s'ils ne sont pas les plus dignes, sont les plus impérieux. Pour que l'homme se livre à ces nobles passions dont le but est immatériel et qui doivent prédominer dans sa vie, il faut d'abord que l'existence physique lui soit assurée. Favoriser l'agriculture et l'industrie pour multiplier la richesse ; secondement, répartir la propriété de manière à ne laisser personne dans la gêne, tout gouvernement doit se proposer ces deux buts. Rhamsès-le-Grand ne réalisa que le premier ; dans les sociétés antiques la répartition de la propriété fut toujours mauvaise. Un accroissement dans la prospérité publique enrichissait les classes privilégiées, mais ne tirait point le peuple de son asservissement et de sa misère.

L'esquisse que nous avons présentée du caractère et du sol égyptiens, doit préparer aux singularités que vont offrir les institutions de l'Égypte. Le monument législatif de ce pays a pour façade la religion, comme chez tout peuple antique ; c'est sous ce fronton qu'il faut passer.

RELIGION.

DOGME.

On ne peut pas encore faire connaître la religion de l'Égypte dans tous ses détails. Les inscriptions hiéroglyphiques non traduites sont pour les théories qui voudraient être trop complètes, des contradicteurs, silencieux encore, mais inexorables, et qui ne laisseront pas de réplique aussitôt qu'ils auront parlé.

Cependant, les traductions déjà faites, le témoignage des écrivains de l'antiquité, qui ont vu le culte des Égyptiens en plein exercice, permettent de reconnaître, dans les croyances et les rites de Memphis, les lois générales qui président au développement des religions.

Toutes seront mal interprétées tant qu'on ne verra dans l'adoration d'une herbe que la déification d'une plante utile, dans l'adoration d'un animal que le culte rendu par la reconnaissance ou par la crainte à une race influente sur la prospérité d'un pays; dans l'adoration des dieux à forme humaine, que l'apothéose des grands hommes; en un mot, on se trompera quand on ne verra dans les religions que des faits, que des réalités.

Mais on ne se tromperait pas moins si l'on n'y voyait que des symboles, si l'on ne voulait trouver dans les plantes, dans les animaux, dans les personnages révérés, que des emblèmes, que les signes convenus d'un système astronomique ou moral. Il y a dans toute religion des réalités et des symboles. La réalité se produit la première dans l'ordre du temps ; elle impressionne le peuple, qui lui restera toujours attaché; c'est par elle que le dogme se constitue.

Le symbolisme vient le second ; il est créé par les prêtres; les faits, les réalités deviennent pour eux les éléments d'un langage; ils prêtent aux divinités minérales, végétales, animales, prises dans l'histoire naturelle du pays, un sens mythique, aux dieux hommes, pris dans son histoire, des actions allégoriques. Ils créent même des personnalités entièrement fictives; les rameaux de l'arbre mythologique se croisent, et cachent, en se multipliant, le tronc qui les a portés.

Essayons de retrouver ces faits généraux dans l'ancienne Égypte. Voyons-la, dans sa marche religieuse, débuter par des réalités populaires, finir par des symboles sacerdotaux.

DOGME RÉALISTE ET POPULAIRE.

Il est naturel à l'homme d'aimer la Divinité, d'éprouver le besoin d'un culte. Nous savons combien ce penchant fut vif chez les Égyptiens; leur intelligence ne s'éleva pas jusqu'au vrai Dieu du premier essor; comme tous les peuples, ils adorèrent d'abord les phénomènes les plus saillants de la nature; tout ce qui pouvait inspirer la reconnaissance, la crainte ou l'admiration, tout ce qui était puissant, en un mot, fut une divinité. Les minéraux, les végétaux, les animaux, les astres, eurent part à ce premier culte.

Parmi les astres, le soleil et la lune, sur terre les montagnes et surtout le Nil, bienfaiteur des hommes, les oignons, nourriture première des Égyptiens, furent les dieux les plus vénérés. L'adoration de ces dieux inanimés eut un âge chez tous les peuples; chez presque tous la raison publique l'eut bientôt dépassée, mais l'Égypte conserve tout. Osiris et Isis, venus plus tard, furent assimilés au soleil et à la lune, mais ne les détrônèrent pas. La pierre détachée de la montagne et placée dans les champs, comme dieu Terme, resta borne, lors même qu'on l'eut surmontée d'une tête humaine et qu'elle eut pris le nom du dieu Thot; la cruche, remplie de l'eau sainte du Nil, cette cruche, dieu primitif, ne fit pas au progrès des arts et de la science religieuse d'autre sacrifice que de se parer aussi d'une tête humaine et de s'appeler Canope. Enfin, les oignons étaient restés dieux au temps de Pline[1] et de Juvénal.

A côté de ces divinités inanimées, l'Égypte en avait d'autres qui appartenaient à une classe supérieure dans la nature et devaient mettre l'intelligence sur la trace du Dieu vivant; nous voulons parler des animaux. On a vu qu'en Égypte ils sont nombreux,

---

[1] Allium cæpasque inter deos jurejurando habet Ægyptus. Pline, Histoire naturelle, XXXII, 1; XIX, 32.

remarquables et faits pour impressionner vivement un jeune peuple.

Le pays entier adora cinq espèces d'animaux : l'espèce bovine, si révérée dans toute contrée agricole, les services qu'elle rend justifient cette vénération ; nous lui devons le pain ; chez les Troglodytes, le bœuf et la vache étaient appelés père et mère[1] ; — le chat : l'adoration de ce dieu s'explique par le nombre infini de rats dont la haute Égypte était infestée[2] ; — le chien, gardien de l'homme ; — l'ibis, tueur de serpents[3]. — L'épervier, dans la force de son aile et dans ses regards perçants, parut porter les signes de la Divinité.

Le scarabée fut adoré, sinon dans toute l'Égypte, du moins dans une grande partie du pays[4] ; on le voyait avec plaisir rouler et pétrir cette boule de fange dans laquelle il placera ses œufs ; sa présence sur le sol humide est le premier signe de vie que donne la terre d'Égypte après l'inondation. Quand naquit le symbolisme sacerdotal, il adopta cet animal comme signe de la régénération ; c'était aussi

---

[1] Agatharchides, *De mare Rubro*. — Jean dos Santos, Histoire de l'Éthiopie orientale, p. 13.

[2] Diodore de Sicile, liv. 1. — Strabon, l. 17. — Élien, *de Naturâ animalium*, VI, 41. De numerosa vi murium in Ægypto post aquam pluviam nascente quæ nisi invocato numine exterminari non possit.

[3] Élien, *de Naturâ animalium*, II, 38. Περὶ ἴβεως. Invocant et Ægypti ibes suas contra serpentum adventum. Pline, Histoire naturelle, X, 40.

[4] Ægypti magna pars scarabeos inter numina colit. Pline, Histoire naturelle, XXX, 30.

l'emblème de la virilité; l'on disait que le scarabée n'a point de femelle, qu'il se perpétue seul [1]; voilà pourquoi tous les nobles ou guerriers le portaient sur leurs cachets [2], emblème plus mâle, en effet, que celui des Babyloniens, qui scellaient avec une rose.

Les autres animaux, n'ayant qu'une importance locale, ne furent adorés que dans certaines parties de l'Égypte. L'espèce ovine fut déifiée à Thèbes, à Saïs; Thèbes adorait encore l'aigle, Héraclée l'ichneumon, Papremis l'hippopotame.

Les habitants d'Éléphantine et de Tentyris faisaient la chasse au crocodile pour s'en nourrir [3]; ils l'attaquaient hardiment aux yeux, au ventre, partout où l'écaille fait défaut; mais, à Thèbes et près du lac Mœris, le crocodile était inviolable; on le flattait de la main; on lui faisait porter bracelets et boucles d'oreilles. Strabon vit les prêtres égyptiens courir après des crocodiles apprivoisés pour leur ouvrir la gueule et leur faire avaler des gâteaux, de la viande et de l'hydromel [4]. La dévotion pour cet animal allait jusqu'à la bestialité; les habitants de Crocodilopolis furent accusés d'avoir avec lui un hideux commerce. Sonnini raconte comment, de son temps même, il n'y a pas cinquante ans, les hommes

---

[1] Élien, *de Naturá animalium*, x, 15. Pilularium scarabæum carere fœmina.

[2] Plutarque, Isis et Osiris.

[3] Élien, *de Naturá animalium*, x, 21.

[4] Strabon, liv. 17.

de la haute Égypte surprenaient la femelle du crocodile lorsqu'elle est couchée sur le dos[1]. Après la mort du crocodile, on en faisait une momie qu'on déposait dans un tombeau sacré. Lorsqu'un homme, fût-il étranger, était tué par un crocodile ou noyé dans le Nil, on rendait à son corps des honneurs presque divins. La ville près de laquelle le cadavre avait été jeté par les flots faisait les frais des obsèques; on écartait les parents, les amis : l'homme tué par un dieu ne pouvait être touché que par les prêtres. Une mère, dit Élien, s'estimait heureuse quand le crocodile avait enlevé l'un de ses fils.

Comme en Égypte la religion dominait tout, plusieurs cités prirent le nom de la bête à laquelle elles rendaient un culte : Lycopolis, celui du loup; Leontopolis, celui du lion; Latopolis, Crocodilopolis, ceux de l'anguille et du crocodile. Il est difficile de rendre compte de ces adorations spéciales; les Égyptiens mêmes perdirent bientôt le souvenir des circonstances qui les avaient motivées; il est certain que si les habitants de Mendès, dans la basse Égypte, adoraient l'espèce hircine contrairement aux Thébains qui tuaient et mangeaient les boucs et les chèvres, c'est que les Mendésiens avaient de grands troupeaux de ces animaux dont le poil était pour eux une richesse; chez eux, le chevrier recevait un reflet du religieux prestige[2].

---

[1] Sonnini, t. 3, p. 297.
[2] Hérodote, liv. 2.

La passion pour le bouc ne fut pas moins effrénée que l'adoration du crocodile; Hérodote cite comme un fait arrivé de son temps le commerce d'un bouc avec une femme [1]. Strabon parle de cette bestialité comme d'un usage populaire. « A Mendès, dit-il, on adore Pan et le bouc. Les boucs y ont même commerce avec les femmes, et Pindare écrivit justement ces vers :

« Mendès sur le bord escarpé de la mer et vers la dernière embouchure du Nil, Mendès où les boucs s'accouplent avec les femmes [2]. »

Toutes les adorations locales ne s'interprètent pas aussi clairement. Pourquoi l'adoration du loup? Croirons-nous, suivant une tradition, que les loups, près de Lycopolis, aient repoussé une invasion d'Éthiopiens? Il vaudrait presque autant admettre le récit des prêtres, qui brillantèrent par des fables mythologiques les origines devenues obscures de la religion nationale. Osiris, disaient-ils, vint des enfers, sous la forme d'un loup, pour secourir sa veuve et son fils, Isis et Horus, pendant leur combat contre Typhon. L'adoration du crocodile, en certaines villes plutôt qu'en d'autres, ne s'explique pas mieux. Sous le règne des Ptolémées, les dévots à cet étrange dieu furent moqués des Grecs. Ne voyez-vous pas, disaient-ils pour se justifier, que le crocodile nous défend des Éthiopiens et des Arabes? Ces brigands

---

[1] Hérodote, liv. 2.
[2] Strabon, liv. 17.

passeraient plus souvent le Nil s'ils ne voyaient pas la tête du crocodile apparaître au milieu des flots[1]. Le culte du crocodile n'était pas universel en Égypte. De Pauw remarque avec esprit que les villes dans lesquelles on vénérait cet animal, Coptos, Arsinoé, Ombos ou Crocodilopolis, sont assez éloignées des bords du Nil pour n'être inondées que par des canaux. Pour que le crocodile arrivât dans ces localités, il fallait que l'inondation fût considérable et la canalisation bien entretenue. Sa présence était donc un signe de prospérité[2]. Nous ne donnons cette idée que pour ingénieuse.

La puissance manifestée par certains animaux et révélée plus ou moins vivement dans les diverses parties de l'Égypte, avait fait penser qu'on trouverait en eux ce pouvoir supérieur qui régit le monde. La dévotion publique, et ce fut un grand progrès, s'était attachée aux animaux plus vivement qu'à la nature morte; la manifestation de la puissance humaine, l'apparition de quelques grands hommes fit faire à la science religieuse un pas de plus.

Une famille de princes fait sortir les Égyptiens de l'état sauvage, leur donne la vigne et le blé, les arme d'une houe à barre transversale, qui fut la première charrue, les rassemble dans des villes, les fait respecter, comme guerriers, des nations voisines;

---

[1] Diodore de Sicile, liv. 1; Amsterdam, 1746, t. 1, p. 100.
[2] De Pauw, Recherches sur les Égyptiens et les Chinois, t. 2, p. 121.

c'est Osiris ou *l'homme rempli d'yeux*[1], sa femme et sœur Isis qui lui succéda, leur fils Horus. L'ambitieux Typhon, que la tradition fait frère d'Osiris, l'assassine pour régner à sa place, mais il est vaincu, puni de mort par Isis. Tous ces personnages deviennent autant de dieux honorés dans l'Égypte entière.

La croyance à la réalité de cette famille est une opinion qui n'est plus de mise. Tout est symbole aujourd'hui; c'est une mode exclusive; nous croyons toutefois que les services rendus par des hommes supérieurs furent nécessaires pour que le peuple passât du culte de la nature morte et des animaux à celui des dieux de forme humaine. On n'eût pas adoré le crocodile si le crocodile n'avait existé dans l'Égypte qu'à l'état de mythe; on n'eût pas adoré l'homme si l'homme ne se fût pas montré grand. Les vieux monuments de l'Égypte, les rapides progrès qui lui firent devancer de bonne heure les autres nations, nous disent assez qu'à son origine les grands hommes ne manquèrent pas.

Le symbolisme exclusif triomphe quand il s'agit de ces figures lointaines et que la distance efface à nos yeux, mais il a tenté sur des personnages plus rapprochés de nous des expériences malheureuses qui devaient le rendre plus timide à l'égard de la haute antiquité. Lorsqu'on a fait de Jésus-Christ un

---

[1] Plutarque, *Isis et Osiris*. — Eusèbe, liv. 1, ch. 9. — Description de l'Égypte, t. 1. — Ile de Philœ, pl. 22, Hermonthis, 95, etc.

signe du zodiaque, comme *le citoyen* Dupuis et ses successeurs, on a justement alarmé toutes les existences. Vivons-nous réellement nous-mêmes? Le monde serait-il peuplé par des hommes ou par des mythes?.

D'après les historiens grecs, Osiris, Isis, Horus, régnèrent immédiatement avant Menès, fondateur de Memphis. Avant la création de cette ville l'Égypte était puissante? comment admettre qu'elle eût été sans rois et pourquoi regarder comme fabuleux les prédécesseurs immédiats de Menès, que l'on considère comme historique?

Osiris et sa famille resteront, à nos yeux, des réalités tant qu'on n'aura pas expliqué :

Pourquoi la tradition prête à Typhon des cheveux roux, une taille courte et ramassée, d'où viennent les détails conservés par Plutarque, sur le teint basané d'Osiris [1];

Ce que signifie encore la tradition qui attribue à Osiris des expéditions dans l'Inde,

Pourquoi le modèle de sa momie était celui que l'on proposait aux personnes de première distinction; pourquoi sa mort et les détails de sa momification figurent tant de fois sur les monuments de l'Égypte;

D'où vient l'opinion qui place son tombeau dans

---

[1] Ἱστοροῦσι γὰρ Αἰγύπτιοι τὸν μὲν Ἑρμῆν τῷ σώματι γενέσθαι γαλιάγκωνα, τὸν δὲ Τυφῶνα τῇ χροίᾳ πυρρὸν, λεύκοντε τὸν Ἄρην, καὶ μελάγχροον τὸν Ὄσιριν, ὡς τῇ φύσει γεγονότας ἀνθρώπους. Plutarque, Isis et Osiris.

l'île de Philœ, près de Thèbes, malgré la prétention contraire de Memphis.

A notre avis, ce sont là toutes les traces qu'une existence humaine laisse sur la terre. Par l'existence réelle d'Osiris, s'explique sa renaissance perpétuelle dans les Apis; les sacrifices expiatoires accomplis sur sa tombe. L'adoration d'un personnage historique et de ses proches, est, à nos yeux, le dernier terme auquel parvint en Égypte le dogme réaliste et populaire.

Ce que les Égyptiens avaient adoré une fois ne cessait jamais d'être Dieu. Nous avons vu qu'ils conservèrent toujours le culte de la nature inanimée. Ils conservèrent également l'adoration des animaux et la combinèrent avec le culte nouveau, supérieur des divinités de forme humaine. Du bœuf et de la vache, animaux les plus utiles, on rapprocha Isis et Osiris, les divinités les plus bienfaisantes : Osiris, le Dieu clairvoyant, fut encore assimilé à l'épervier, l'oiseau de proie au regard perçant ; le culte craintif du crocodile et de l'hippopotame s'est associé naturellement à la terreur qu'inspirait Typhon; non-seulement ces animaux furent consacrés aux dieux que nous venons de nommer, mais les artistes représentèrent ces divinités avec un corps d'homme et une tête d'animal. Osiris eut la tête de l'épervier [1]; Isis, celle de la vache ou de la lionne [2]. Même avec un visage de femme, elle porte

---

[1] Description de l'Égypte, texte, t. 1. Ile de Philœ, 25.
[2] Ibid., 31.

des cornes, qui rappellent à la fois la vache et le croissant de la lune. Osiris, à Thèbes, dont les moutons faisaient la richesse, prit une tête de bélier et fut appelé Ammoun. On sait qu'une colonie d'Égyptiens et d'Éthiopiens alla fonder, dans l'oasis du nord, un temple à ce Dieu devenu célèbre chez les Grecs, sous le nom de Jupiter Ammon; nous ne reproduirons pas les fables tardivement inventées par les prêtres pour expliquer sa figure *ariétine*. A Mendès, la ville des chevriers, Osiris devint un dieu à tête de bouc, appelé Pan par les Grecs; à Thot, dieu des sciences, plus symbolique que réel, on donna la tête de l'ibis, comme à Typhon celle du crocodile ou de l'hippopotame. Anubis eut la tête d'un chien, peut-être parce que ce personnage fut, comme le dit Plutarque, un guerrier, *fidèle* suivant d'Osiris. Ceux qui confondent Anubis avec Thot, ce dieu terme, ce protecteur des héritages, trouvent naturel qu'on ait assimilé au chien un gardien si constant de la propriété. Le mélange des natures bestiale et humaine, dans les images de la Divinité, symptôme de la transition d'une croyance à l'autre, n'est pas spécial à l'Égypte. Il a laissé dans les arts de tous les peuples une empreinte. Les Grecs, au temps d'Hérodote, donnaient au dieu Pan, non-seulement des cornes, mais une tête de bouc; à la déesse Io des cornes de vache[1]. Plus animés que les Égyptiens par les passions progressives, les

---

[1] Γράφουσι τε δὴ καὶ γλύφουσι οἱ ζωγράφοι καὶ οἱ ἀγαλματοποιοὶ τοῦ Πανὸς

Grecs franchirent bientôt cette phase transitoire. Leurs dieux devinrent le type de la forme humaine dans son idéale pureté. En Égypte, la combinaison des deux natures subsista toujours dans la représentation des dieux.

Des croyances populaires, nous ne séparons point l'immortalité de l'âme, parce qu'il est évident, par les mœurs de l'Égypte, que les prêtres n'en faisaient aucun mystère. Les symboles de la régénération sont placés sur les objets funèbres. Dans combien de peintures les momies ne portent-elles pas une étoile sur la tête? Voyez ces emblèmes ailés qui occupent le milieu des cercueils. A l'entrée du souterrain sépulcral un scarabée sculpté s'envole. Ses deux pattes de devant soutiennent le globe qui contient son œuf immortel. Souvent l'insecte symbolique déploie deux ailes d'épervier comme si les siennes n'étaient pas assez larges pour s'élancer dans l'infini. L'emblème le plus expressif de la régénération se trouve dans le palais funéraire des rois de Thèbes; là sont peintes trois figures d'hommes noirs, dont le corps se renverse en arrière; une longue chaîne rattache un scarabée à leur bouche; une autre chaîne rattache un enfant à leurs parties génitales, ou, pour employer le mot grec, à leur *phallus*; le scarabée, c'est la vie qui va les animer; l'enfant, c'est la postérité qui sortira d'eux: ils reçoivent la

---

τώγαλμα κατάπερ Ἕλληνες, αἰγοπρόσωπον καὶ τραγοσκελέα· οὔ τι τοιοῦτον νομίζοντες εἶναι μιν ἀλλ' ὁμοῖον τοῖσι ἄλλοισι θεοῖσι. Hérodote, liv. 2.

vie et la rendent. Entre ces trois figures, s'épanouissent des feuilles, des fleurs et tous les emblèmes d'une végétation luxuriante [1].

Les Égyptiens croyaient à l'immortalité de l'âme ; nous en avons des preuves plus directes que ces globes, ces scarabées, ces étoiles et ces ailes, si fréquents dans leurs peintures. Les Égyptiens, dit Hérodote en termes formels, ont enseigné les premiers que l'âme de l'homme est immortelle [2] ; cependant cette doctrine manquait chez eux d'unité. Là, comme dans toutes leurs croyances, les opinions les plus anciennes avaient persisté malgré les progrès de l'intelligence publique. Relativement à l'immortalité de l'âme, la métempsychose fut, en Égypte, la doctrine la plus ancienne. Après la vie, l'âme passe dans le corps d'un animal qui naît au moment où l'homme meurt; après avoir animé un individu de toutes les espèces de bêtes terrestres, ailées, aquatiques, cycle qui se parcourt en trois mille ans, l'âme revient dans le corps d'un homme. Est-ce dans celui qu'elle a quitté? Les anciens ne le disent pas, mais l'importance attachée à la parfaite conservation des cadavres l'a fait penser [3].

La métempsychose était la croyance de l'Égypte lorsque mourut Osiris : ce grand roi, cet homme

---

[1] Description de l'Égypte, pl., t. 2, Thèbes, Byban-el-Molouk, 86. Voyez aussi ibid., 92.
[2] Πρῶτοι δὲ καὶ τόνδε τὸν λόγον Αἰγύπτιοί εἰσι οἱ εἰπόντες ὡς ἀνθρώπου ψυχὴ ἀθάνατός ἐστι.
[3] Maillet, Description de l'Egypte, lettre 10, p. 42.

divin renaîtra sans doute : mais tous les animaux ne sont pas dignes de recevoir son âme, il n'y a que le meilleur, le plus sacré d'eux tous, le bœuf ; c'est de bœuf en bœuf que l'âme d'Osiris émigrera.

Lorsqu'un de ces animaux est noir et porte sur le front un carré blanc, par conséquent lorsqu'il n'a pas un seul de ces poils roux qui rappelleraient Typhon, lorsqu'il porte sur la croupe un signe semblable à l'aigle, sur la langue un autre signe imitant le scarabée, symbole de la renaissance éternelle, ce bœuf est animé par l'âme d'Osiris ; on le nomme Apis[1].

Les voies ordinaires de la génération n'étaient pas assez nobles pour l'incarnation d'un Dieu, les prêtres assuraient que nul taureau n'avait approché la vache qui mettait au monde un Apis. Elle était fécondée par un éclair.

Le veau reconnu pour Apis était engraissé pendant quarante jours, puis il arrivait à Memphis, en suivant le Nil sur un beau navire et dans une étable dorée. Après son débarquement, l'Égypte, représentée par les deux sexes, devait aller visiter le dieu ; pendant quarante jours les femmes seules pouvaient le voir et lui faisaient l'exhibition la plus obscène, ensuite il n'était visible que pour les hommes.

L'Apis est-il mort, son trépas est un sujet de *planctus* public ; on l'ensevelit en agitant les thyrses

---

[1] Hérodote, liv. 3, édit. Schweighœuser, t. 2, p. 38. — Diodore de Sicile, liv. I. — Élien, *de Naturâ animalium*, liv. XI, ch. 10. Περὶ τοῦ ἐν Μέμφιδι Ἄπιδος ταύρου. — Pline, Hist. nat., VIII, 71.

et avec tous ces rites bachiques, imités depuis par les Grecs. On cherche ensuite un veau qui présente, pour lui succéder, les signes voulus par le rite.

L'immortelle régénération dans le corps d'un bœuf était un honneur que la croyance vulgaire accordait à plusieurs hommes des temps primitifs; la ville d'On, Aoun ou Héliopolis, adorait le bœuf Mnévis [1]; en lui revivait le père d'Osiris. Hermonthis adorait un troisième bœuf sous le nom d'Onuphis [2].

A la métempsychose succéda, ou plutôt se joignit, avec le temps, une croyance plus rationnelle. On admit que les morts descendaient, pour être jugés, dans un séjour inférieur, l'Amenti, dont le nom lugubre s'applique quelquefois, par métaphore, à l'occident par opposition à l'orient, région du soleil. Sur le seuil de l'Amenti gronde un monstre dans le corps duquel on avait réuni naturellement les animaux les plus terribles de l'Égypte, le crocodile, le lion, l'hippopotame [3]; plus loin siègent Isis et Osiris; une balance est devant eux. Cette balance, reproduite souvent dans les monuments de l'Égypte, est semblable aux nôtres et même à nos meilleures. L'Égyptien sait déjà poser le fléau de

---

[1] Élien, *de Naturâ animalium*, XI, 11. Περὶ τοῦ ἐν Αἰγύπτῳ καλουμένου Μνεύιδος. — Ammien Marcellin, liv. 22, p. 245.

[2] Élien, *de Naturâ animalium*, XII, 11. Περὶ ταύρου τοῦ ἐν Αἰγύπτῳ ἐν Ὄνυφιν καλοῦσι.

[3] Champollion, Lettres d'Égypte et de Nubie, p. 319.

manière à rendre le frottement presque insensible [1]. Dans l'un des plateaux on dépose une plume, emblème de justice; dans l'autre, les cœurs des morts : des tourments ou des plaisirs immortels sont le résultat de la sentence.

La légende du roi Rampsinit, qui descend vivant dans l'Amenti, joue plusieurs parties de dés avec Isis, et lui gagne un manteau d'or, ne saurait avoir pour but que d'exalter le caractère aventureux, décidé, de ce prince.

Bien que la doctrine de la métempsychose se soit toujours perpétuée par le culte des Apis, la croyance au jugement, dans l'autre monde, aux peines et aux récompenses futures, devint bien plus générale. Les cérémonies des obsèques, telles que nous les avons retracées, sont remplies d'allusions au jugement à venir. Suivant Porphyre, lorsque l'embaumeur avait enlevé les entrailles d'un cadavre, on disait aux dieux : « Si ce mort a péché, ce sont ces organes des appétits sensuels qui ont causé le mal; maintenant qu'il ne les a plus, il est digne d'entrer dans le séjour des bienheureux. » On jetait ensuite les entrailles dans le fleuve [2].

DOGME SYMBOLIQUE OU SACERDOTAL.

En parlant de l'Égypte on distingue presque toujours la religion *exotérique* ou *démotique*, celle du

---

[1] Description de l'Égypte, pl., t. 2. Thèbes. Hypogées, 46.
[2] Porphyre, *de Abstinentia*, liv. 4, p. 379.

peuple, de la religion *ésotérique* ou sacerdotale, celle des prêtres ; c'est avec raison. Les prêtres égyptiens avaient une doctrine mystérieuse [1]. On le comprenait, à Saïs, en voyant cette statue d'Isis couverte d'un voile. On lisait sur le piédestal : *Je suis tout ce qui a été, ce qui est et ce qui sera. Nul mortel n'a pu, jusqu'ici, lever mon voile.* Symbole admirable de la substance éternelle [2] !

Les prêtres égyptiens ne découvraient une partie de leurs doctrines que dans les mystères d'Isis aux intelligences éprouvées par l'initiation. Le Grec Orphée rapporta les mystères et les initiations dans sa patrie. La religion sacerdotale des Égyptiens avait eu pour point de départ le dogme populaire, mais elle avait cessé d'adorer la plante comme plante, le crocodile comme animal, Osiris comme un homme divin, ayant un corps et des passions. En Égypte, les rois, et probablement la haute classe, n'étaient nullement idolâtres ; le souverain qui régnait immédiatement avant l'invasion des Perses, Amasis, était de basse naissance. On sait que, pour donner une leçon à ceux qui lui manquaient de respect, il fit couler en idole un bassin d'or dans lequel ses convives s'étaient longtemps lavé les pieds. L'idole est mise dans une niche, à l'un des carrefours de Memphis ; la foule se prosterne. « Vous adorez ce dieu, dit Amasis ; hier il vous servait aux

---

[1] Origènes, *de Principiis*, III, p. 143 ; *contra Celsum*, I, 330.
[2] Plutarque, Isis et Osiris.

plus vils usages. Eh bien! moi, je n'étais qu'un bassin foulé sous vos pieds; mais, en m'élevant au trône, vous m'avez fait dieu; respectez-moi. » Cet apologue vient d'un homme peu superstitieux en fait d'idoles.

Si les prêtres et les initiés vénéraient les éléments de la religion nationale, s'ils les faisaient figurer dans leurs peintures mystérieuses, c'était comme symboles d'une doctrine supérieure. Dans la religion comme dans les lois, le symbolisme marque la transition du règne de la matière à celui de la pensée. On vénérait d'abord la matière pour elle-même; on la vénère ensuite pour les idées que l'on attache à sa couleur, à sa forme, à ses mouvements. L'union d'une forme et d'une idée jetées pour ainsi dire dans un moule commun peut s'exprimer par les mots de mythe, emblème, allégorie; mais le mot symbole a plus de sens et de valeur à cause de son étymologie, *syn balló*, *jeter ensemble*. Au moment où l'on veut sortir du despotisme des faits matériels, organiser la société d'après un principe logique, l'effort de l'idée pour se dégager du fait produit le symbole; il est propre à la barbarie, contraire au génie de la civilisation, dans laquelle l'idée est complétement dégagée. Il y a des symboles dans les institutions égyptiennes, hébraïques, romaines, avant les empereurs; il n'y en a point dans le Code civil.

Toutes les sciences étant cultivées par les prêtres, on conçoit très bien que des idées scientifiques se soient associées à l'existence des dieux; ces idées seront astronomiques. La plus grande divinité mâle, Osiris, est en même temps le plus grand des astres, le soleil, et sa mort exprimera le solstice d'hiver; Isis sera la lune, et les positions qu'on donnera à leurs images pourront exprimer des révolutions célestes. Les allégories seront encore morales; Osiris, bienfaiteur de l'Égypte, sera le principe du bien; Typhon, qui l'a tué, sera le principe du mal. Elles seront géographiques; Osiris est le Nil, Isis la terre que le Nil féconde, Typhon la mer dans laquelle le fleuve va se perdre [1].

Le développement du symbolisme alla jusqu'à créer des personnages divins, et en grand nombre; mais il est assez difficile de distinguer, parmi les dieux, ceux dont l'origine est historique, des créations purement symboliques et sacerdotales; il n'y a qu'allégorie dans l'existence de ce dieu monde, vêtu d'une robe de plusieurs couleurs qui lui tombe des épaules jusqu'aux pieds, serrant ses jambes l'une contre l'autre et portant sur sa tête un globe d'or [2] : allégorie pure dans le dieu Lune, Pooh ou Pihoh, dans le dieu du Nil, dans Serapis, cette personnification du soleil au solstice d'hiver, comme Osiris, *astronomisé* par les prêtres, était devenu le soleil au solstice d'été. Elle n'a qu'une existence emblématique, la déesse de la justice Thméi, sculptée avec cette légende : « Thméi, qui

---

[1] Plutarque, Isis et Osiris — Origènes, *contrà Celsum*, l. 5.
[2] Eusèbe, Préparation évangélique, liv. 3, chap. 11.

réside dans l'Amenti, où elle pèse les cœurs dans la balance [1]. » Il en est de même sans doute du génie bienfaisant Kneph ou Knouphis [2], de Phtah, divinité du feu, dont le temple était le plus célèbre de Memphis, ou la ville de Phtah (Mam-Phtah [3]). Les prêtres égyptiens lurent, dans les inscriptions de ce temple, presque tous les renseignements qu'ils donnèrent à Hérodote. Tous ces dieux paraissent appartenir complètement au symbolisme; mais, jusqu'à quel point la réalité a-t-elle le droit de revendiquer Harpocrate comme fils posthume d'Osiris [4], Thot comme père d'Isis [5], de marier Typhon avec Nephthys en justes noces, avec Thuéris en concubinat, de faire épouser au dieu Canope la déesse Ménuthis? Voilà ce que nous ignorons.

Les écrivains grecs ont retardé la solution de ces problèmes en détruisant toute couleur locale dans l'histoire comme dans la géographie, en baptisant d'un nom grec tout dieu d'Égypte qui présentait la moindre analogie avec une de leurs divinités. Pourquoi nous parler d'un Pan, d'un Hercule, d'un Saturne égyptiens? Pourquoi faire d'Osiris un Bacchus, un Pluton; d'Horus, Apollon; de Thot, Hermès; de Phtah, Vulcain; changer le nom de Saté en celui de

---

[1] Champollion, Lettres d'Égypte et de Nubie, p. 310.
[2] Eusèbe, Préparation évangélique, liv. 3, chap. 11.
[3] Young, *Dictionary of the ancient Ægyptian language*, 5.
[4] Plutarque, Isis et Osiris.
[5] Ibid.

Junon, travestir Bubastis, ou plutôt Pepascht[1], la déesse des chats, en Diane, Bouto en Latone, Athor, déesse de Memphis, en Vénus, Neith, reine de Saïs, en Minerve, Anoukis en Vesta, surnommer Isis tour à tour Proserpine, Thesmophore, Hécate, et finir par ce résultat plein de clarté : Isis est une déesse aux dix mille noms[2] ?

Les travaux de M. Champollion le jeune reproduisant tous les noms des dieux dans la langue de l'ancienne Égypte, retrouvant sous le Saturne Sév, sous l'Hercule Méui, sous le Pan des Grecs Ammon générateur, font espérer qu'une traduction complète des anciennes inscriptions rétablira la vérité tout entière.

Ce qu'on peut affirmer dès à présent, c'est que deux sources, l'histoire et le symbolisme, mirent à la disposition des prêtres un grand nombre de personnages divins, que, dans les monuments et dans les fables, ils employèrent ces figures comme signes d'idées scientifiques, organisant, d'après un principe logique, les éléments que la tradition leur avait fournis; en matière religieuse, leurs idées gravitaient lentement vers trois principes que le christianisme, de son côté, mit en lumière avec tant de gloire, le monothéisme, la trinité, l'incarnation.

Les prêtres égyptiens tendirent au monothéisme par la même voie que les Romains et les Grecs, en

---

[1] Champollion, Lettres d'Égypte et de Nubie, p. 86.
[2] Ἀπὸ δὲ τῶν πολλῶν μυριώνυμος κέκληται. Plutarque, Isis et Osiris, p. 372.

faisant prévaloir par degrés une divinité sur les autres ; c'est Jupiter, dont le pouvoir, en se développant toujours, menaçait le polythéisme chez les Grecs ; en Égypte, Ammoun eut le même rôle[1]. Indépendamment des divinités locales, il était adoré dans tous les temples de l'Égypte ; c'est lui qui prenait le dessus sur tous les dieux. Quant au dogme de la trinité, son existence latente en Égypte est certaine ; quelquefois on donnait aux figures d'Osiris un triple phallus ; la Grèce dégagea la triplicité divine de cet alliage matériel et la symbolisa par le triangle équilatéral. Cet emblème apparaît dans Platon ; mais Plutarque en revendique l'invention pour les Égyptiens. L'un des côtés du triangle, dit-il, est la virilité ; la base est la nature féminine ; la ligne qui réunit ces deux côtés est la progéniture qui procède des deux premiers principes [2].

Sans citer ce texte, peut-être sans le connaître, M. Champollion signale des faits qui le confirment parfaitement. Il a remarqué que les dieux égyptiens, devenus très nombreux, furent répartis par triades entre les différentes provinces. Indépendamment d'Osiris, d'Isis et d'Horus, que nous regardons comme le point de départ historique de cet emblème, la triade peut être formée d'Ammon-ra, de sa femme Mouth, de leur fils Khons, ou bien d'Ammon générateur, mari de Thamoun, père d'Harka. La famille

---

[1] Origènes, *contra Celsum*, lib. 5, p. 613.
[2] Plutarque, Isis et Osiris, p. 374.

divine peut se composer encore de Mandou, de Ritho, d'Harphré; d'Aroéris avec Tsonénofré et Pnevtho, ou bien, comme au temple d'Esné, d'Atmou, de Menhi et de Thoré. Les noms se multiplieront à l'infini; mais partout domine le principe général d'un dieu en trois personnes, un homme, une femme, un enfant, ou, comme le dit Plutarque, la virilité, la nature féminine et la progéniture.

L'incarnation n'était pas moins dans les tendances et dans l'avenir de la religion sacerdotale que le monothéisme et la trinité; une génisse fécondée par un éclair met au monde le bœuf Apis animé par l'âme d'Osiris; telle est en Égypte la forme première de l'incarnation; c'est une ébauche, mais cette trinité dont une personne est engendrée par les deux autres, ces représentations si fréquentes sur les temples, de la mère divine allaitant son fils [1], conduisent à une incarnation tout aussi pure que celle du christianisme.

Le christianisme est un degré vers lequel toutes les religions tendent, par lequel elles doivent toutes passer. La religion, la philosophie, parties de deux points éloignés, se rapprochent par un angle insensible; le christianisme est près du sommet, où les deux lignes vont se confondre. Après lui l'union, plus de religion qui ne soit vraie, de philosophie

---

[1] Description de l'Égypte, t. 1. Ile de Philœ, pl. 22. Hermonthis, 95, etc.

qui ne soit populaire ; l'aspiration de l'homme vers Dieu, sans cesser d'être un amour, va devenir une science. Le mot de christianisme est trop spécial pour indiquer une croyance de transition qui s'est présentée partout, soit développée, soit en germe, soit publique et courageuse, soit enfermée dans les mystères; c'est la mythologie monothéiste; c'est encore une mythologie, car il y a place pour le symbole et la poésie matérielle; c'est déjà le monothéisme, l'adoration d'un seul Dieu.

Les Égyptiens, les Grecs, partis du degré le plus bas, des cultes les plus grossiers, gravitèrent vers cette croyance, dont le rayonnement nécessaire dans les mœurs et les institutions sociales est la civilisation, comme le résultat du polythéisme est la barbarie; mais ils ne purent l'atteindre. Leurs prêtres restèrent un peu en deçà, leurs philosophes allèrent un peu au delà, ce qui était un mal, car une doctrine purement rationnelle ne pouvait encore se vulgariser. Égyptiens et Grecs, cherchaient un symbole qui propageât activement la vérité, qui, dans tout l'Occident, fît faire un pas aux doctrines religieuses.

Ce symbole, les Hébreux le trouvèrent. Ce qui les distingua de tous les peuples, lors même qu'ils n'étaient encore qu'une famille, ce fut la franchise avec laquelle ils révélèrent, ils proposèrent même au culte public des vérités que l'initiateur de Memphis ou de Samothrace osait à peine murmurer dans un arrière-sanctuaire. Aussi les Juifs donnèrent-ils au monde la religion qu'il cherchait. Égyptiens et Grecs, dépourvus de feu sacré, tendaient vers le ciel des flambeaux, des trépieds. De Jérusalem partit l'étincelle, et la flamme courut dans le monde entier.

A quel degré les méditations égyptiennes étaient-elles parvenues lorsqu'elles se communiquèrent à Moïse ?

Nous l'ignorons; nous ne croyons pas que dès lors l'Égypte eût acquis la notion de l'unité, de l'immatérialité divines. Si l'on parvenait à le prouver, Abraham n'aurait pas moins publié le premier cette double doctrine, le peuple hébreu conserverait toujours sa gloire originale : c'est de n'avoir pas fait de la vérité religieuse le dernier mot d'un mystère, mais le premier d'une religion, de l'avoir proclamée au son du tonnerre, au bruit des trompettes. Voilà ce qui distingue les Hébreux de tous les peuples de l'antiquité. Voilà dans quel sens ils sont réellement le peuple élu, le peuple de Dieu.

CULTE.

Après avoir esquissé le dogme, il faut donner une idée du culte. Il se divise en trois parties : le personnel du culte ou le clergé; — le matériel, c'est-à-dire le temple, les costumes, les ustensiles; — les actes du culte, qui sont la relation des deux premiers éléments l'un avec l'autre. Parlons d'abord du personnel.

PERSONNEL DU CULTE.

Du prêtre considéré comme fonctionnaire religieux.

Dans la société égyptienne, comme plus tard dans la société juive, le prêtre n'est pas seulement dépositaire de fonctions religieuses, il enseigne et fait respecter une foule de prescriptions de détail qui n'appartiennent à la religion que de nom ; quand on les examine de près, elles ont pour but de conserver l'hygiène, de développer l'instruction publique, de réglementer la pratique des arts ; elles se rattachent à ce qui s'appellerait de nos jours le pouvoir administratif. Nous savons qu'un pareil terme n'appartient qu'aux temps modernes. Toutefois, comme nous ne cherchons, dans les institutions de l'antiquité, que le germe des lois actuelles et surtout des lois futures, nous croyons permis d'appliquer à nos études cet esprit de classification que le travail des siècles a su conquérir. Par un excès de respect pour la couleur locale, on présenterait les lois égyptiennes et juives telles qu'elles nous sont parvenues, c'est-à-dire dans une confusion complète.

Nous étudierons le prêtre égyptien comme fonctionnaire religieux et comme fonctionnaire administratif, tout en faisant observer qu'il n'a jamais pris ce dernier titre et qu'il a toujours imposé les règlements relatifs à la salubrité, à l'enseignement, à l'art lui-même, comme des observances religieuses.

On sait que le peuple d'Égypte était divisé par castes. La première organisation sociale, celle qui classe les hommes par la chair et le sang, s'était perpétuée. Des familles adonnées à des fonctions particulières étaient devenues des tribus, puis s'étaient réunies en peuple sans perdre la spécialité primitive de leurs attributions. Toute profession était héréditaire ; on sait encore que le clergé formait la première caste dans l'ordre de la dignité. La Grèce admettait les femmes au sacerdoce ; en Égypte, les hommes seuls pouvaient l'exercer [1]. Ces ministres du culte étaient répartis entre les différentes divinités. Chaque Dieu avait son collége sacerdotal et son grand prêtre. Cette dignité se transmettait héréditairement. A Thèbes, chaque grand prêtre d'Ammoun faisait placer sa statue dans le temple du dieu ; il en résultait une curieuse galerie.

Le nom de prêtre ne s'appliquait pas seulement aux hommes qui remplissaient les formalités du culte, la caste sacerdotale comprenait les savants, les artistes, et le mot de prêtre avait exactement le même sens que celui de *clerc* au moyen-âge. On n'en saurait douter lorsqu'on voit Hérodote et Diodore attribuer aux prêtres égyptiens l'enseignement, la rédaction de l'histoire, la pratique de la sculp-

---

[1] Hérodote, liv. 2, p. 304. — Vid. *contrà*, Creuzer, Symbolik, t. 1, p. 250.

ture, de la peinture, de la musique. Après avoir décrit les mœurs de l'Égypte sacerdotale, Porphyre se résume ainsi : Telle est la vie des prêtres, prophètes, philosophes, historiens [1]. Quant aux prêtres livrés aux détails du culte, il les considérait comme des membres inférieurs de la même caste.

Clément d'Alexandrie est plus précis. Suivant lui, dans chaque collége sacerdotal, on distinguait cinq classes. On y trouvait le chanteur, — l'astronome, — l'hiérogrammate ou graveur d'hiéroglyphes, — le stoliste, dont le nom signifie chargé des costumes ; souvent les membres de cette classe avaient pour chef un protostoliste [2] ; — enfin le prophète. Dans une société minutieusement réglée, le prophète n'avait pas sans doute la verve et l'inspiration des poëtes hébreux ; c'était un hiérophante, un initiateur aux mystères. La fonction héréditaire de prophète se perpétua dans l'Égypte, même après le règne de Justinien. A Philœ, sur le temple d'Isis, on lit le nom de *Smet,* prophète, fils du prophète Pachymios [3].

---

[1] Porphyre, *de Abstinentia*, lib. 4, p. 371. — Voyez Nicolaï, *de Synedrio Ægyptiorum*, p. 12. *De diversis sacerdotum Ægyptiorum ordinibus.*

[2] M. Letronne, Mémoires de l'Académie des Inscriptions, t. 10, p. 175.

[3] M. Letronne, Mémoires de l'Académie des Inscriptions, t. 10, p. 174.

Du prêtre considéré comme fonctionnaire administratif.

La législation administrative a pour but de régler la satisfaction de tous les instincts de l'homme, de manière que chaque individu jouisse sans excès et que nul intérêt individuel ne nuise à l'intérêt collectif. La législation administrative, en France, ne s'occupe pas de tous les instincts de l'homme, elle n'est fondée sur aucune connaissance psychologique et n'atteint à peu près son but que par des tâtonnements. On ne saurait donc exiger rien de complet de l'administration en Égypte. Cependant, sans rien classer avec précision, elle avait réglementé trois affections de l'homme, l'instinct hygiénique, l'amour du savoir et le sentiment des arts.

HYGIÈNE.

Aux bords du Nil comme sur les rives du Tigre, de l'Euphrate et même du Gange, les prêtres veillèrent à la santé du peuple. Ils exigèrent au nom de la religion ce que la raison n'eût pas alors obtenu, la propreté et le régime.

La propreté, car les ablutions du corps et des vêtements devinrent un devoir, surtout lorsqu'on avait contracté des souillures dont les prêtres multiplièrent à dessein les causes : certains vêtements furent ordonnés, d'autres défendus ; le régime, car tous les mets contraires au tempérament de la nation, tous ceux qui favorisaient les maladies endémiques, furent proscrits comme impurs et abominables [1].

La science médicale de ces prêtres était incomplète; ils ont pu se tromper sur les détails, et la médecine moderne les accusera souvent d'exagération; mais leur pensée était pleine d'humanité. Faite pour des peuples enfants, elle était paternelle, et c'est avec raison que Moïse l'a transportée dans ses lois.

Les prescriptions hygiéniques d'une religion sont d'autant plus sévères que le peuple est moins porté par son caractère à la propreté et au soin de son corps. Dans le détail, ces prescriptions se diversifient selon le tempérament national, suivant la nature des végétaux et des animaux de la contrée.

De la disposition naturelle qui portait les Egyptiens à s'occuper d'hygiène, il résulta que leurs prêtres n'eurent pas besoin de multiplier les prescriptions autant que le fit Moïse; cependant ils garantirent la propreté en déterminant l'étoffe des vêtements et en ordonnant des ablutions pour les souillures. Le lin, qui se blanchit facilement, fut déclaré étoffe sainte. La laine, échauffante et malpropre, devint une étoffe profane. L'homme du peuple, en Égypte, outre son caleçon de lin, souvent lavé, portait un manteau de laine blanche, mais il devait le déposer à l'entrée du temple et ne pouvait le conserver dans son cercueil, ce vestibule

---

[1] Voyez Porphyre, *de Abstinentia*.

du temple infini. Chez les Grecs également, l'homme initié aux mystères d'Orphée ou de Bacchus, importations égyptiennes, n'était pas enseveli dans la laine.

On voit que, pour les laïques, la laine était seulement tolérée; les prêtres, dans aucune circonstance, ne portaient que du lin [1] : puisqu'ils se rasaient les poils du corps, n'eût-il pas été ridicule qu'ils portassent des poils d'animal [2] ? Le rite les obligeait également à n'employer que des chaussures de papyrus.

Plusieurs souillures nécessitèrent des ablutions. L'Égyptien, probablement à l'exception des embaumeurs, se rendait impur en touchant un cadavre. Jamblique, dans son *Traité des mystères*, essaie de résoudre cette difficulté qui lui est proposée par l'Égyptien Anébon :

« Pourquoi devient-on impur en touchant le cadavre d'un homme lorsque les prêtres, pour sacrifier aux dieux, sont obligés de manier des animaux morts[3] ? »

Quand des prêtres s'étaient souillés par un contact impur, leurs moindres purifications duraient *sept* jours[4].

La caste sacerdotale ne songea pas moins au ré-

---

[1] Hérodote. — Pollux, Onomasticon, liv. 7, ch. 15, *de Lineis vestibus*.

[2] Plutarque, Isis et Osiris.

[3] Jamblique, sect. 6, cap. 1.

[4] Porphyre, *de Abstinentia*, lib. 4, p. 368.

gime qu'à la propreté. D'abord elle défendit au peuple la chair du porc.

Le cochon, pris en grande quantité, n'est une bonne nourriture nulle part ; il est malsain dans les pays chauds. Suivant le voyageur Sonnini, le cochon du Levant, plus gras que le nôtre, est plus sujet à la ladrerie, qui peut dégénérer en lèpre [1]. Il n'est pas étonnant que les prêtres égyptiens aient proscrit la chair de cet animal. Dans la partie méridionale de la France, en Provence, où l'insalubrité du porc se fait encore sentir, l'administration ne permet pas que cette viande se débite pendant les grandes chaleurs. En interdisant le porc, les prêtres égyptiens ne donnèrent pas au peuple un motif hygiénique, il eût été discuté, repoussé peut-être ; ils payèrent d'une raison religieuse. Ne voyez-vous pas, disaient-ils, que le porc est l'ennemi d'Isis? c'est au moment où la lune décroît qu'il est le plus en chaleur et cherche le plus à s'accoupler [2].

Le clergé réussit à merveille à pénétrer les Égyptiens de l'horreur du porc. La voracité, la saleté de cet animal viendront toujours en aide à ceux qui voudront le proscrire. En Égypte, non-seulement on ne le mangeait pas, mais le passant, qui par hasard touchait un porc avec le bord de sa robe, allait immédiatement se plonger tout habillé dans le fleuve. Les porchers, quoique de race égyptienne,

---

[1] Sonnini, t. 3, p. 291. — Plutarque, Isis et Osiris.
[2] Plutarque, Isis et Osiris,

ne pouvaient mettre le pied dans aucun temple ; nul ne leur donne sa fille et ne prend la leur en mariage ; cette caste sordide se perpétue par elle-même. On ne sacrifie point de porc aux dieux, ce serait les outrager. Cependant cet animal n'était pas entièrement sans emploi ; sa chair servait d'appât pour amorcer les crocodiles ; nous avons vu que des troupeaux de cochons foulaient la terre nouvellement ensemencée, et les prêtres voulurent qu'une fois par an, à la pleine lune, tout Égyptien fût tenu de sacrifier un porc à Isis et Osiris[1]. Ils donnèrent encore une explication religieuse de cette exception à leur loi. Typhon, dirent-ils, meurtrier d'Osiris, coucha sa victime dans un riche cercueil, qu'il ferma par des clous et des soudures. Tous les amis du meurtrier portèrent ce fardeau sur leurs épaules jusqu'au Nil ; ils s'y embarquèrent et jetèrent le cercueil d'Osiris dans la mer, près de la bouche Tanitique. Isis trouva le corps de son mari rejeté par les flots, le cacha de son mieux dans les roseaux ; mais, à la pleine lune, Typhon, entraîné à la poursuite d'un porc, découvre sa victime et la coupe en quatorze morceaux, qu'il jette dans le Nil. Isis ne se décourage pas, montée sur un bateau de papyrus, elle repêche tous les membres de son mari, à l'exception du phallus, que l'oxyrinque avait dévoré, et les enterre dans quatorze tombeaux. On expliquait par cette dernière circonstance les prétentions con-

---

[1] Hérodote, liv. 2.

traires des villes qui prétendaient posséder la sépulture d'Osiris[1].

A la pleine lune, un porc a fait découvrir et mutiler Osiris ; pour expier le sacrilége, il fallait égorger à la pleine lune l'animal qui l'avait occasionné. La véritable raison du sacrifice annuel, c'est que les prêtres avaient leur part des victimes ; ils savaient que la chair du porc, mangée une fois par an, ne pouvait faire aucun mal, et ne voulaient pas y renoncer entièrement.

Hérodote a minutieusement décrit le sacrifice du porc ; ces rites, curieux pour les anciens, n'ont pas d'intérêt pour nous et n'ont point laissé de trace dans notre culte. Le christianisme a pour toujours affranchi la religion de ces actes matériels. Les pauvres qui ne pouvaient offrir un véritable porc, donnaient la représentation de cet animal en pâte de farine.

En Égypte, nul ne mangeait de fèves ; on ne les semait pas ; poussent-elles par hasard, le laïque ne doit pas les toucher du doigt et le prêtre en détourne jusqu'à sa vue. On a proposé plusieurs explications de cette aversion : les uns veulent qu'en Égypte la fève exhale une odeur forte et désagréable[2]. Bruce pense que l'horreur pour ce légume s'appliquait à l'espèce des *lupins* et venait de l'Éthiopie. En Abyssinie, dans les cantons où croissent les lupins, les abeilles en font leur principale nourriture, et le

[1] Plutarque, Isis et Osiris.
[2] De Pauw, Recherches sur les Égyptiens et les Chinois, t. 1, p. 124.

miel, une des richesses du pays, en contracte beaucoup d'amertume. Avant qu'on songeât à ces raisons subtiles, Plutarque avait décidé la question. Cet écrivain se moque, avec raison, de la fable de Dyctinus, enfant élevé par Isis et qui se serait noyé en cueillant des fèves; c'est une explication bonne pour la plèbe égyptiaque. On dit encore que la fève, contrairement à tous les végétaux, se développe au moment où la lune décroît, ce qui suppose chez cette plante de l'hostilité contre Isis. Plutarque ne le croit pas davantage. La fève, dit-il, est échauffante, elle porte à boire et donne des inspirations lascives [1]. Or les prêtres avaient appuyé sur l'autorité religieuse tout un système d'hygiène, et ce système était, si l'on peut employer ce terme, *antiphlogistique.*

Les prêtres égyptiens s'astreignirent à un régime plus exclusif que le reste de la nation. Il est vrai qu'ils avaient fait considérer les meilleurs mets comme éminemment sacrés et sacerdotaux. Bien que riches en fonds de terre, ils ne dépensaient rien pour leur nourriture. Le peuple buvait habituellement une bière qu'Hérodote appelle vin d'orge [2] et qui ressemblait sans doute au bouza d'Abyssinie, le vin de raisin était réservé pour les grandes fêtes; mais les prêtres en buvaient tous les jours; les fidèles leur apportaient cette boisson avec des aliments tout

---

[1] Plutarque, Isis et Osiris.
[2] Voyez Pline, Histoire naturelle, xviii, 15.

préparés ; c'étaient surtout le bœuf et l'oie[1] ; mais ces prêtres se retranchaient plusieurs mets qui n'étaient pas interdits au peuple. Nous n'avons pas la liste entière de ces aliments prohibés, mais nous savons qu'on examinait attentivement si les bêtes avaient ou non le pied fendu[2], et que Moïse imitait les Égyptiens lorsqu'il donna tant d'importance à ce caractère. Rien ne nous apprend qu'on défendît au laïque autre chose que le porc et les fèves ; mais les prêtres égyptiens ne mangeaient pas le lièvre[3] ; des voyageurs ont signalé la répugnance pour cet animal dans l'Égypte moderne[4], en d'autres parties de l'Afrique et jusque chez les Hottentots. Les prêtres s'interdisaient encore le mouton[5], le pélican[6] ; ils refusaient de toucher à la colombe, en alléguant une raison sentimentale : Ne voyez-vous pas, disaient-ils, que le vautour même l'épargne[7].

Plusieurs tribus de la basse Égypte vivaient exclusivement de poissons crus séchés au soleil, ou salés pour tout assaisonnement[8] ; chaque Égyptien devait même, tous les neuf jours, se montrer devant sa porte un poisson à la main, et l'y manger[9]. Cette loi

---

[1] Plutarque, Isis et Osiris. — Origènes, *contra Celsum*, lib. 5.
[2] Chérémon cité par Porphyre, *de Abstinentia*, l. 4, p. 365.
[3] Creuzer, traduct. franç., t. 4. Explication de la planche XXXII.
[4] Hasselquist, p. 133.
[5] Plutarque, Isis et Osiris. — Origènes, *contra Celsum*, lib. 5.
[6] Horus Apollo, 1, § 53.
[7] Porphyre, *de Abstinentia*, lib. 4, p. 367.
[8] Hérodote, liv. 2. — Agatharchides, *de mare Rubro*.
[9] Plutarque, Isis et Osiris.

bizarre devait avoir pour but de favoriser l'industrie des pêcheurs, qui formaient une grande partie de la population ; mais les prêtres, le jour de la cérémonie, au lieu de manger leur poisson, le brûlaient. Jamais ils ne touchaient à ces animaux, ils les avaient tous en horreur, surtout ceux qu'on pêche dans la mer et ceux qui n'ont pas d'écailles [1], probablement les mollusques. Le poisson n'entrait dans les temples que pour le repas des bêtes sacrées [2].

Suivant l'habitude des prêtres égyptiens, c'est par une histoire mythologique qu'ils s'excusaient de manger du poisson. L'oxyrinque n'a-t-il pas avalé le phallus d'Osiris ? on ne saurait se payer de l'explication. Granger fait observer que les poissons du Nil sont d'un mauvais goût [3] ; mais cela ne justifie pas une aversion qui s'appliquait surtout aux poissons de mer. De Pauw nous paraît dans la vérité.

« On a observé, dit-il, que les Grecs modernes, qui ont beaucoup de jours de jeûne, et qui mangent, par conséquent, beaucoup de poisson, contractent bien plus souvent la lèpre, au levant, que les Turcs, qui mangent plus de viande [4].

« Cette observation est vérifiée par l'effet que produit chez les peuples ichthyophages la nature

---

[1] Porphyre, *de Abstinentia*, lib. 4.
[2] Plutarque, Isis et Osiris. — Horapollo, liv. 1, § 44.
[3] Granger, p. 239.
[4] De Pauw, Recherches sur les Égyptiens et les Chinois, t. 1, p. 104.

de leur aliment ordinaire. Ces peuples-là sont sujets à une maladie de la peau. »

« Plus je réfléchis, dit encore le même auteur, à la diète, c'est-à-dire au genre de nourriture des prêtres égyptiens, plus je me persuade qu'ils tâchaient principalement d'éviter la lèpre du corps, la lèpre des yeux ou la psorophthalmie, et la gonorrhée, qui, dans leur pays, est plus ou moins compliquée avec ces deux indispositions, lesquelles les eussent rendus immondes, ou, ce qui est la même chose, inhabiles aux fonctions de leur ministère. »

Une pensée morale dut s'adjoindre insensiblement aux motifs hygiéniques, bien ou mal conçus, qui dictaient le régime des prêtres ; ils crurent certainement, que les hommes qui servaient les dieux, devaient plus que le reste du peuple, triompher des appétits sensuels.

Si les prêtres se distinguaient du reste de la nation par un régime exceptionnel, parmi les prêtres mêmes, les prophètes, les philosophes, les historiens, se distinguaient encore : les plus austères se retranchaient jusqu'au sel et se contentaient du pain et de l'hyssope ; suivant eux, cette plante purifiait le corps [1]. Les Hébreux ont adopté cette idée, et l'hyssope est devenue, dans leur poésie, l'emblème de la pureté morale.

---

[1] Chérémon cité par Porphyre, *de Abstinentia*, lib. 4, p. 364.

ENSEIGNEMENT.

La grande passion nationale des Égyptiens, la religion, n'était pas la seule cause de la puissance sacerdotale. La caste des prêtres était dépositaire de toutes les sciences; la géométrie, qui partageait les champs et retrouvait, après le bouleversement inséparable de l'inondation, la limite de chaque terre; l'astronomie, qui indiquait avec régularité les débordements du Nil, étaient, en Égypte, des moyens d'influence irrésistibles.

On sait combien le développement scientifique des Égyptiens fut précoce. Ce peuple s'est donné pour le plus ancien de tous et sa prétention n'a pas encore été détruite. Les premiers, disaient-ils, ils avaient mesuré le temps d'après la marche des astres et partagé l'année en douze mois; les premiers ils avaient caractérisé les mois par les signes du zodiaque[1]; leur calendrier sut assigner à chaque Dieu sa fête. Parmi toutes les sciences possédées par les prêtres égyptiens, l'une des plus simples en apparence, des plus célèbres cependant, ce fut l'écriture.

L'écriture, chez tous les peuples, débute par la représentation des objets extérieurs. Chez les Égyptiens elle conserva toujours ce caractère d'imitation; des corps entiers d'hommes et d'animaux, ou des membres séparés, des végétaux, des ustensiles : tels

[1] Hérodote, liv. 2.

furent leurs signes graphiques; ces signes furent employés de trois manières [1] :

En Égypte, le premier système d'écriture, le plus ancien, est *figuratif;* un ibis veut dire ibis, une flèche signifie flèche.

Le second est *symbolique*, il exige un plus grand effort intellectuel. Une étoile sous une bande imitant le ciel, voudra dire la nuit. L'inondation du Nil, qui arrive sous le signe zodiacal du lion [2] et qui fait fleurir le lotus, sera figurée par cet emblème : une bande bleue ou verte, en zig-zag, image de l'eau, sort des pattes ou de la gueule d'un lion [3] et se termine par un bouquet de lotus.

Le troisième système est *phonétique.* Les signes correspondent, comme dans notre écriture, à des articulations. L'écriture phonétique naquit la dernière. Sans exclure les deux autres, elle devint la plus usitée des trois.

Le système graphique des Égyptiens a paru très-original et particulier à ce peuple; nous n'y voyons rien de spécial qu'un effet de l'instinct conservateur.

---

[1] Zoega, p. 423. *Litterarum apud Ægyptios usus et origo.* — Heeren, Idées sur la politique et le commerce, t. 6. Appendice sur le passage de Clément d'Alexandrie relatif aux diverses écritures de l'Égypte. — Champollion le jeune, Précis du système hiéroglyphique et Grammaire égyptienne.

[2] Plutarque, Isis et Osiris..

[3] Ὁ ἥλιος εἰς Λέοντα γενόμενος πλείονα τὴν ἀνάβασιν τοῦ Νείλου ποιεῖται· ὅθεν καὶ τὰς χολέδρας καὶ τὰς εἰσαγωγεῖς τῶν ἱερῶν κρηνῶν λεοντομόρφους κατεσκεύασαν οἱ τῶν ἱερατικῶν ἔργων ἐπιστάται. Horapollo, liv. 1. — Abd-Allatif, liv. 2, chap. 1, p. 328.

Toutes les nations traversent successivement ces trois phases religieuses, l'adoration de la matière inerte, des animaux, des dieux de forme humaine. La seule originalité des Égyptiens fut de conserver à la fois ces trois croyances; la même tendance à tout conserver leur fit maintenir et combiner, dans le système graphique, ces méthodes figurative, symbolique, phonétique, qui sont ordinairement successives.

S'il y a trois manières de lire les caractères égyptiens, on compte aussi trois manières de les tracer [1].

Sur les monuments, les signes sont exécutés avec un soin parfait, ce sont des hiéroglyphes, littéralement des caractères sacrés sculptés. Le soin de les graver appartenait à ces hiérogrammates qui font partie de la caste sacerdotale. L'écriture *hiéroglyphique* est monumentale (alors elle retrace les objets dans tous leurs détails), ou linéaire, c'est-à-dire les réduisant aux contours.

Pour écrire plus rapidement sur le papyrus, les prêtres inventèrent des abrévations qui formèrent l'écriture *hiératique*.

Vint enfin l'écriture *démotique* ou enchoriale, c'est-à-dire populaire; c'est la plus courante et la plus éloignée du dessin primitif.

Tant que l'écriture égyptienne demeura purement figurative, il fut impossible d'en cacher l'intel

---

[1] Champollion, Précis du système hiéroglyphique, p. 121.

ligence au peuple; la compréhension de l'écriture symbolique fut plus difficile, et quand le système phonétique eut apparu, la lecture devint une science dont les prêtres étaient les dépositaires jaloux.

Ils n'instruisaient que les enfants de leur caste; en dehors de cette classe, l'enseignement appartenait aux parents, qui transmettaient à leurs enfants leur propre métier. En fait d'écriture, on n'enseignait en dehors du clergé que la démotique, encore était-ce avec beaucoup de réserve. Les chefs de métiers seuls la savaient parfaitement.

BEAUX-ARTS.

Les prêtres égyptiens avaient la direction des arts; ils exigeaient pour toute figure peinte ou sculptée, un costume, une attitude, jusqu'à des couleurs fixées par le rite. Il fallait que chaque dieu fût reconnaissable; la tête est presque toujours celle d'un animal sacramentel; l'artiste n'a pas plus de liberté dans le dessin de la coiffure, bien qu'elle soit riche, bien que, ur tous les bas-reliefs la tête des personnages supporte un luxe d'ornements qui contraste avec leurs vêtements serrés. Rien n'est capricieux : le bonnet conique annonce chez le dieu qui le porte, le gouvernement de la région supérieure, le ciel; la mitre échancrée par devant, est le signe de la domination sur la région inférieure, la terre et l'amenti. Quelquefois ces deux coiffures combinées forment le *pschent*, diadème des Pharaons. Il est orné de la crosse ou du serpent uréus. Parfois le peintre et le sculpteur doivent composer aux déesses une coiffure gracieuse avec la dépouille de l'épervier ou du vautour[1]. Souvent les ornements de tête représentent la vie animale ou végétative. Ce sont des combinaisons formées avec les cornes de plusieurs animaux, les fruits du palmier, les fleurs du lotus; c'est un zodiaque, un globe, ou seulement une légende hiéroglyphique.

Les objets que les personnages tiennent à la main ne sont pas moins sacramentels. L'agriculteur Osiris porte souvent la houe garnie d'une barre transversale, instrument que le père Kircher prenait pour un alpha[2]. Les dieux portent le *pedum* ou crochet qui retient, le fouet qui stimule; ces emblèmes ingénieux du gouvernement, symbolisent la modération et l'excitation[3], ou si l'on veut, la conservation et le progrès. Parmi les insignes divins nous pourrions décrire la crosse (bâton augural recourbé), le sceptre, qui se termine presque toujours par une tête de coucoupha dans la main des dieux, par une fleur de lotus dans celle des déesses, cet anneau terminé par une croix, que les antiquaires ont nommé *crux ansata*, croix à anse; comme représentation matérielle, cet objet serait, suivant quel-

---

[1] Champollion, Lettres d'Égypte et de Nubie, p. 365.
[2] Mémoire de M. Mongez, Académie des Inscriptions, t. 3, p. 9. — Shaw, t. 2, p. 128.
[3] Champollion, Lettres d'Égypte et de Nubie, p. 278.

ques uns, l'image simplifiée du phallus[1]; suivant les autres, la clé du Nil[2]; comme emblème, c'est la vie divine.

Thot, le dieu des sciences, porte une barre dentelée comme une crémaillère; c'est une mesure sur laquelle il fait des marques avec un stylet[3].

Les couleurs sont rituelles comme le reste; ainsi le dieu Nil est peint en bleu ou en rouge, pour désigner les basses ou les hautes eaux[4].

Ce despotisme, qui ne laissait rien à la fantaisie, ne s'exerçait que dans les sujets religieux, et l'art de l'Égypte en a traité d'autres. Les monuments conservés jusqu'à nous présentent, sur leur granit, des zodiaques, des sujets militaires, comme ces combats où les guerriers ont leur carquois attaché à leur char[5], des forts pris d'assaut à l'aide de tortues[6], des abordages sur la mer et sur le Nil, des triomphes où les chevaux et les guerriers sont empanachés de plumes d'autruche, des chasses. Tantôt un prince perce des lions de ses flèches, tantôt des oiseleurs captivent des volatiles de toute espèce dans les piéges les mieux combinés[7]; des fresques, des bas-

---

[1] De Pauw, t. 1, p. 26. — Bruce, Paris, 1791, t. 5, p. 616.

[2] Der Nilchlussel, *Creuzer symbolik*, t. 1, p. 289.

[3] Description de l'Égypte, pl., t. 2. Thèbes, Memnonium.—Voyez Champollion, Précis du système hiéroglyphique, p. 163.

[4] Champollion, Lettres d'Egypte et de Nubie, p. 210.

[5] Description de l'Égypte, pl. t. 3, Thèbes, Louqsor, 8.

[6] Description de l'Égypte, pl. 2, Thèbes, Memnonium, 30.

[7] Rosellini, mc. n° 5, IV, V, VI, VII.

reliefs nous offrent des scènes d'agriculture [1], de commerce, de halage, de momification, jusqu'à des détails de poterie [2]. Cependant les monuments les plus nombreux sont des temples; une idole assise, debout, souvent accroupie, un personnage qui lui fait des offrandes et qui, presque toujours, est un souverain; des sacrifices, des initiations, des bateaux sacrés, des détails empruntés à la pieuse navigation des panégyres : tels sont les principaux sujets que retracèrent, en Égypte, la couleur et le ciseau.

Les habitudes de raideur, de servilité, prises dans les travaux religieux furent portées nécessairement dans les monuments civils et militaires. Il est certain que les prêtres d'Égypte prolongèrent, dans la peinture et la sculpture de leur pays, cette gaucherie partout naturelle à l'enfance de l'art. Chez les Égyptiens, l'ignorance de la perspective va si loin qu'ils représentent une assemblée de juges siégeant l'un à côté de l'autre par une file de personnages assis. Souvent, sur les bas-reliefs, un pasteur colossal conduit quatre bœufs ou quatre béliers sculptés l'un au-dessus de l'autre. Un prince, sur le front duquel l'épervier plane en signe de gloire, traîne, par un licou, deux rangées de prisonniers; la seconde marche sur la tête de la première. Cependant, si les figures sont incorrectes, si les oreilles sont placées trop haut, si l'on voit souvent des épaules

---

[1] Description de l'Égypte, pl. t. 2, Thèbes, Byban-el-Molouk, 90.
[2] Description de l'Égypte, pl. t. 4, El-Kab, 70.

de face avec un corps de profil, la différence de race entre les nations, la distinction des espèces entre les animaux, sont vivement caractérisées; le progrès qui semble interdit, quant aux linéaments du corps, se produit dans le fini de la main-d'œuvre; enfin, ce qui diminue l'importance des critiques minutieuses, l'ensemble est imposant. Les monuments égyptiens sont beaux; l'antique, l'inconnu, le bizarre ne nous charment pas seuls dans ces édifices; leur couleur et leur forme sont en harmonie avec le pays. Sur le sol d'Égypte il faut des masses et de grandes lignes. Tout ce qui n'est pas colosse, pylone, pyramide, est écrasé par l'infini du désert. L'expression grave, religieuse, ne manque pas aux temples d'Égypte; la grâce même n'en est point exclue; quand les chapiteaux ne représentent pas la tête d'Isis, ils s'épanouissent en riche végétation; houppes de papyrus, fleurs de lotus, feuilles de palmier, s'ouvrent comme un beau vase. L'architrave ne pose pas immédiatement sur ces feuilles et ces fleurs; il en est séparé par un dé de pierre, et le voyageur admire cette union de la masse et de la légèreté, de la grandeur et de l'élégance.

La sculpture et la peinture combinées, car les bas-reliefs sont fréquemment enluminés, telle est en Égypte la décoration des temples. A ces arts immobiles, la musique se joignait autrefois. Quand Diodore de Sicile attribue aux Égyptiens un grand mépris pour les exercices gymnastiques de la Grèce, il a probablement raison; dans la vie réelle comme dans les œuvres d'art, la raideur égyptienne pouvait contraster avec la souplesse hellénique; mais Diodore se trompe quand il suppose à l'Égypte le dédain de la musique. La vivante description des panégyres qu'Hérodote nous a laissée[1], les instruments que nous voyons multipliés sur les peintures des temples, le sistre, la flûte traversière[2], cette harpe, modèle de celle de David, qui s'arrondit en courbe si gracieuse[3], tout nous atteste que la musique avait une place très honorable dans les fonctions des prêtres, et par suite, dans leurs enseignements.

MATÉRIEL DU CULTE.

Les travaux des voyageurs, et surtout des voyageurs français, de la commission d'Égypte, de MM. Gau, Champollion le jeune, nous permettent de parcourir en imagination le temple égyptien. Voici d'abord une longue avenue de sphinx; ils ne symbolisent pas seulement le mystère dont s'enveloppe la religion sacerdotale, mais aussi le premier bienfait de la Divinité, la crue du Nil; car elle a lieu sous les signes de la Vierge et du Lion, et le sphinx a la tête et la poitrine de la vierge, le corps et la croupe du lion; plus loin voici deux obélisques:

---

[1] Τὴν δὲ μουσικὴν νομίζουσιν οὐ μόνον ἄχρηστον ὑπάρχειν, ἀλλὰ καὶ βλαβερὰν, ὡς ἂν ἐκθηλυνοῦσαν τὰς τῶν ἀνδρῶν ψυχάς. Diodore de Sicile, liv. 1.

[2] Champollion, Lettres d'Égypte et de Nubie, p. 81.

[3] Description de l'Égypte, pl. t. 1, p. 42. — Hasselquist, p. 126.

ces monolithes dont l'origine se rattache à l'adoration des pierres, sont devenus de simples accessoires dans la pompe d'une religion plus élevée; comme une aiguille, l'ombre de leur pointe ou pyramidion marque l'heure sur le sol aplani [1]. Leurs quatre faces sont chargées d'inscriptions qui ne contiennent en général que la dédicace du temple [2]; un encadrement ovale ou cartouche réunit les caractères qui forment chaque nom propre [3]. Derrière les obélisques, souvent accompagnés de colosses, nous trouvons le pylone ou portique; il révèle, par sa forme d'observatoire, l'union de la science et de la religion; au-dessus de la porte est ciselé un globe accolé de deux serpents uréus et de deux ailes déployées; c'est l'emblème de l'infini: l'uréus immortel possède le temps; les ailes sont maîtresses de l'espace.

Le temple a plusieurs cours où s'élèvent des géants de pierre; souvent on remarque une salle hypostyle, ou soutenue par des colonnes; c'est là qu'on se rassemblait lors des panégyres. Le dieu Thot, dans les bas-reliefs, tient souvent une légère lanterne; voyez-la de près, c'est une salle hypostyle, symbole des panégyres [4].

---

[1] Zoega, p. 156, *Quo fine erecti fuerint obelisci;* — p. 193, *de origine obeliscorum.*

[2] Champollion, Lettres d'Égypte et de Nubie, p. 216.

[3] Heeren, Idées sur la politique et le commerce, t. 6, p. 34.

[4] Champollion, Lettres d'Égypte et de Nubie, p. 271.

Les temples étaient vénérés. Les Égyptiens sont les premiers qui entrevirent, s'ils ne la réalisèrent pas complètement, l'union du principe religieux et de la pudeur. Toute l'Asie se livrait à la prostitution dans les temples. La génération semblait aux anciens un acte divin. Voyez, disaient-ils, les oiseaux s'accouplent sous le toit du sanctuaire; les dieux n'en sont pas offensés, puisqu'ils le souffrent. Malgré ce syllogisme, les Égyptiens firent une loi de la continence dans les temples; ils voulurent même que l'homme qui avait eu commerce avec une femme se purifiât par une ablution avant d'entrer dans le lieu sacré. Par conséquent, il y avait sur le seuil du temple une eau lustrale.

Les principaux ustensiles du culte égyptien se sont perpétués jusqu'à nous. Ils ne subirent qu'une première modification pour passer dans le culte juif, une seconde pour être adoptés par le christianisme. La *bari* devint l'arche, l'arche le tabernacle où reposent les hosties et le *tabot* du christianisme abyssin [1]. La table égyptienne des pains de proposition fut acceptée sans aucun changement par les Juifs; elle devint, pour les chrétiens, la table de l'eucharistie; l'encensoir, les rameaux, les palmes, vont nous apparaître à Memphis.

Dans l'île de Philœ, sur une fresque du temple d'Isis, les savants français attachés à l'expédition

---

[1] Salt, Deuxième Voyage, t. 3, p. 159. — Combes et Tamisier, t. 3, p. 181, 270.

d'Égypte virent une barque portée sur les épaules de quatre hommes vêtus de longues robes. Au milieu de la barque était un coffre, en forme de petit temple, sur lequel on voyait ciselés, face à face, deux êtres surnaturels; leurs ailes, étendues en avant, semblent couvrir et protéger un dépôt précieux. Un personnage brûlant de l'encens dans une cassolette précède le cortége [1]. C'étaient bien là des prêtres, une arche ornée de chérubins, toute cette pompe religieuse qu'on avait crue originairement hébraïque. Le même cortége s'est retrouvé sur une grande quantité de monuments, en Égypte et même en Nubie [2]. L'arche placée dans un bateau s'appelle *bari*[3]. Les ornements qui la décorent indiquent à quelle divinité particulière elle est consacrée. Quelquefois l'arche est séparée du bateau; presque toujours un thuriféraire la précède, et ce thuriféraire, coiffé du *pschent*, est un souverain. Vespasien, Domitien même, ont permis aux prêtres de les représenter dans cette fonction [4]. L'encensoir égyptien n'a pas la forme du nôtre; c'est une main ouverte sur laquelle repose une coupe pleine d'une liqueur enflammée. On tient cet encensoir par un long manche, et l'on jette dans le feu des boulettes d'encens [5].

[1] Description de l'Égypte, texte, t. 1, p. 26.
[2] Gau, Antiquités de la Nubie, bas-reliefs du temple à Dari.
[3] Champollion, Grammaire égyptienne, v et vi, p. 53. Lettres d'Égypte et de Nubie, p. 281.
[4] Champollion, Lettres d'Égypte et de Nubie, p. 372.
[5] Description de l'Égypte, Thèbes, Memnonium, 35.

Les Hébreux mobilisèrent l'encensoir d'Égypte ; ils en firent une cassolette suspendue à des chaînes de métal et recevant de la main des lévites un mouvement d'oscillation ; c'est un progrès. Comparez les ustensiles du culte égyptien avec ceux du culte israélite : vous verrez à Memphis l'ébauche, la copie perfectionnée à Jérusalem.

Le cercueil d'Osiris dans la barque de Typhon [1], qui va le jeter à la mer, c'était assez pour expliquer au peuple la forme de la bari. Au moment où le Nil, après le débordement, commence à se retirer, les prêtres allaient au fleuve, nous dit Plutarque, portant une barque dans laquelle se trouvait une arche d'or. Ils puisaient de l'eau pour en remplir le coffret sacré [2]. Le peuple, qui voyait dans ce symbole Isis repêchant son mari, criait de toutes parts : Osiris est retrouvé ! mais les prêtres, qui ne célébraient que la force fécondante de la nature, mêlaient l'eau qu'ils venaient de recueillir avec de la terre, des aromates, en faisaient un gâteau en forme de croissant, qu'ils rapportaient en grande cérémonie.

La table et les pains de proposition sont des objets d'origine égyptienne, placés par M. Champollion parmi les signes de son alphabet hiéroglyphique [3].

---

[1] Plutarque, Isis et Osiris.

[2] Ἅγιαν κίστην.

[3] Champollion le jeune, Grammaire égyptienne, liv. v et vi, p. 52, 151.

Un sentiment de reconnaissance ignorant et naïf porte l'homme à donner une part à la Divinité dans les biens qu'il a reçus d'elle; tel est le principe des sacrifices et des offrandes, dans lesquels le ministre du culte se substitue habituellement au dieu. Les prêtres égyptiens recevaient du peuple des vivres de toutes espèces; il serait curieux de savoir si c'était à titre de dîme et de prémices. Un bas-relief de la Nubie [1] retrace le concours des fidèles pourvoyeurs du temple et fait songer aux vers de Racine :

> Et tous devant l'autel avec ordre introduits,
> De leurs champs dans leurs mains portant les nouveaux fruits,
> Au Dieu de l'univers consacraient ces prémices.

Des offrandes de végétaux, surtout de lotus, sont fréquemment représentées sur les monuments égyptiens.

Les femmes, en pétrissant le pain, prélevaient une portion de la pâte [2] pour les prêtres; le pain lui-même, soutien principal de la vie, manifestant chaque jour le pouvoir conservateur des dieux, était considéré comme une oblation très-agréable au ciel. Cette idée, dont l'Eucharistie est la dernière et la plus belle réalisation, ne se produisit pas seulement chez les Égyptiens. Même avant d'être adoptée par les Juifs, elle avait cours en Palestine; la Genèse consigne le souvenir d'un prince de Ka-

---

[1] Gau, Antiquités de la Nubie, bas-relief de Dekkeh.
[2] Caillaud, Voyage à Méroé, atlas, pl. 53, 54. Barkal.

nahan, le grand-prêtre Melchisédech : il consacrait au Seigneur le pain et le vin. L'offrande du pain n'était pas ignorée des Madianites; lorsque Jethro, beau-père de Moïse, le visita dans son camp, non seulement on offrit à Dieu des victimes et des holocaustes, mais Aaron et tous les notables d'Israël vinrent manger avec Jéthro « le pain devant le Seigneur [1]. »

Ce sacrifice non sanglant plut à Moïse. On sait qu'il prescrivit de se nourrir de pains azymes ou sans levain pendant la semaine de Pâques. Nous verrons avec quelle exactitude la table des pains de proposition, qu'il fit placer dans son tabernacle, fut copiée sur le modèle égyptien.

Dans leurs solennités, les habitants de Mesraïm portaient des branches d'arbres avec leur feuillage[2]. Pendant une fête de Sérapis, on voulut mettre une de ces branches dans les mains d'Origène [3]; les Juifs imitèrent cet usage à la fête des tabernacles, les chrétiens le jour des Rameaux.

ACTES DU CULTE.

Adoration des animaux.

Avant de pénétrer dans le sanctuaire où l'on vénère des divinités plus élevées, regardons les bêtes

---

[1] Exode, XVIII, 12.
[2] Caillaud, Voyage à Méroé, atlas, pl. 54.
[3] Voyez Petri Danielis Huetii, *Origenianorum*, t. 4, l. 1, p. 83.

sacrées qu'on nourrit dans le vestibule, et qu'Isis, Osiris, veulent bien abriter dans leurs temples. L'adoration des animaux, diversifiée dans chaque ville, les comprenait tous, le porc et l'âne exceptés. Dans chaque province, la bête préférée était nourrie avec sa femelle; des préposés s'ingéniaient à lui rendre la vie délicieuse. Ils étaient de père en fils éleveurs de chats, d'ibis ou de serpents. On a retrouvé dans l'île de Philœ des cages d'éperviers sacrés. Chacune d'elles est taillée dans un monolithe de granit. Tuer une bête nourrie dans le temple était un crime puni de mort. Si le malheur est involontaire, les prêtres se contentent d'exiger une amende arbitraire; mais le meurtrier de l'ibis, du chat ou de l'épervier, n'est excusé par aucune circonstance; souvent le peuple même le met en pièces. Un Romain, qui avait tué par accident un chat sacré, l'éprouva du temps de Diodore, c'est-à-dire sous les Ptolémées, à une époque où le nom de Rome faisait déjà trembler le monde; il y eut émeute, on assiégea la maison de l'étranger coupable; il fut tué.

Les animaux appartenant aux particuliers, et qu'on pourrait appeler laïques, pour les distinguer des bêtes nourries dans le temple, n'étaient guère moins honorés; qu'un chat meure dans une maison, toutes les personnes qui l'habitent se raseront les sourcils; tous les poils du corps, s'il s'agit d'un chien; les boissons et les aliments qui se trouvaient dans la demeure contristée par l'événement fatal ne peuvent plus être consommés. Pendant les affreuses famines de l'antiquité, les hommes de l'Égypte se sont mangés quelquefois, jamais ils n'ont touché aux races d'animaux qu'ils vénèrent [1]. Quand le plus saint de tous, la vache, animal d'Isis, venait à mourir, on la jetait dans le Nil; nulle autre sépulture qu'un fleuve aussi sacré n'eût été digne d'elle. Le bœuf, mort dans une ville, était enterré dans le voisinage, mais on laissait au moins une corne sortir du sol. Quand les Égyptiens jugeaient les corps dissous, on exhumait les ossements, un navire les portait à l'île Prosopite, c'est là que les bœufs, apportés de l'Égypte entière, étaient déposés dans un sépulcre commun. La ville de Pepascht ou Bubaste, est la sépulture des chats, comme Butis est la nécropole des musaraignes et des vautours; Hermopolis celle des ibis consacrés à Thot, l'Hermès des Grecs, le Mercure des Romains; les chiens et les ichneumons ont leur abri funéraire dans chaque ville. On ensevelit les ours, les renards et les loups partout où on les trouve.

La curiosité moderne a pénétré dans ces asiles où les générations d'animaux qui avaient vécu dans l'Égypte ancienne, dormaient embaumées. On a fouillé les puits d'oiseaux de l'Heptanomide; dans les momies de bœufs, de vaches, de béliers, on n'a trouvé, comme le récit des anciens l'annonçait, que la tête et les os, bien que le reste du corps, imité

---

[1] Diodore de Sicile, liv. 1; Amsterdam, 1746, t. 1, p. 94.

par une charpente de bois, les yeux peints sur la toile, les cornes sortant des bandelettes, figurassent l'animal entier[1]. La momie du crocodile, plus factice encore, ne contient que les os de la tête tout au plus; la momie du chat semble un maillot d'enfant; l'ibis, ployé sur lui-même, est enfermé dans une bourriche de nattes et dans une poterie de forme ovale[2]. Le chakal est quelquefois doré; le serpent, roulé sur lui-même, forme un ballot. Jamais la manie de tout conserver ne se caractérisa mieux que par ces collections étranges.

Prières, sacrements.

Jusqu'à nos jours, les actes du culte, dans les religions complètes, ont été la prière, les sacrements, les sacrifices, les solennités.

Les lois de Moïse ne parlent pas de la prière, et nous devons conjecturer qu'elle avait peu de place dans le culte égyptien. Cet acte, éminemment intellectuel, prit rang dans le culte juif après la captivité de Babylone. Il eut, dans le christianisme, le développement le plus large, mais il convient mal aux peuples enfants; ce qu'il leur faut, c'est l'acte public et matériel, c'est le spectacle.

Quant au mot de sacrement, nous hésitons à l'employer. Probablement, il était sans équivalent

---

[1] Belzoni, t. 1, p. 261. — Caillaud, t. 1, p. 13.
[2] Description de l'Égypte, pl. t. 1, 52. — Denon, p. 282, pl. 99. — Pococke, t. 1, p. 233.

dans la langue égyptienne; il en est de la religion comme des lois, l'état primitif est l'incohérence, les classifications viennent tard. Cependant les Égyptiens avaient un sacrement dans la circoncision, devenu pour eux pratique religieuse. Nous ne redirons pas les témoignages qui attestent chez eux l'antique existence de ce rite[1], qui le montrent pratiqué sur les deux sexes, et conservé même au dix-huitième siècle par les Coptes[2].

Sacrifices.

Il n'existe pas de peuple qui, dans l'état sauvage, et même pendant une partie de l'ère barbare, n'ait immolé des victimes humaines. A cette règle, l'Égypte ne fait pas exception. La forme du sacrifice humain, qui paraît longtemps la plus chère aux dieux, est l'immolation d'un enfant par son père. Nul historien ne nous montre en Égypte l'accomplissement de cette cruauté, mais, dans Hérodote, nous en trouvons le vestige. De son temps les fidèles vouaient aux animaux sacrés le tiers, la moitié de la tête de leur fils, quelquefois la tête tout entière. L'exécution du vœu n'avait plus rien de sanglant. Le père rasait la partie de la tête filiale qu'il avait vouée, mettait les cheveux dans une balance et

---

[1] Voyez Origènes, *Comment. in epist. ad Romanos*, lib. 2.
[2] Sonnini, t. 2, p. 32.

donnait au gardien des animaux un poids égal en argent. Avec ce revenu l'on achetait les morceaux de viande qu'on jetait aux vautours, et que les saints oiseaux savaient attraper au vol; les petits pains au lait, qui formaient, avec des quartiers de poisson, la nourriture des chats et des ichneumons. C'est aux animaux sacrés, et non pas aux grands dieux, qu'on vouait la tête des enfants, parce que cette cérémonie était le reste d'un culte sauvage antérieur à l'apothéose d'Osiris. Les bêtes sacrées coûtaient cher, elles prenaient des bains tièdes et l'on n'oubliait pas de faire fumer des parfums devant elles. Le produit des vœux était trop incertain pour subvenir à ce luxe, aussi chaque animal, nourri dans un temple, avait-il le revenu d'une pièce de terre [1].

En Égypte, une forme de sacrifice humain subsista longtemps; ce n'est pas d'après des indices qu'on la devine, les historiens la constatent. C'est le sacrifice expiatoire accompli dans l'île de Philœ, sur le tombeau d'Osiris.

Le crime et la personne de Typhon laissèrent de profonds souvenirs dans l'esprit des Egyptiens. Le Dieu, qui dans leurs temples se montre le plus souvent sous la figure humaine complète, est petit, fort et trapu; il porte ses cheveux et sa barbe, écarte les jambes et pose les mains sur ses cuisses, c'est Typhon. La commission d'Égypte nomme *typho-*

Diodore de Sicile, liv. 1.

nium un édifice dans lequel ce nain barbu sert de cariatide [1].

Typhon était roux ; pour venger Osiris, on n'égorgeait que des hommes roux [2]. Les cheveux de cette couleur étaient rares en Égypte, on s'emparait des voyageurs pour les traîner au sacrifice. La tombe d'Osiris avait une réputation terrible en Grèce.

Les images vivantes de Typhon n'étaient pas les seules personnes qu'on égorgeât en Égypte ; dans ce pays les sacrifices humains ont laissé trace sur des monuments nombreux. Nous ne parlons pas de cette figure gigantesque, souvent reproduite, qui d'une main brandit le fer, et de l'autre saisit par la chevelure une vingtaine de captifs liés en gerbe [3]. Cette image que nous voyons taillée dans le granit, quelquefois même ciselée, comme ornement, sur la robe de quelques personnages [4], représente un massacre de prisonniers, symbolique peut-être, accompli par des princes dont les hiéroglyphes conservent le nom : Nectanebus, par exemple, le dernier roi de race égyptienne [5], ou Ptolémée Philométor ;

---

[1] Voyez Hérodote ; édit. Kreuzer, t. 2, p. 69. — Denon, pl. 60, n° 9.

[2] Diodore de Sicile, liv. 1 ; Amsterdam, 1746, t. 1, p. 99.

[3] Description de l'Égypte, pl., t. 1, 34. — Gau, Antiquités de la Nubie, plans et bas-reliefs du temple à Dari. — Caillaud, Voyage à Méroé, atlas, pl. 14 et 18. Naga ; pl. 46. Assour ; pl. 61, Barkal.— Rosellini, MR., CL., etc. — Champollion, Lettres d'Égypte et de Nubie, 327, 333.

[4] Description de l'Égypte, planches du plus grand format.

[5] Rosellini, MR., CLIV.

mais on peut retrouver sur les fresques et les bas-reliefs, des immolations sacerdotales. C'est un sacrificateur ce personnage qui présente à son idole quatre hommes embrochés dans la même lance[1]. Au plafond du temple d'Esné, l'on aperçoit neuf corps humains décapités, vers lesquels sont tournés trente couteaux de sacrificateurs[2]. A Denderah, l'immolation d'un homme sert de pendant à l'égorgement d'un animal[3]. On sacrifiait des femmes dans le temple d'Ilithye.

Les hommes *typhoniens* étaient égorgés sur le tombeau d'Osiris, avec un instrument tranchant, puis offerts en holocauste, c'est-à-dire brûlés complètement; on jetait leurs cendres au vent en présence de la foule. Manethon l'atteste; il ne fallait pas qu'il subsistât rien de ces êtres exécrés. Quant aux autres victimes humaines, décapitation, lance plantée dans le crâne ou poussée à travers le corps, tels sont les modes du sacrifice.

L'immolation des victimes humaines fut abolie par Amosis, sous le règne duquel les Hébreux sortirent de l'Égypte, suivant le calcul de plusieurs auteurs[4]; mais tel était, chez les Égyptiens, l'empire

---

[1] Description de l'Égypte, pl., t. 2. Thèbes, Medinet-Abou, 16; pl., t. 3. Denderah, 22, etc.

[2] Description de l'Égypte, pl., t. 1. Environ d'Esné, 87.

[3] Description de l'Égypte. Denderah (Tentyris). Élévation de taille de la partie basse du grand temple.

[4] Vitringa, Commentaire sur Isaïe, 734. — Voyez Marsham, *Canon chronicus*.

des habitudes religieuses, que ce prince fut obligé de substituer aux victimes réelles des hommes de cire, sur lesquels on continua de pratiquer les anciens rites [1].

Même après Amosis, la superstition populaire maintint, en Égypte, les sacrifices humains dans un cas. Si le Nil tardait à déborder, on noyait une vierge dans le fleuve [2]. Le calife Omar abolit cet usage; mais, dans cette circonstance encore, on vit les Égyptiens maintenir la forme d'une coutume qu'ils ne pouvaient conserver entière. Bien près de nos jours, en 1785, on jetait encore dans l'onde une femme de terre qu'on appelait la fiancée du Nil.

Primitivement le bœuf et la vache n'étaient jamais tués en Égypte, pas même pour un sacrifice. On adora d'abord ces animaux pour eux-mêmes; plus tard, la vache, consacrée à Isis, demeura toujours inviolable. Isis était vache elle-même et portait les cornes. Les Égyptiens avaient en horreur les peuples qui égorgent la vache, l'embrochent, la font cuire et portent les lèvres sur sa chair. Jamais, dit Hérodote, un homme ou une femme d'Égypte ne

---

[1] Amosis Heliopoli quæ est in Ægypto ritum mactandi homines sustulit, sicut testatur Manethon in libro quem fecit de pietate et inveterata ignorantia. Sacrificabant enim Junoni tres homines qui explorati non secus ac vituli vegeti et laudabiles, aris die sacrificiis dicato imponebantur, pro quibus Amosis jussit cereos æquales irrogari. Porphyre, *de Abstinentia*, liv. 2, p. 223.

[2] Paul Lucas, Voyage en Turquie, etc., t. 3, p. 59. — Maillet, Description de l'Égypte, p. 69. — Savary, Lettres sur l'Égypte, p. 113. — Vansleb, Voyage en Égypte, p. 52.

baisera un Grec sur la bouche, ne se servira de son couteau, de sa broche, de sa marmite, ne touchera même à une viande permise si le couteau d'un Grec l'a découpée. Le bœuf ne conserva pas la même inviolabilité; lorsqu'on cessa d'égorger des hommes roux pour expier le crime de Typhon, les Égyptiens continuèrent à flétrir la couleur de ce maudit en immolant des bœufs entièrement roux. Le bœuf destiné au sacrifice ne doit pas présenter un seul poil blanc ou noir[1]; un prêtre, chargé de cet office, le contrôleur[2], examinait l'animal debout, le faisait coucher à terre, lui tirait la langue pour constater sans doute qu'il ne portait ni l'aigle ni le scarabée, signes sacrés de l'apis; s'il était bien complétement typhonien, le prêtre lui attachait autour des cornes une bande de papyrus portant le cachet sacerdotal, une espèce de terre glaise servait de cire; l'empreinte du cachet rappelait le sacrifice primitif et constatait qu'on égorgeait un bœuf pour tenir lieu d'une victime humaine; on y voyait un homme agenouillé, les mains liées derrière le dos, une épée sur la gorge[3]. Immoler un bœuf non scellé, c'était s'exposer à sacrifier Osiris lui-même et commettre un crime puni de mort.

Le bœuf devait être sans infirmité, sans défaut. Les prêtres égyptiens écrivirent des volumes sur les circonstances qui rendent un animal impropre au

---

[1] Plutarque, Isis et Osiris.
[2] Ὁ σφραγιστὴς.
[3] Plutarque, Isis et Osiris.

sacrifice et sur la manière d'imposer le cachet sacerdotal[1]. La Mischna n'est pas moins riche en minuties sur les détails du culte juif.

Quand le bœuf scellé paraît devant l'autel on allume du feu ; des libations de vin sont répandues ; l'animal a les pieds liés ensemble, on le renverse[2] ; un couteau de sacrificateur, fer triangulaire tout à fait semblable à nos couteaux de boucher, l'égorge, puis on lui coupe la tête, sur laquelle on prononce cette imprécation : « Si quelque fléau menace ces prêtres ou l'Égypte, qu'il retombe sur cette tête. » S'il y avait des étrangers dans la ville, on cherchait à leur vendre l'objet maudit ; rien n'eût été meilleur que de faire passer sur eux l'effet de l'imprécation solennelle ; à défaut d'acquéreur, la tête était jetée dans le Nil. De nos jours encore, les Agaus font des sacrifices d'animaux près des sources du Nil et jettent la tête de la victime dans le fleuve[3]. Jamais un Égyptien ne mangeait une tête d'animal, il craignait qu'elle vînt d'un sacrifice et la supposait toujours chargée de malédictions.

Ce qu'il advient du reste du corps serait inutile à dire si les rites égyptiens n'étaient pas la base du culte hébraïque. Le sacrifice le plus solennel, chez les Juifs, l'holocauste, fut emprunté des Égyptiens. Un voyageur du dix-huitième siècle a rapporté le dessin, grossier du reste, d'un pareil sacrifice offert au

---

[1] Porphyre, *de Abstinentia*, lib. 4, p. 366.
[2] Description de l'Egypte, pl., t. 4. Syout, 45.
[3] Combes et Tamisier, t. 1, p. 107.

soleil. Trois animaux sont placés sur autant de piles de bois qui seront incendiées à la fin de la cérémonie ; deux prêtres lèvent leurs mains vers le roi des astres, deux autres portent les vases des libations [1].

Les sacrifices qui ne se terminent point par des holocaustes ont lieu de plusieurs manières. Moïse a pu tenir compte de ces différences quand il distingua les rites du sacrifice pacifique, du sacrifice pour le péché ou pour la faute légère; toujours les prêtres de Mesraïm, comme, plus tard, ceux d'Israël, prélevaient, pour leur table, l'épaule droite de la victime.

Moïse ne fit nul emprunt à cette fête d'Isis, pendant laquelle la victime égorgée, décapitée, suivant l'usage, privée de l'épaule, du croupion, des pieds réservés aux prêtres, était ensuite remplie de pain, de miel, de raisins secs, de figues, d'encens, de myrrhes, d'autres aromates, puis brûlée avec aspersion d'huile. C'était l'holocauste assaisonné de parfums, l'art de l'embaumeur joint à celui du prêtre; il fallait, pour la grande Isis, un raffinement spécial; cependant deux détails de cette solennité sont restés catholiques : la vigile de la fête était jour de jeune, et les fidèles se frappaient la poitrine pendant l'office religieux.

La victime, sauf les cas d'holocauste complet, passe, en partie, de l'autel à la table des sacrifica-

---

[1] Le père Sicard, Lettres édifiantes, t. 5, p. 175.

teurs. Aussi, les animaux propres au sacrifice sont-ils ceux dont les prêtres se nourrissaient à peu près exclusivement, le bœuf ou le veau, — le mouton, — l'oie.

Cette liste, donnée par Hérodote, accorde aux prêtres l'usage du mouton, que plusieurs anciens leur refusent. Elle ne paraît pas exacte. Sur les peintures de la haute Égypte, à Edfou [1], nous voyons un prêtre égorger une gazelle. Dans cette partie du pays et pendant la phase de la monarchie égyptienne où Thèbes fut le siége du gouvernement, les bêtes fauves étaient plus communes et les animaux domestiques plus rares que dans la basse Égypte et sous le gouvernement de Memphis.

Les Egyptiens ne sacrifiaient point dans les temples l'âne, dédié, comme le crocodile et l'hippopotame, à l'affreux Typhon [2]. L'âne était indigne de l'autel; on lui reprochait d'être court et ramassé, paresseux et colère, comme le meurtrier d'Osiris. A certain jour on jetait un âne dans un précipice. Les habitants de Busiris et de Lycopolis ne se servaient jamais de trompettes, ils disaient que jouer de cet instrument c'est braire [3]. Les hommes dévots au culte du soleil ou d'Osiris, faisaient vœu de ne point porter d'or, de ne jamais donner à manger à un âne. La prétendue ressemblance avec Typhon ne suffit pas pour expliquer cette haine; il est plus vrai

---

[1] Description de l'Égypte, pl., t. 1, p. 59.
[2] Plutarque, Isis et Osiris.
[3] Ibid. — Élien, de Natura animalium, x, 28.

de dire que les pasteurs, exécrés de l'Égypte, employaient des ânes à porter le fruit de leurs brigandages; le ressentiment des Égyptiens associa le voleur et son compagnon. La fuite des Hébreux, qui partirent, malgré les Pharaons, et qui chargèrent leurs ânes des richesses égyptiennes, excita l'indignation du pays. Une fable populaire symbolisa cet événement. Typhon, le génie du mal, monta sur un âne et courut pendant *sept* jours pour trouver la frontière de l'Égypte. Après ce délai, qui correspond à la semaine hébraïque, il eut deux fils, Jérusalem et Juda [1].

Solennités.

Les Égyptiens avaient-ils un repos hebdomadaire, une espèce de sabbat? cela n'est que probable, et nous ignorons sur quel fondement De Pauw l'affirme [2]. Mais, en Égypte, on célébrait certainement le renouvellement du mois, la *néoménie* [3]. Nous ne décrirons point cette fête du dieu Mars, célébrée à Papremis, et pendant laquelle les prêtres se battaient à coups de bâton [4]. La fête d'Osiris est plus remarquable parce qu'elle n'est pas fondée sur une tradition locale, et révèle un culte de la génération, qui fut longtemps universel. Les

---

[1] Isis et Osiris.
[2] De Pauw, Recherches sur les Égyptiens et les Chinois, t. 2, p. 186.
[3] Champollion, Lettres d'Égypte et de Nubie, p. 361.
[4] Hérodote, liv. 2.

femmes portaient en procession dans les rues une idole haute d'une coudée, elle était armée d'un phallus demesuré, qu'on faisait mouvoir avec une corde; des flûtes précédaient cette obscène divinité, un chœur de femmes la suivait en chantant Bacchus. Melampe enrichit la Grèce de cette cérémonie [1]; elle avait besoin d'être justifiée par l'interprétation qui s'en donnait à Samothrace dans les mystères des cabires ou grands dieux. Le Priape et le Mercure helléniques n'étaient pas des symboles moins énergiques que le Bacchus égyptien. Nous disons Bacchus, en suivant à tort l'exemple d'Hérodote. Cependant, s'il ne faut point donner aux dieux d'un pays des noms étrangers, l'assimilation d'Osiris à Bacchus, d'Isis à Cérès, est la moins choquante de toutes; ces personnages sont les plus égyptiens de tous les dieux grecs. Les vaisseaux partis des rives du Nil apportèrent aux sauvages habitants du Péloponèse, vivant encore des fruits du chêne, la vigne avec le culte d'Osiris, les céréales avec l'adoration d'Isis [2].

Les Hébreux n'adorèrent point le phallus, mais ils le respectèrent. Les cultes antérieurs à la vocation d'Abraham laissèrent dans leurs mœurs des traces légères; on retrouve, bien qu'effacés, l'ancienne pluralité des dieux dans le mot d'Elohim, le sabéisme dans l'importance du nombre *sept*, les divinations chaldéennes dans le sommeil d'Abraham

---

[1] Hérodote, liv. 2.
[2] Ὄσιρις δέ ἐστι Διόνυσος κατὰ Ἑλλάδα γλῶσσαν. Hérodote, liv. 2.

après un sacrifice, le culte des pierres dans les érections si fréquentes de monuments grossiers. La religion du phallus laissa chez les Hébreux une forme particulière de serment; c'était la plus solennelle [1].

Les plus grandes, les plus belles fêtes des Égyptiens, étaient ces pèlerinages qu'ils appelaient panégyres. On se rendait en l'honneur de Pepascht, à Bubaste, de Neith à Saïs, du Soleil à On, de Bouto à Butis, du dieu que les Grecs appellent Arès ou Mars, à Paprémis.

Ces solennités, les plus animées de toutes, paraissent déjà vivifiées par le génie de la Grèce; il semble que les Hellènes pourront se les approprier sans transformation. Suivons de l'œil cette flotte religieuse, qui longe le Nil en se rendant à Bu-

---

[1] Erat autem Abraham senex, dierumque multorum : et dominus in cunctis benedixerat ei.

Dixitque ad servum seniorem domus suæ qui præerat omnibus quæ habebat : pone manum tuam subter femur meum.

Ut adjurem te per Dominum Deum cœli et terræ ut non accipias uxorem filio meo de filiabus Chananæorum inter quas habito.

Posuit ergo servus manum sub femore Abraham domini sui et juravit. Gen. XXIV, 1, 2, 9.

Cumque appropinquare cerneret (Jacob) diem mortis suæ, vocavit filium suum Joseph et dixit ad eum : Si inveni gratiam in conspectu tuo, pone manum tuam sub femore meo et facies mihi misericordiam et veritatem ut non sepelias me in Ægypto.

Sed dormiam cum patribus meis. Gen. XLVII, 29, 30.

Jurabant veteres illi manu sub femore atque genitali parte posita quod inde posteritas esset futura atque ideo veluti res sacra haberetur. *Critici sacri*, t. I, p. 555; Munster, Fagius.

baste; sur chaque embarcation, des femmes font résonner la flûte double et retentir les cymbales; les passagers chantent en chœur et frappent des mains; il est vrai que tout dans la fête n'est pas d'une poésie aussi pure; nous sommes dans l'antiquité, règne de la matière et de l'impudeur; à chaque ville on aborde : les femmes embarquées descendent nues, attaquant de mots obscènes ceux qu'elles rencontrent. A Bubaste, sept cent mille Égyptiens se trouvent souvent réunis, ils font des sacrifices et boivent en un jour plus de vin que le pays entier n'en consomme pendant le reste de l'année.

Pendant le panégyre de Saïs, chacun doit illuminer sa demeure en suspendant des lanternes tout autour, et ce ne sont pas seulement les habitants de Saïs, ce sont tous les Égyptiens qui, la même nuit, se conforment à ce rite ; c'est la fête des lanternes[1]; elle a des analogues, chez les Juifs, dans la fête nommée *encœnia*, que les Macchabées instituèrent, et qui durait huit jours à partir du 25 de *kislav*; chez les chrétiens dans la Chandeleur. La Chine a sa fête des lanternes. L'instinct d'appréhension qui nous fait attacher des idées sombres à la nuit, une impression de joie aux clartés vives, est universel, il explique ces illuminations solennelles. Chez les différents peuples, l'unité morale de l'humanité produisit spontanément des mœurs et des lois semblables. Ceux qui découvrirent les premiers

---

[1] Λυχνοκαίη. Hérodote, liv. 2.

un symptôme de cette unité dans les institutions de l'Égypte et de la Chine, qui remarquèrent des deux parts une écriture figurative, une fête des lanternes, des saluts cérémonieux, une jalousie qui, par des moyens différents, il est vrai, refusait aux femmes l'usage de leurs pieds, virent dans les Chinois une colonie d'Égyptiens; c'était la conclusion d'une étude incomplète. Les Chinois ne viennent pas plus des Égyptiens que les Aztèques du Mexique, qui eurent aussi des hiéroglyphes et même des pyramides ; les procédés par lesquels l'homme, sur tous les points de la terre, s'avance lentement vers l'harmonie, sont les mêmes, parce que son intelligence et ses besoins sont au fond les mêmes en tout lieu; deux chênes ou deux sapins ne sont pas obligés de se consulter pour se ressembler par l'écorce et par les feuilles. Cette puissance de la nature n'exclut pas l'influence du jardinier, qui émonde ou redresse les arbres, l'influence du législateur, qui émonde ou redresse les nations.

GOUVERNEMENT.

Après la religion, le gouvernement est le sujet le plus élevé qui se présente dans l'étude des institutions égyptiennes.

Les efforts du clergé pour constituer la théocratie, caractérisent tout état barbare; mais ces efforts n'ont habituellement qu'un demi-succès. Lisez les annales des Indiens, des Égyptiens, des Juifs, rédigées sous une influence sacerdotale ou par la main des prêtres même; il vous semblera que tout ait plié devant le clergé. Réellement, il obtint chez les peuples que nous venons de nommer la première place en dignité, mais non pas en pouvoir effectif. La loi de Manou, livre sacerdotal, ne donne pas seulement au prince de l'Inde des préceptes de morale; elle le conseille en politique, elle le suit à la guerre; elle lui dit comment il doit ranger les *pions*, les cavaliers, comment il doit placer aux ailes les éléphants chargés de tours et se tenir au centre, dans ces batailles indiennes qui ressemblent si fort au jeu d'échecs. Il est au moins douteux que cette influence universelle du brahmane ait passé dans les faits. En Égypte, s'il faut en croire les prêtres, ils auraient exercé sur les Pharaons un pouvoir absolu. Le souverain n'aurait eu près de sa personne que des fils de prêtres, âgés de plus de vingt ans; il aurait agi depuis le matin jusqu'au soir conformément à des règlements sacerdotaux : on réveille le prince à l'aurore, il lit d'abord ses lettres, pour conformer sa conduite du jour aux avis qu'il a pu recevoir; on le lave, on l'habille superbement, on le mène sacrifier aux dieux. Pendant la cérémonie, le grand prêtre prononce une longue homélie sur les vertus nécessaires au Pharaon, consulte les entrailles de la victime, et lit dans les commentaires sacrés, rédigés par des prêtres, les vies des rois qui ont le mieux subi l'influence du clergé; pendant le reste de la journée, tout est réglé pour le pauvre prince: voici comment il marchera, comment il se lèvera, ce qu'il peut faire avec son épouse; il ne mangera que des viandes saintes, le bœuf et l'oie, ne boira qu'une mesure de vin [1].

C'est parfait, mais quand, à côté de ces règlements sévères, de ces rois presque idiots de sainteté, l'histoire nous montre des despotes comme Sésostris, comme Cheops et Cephren, qui firent fermer les temples, comme Apriès ou Ouaphré, nous devons penser que le clergé, quand il nous raconte son influence sur les Pharaons, traçait un idéal auquel il ne put atteindre.

La royauté chez les Égyptiens était héréditaire. A son avénement, le prince était consacré par une cérémonie analogue au sacre des rois juifs et même des rois de France. Au moment où le souverain de Memphis est coiffé du *pschent*, on lâche vers chacun des points cardinaux un oiseau chargé d'annoncer cette grande nouvelle aux nations [2]. On n'a pas oublié les oiseaux lâchés dans la cathédrale de Reims au couronnement du roi Charles X. Ajoutons qu'en Égypte une fleur de lys semblable à celle de France figurait dans les emblèmes royaux.

Tous les rois égyptiens s'intitulaient Pharaons; on s'étonnerait de lire dans la Bible que le roi d'Égypte contemporain d'Abraham s'appelait Pha-

[1] Diodore de Sicile.
[2] Champollion, Lettres d'Égypte et de Nubie, p. 346.

raon, que le roi d'Égypte au temps de Joseph s'appelait encore Pharaon, qu'il en était de même au temps de Moïse, si l'on ne savait que ce nom est un titre et non pas un nom propre. L'historien Joseph le fait très bien observer.

« J'ai remarqué, dit-il, qu'on est fort en peine de savoir pourquoi tous les rois d'Égypte, depuis Menès, qui bâtit la ville de Memphis *et qui précéda Abraham de plusieurs années*, ont, durant plus de treize cents ans et jusqu'au temps de Salomon, toujours porté le nom de Pharaon, qui fut celui d'un de leurs rois. Je crois en devoir rendre la raison : Pharaon, en Égypte, signifie roi, et ainsi j'estime que ces princes, ayant eu d'autres noms dans leur jeunesse, prenaient celui-là aussitôt qu'ils arrivaient à la couronne, parce que, selon la langue de leur pays, il marquait leur souveraine autorité. Ne voyons-nous pas de même que tous les rois d'Alexandrie, après avoir porté d'autres noms, prenaient celui de Ptolémée lorsqu'ils montaient sur le trône, et que les empereurs romains quittaient le nom de leurs familles pour prendre celui de César comme étant beaucoup plus honorable. C'est, à mon avis, pour cette raison qu'Hérodote d'Halicarnasse ne parle point du nom de trois cent trente rois d'Égypte qu'il dit avoir régné successivement depuis Menès, parce qu'ils se nommaient tous Pharaon. Mais, lorsqu'il parle d'une femme qui régna après eux, il ne manque pas de dire qu'elle se nommait Nicaulis, parce qu'il n'y avait que les hommes à qui il appartînt de porter le nom de Pharaon[1]. »

Joseph prévenait une méprise qu'on a souvent commise en traduisant la Bible; cependant la Bible même indiquait la différence du titre et du nom propre quand elle appelait un conquérant égyptien le Pharaon Néco[2].

On a dit aussi que le mot de Putiphar était un titre, qu'il signifiait grand prêtre du Soleil ou d'Osiris[3]. Mais cette opinion n'a rien de probable; Putiphar, dans la Genèse, est un chef d'armée[4].

Le Pharaon gouvernait avec un despotisme absolu *le peuple obéissant*; c'est ainsi que les inscriptions monumentales désignent la nation tout entière. La passion des rois égyptiens c'était de bâtir; ils y sacrifiaient tout. Bien qu'on n'employât régulièrement aux corvées publiques, aux digues et chaussées, que des étrangers comme les Hébreux, des condamnés comme le fit Bocchoris, ou bien les hommes qui ne pouvaient justifier d'aucune profession, Cheops et Cephren, interdisant les sacrifices, fermant les temples où se consumait le temps des Égyptiens, firent travailler la population tout entière à leurs pyramides; l'histoire sacerdotale les a maudits.

---

[1] Joseph, Antiq. jud., liv. 8, chap. 2.
[2] Rois, l. 4, xxiii, 33.
[3] Description de l'Égypte, texte, t. 2, Héliopolis, p. 7.
[4] Gen. xxxix, 1.

Ces abus de pouvoir sont fréquents dans l'antiquité où les rois se prenaient pour le but du gouvernement; cependant l'Égypte avait une administration régulière. Sésostris, effaçant probablement une division plus ancienne et plus rebelle à l'unité de sa puissance, divisa l'Égypte en trente-six provinces; les Grecs les appellent *nomes;* mais ce mot, fort éloigné de l'expression copte, *phtosch*[1], qui lui correspond, n'a pas sans doute une origine égyptienne. Le préfet de chaque nome, ou *nomarque*, administrait et percevait les impôts.

LÉGISLATION CIVILE.

Les Égyptiens, et c'est un côté par lequel ils s'élevaient au-dessus de la barbarie, eurent de bonne heure des lois écrites; leur esprit conservateur, leur habitude de tout régler, de tout consigner, le voulaient ainsi. Les législateurs de l'Égypte furent un homme religieux que Diodore appelle Mneyès, (Menès peut-être), Sasychès qui s'occupa surtout des sciences mathématiques; le conquérant Sésostris codifia l'organisation militaire; enfin Bocchoris, espèce de Louis XI, homme d'une mauvaise santé, très intelligent, très avare, régularisa l'administration, probablement celle des finances, et les contrats civils[2].

Amasis perfectionna toutes les lois; ce qu'il y

---

[1] Champollion le jeune, l'Égypte sous les Pharaons, t. 1, p. 14, 67.
[2] Diodore de Sicile, Amsterdam, 1746, t. 1, p. 106.

ajouta du sien est relatif à l'administration publique. En sa qualité de parvenu, d'usurpateur, Amasis avait plus de capacité que la plupart des Pharaons héréditaires.

La loi civile de l'Égypte s'occupa de deux objets qui se présentent partout au législateur, les personnes et les biens.

DES PERSONNES.

DES CASTES.

Si la première association des hommes, la famille, est restreinte et fondée sur des liens matériels, l'état qui se forme de familles agglomérées conserve longtemps la trace de cette origine, les professions demeurent héréditaires; on ne répartit point les hommes d'après leurs vocations, leurs aptitudes, ils restent classés dans la société par cette loi du sang considérée à tort comme infaillible. La transition du règne absolu de la famille à l'organisation tout à fait rationnelle de l'état, ce sont les castes; elles apparaissent dans les sociétés primitives et surtout chez celles où le génie conservateur l'emporte sur les instincts progressifs.

En montrant l'humanité qui se forme du corps de Brahma, nous avons fait entrevoir, dans l'Inde, le prêtre, — le guerrier, — le commerçant ou agriculteur, — l'esclave.

Les castes égyptiennes allaient jusqu'à *sept;* mais

les besoins de l'homme, par suite les professions et les bases de la classification, sont les mêmes que dans l'Inde; en Égypte, nous retrouvons le prêtre, — le guerrier; au Waisya, commerçant ou agriculteur des Indiens, correspondent cinq castes qu'on peut regarder comme des subdivisions, les bouviers, — les porchers, — les marchands, — les interprètes, — les patrons de navires.

Conduire les bœufs ou les porcs ne pouvait pas appartenir à la même caste, puisque la première de ces fonctions était honorée, l'autre maudite; les castes d'interprètes et de patrons de navires se formèrent sans doute lorsque l'Égypte ouvrit son littoral aux Ioniens, aux Cariens, aux Grecs.

Les esclaves, qui ne comptent pas dans l'état, ne forment pas, dans le tableau d'Hérodote, une caste spéciale.

Toute industrie est interdite aux nobles ou guerriers; de père en fils ils portent les armes. Tel fut l'esprit de la noblesse chez les Thraces, les Scythes, les Perses, les Lydiens; tel il était en Grèce, à Sparte surtout, à Corinthe moins qu'ailleurs; tel il se retrouvera dans toute barbarie.

La distinction des personnes et des biens est complète dans les législations modernes; on la trouve bien tranchée dans la division fondamentale du Code civil; ce sont deux sujets pour le droit; l'homme est détaché du sol; il n'en est pas de même chez les nations primitives.

Quand un peuple barbare devient agriculteur, le

système de propriété foncière qu'il constitue est toujours une espèce de *féodalité*. Ce mot n'appartient qu'à la langue du moyen-âge occidental. En Occident, en effet, la barbarie, quand elle apparut avec ses institutions ordinaires, rencontra des légistes nourris des distinctions du droit romain; ces légistes l'analysèrent, la commentèrent, construisirent sur ses usages naïfs la science des fiefs, droit complet, muni de sa procédure; mais, si l'on appelle féodalité tout système dans lequel les cultivateurs sont attachés au sol et vendus avec lui;

Dans lequel les propriétaires sont tenus d'un service militaire;

Dans lequel l'étendue relative des possessions correspond à la hiérarchie dans l'armée;

On trouvera la féodalité dans l'histoire de presque toutes les nations; c'est le système de propriété qui convient à la barbarie. Quand un jeune peuple, cessant la vie nomade, s'établit sur le sol, les derniers des vaincus s'il y a conquête, les esclaves, si l'on s'arrête sur une terre inoccupée, seront attachés à la terre comme agriculteurs. Ces vivants immeubles changeront de maître avec la glèbe qu'ils fécondent et dont ils font presque partie. Chez les Hébreux, à Rome, nous trouverons des esclaves attachés à la terre.

D'autre part, le premier intérêt d'une société naissante est la défense de son territoire; le concours le plus utile qu'on puisse prêter à l'état, c'est le service militaire. Les hommes des classes supérieures ne posséderont le sol qu'à la condition de combattre et de conduire leur contingent à l'armée du pays ; ils y occuperont un rang proportionné à l'étendue de leur domaine, et par suite, au nombre de guerriers qu'ils ont amenés. L'Abyssinie est un spécimen complet du système féodal[1] ; il y existe, entre les petits et les grands propriétaires, un rapport de vasselage et de suzeraineté qui devient, sur le champ de bataille, la hiérarchie militaire; les fiefs sont donnés par investiture, et les feudataires doivent le service militaire à leur suzerain. Toutes les propriétés relèvent du roi, ou du moins en relevaient quand les gouverneurs de province n'avaient pas encore brisé l'unité de la monarchie. Le roi, lorsque mourait le chef d'une famille, avait le droit de reprendre le tiers des biens immeubles pour en gratifier un guerrier de son choix[2]. En donnant l'investiture d'un fief, il nouait autour de la tête de son nouveau vassal un bandeau sur lequel se lisait, en caractères rouges et noirs, la devise du royaume : Le lion d'Israël et de la tribu de Juda a vaincu.

La féodalité fut constituée en Égypte. Les membres de la caste agricole, qui payaient un revenu au prince dans les possessions royales, et qui étaient salariés par les prêtres ou les nobles dans les possessions sacerdotales ou militaires, ne quittaient point le lot

---

[1] Bruce, *passim*. — Salt, Deuxième Voyage, t. 2, p. 285. — Combes et Tamisier, t. 2, p. 302 ; t. 3, p. 216.

[2] Poncet, Lettres édifiantes, t. 3, p. 319.

de terre qui leur était assigné. La noblesse possédait un tiers du sol, à condition de faire le service militaire; elle se distinguait en deux corps, les calasires et les hermotybes; ces derniers étaient possessionnés dans six nomes, Busiris, Saïs, Chemmis, Papremis, l'île de Prosopite, la moitié de Natho; les nomes calasiriens avaient pour chefs-lieux Thèbes, Bubaste, Aphtis, Tanis, Mendès, Sebennys, Athribys, Pharbétis, Thmuis, Onuphis, Anysis, Mycephoris; les nobles hermotybes s'armaient en cas de guerre au nombre de cent soixante mille, les autres étaient deux cent cinquante mille guerriers. Chaque année, la noblesse calasirienne et la noblesse hermotybienne fournissaient chacune mille hommes au Pharaon; dans ces troupes, qui faisaient le service d'une garde royale, chaque soldat recevait, par jour, cinq livres de pain, deux livres de bœuf, quatre mesures de vin.

L'Égypte n'avait constamment sur pied que cette faible troupe; mais la caste militaire, assujettie à des exercices, à des revues, pouvait se lever tout entière; au premier signal, les soldats, sans armes encore, mais en bon ordre, marchent aux arsenaux, conduits par leurs chefs; on leur distribue les casques, les arcs, les carquois, les haches de bataille.

Sans cesse entretenue dans les habitudes militaires, la noblesse égyptienne avait une instruction guerrière, une discipline étonnantes; les monuments ont conservé l'image de ses manœuvres; elle marchait en rangs, d'un pas régulier[1], *au son des tambours et des trompettes*[2]. Ses étendards font penser à l'aigle romaine; les guerriers égyptiens portent sur des hampes l'ibis, le serpent, le vautour; chaque nome forme un corps spécial et garde son emblème. Dans la féodalité, l'armée, c'est la terre qui marche. Les soldats de ligne, qui combattent à l'aide du bouclier, de la lance et de l'épée, se distinguent de l'infanterie légère, c'est-à-dire des frondeurs et des archers portant à l'orientale leur arc dans un étui. Des troupes spéciales sont armées de la hache et de la faux. L'Égypte n'avait pas de cavalerie proprement dite, mais un corps d'élite monté sur des chars à deux chevaux.

En tout pays les grands vassaux se prétendent indépendants de l'autorité royale; ils veulent que la suzeraineté soit un mot. Entre la haute noblesse, qui prétend maintenir l'état dans le morcellement, et la royauté qui cherche à fonder l'unité à son profit, la guerre semble inévitable. Dans cette guerre, la royauté fut vaincue en Abyssinie, fut victorieuse en France; mais, en Égypte, la monarchie unitaire se constitua sans détruire l'importance politique de la noblesse; les deux principes vécurent ensemble. D'une part, la caste des nobles fut propriétaire de tout le terrain qui n'appartenait pas, soit au roi, soit aux prêtres; ils furent exempts

---

[1] Champollion, Lettres d'Égypte et de Nubie, p. 343, 353, 359.
[2] Ibid., p. 442.

d'impôts et remplirent exclusivement les commandements militaires, faits qui se trouvent en Europe au moyen âge; mais, d'autre part, le Pharaon solda les campagnes de la caste militaire et le service que faisaient près de sa personne les calasires et les hermotybes, ce qui semble un grand pas vers la centralisation et la formation d'une armée régulière et soumise. Enfin, les nomes, ou provinces, furent gouvernés par des fonctionnaires royaux.

Lorsqu'on songe à la rigueur avec laquelle Louis XI et Richelieu firent triompher chez nous le système exclusif de l'unité monarchique, ce règne paisible et simultané, dans le pays de Sésostris, du principe féodal et de la souveraineté royale, manifeste bien la différence qui existe entre un pays conservateur et un pays progressif, entre l'Égypte ancienne et la France.

La liste des castes, présentée par Hérodote, contient deux omissions étonnantes : l'agriculture et l'industrie n'y figurent pas. Diodore indique ces deux nouvelles castes. Elles doivent passer sans doute entre les nobles et les bouviers. Déjà nous savons que, rattachés par un lien de vassalité aux nobles de leurs nomes, les agriculteurs devaient les suivre au combat[1].

La caste des industriels se subdivisait en professions variées, que les monuments d'Égypte nous font connaître malgré le silence des historiens. Ou-

---

[1] Diodore de Sicile, liv. 1.

vrez ces atlas de M. Rosellini, dans lesquels le monde égyptien semble vivre comme se meuvent sur le papier les figures d'une chambre noire; vous y verrez d'abord les travaux agricoles; on laboure, on vendange des treilles qui font envie[1]. Voici les éleveurs, les vétérinaires; après l'agriculture, qui fournit la matière première, vient l'industrie qui la façonne. Voyez à l'œuvre tisserands, cordiers, tanneurs, mégissiers, potiers, briquetiers; le fourneau des cuisiniers et des pâtissiers s'allume; ici l'on forge des armures, là-bas on fabrique ces meubles élégants et riches, dont les vaincus enchaînés forment le support[2]. Dans les mains de l'artisan naissent des vases d'une coupe charmante[3]; les dessins des étoffes sont pleins de grâce[4]. Pourquoi l'art moderne n'irait-il pas se retremper dans ce style naïf comme le moyen-âge, opulent comme la renaissance? Voici le peintre et le doreur de l'Égypte; le sculpteur cisèle des statues de toutes les dimensions, depuis la figurine portative jusqu'au colosse entouré d'échafaudages et soutenant plusieurs étages d'ouvriers; ce colosse doit orner un temple, les traditions sacerdotales en ont fourni le modèle, et chaque ouvrier, sans songer à son voisin, martèle avec une sûreté géométrique. Le géant de granit est terminé; sa base glisse sur une pièce de bois; cent

---

[1] Rosellini, *I monumenti*, etc., MC, LXIX.
[2] MC, XLI.
[3] MC. LVII, LVIII.
[4] MC. LXXI, LXXII, LXXIII.

cinquante hommes le traînent; ils sont précédés par une troupe qui porte, en signe de triomphe, des rameaux verts.

C'est dans la perpétuité des castes, conservée par l'éducation et par les lois, qu'apparaît surtout l'immobilité de l'Égypte. On n'ignore pas que la distinction des castes était maintenue par un recensement très-sévère. Tout Égyptien devait indiquer au fonctionnaire public, au nomarque sans doute, quels étaient ses moyens d'existence; les membres de la caste industrielle étaient surtout surveillés; le clergé, la noblesse, jugeaient nécessaire d'étouffer l'ambition de ce tiers-état; l'industriel qui s'occupait de politique, ou voulait exercer plusieurs métiers, subissait une peine grave; nous ignorons laquelle[1]. Quant à l'homme qui mentait au nomarque ou qui faisait un métier prohibé par les lois, on le condamnait à mort.

La hiérarchie sévère des castes introduisait dans les mœurs égyptiennes un rigoureux cérémonial. Habitués à l'idée de l'égalité, bien qu'ils eussent des esclaves, les Grecs s'étonnaient de voir des Égyptiens qui se rencontraient dans la rue se courber si bas que leurs mains touchaient leurs genoux[2].

---

[1] Diodore de Sicile, liv. 1.
[2] Hérodote, liv. 2.

DES ESCLAVES.

L'esclavage, ou le droit de propriété de l'homme sur l'homme, existait en Égypte ; il y provenait des mêmes sources que chez tous les peuples antiques. La guerre avec les nègres éthiopiens, avec les Arabes et même les Indiens, amenait dans la terre de Mesraïm de nombreux captifs [1]. A Thèbes, sur un bas-relief qui représente un combat naval, nous voyons les vainqueurs entraîner des prisonniers attachés à la file par le cou ; c'est une chaîne de forçats ; leurs liens se terminent par un végétal symbolique ; la houppe du papyrus si l'homme enchaîné est Asiatique, le calice du lotus s'il est Africain[2]. Plusieurs captifs portent les menottes[3]. Un autre monument nous retrace un dénombrement de prisonniers après la victoire ; indépendamment du costume, ces malheureux se distinguent des Égyptiens, dont la tête et le menton sont rasés, par de longs cheveux et une longue barbe ; ils ont les mains liées dans les attitudes les plus gênantes. A mesure qu'une troupe de guerriers arrive, un secrétaire inscrit le nombre de leurs captifs sur un re-

---

[1] Burckardt, p. 118. — Gau, Antiquités de la Nubie, bas-reliefs de Calapsché. — Rosellini, MR. CXLIV, CXXXV, etc.

[2] Champollion, Lettres d'Égypte, p. 334.

[3] Thèbes, Medynet-Abou, combat naval sculpté sur la face extérieure du palais exposée au nord. — Description de l'Égypte, — Antiquités ; état moderne. — Planches.

gistre de papyrus; on apporte en même temps les trophées coupés sur les morts; une inscription, lue par M. Champollion, donne l'explication de la scène : « Conduite de prisonniers en présence de sa majesté. Ils sont au nombre de mille; mains coupées trois mille, phallus trois mille[1]. »

Ainsi se trouve retracé l'usage le plus féroce de l'Égypte. Dans l'état sauvage et barbare, presque tous les peuples enlèvent aux ennemis qu'ils ont tués, une partie du corps pour en faire trophée. Les uns, armés du scalpel, détachent le cuir chevelu, d'autres conservent le crâne comme les Thraces, les Lombards, les Scandinaves; à quelques uns il faut toute la peau du corps; les Scythes en faisaient des fermoirs de carquois, dont Hérodote vante la blancheur; les Arabes et les Polynésiens gardent la tête entière; les Turcs ont coupé des oreilles jusqu'à nos jours[2]. Sur le champ de bataille les Égyptiens enlevaient à chaque cadavre ce qui constate le mieux la virilité; la main droite et les parties génitales[3].

Cet usage, dans lequel se trouvent à la fois le matérialisme l'impudeur et la dureté des barbares, n'est pas spécial à l'Égypte ancienne; on le trouve répandu dans une grande partie de l'Afrique[4]. Dans

---

[1] Champollion, Lettres d'Égypte, p. 341.

[2] Caillaud, t. 2, p. 59.

[3] Description de l'Égypte, pl., t. 1, Thèbes, 12. — Champollion, Lettres d'Égypte, p. 288, 353, 356.

[4] Victores victis cœsis et captis pudenda excidunt quæ exsiccata

la Nubie, où la barbarie est maintenue par des plaines de sable comme elle l'est en Abyssinie par des montagnes, l'émasculation des morts s'est conservée jusqu'aux victoires civilisatrices de Méhémet-Ali. M. Caillaud, qui visita ce pays de 1819 à 1822, parle ainsi des nègres nubiens du Bertat:

« Quant aux Gallas, leurs ennemis naturels, ils ne leur font aucun quartier, et même avant de tuer ceux qu'ils font prisonniers, ils leur font subir la même mutilation qu'aux malheureux soldats turcs qui leur tombaient entre les mains. Les Gallas, de leur côté, usent de la loi du talion sur les cadavres des nègres qui périssent en se défendant. A l'issue d'une bataille, les vainqueurs apportent à leurs femmes ces dépouilles obscènes ; celles-ci s'en parent avec ostentation ; elles se les suspendent au cou et en enfilent pour les porter en guise de bracelets; plus le nombre de ces dégoûtants joyaux est grand, plus elles acquièrent de considération aux yeux de la tribu. Ce sont des témoignages éclatants de la bravoure de leurs maris[1].»

Même usage chez les habitants de Dînka[2], et en général chez tous les nègres de Nubie.

Les Gallas n'ont pas adopté par représailles la coutume des Nubiens; ils la suivaient lorsque, partis de l'Afrique méridionale, ils apparurent sur

---

regi in reliquorum procerum præsentia afferunt. Debry, *de Cafrorum militia.*

[1] Caillaud, t. 3, p. 32.
[2] Idem, t. 3, p. 84.

les frontières d'Abyssinie. M. Salt croit reconnaître les Gallas dans les Muzimbas, qui attaquèrent en 1589 et en 1592 les établissements portugais de Mozambique. Ces noirs mangeaient la viande crue et mutilaient sur le champ de bataille ceux qui tombaient sous leurs coups [1].

Les détails abondent sur l'émasculation des vaincus en Abyssinie. Là, cette barbarie, que le christianisme n'a pas détruite, s'exerce non-seulement sur les morts, mais sur tout ennemi terrassé. Bruce y fait des allusions fréquentes [2]; il nous montre après chaque bataille les guerriers abyssins qui viennent tour à tour apporter sur leur poing fermé un sale trophée, et qui le jettent aux pieds de leur supérieur féodal. Salt, Combes et Tamisier ont donné sur ce fait les renseignements les plus circonstanciés [3]; ils nous ont fait connaître l'orgueil du guerrier, qui a souvent rapporté le gage usité de la victoire, la honte de celui qui n'a jamais eu ce bonheur, qui se voit raillé des femmes et n'a pas le droit de laisser pousser sa chevelure. Mais c'est assez parler d'un usage qui révolte tous les sentiments des hommes civilisés.

Si les Hébreux, témoins de la coutume égyptienne, n'émasculèrent point leurs ennemis terrassés, ils

---

[1] Salt, Deuxième Voyage, t. 1, p. 80.
[2] Bruce, t. 5, p. 725.
[3] Voyage de lord Valentia, t. 3, p. 132. — Salt, Premier Voyage, t. 2, p. 6; Deuxième Voyage, t. 2, p. 36, 131. — Combes et Tamisier, t. 1, p. 220, 222; t. 2, p. 299, 309; t. 3, p. 220, 346.

prirent au moins l'habitude de les circoncire; on en juge par une phrase de David :

« Rendez-moi mon épouse Michol, que j'ai achetée cent prépuces de Philistins[1]. »

En Égypte, le vaincu n'échappait à la mort et à la mutilation que pour subir l'esclavage. La vente fournissait aussi des esclaves amenés par les caravanes ismaélites, et l'histoire de Joseph nous a prouvé qu'un homme puissant en Égypte avait le droit de condamner à perdre la liberté.

Chez les Égyptiens, comme en tout pays de servitude, les fonctions des esclaves étaient graduées suivant leur instruction et leur intelligence. Joseph devient l'intendant de Putiphar, qui lui remet avec une pleine confiance le gouvernement de son intérieur[2]; les esclaves, par les métiers qu'ils exerçaient, faisaient concurrence à la caste industrielle, ils ne se livraient pas seulement aux travaux de la vie domestique, à ceux de jardiniers, barbiers, cuisiniers; il y avait des esclaves médecins. La Genèse les fait intervenir aux derniers moments de Jacob.

« A cette vue, Joseph se jeta sur le visage de son père, pleurant et l'embrassant.

« Et il ordonna à ses esclaves médecins d'embaumer son père[3]. »

Des bas-reliefs antiques nous montrent dans la

---

[1] Rois, liv. 2, III, 14.
[2] Ecce dominus meus, omnibus mihi traditis, ignorat quid habeat in domo sua. Gen. XXXIX, 8.
[3] Gen. L, 1, 2.

suite des seigneurs égyptiens, des figures grotesques; ce sont des nains et des bouffons [1], tels qu'on en voit aujourd'hui même en Abyssinie [2]. Les plus malheureux des esclaves étaient ceux qu'on attelait à la charrue à défaut de bœufs [3], ou qu'on enchaînait pour tourner la meule. Sans moulins mécaniques, les Égyptiens, et à leur imitation les Hébreux, ont employé les esclaves pour moudre le grain [4].

Ce n'est pas en vain que l'Égypte était voisine de la Nubie, terre classique de la circoncision, de l'excision, de l'infibulation [5], terre où dès la plus haute antiquité l'on créa, pour tourmenter les parties sexuelles, des inventions bizarres, de la Nubie, signalée par Agatharchides [6] comme une fabrique d'eunuques, où la mutilation s'entourait de cérémonies religieuses (Cette industrie nubienne existait encore il y a peu d'années.); beaucoup d'esclaves de l'ancienne Égypte furent eunuques. Souvent la faveur du maître s'attachait à ces hommes, qui pouvaient pénétrer dans son intérieur le plus intime sans offenser sa jalousie. Putiphar était eunuque [7],

---

[1] Champollion, Lettres d'Égypte, p. 83.

[2] Salt, Deuxième Voyage, t. 2, p. 135.

[3] Description de l'Égypte, planches du plus grand format. El-Kab, bas-relief sculpté sur l'une des faces de la grotte principale.

[4] Exode xi, 5. — Juges, xvi, 21. — Isaïe, xlvii, 1, 2 — Math., Evangil. xxiv, 41.

[5] Caillaud, t. 2, 278.

[6] *De mare Rubro.*

[7] Gen. xxxix, 1.

mais influent; il avait une femme. Ces simulacres de mariage ne sont pas rares dans l'histoire orientale; l'échanson, le panetier qui se trouvèrent dans la même prison que Joseph, étaient eunuques[1].

Justifier l'origine de l'esclavage par la cruauté primitive des vainqueurs envers les vaincus, par la nécessité de discipliner les races encore sauvages, ce n'est pas dire que l'esclavage doive être excessif et cruel, ce n'est pas dire non plus que l'éternité lui appartienne; c'est une éducation : toute éducation doit finir. L'esclavage s'est établi antérieurement à l'existence des lois écrites, et les législateurs ne s'en sont occupés que pour le modérer; ils ont senti que la liberté, c'est-à-dire le développement de toutes les facultés, de tous les instincts, est un droit pour tous les hommes ; ils travaillent à rapprocher l'époque où l'exercice de ce droit pourra se concilier avec l'ordre. En Égypte, nous trouverons, en faveur de la classe asservie, des lois que les Romains doivent promulguer à leur tour : l'assassin d'un esclave est mis à mort comme s'il avait tué un homme libre[2].

L'esclave excédé de mauvais traitements par son maître peut recourir au droit d'asile; il fuit vers le temple d'Hercule, ou plutôt de Méui; les prêtres lui impriment leur marque sur les tempes, dès lors il est inviolable.

---

[1] Gen. XL, 1.
[2] Diodore de Sicile, liv. 1.

DE LA FEMME ET DU MARIAGE.

Après les esclaves, nommons les femmes, dont la condition, dans l'antiquité, semble intermédiaire entre la servitude et la liberté.

Les Égyptiens étaient polygames; ceux de la haute Égypte, plus isolés, conservèrent longtemps ce caractère de barbarie; mais, suivant Hérodote, ceux des marécages, c'est-à-dire probablement de la basse Égypte, mieux canalisée et mise de bonne heure en relation avec les Grecs, étaient monogames; tel est le récit d'Hérodote. Diodore, qui voyagea le second, qui nous donne une liste de rois plus complète, et généralement des faits plus exacts, assure que la polygamie régnait dans toute l'Égypte et que les prêtres seuls étaient réduits à une seule femme; le grand nombre de prêtres répandus dans la basse Égypte, où se trouvaient les villes saintes de Saïs, de Bubaste, d'Héliopolis, a pu tromper Hérodote sur les mœurs de cette partie du pays.

Joseph, le fils de Jacob, épousa la fille d'un prêtre d'Héliopolis [1]

Sur la vie intérieure des femmes égyptiennes, nous ne savons rien d'important; Hérodote s'amuse, comme tout nouveau venu dans un pays, à relever les minuties qui contrastent avec les habitudes de sa terre natale; il nous a dit que les Égyptiens, con-

---

[1] Démétrius cité par Eusèbe, liv. 9, chap. 21.

trairement à l'usage grec, pétrissent la terre glaise avec leurs mains, la farine avec leurs pieds[1], mangent dans la rue, écrivent de droite à gauche ; il nous dit encore, qu'en Égypte, les femmes n'ont qu'une robe, vont au marché, et portent les fardeaux sur leurs épaules, tandis que les hommes ont deux vêtements, restent chez eux à tisser des étoffes, et portent les fardeaux sur leur tête. Diodore de Sicile fait une observation plus importante en nous apprenant, qu'à l'exemple d'Osiris, les Égyptiens pouvaient épouser leurs sœurs et que, chez eux, la femme avait la direction du ménage[2] ; il est vrai qu'Isis, bien qu'elle n'ait régné qu'après son mari, resta dans les croyances égyptiennes une plus grande divinité qu'Osiris ; Isis et Osiris, tel est l'ordre dans lequel Plutarque range leurs noms. Que cette prééminence de la déesse lui vînt d'une supériorité intellectuelle historique ou de son importance supérieure comme emblème, car elle fut prise quelquefois pour symboliser la nature, la substance infinie, les femmes d'Égypte ont pu s'en prévaloir ; il est encore très probable qu'elles exerçaient dans leur intérieur ce gouvernement féminin qui, pour être illégal, n'est pas moins réel ; mais, chez les Égyptiens comme chez tous les barbares, la loi était contre elles ; on ne les estropiait pas comme en Chine, mais on les faisait marcher pieds nus. « Autrefois, dit

---

[1] Hérodote, liv. 2. — Strabon, liv. 17.
[2] Diodore de Sicile, liv. 1.

Plutarque, les Égyptiennes ne portaient pas de chaussures, pour qu'elles eussent à se rappeler qu'elles devaient rester chez elles[1].

DU POUVOIR PATERNEL.

En examinant les coutumes civiles des patriarches hébreux, nous avons débuté par étudier le pouvoir paternel; tout dérivait de lui dans la famille d'Abraham; mais, en Égypte, où l'état s'est formé, le patriarcat, qui sans doute exista comme partout ailleurs, cesse d'occuper le premier plan; la justice sociale existe et déjà lutte pour enlever au père son droit de vie et de mort, droit que l'absence d'un gouvernement supérieur excusait seule; le père est né pour aimer et protéger ses fils, non pour verser leur sang. Lorsqu'un homme tuait son fils, les Égyptiens ne le condamnaient pas au dernier supplice; mais, pour lui faire comprendre qu'il manquait aux lois de la nature, on le forçait à tenir le cadavre embrassé pendant trois jours et trois nuits. Des gardiens l'empêchaient de quitter cette position triste et flétrissante.

En Égypte, on n'attachait d'importance dans la filiation qu'à la paternité; c'était elle qui décidait le sort des enfants; nés d'une femme esclave, ils n'étaient considérés ni comme esclaves ni comme bâ-

---

[1] *Conjugalia præcepta.* Plutarque, Œuvres morales; Paris, 1624, p. 142.

tards, si le maître s'en croyait le père. Toute génération, disaient les Égyptiens, vient de l'homme; la femme ne donne à la progéniture qu'un asile dans son sein. Diodore, qui présente cette opinion comme égyptienne, n'avait pas réfléchi sans doute au caractère exclusivement mâle de toutes les généalogies barbares.

Les noms des enfants étaient individuels et significatifs; mais à défaut de désignation générale pour la famille, on y joignait le nom du père; un tel, fils d'un tel, se lit habituellement sur les cercueils de momie[1].

L'homme d'Égypte élève ses enfants avec une extrême économie; ils vont nus, ne mangent que des racines, de la moelle de papyrus cuite sous la cendre, et ne coûtent que vingt drachmes depuis la naissance jusqu'à la puberté. Cette race, libre dans ses mouvements, toujours exposée à l'air, était vigoureuse. On connaît la comparaison que fit Hérodote entre les crânes des Égyptiens et ceux des Perses répandus sur le même champ de bataille. Les Perses portaient des mitres dès l'enfance; leur crâne mou se laisse facilement percer; les têtes égyptiennes, toujours nues et rasées, ne se brisent que difficilement à grands coups de pierres.

Quand le fils est adulte, le père lui apprend ce qu'il sait lui-même, sans rien ajouter, et contribue ainsi, pour sa part, à l'immobilité de l'Égypte.

---

[1] Champollion, Précis du système hiéroglyphique, 110.

Devenus grands, les fils ne sont pas forcés de nourrir leur père, la loi y oblige les filles; telles sont les paroles de Diodore, mais il faut les interpréter ainsi : les filles doivent *soigner* leur père. La même obligation ne pèse pas sur les fils, parce qu'ils sont forcés, suivant leur caste, d'aller à la guerre, de servir dans la garde des Pharaons, ou d'exercer les fonctions sacerdotales [1].

DES BIENS.

De nos jours, on a vu le vice-roi d'Égypte, propriétaire du pays entier, maître exclusif des produits agricoles, ne payer aux habitants que leur culture; ce n'est pas la première fois que la concentration des biens dans la main du pouvoir avait lieu dans ce pays. On sait que Joseph, pour empêcher une dilapidation des denrées, qui ramenait périodiquement la famine, entassa dans des greniers le blé récolté pendant *sept* années d'abondance. Voici ce qu'ajoute la Genèse [2] :

« Le pain manquait dans le monde entier. La famine désolait la terre, surtout l'Égypte et Kanahan.

« Joseph, par la vente du froment, tira de ces contrées tout l'argent qu'elles renfermaient, et le déposa dans le trésor royal.

[1] Voyez De Pauw, t. 2.
[2] Gen. XLVII.

« L'argent manquant aux acheteurs, toute l'Égypte vint à Joseph et lui dit : Donne-nous du pain. Nous laisseras-tu mourir parce que nous n'avons plus d'argent?

« Il leur répondit : Amenez-moi vos troupeaux; je vous donnerai des vivres en échange, puisque vous n'avez plus d'argent.

« Ils obéirent. Il leur donna des aliments en échange de leurs chevaux, de leurs moutons, de leurs bœufs, de leurs ânes, et les défraya toute cette année pour la valeur de leurs troupeaux.

« Ils revinrent l'année suivante et lui dirent : Nous ne cacherons pas à notre seigneur qu'après l'argent les troupeaux nous manquent aussi. Tu n'ignores pas, qu'excepté nos personnes et la terre, nous n'avons plus rien.

« Devons-nous mourir à tes yeux? Nous t'appartiendrons, nous et notre terre. Achète-nous pour être les esclaves du roi; donne-nous des semences; si tu laisses périr les cultivateurs, le pays va se changer en solitude.

« Ainsi Joseph acheta toute la terre d'Égypte. Chacun, poussé par la faim, vendit le sol qu'il possédait, et tout le territoire fut acquis au Pharaon,

« Avec tous les habitants jusqu'aux dernières limites de l'Égypte,

« Excepté la terre sacerdotale donnée par le monarque aux prêtres. Une quantité réglée d'aliments leur était fournie par le trésor public; ils ne furent donc pas forcés de vendre leurs possessions. »

Il ne suffisait pas au Pharaon de posséder nominalement la terre, il fallait qu'elle fût cultivée. Les prédécesseurs de Rhamsès ou Sésostris, pourvurent sans doute à l'organisation du travail, mais c'est lui qui le régla d'une manière complète. Ce prince, postérieur à Joseph, et même à Moïse, assigna à chaque Égyptien un lot de terre à cultiver, sous la condition qu'on lui fournirait un revenu annuel. Si le Nil rongeait un des lots, Sésostris envoyait un inspecteur qui mesurait la diminution de la terre et accordait sur l'impôt une diminution proportionnelle. Cette législation développa l'étude de la géométrie.

La part des prêtres avait été respectée par Joseph, Rhamsès-le-Grand ne pouvait oublier celle des guerriers; il donna douze lots à chacun des membres des deux premières castes, et les dispensa de tout impôt. Les prêtres et les guerriers ne cultivaient pas; ils avaient sous leurs ordres des agriculteurs et des pasteurs, auxquels ils ne donnaient que des salaires, et la terre égyptienne se trouva divisée en trois parties; celle des prêtres, toujours les premiers en dignité, dut fournir aux sacrifices et à toutes les dépenses religieuses.

La seconde est celle du roi, qui prend sur ce fonds les frais de guerre, le luxe de sa cour et les récompenses qu'il accorde aux hommes utiles.

La troisième part est celle des nobles; elle subvient à l'entretien de la caste militaire, indépendamment des frais de service et de campagne qui sont payés par le prince.

Le Pharaon Bocchoris régla la propriété mobilière et s'occupa spécialement des créances. En général elles étaient constatées par un titre; alors le paiement réclamé en justice ne souffrait aucune difficulté; mais on n'adjugeait d'intérêts que pour une valeur égale à celle du capital, jamais au delà [1]. A défaut de titre, le serment décisoire est déféré au défendeur; s'il jure qu'il ne doit rien, les prétentions du demandeur sont rejetées.

Le serment décisoire, qui se trouve encore consacré dans nos codes [2], avait une grande puissance dans les temps anciens; le penchant des hommes pour le merveilleux leur faisait penser que la Divinité, prise à témoin, ne laissait point le parjure impuni. Les Égyptiens surtout croyaient qu'au défaut de la justice humaine, le ciel offensé tirait de ce crime une vengeance infaillible et prompte [3]. Le serment causait un tel effroi religieux, qu'on craignait de le prêter même à bon droit.

Les Égyptiens, par un progrès très-précoce et très-remarquable, prohibaient la contrainte par corps. Que le créancier, disaient-ils, saisisse les biens acquis au débiteur par son travail ou par une donation valable, mais respectez la personne; elle

---

[1] Τοὺς δὲ μετὰ συγγραφῆς δανείσαντας ἐκώλυε διὰ τοῦ τόκου τὸ κεφάλαιον πλεῖον ποιεῖν ἢ διπλάσιον. Diodore de Sicile, liv. I.

[2] Code civil, art. 1357.

[3] Isocrate, Éloge de Busiris, p. 401.

appartient à l'état, qui doit l'employer, soit à la guerre, soit aux arts de la paix. N'est-il pas absurde que le guerrier, prêt à donner son sang pour la patrie, soit retenu dans une prison pour des créances, et que la cupidité privée impose un pareil sacrifice au bien public? Il y a des peuples qui déclarent insaisissables les armes, les instruments d'agriculture, les ustensiles professionnels. A quoi bon, si vous permettez de saisir l'homme lui-même qui doit employer toutes ces choses ?

Ces opinions égyptiennes ne laissaient pas le créancier sans ressource ; il trouvait, dans les coutumes du pays, une sûreté morale tout aussi forte que la contrainte par corps.

On sait l'importance qu'attachaient les Égyptiens à leur place dans l'histoire et dans le tombeau. Le débiteur insolvable était exclu des asiles funèbres, on n'y présentait même pas son corps : ses enfants le gardaient chez eux; mais, excités par l'humiliation de la mémoire paternelle, on les voyait souvent faire fortune, payer les dettes de leur père et le conduire avec pompe au tombeau.

L'Égyptien pouvait donner en gage la momie d'un ancêtre; mais tant que cet objet sacré n'aura pas été dégagé, qu'il n'espère point la sépulture [1].

---

[1] Diodore de Sicile, Amsterdam, 1746, t. 2, p. 104.

PROCÉDURE ET PÉNALITÉ.

Sous les Pharaons, sous un gouvernement despotique, il paraît superflu de chercher les règles de la procédure et de la pénalité. Cependant il faut distinguer entre la cour égyptienne, exposée aux caprices des souverains, et le peuple, pour lequel il existait des lois. Le despotisme, chez la plupart des nations, ne s'exerce que sur les grands, aussi le voyons-nous supporté, quelquefois aimé des petits. Néron donnait de l'or aux soldats, ouvrait le cirque aux plébéiens et faisait tuer les sénateurs ; il fut populaire.

Cette éternelle distinction règne en Égypte. A l'égard des hommes puissants, l'arbitraire du prince est complet. Nous trouvons dans la prison de Joseph le grand échanson du Pharaon, le grand panetier : nous ignorons quelle faute ils ont commise; mais tout à coup, sans confrontation, sans instruction d'aucune sorte, nous voyons l'un rétabli dans sa charge, l'autre mis en croix.

Lorsque Amasis se révolta contre Apriès, le roi menacé fit porter au rebelle l'ordre de s'arrêter. Patarbemis, chargé de cette mission, n'eut pour toute réponse qu'un geste indécent[1]. Apriès, punis-

---

[1] Ὡς δὲ ἀπικόμενος τὸν Ἄμασιν ἐκάλεε ὁ Πατάρβεμις, ὁ Ἄμασις (ἔτυχε γὰρ ἐφ᾽ ἵππου κατήμενος), ἐπάρας, ἀπεματάϊσε· καὶ τοῦτό μιν ἐκέλευε Ἀπρίῃ ἀπάγειν. Patarbemis ut advenit, Amasinque vocavit, equo tunc forte

sant de cette insolence le malheureux ambassadeur, lui fit couper le nez et les oreilles.

Le peuple trouvait bon que les Pharaons, crucifiant leurs eunuques, leur fissent expier par des retours amers les douceurs d'une fortune mal acquise, mais, en dehors de la cour égyptienne, il y avait des magistrats et des lois.

La magistrature égyptienne était élue par les grandes villes. Aoun, Thèbes et Memphis, nommaient chacune dix juges; on formait ainsi un conseil de trente personnes, qui nommait un président. L'élu cessait d'être compté parmi les membres, et la ville qui l'avait envoyé lui nommait un remplaçant.

Le roi fournissait à l'existence de chaque juge et donnait au président un traitement plus élevé. Ce magistrat portait au col une chaîne d'or à laquelle était suspendue une figure en pierres précieuses; c'était la Vérité. On remettait aux juges les lois écrites de l'Égypte, formant huit livres. Cette assemblée décidait le plus souvent des questions criminelles; la procédure, devant elle, n'avait lieu que par écrit. Les Égyptiens condamnaient l'usage de donner la parole à des avocats[1]; en Égypte, l'accu-

---

insidens Amasis, sublato crure, flatum ventris emisit atque hoc eum jussit Apriæ reportare. Hérodote, l. 2. Schweighœuser, t. 1, p. 459.

[1] Τούτῳ δὲ τῷ τρόπῳ τὰς κρίσεις πάντας συντελεῖν τοὺς Αἰγυπτίους, νομίζοντας ἐκ μὲν τοῦ λέγειν τοὺς συνηγόρους, πολλὰ τοῖς δικαίοις ἐπισκοτήσειν· καὶ γὰρ τὰς τέχνας τῶν ῥητόρων καὶ τὴν τῆς ὑποκρίσεως γοητείαν καὶ τὰ τῶν

sateur dépose des conclusions contenant le chef d'accusation, l'exposé des faits, l'indication de la peine ou de l'indemnité qu'il réclame. L'accusé, dans sa défense, également écrite, répond à chaque article. Il n'a pas fait la chose qu'on lui impute; s'il l'a faite, elle n'a rien de répréhensible; s'il est coupable, la peine demandée par l'accusateur est trop forte. On répliquait par écrit de part et d'autre. Après avoir reçu de chaque plaideur ses deux pièces, les trente juges opinaient secrètement; le président, silencieux comme les plaideurs, faisait connaître la sentence en tournant vers la partie gagnante l'image de la Vérité.

Sur plusieurs monuments de l'Égypte on a retracé cette assemblée de trente juges, qui paraît avoir été l'unique tribunal du pays. A Thèbes, Diodore de Sicile vit les statues des trente magistrats regardant leur président qui était entouré de livres; la figurine de la Vérité, qu'il portait au col, avait les yeux fermés[1]. Plutarque parle d'une peinture sur laquelle

κινδυνευόντων δάκρυα πολλοὺς προτρέπεσθαι παρορᾶν τὸ τῶν νόμων ἀπότομον καὶ τὴν τῆς ἀληθείας ἀκρίβειαν. Hoc modo cuncta Ægyptiis judicia peragere solemne est. Causidicorum enim oratione multum juri caliginis offundi arbitrantur; cum oratorum artes, et actionis prestigia et periclitantium lacrymæ multos adducant ut legum rigorem et veritatis normam post habeant. Et sæpe numero videre sit exercitatos in judiciis, vel per fallaciam, vel per voluptatem aut misericordiæ affectionem, facultate dicentis abripi. Verum enim vero si suam adversarii causam in litteras referrent, rebus per se nude consideratis exactiorem fore dijudicationem existimabant. Diodore de Sicile, liv. 1; Amsterdam, 1746, t. 1, p. 87.

[1] Diodore de Sicile, liv. 1.

les juges étaient représentés sans mains, parce qu'ils ne doivent pas recevoir de présents; leur président n'avait pas d'yeux, parce qu'il ne doit pas voir les gestes suppliants[1].

Quelles peines infligeait-on ? Si le bûcher sur lequel Juda veut brûler Thamar nous a montré, chez les patriarches hébreux, une pénalité cruelle, nous avons pu nous dispenser de remonter, à l'occasion de ce fait isolé, aux principes du droit de punir. En Égypte, nous trouvons des supplices légaux et variés; avant de les faire connaître, il faut s'interroger sur les bases du droit pénal.

Lorsqu'un homme a violé les lois de la morale, nous sentons que le mal peut lui être légitimement infligé; la conscience le dit. Bien plus, s'il arrivait que l'auteur de l'infraction ne fût pas puni dans la proportion de sa faute, notre âme en souffrirait; nous ne supportons pas l'idée d'un meurtrier essuyant ses vêtements tachés par le sang de sa victime, puis continuant sa route avec sécurité; d'un voleur pris en flagrant délit et laissé libre; nous sentons même qu'une indemnité fournie en réparation du mal causé, quand cette réparation est possible, que le replacement des choses dans leur premier état ne satisferaient pas notre conscience. La réparation du dommage est, sans aucun doute, légitime, nécessaire; mais nous voulons encore plus : que le coupable soit puni.

---

[1] Plutarque, Isis et Osiris.

La justice de la peine est révélée à l'esprit et au cœur par la conscience ; sans nous expliquer cette justice, nous y croyons tous. Mais les indications spontanées de la conscience peuvent être vérifiées par la réflexion. La conscience, abrégé sublime donné à l'homme pour le dispenser de recourir au livre plus vaste, mais plus difficile à lire, de sa mission providentielle, la conscience n'a rien de capricieux, d'arbitraire, d'irrationnel ; interprétez ses prescriptions, vous les trouverez d'accord avec l'intérêt universel.

S'il nous paraît juste que le coupable soit mis à la disposition d'un pouvoir qui le blesse et le comprime dans ses instincts, ce n'est pas que nous voulions atteindre ce but grossier de rendre le mal pour le mal. Il s'agit de *faire un exemple,* d'intimider, pour que d'autres hommes ne commettent pas le même désordre, *d'empêcher la récidive* en mettant l'agent lui-même dans l'impossibilité de nuire ; enfin de *moraliser* le coupable, de le soumettre à un régime qui le rende meilleur.

Les sauvages n'ont pas de pénalité, parce qu'ils manquent de loi qui la règle, d'autorité qui l'applique. Ils rendent le mal pour le mal ; ils se vengent.

Les barbares ont d'abord des coutumes, ensuite des lois pénales qui semblent se borner au premier but, l'intimidation. Les peines qu'ils infligent sont très-cruelles et doivent l'être, car leur société est malheureuse. L'agriculture ne sait pas nourrir l'homme, l'industrie le protéger, l'art lui donner des jouissances. On n'intimide, on ne *fait un exemple* qu'en rendant le coupable plus malheureux que les autres hommes. Ce problème ne serait pas résolu par la peine de mort seule ; elle serait trop douce ; elle doit être accompagnée de tortures.

Il faut que la pénalité soit graduée. La conscience ne donne le droit de punir que dans une limite proportionnée à la gravité de l'infraction, et la réflexion justifie cette donnée. Lorsqu'il s'agit d'un mal peu grave et révélant peu de perversité chez son auteur, on pourra faire un exemple en déployant moins de rigueur, prévenir la récidive avec moins de peine, moraliser bien plus facilement que s'il s'agissait d'un grand crime et d'un coupable endurci. Les barbares ont plusieurs degrés dans la punition ; mais elle est toujours corporelle. De la peine de mort avec tortures ils descendent à la mort simple, à la mutilation, à la flagellation ou bastonnade. Cette justice, matériellement appliquée, satisfait mieux leur esprit que des châtiments portant sur la liberté, sur le moral du coupable ; d'ailleurs, ils n'ont pas assez de science administrative pour organiser une hiérarchie de guichetiers, et la peine de la prison n'est, dans leur histoire, qu'exceptionnelle.

La civilisation se propose spécialement le second but de la peine, *empêcher la récidive*. Elle intimide encore, elle a conservé de la phase barbare une tradition, la peine de mort simple ; mais son désir est surtout d'entraver chez l'agent du mal une liberté nuisible. Son châtiment favori, caractéristique est la prison pour laquelle elle rêve sans cesse de nouveaux plans et de nouveaux systèmes.

L'harmonie fait un rare usage de la pénalité, non pas qu'elle en conteste la justice, mais parce que cette phase sociale place chaque individu dans le milieu le plus favorable au développement de ses facultés, de ses instincts, parce qu'elle rend la vertu facile, et que sous son influence les infractions ne se commettent pas.

S'il fallait punir, l'harmonie se proposerait pour le châtiment un troisième but que la barbarie et la civilisation laissent dans l'ombre, elle *moraliserait*; elle traiterait l'homme de son vice comme d'une infirmité. Le guichetier, dont le rôle deviendrait vénérable, recevrait des hommes dangereux, et voudrait rendre des citoyens utiles. Il n'emploierait pas le fer du bourreau, ni même la chaîne; il agirait sur le caractère par des moyens moraux. Toutefois, comme ce traitement ne pourrait s'opérer sans une contrainte sur les penchants du coupable, la peine réaliserait à la fois les trois buts qu'elle se propose. Elle intimiderait, elle préviendrait le retour du mal; elle rendrait l'homme meilleur.

Telles sont les phases de la législation pénale, telles que nous les trouverons dans l'Égypte, chez les Hébreux, dans l'Italie antique, en France. Notre pays n'est que civilisé pour la pénalité comme pour tout le reste; mais c'est chez lui, nous l'espérons, et bientôt, que l'harmonie prendra naissance.

Primitivement la loi d'Égypte punissait de mort tous les crimes [1]. La nécessité de graduer le châtiment d'après la culpabilité est un point de vue délicat; on ne l'aperçoit pas du premier regard. Toutes les législations furent d'abord écrites avec du sang. Le caractère draconien de la première loi n'est pas un fait particulier à l'histoire d'Athènes, pas plus que la vente par la balance n'appartient exclusivement aux Romains, l'écriture figurative à l'Égypte, la métempsychose à l'Inde. Il n'est rien dans l'histoire qui ne ramène l'observateur à contempler à travers des nuances l'unité morale du genre humain.

Les rois d'Égypte, faisant de leur pouvoir un usage salutaire, introduisirent la gradation dans la pénalité; cette gradation fut celle que nous avons signalée chez tous les barbares : la mort précédée de torture, — la mort simple, — les mutilations, — la bastonnade.

Dans l'antiquité l'association des hommes reposait sur la famille. Le fils qui se révolte contre son père tend à détruire le lien social. Le parricide est un crime public contre lequel les nations barbares n'ont pas de supplices assez cruels. C'était le point de vue des Égyptiens, bien que chez eux, comme nous l'avons vu, l'opinion publique restreignît déjà le despotisme paternel.

En Égypte, l'enfant qui tuait son père avait la

---

[1] Diodore de Sicile, liv. 1.

chair déchiquetée en lambeaux de la grosseur du doigt avec un roseau très-aigu, puis on plaçait le criminel sur des fagots d'épines et il était brûlé vif.

La peine du feu était appliquée aux femmes débauchées. Le roi Phéron en fit brûler vives un grand nombre. C'est le supplice auquel Juda condamnait la lubricité de Thamar. La prostitution, chez la fille du prêtre israélite, sera punie du feu par Moïse et par le Thalmud. Il semble que les premiers législateurs, souvent symbolistes, aient trouvé de l'analogie entre la luxure et la flamme.

Le feu, précédé d'affreux tourments pour le parricide, le feu pour la femme perdue, voilà des supplices plus cruels que la mort; pour plusieurs crimes, la peine capitale était simplement prononcée. Diodore, de qui nous tenons presque tous les détails relatifs à la loi pénale des Égyptiens, ne nous a pas dit quel était en ce cas le mode du supplice. Était-ce la lapidation, le glaive? Les études qui se continuent aujourd'hui sur les monuments égyptiens répondront peut-être à cette question.

Parmi les criminels condamnés à mort, nous trouvons les parjures. Quand le faux serment, dans l'Égypte, n'était pas une injure faite aux dieux, c'était une offense au prince, un crime de lèse-majesté, car le serment ordinaire était de jurer *par la vie du Pharaon*. Joseph lui-même, fils de Jacob, avait pris cette habitude, et dans le récit de la Genèse, le serment des Égyptiens lui vient deux fois à la bouche[1].

A défaut d'une police complètement organisée, la loi pénale intéressait tous les habitants au maintien de l'ordre. L'homme témoin, sur la grande route, d'un assassinat ou d'une violence grave, et qui n'avait pas secouru la victime, était puni de mort; si, vieux ou malade, il était dans l'impossibilité de combattre, il devait au moins dénoncer le crime à la justice, autrement il recevait une bastonnade et devait jeûner pendant trois jours.

Les accusateurs calomnieux subissaient la peine qu'ils avaient voulu faire infliger, pourvu cependant qu'elle eût été réellement prononcée sur leur dénonciation.

Les femmes enceintes condamnées à mort n'étaient exécutées qu'après l'accouchement. Presque tous les Grecs adoptèrent cette loi. Diodore la vante. Il ne faut pas, dit-il, que l'innocent périsse avec le coupable; que deux soient punis pour la faute d'un seul; que l'on rende responsable de la ruse et de la malignité l'intelligence qui n'est pas encore, qu'en suppliciant la mère coupable, on enlève au père un fils qui lui appartient. Ces réflexions

---

[1] Jam nunc experimentum vestri capiam : *per salutem Pharaonis* non egrediemini hinc, donec veniat frater vester minimus.

Mittite ex vobis unum, et adducat eum : vos autem eritis in vinculis, donec probentur quæ dixistis utrum vera an falsa sint : alioquin *per salutem Pharaonis* exploratores estis. Gen. XLII, 15, 16.

sont justes, il y a de l'humanité dans la loi que Diodore célèbre; mais la position d'une femme, qui ne devient mère que pour mourir, qui passe des douleurs de l'enfantement à celles du supplice, est encore affreuse.

Le vol, en Égypte, fut longtemps puni de mort. Le conquérant éthiopien, Actisanès, adoucit la loi; il fit couper le nez à tous les voleurs. Une bande d'hommes qui avaient subi ce supplice, quitta le pays. Ils allèrent fonder, entre l'Egypte et la Syrie, une ville appelée par les Grecs Rhinocolure, c'est-à-dire coupure des nez[1]. Voltaire croit voir dans cette tradition le départ des Hébreux pour la terre promise et la fondation de Jérusalem. Il est vrai que les Égyptiens racontaient cet événement de l'Histoire Sainte sous des formes très-variées et toujours outrageantes pour le peuple hébreu. Déjà nous l'avons vu personnifié par Typhon, génie du mal, monté sur l'âne, ce compagnon des voleurs. D'autres récits émanés de l'Égypte nous montreront, dans les fils d'Israël, une bande de lépreux et de galeux qu'on chassa pour assainir le pays. Entre les chants lyriques de l'Exode et ces injures, l'histoire prendra le milieu; il est incontestable que, dans les douze tribus, beaucoup d'individus avaient mérité les reproches que leur adresse l'Égypte; mais une haine nationale pouvait seule étendre l'outrage à tout Israël.

---

[1] Diodore de Sicile, liv. I.

Les mutilations ordonnées par la loi pénale des Égyptiens s'appliquent en général au membre qui a servi d'instrument pour le crime. Il en est ainsi chez tous les barbares. Celui qui révèle aux ennemis le secret de l'Égypte, a la langue coupée; le faussaire, qui se sert de ses mains pour falsifier, soit les monnaies (car l'Égypte en eut sous le nom de *sicles*, à une époque que nous ne pouvons préciser) soit les poids et les mesures, soit les cachets, signatures de l'antiquité; les scribes qui rédigent des mensonges ou qui insèrent des faussetés dans les livres déjà composés, ont les deux mains coupées. D'après le même système, on faisait subir à l'auteur d'un viol une mutilation terrible et facile à deviner; quand un adultère avait lieu sans violence, l'homme recevait mille coups de bâton, la femme avait le nez coupé. Qu'elle devienne horrible celle qui s'est perdue par sa beauté!

Après la mort et la mutilation, vient la bastonnade; nous avons vu qu'on l'infligeait à l'homme qui n'avait pu combattre les bandits et qui ne les dénonçait pas, à certains adultères. Comment s'administrait cette peine? Les monuments le disent: une sculpture de l'Heptanomide, ou moyenne Égypte, représente une bastonnade. Le patient est couché sur le ventre, des exécuteurs le tiennent, l'un par les pieds, l'autre par les mains, un troisième frappe [1].

[1] Description de l'Égypte, pl. t. 4, Heptanomide, 66. — Champollion, Lettres d'Égypte, p. 82, 265.

Si les voleurs égyptiens étaient rigoureusement traités, il y avait dans le pays des bandes de pillards que l'autorité ne pouvait atteindre ; c'étaient les tribus d'Arabes. C'est à eux, sans contredit, que s'applique l'indulgente législation rapportée par Diodore et que nous allons exposer. Il est facile d'atteindre des voleurs domiciliés, habitants les villes ; mais que faire contre des brigands étrangers, nomades, qui s'enfoncent dans le désert après leur crime ? On est obligé de traiter avec eux, de faire leur part comme celle d'un fléau. Dans les derniers jours de la nationalité juive, il n'était pas de ville en Palestine qui ne payât tribut à quelque bande de voleurs. Walter Scott a poétisé le *denier noir* payé par les propriétaires écossais aux brigands montagnards. En Égypte, les voleurs *de profession*, et nous le croyons, bien que Diodore ne le dise pas, *de nation*, se faisaient inscrire sur la liste d'un fonctionnaire reconnu par le gouvernement de l'Égypte, et nommé le *chef des voleurs*. Ils devaient lui porter sans réserve le produit de leurs larcins. Les personnes volées remettent à ce chef la note des objets qu'on leur a pris, en indiquant le jour et l'heure du délit. Les objets sont représentés ; on les estime, et les réclamants les reprennent en payant à l'agence des voleurs le quart de l'estimation[1].

[1] Diodore de Sicile, liv. I. — Aulugelle, Nuits attiques, liv. XI, chap. 18.

Les institutions égyptiennes contiennent quelques inspirations qui sont supérieures à la barbarie, et qui n'eurent que le tort d'être prématurées, sans harmonie avec les autres parties de la législation, de se développer dans un mauvais milieu. Nous avons vu la concentration de la propriété dans les mains de l'état, réalisée passagèrement par Joseph. La qualité de fonctionnaires publics donnée aux médecins, la répartition des spécialités de l'art entre les hommes de cette profession, l'aversion pour cette faconde d'avocats, que, dans un style un peu trop indulgent, nous appelons éloquence judiciaire, l'éloignement pour la contrainte par corps sont des idées fort avancées et qui seront remises en discussion par la France. La pénalité de l'Égypte renferme aussi quelques détails qui ne sont nullement barbares ; ainsi, l'homme qui fuyait dans un combat n'était puni que par l'infamie, et cette peine était suffisante ; ainsi, les condamnés, sous le règne du roi Bocchoris, ne furent pas mis à mort ni mutilés ; employés à des terrassements, ils exhaussèrent le sol des villes et les préservèrent ainsi de l'inondation du Nil, qui s'étendit comme une mer au pied des cités.

MADIAN.

Contempler le tableau qu'offraient les institutions égyptiennes et méditer, ce fut pour Moïse faire un emploi de sa jeunesse assez utile et assez beau. Cependant les Juifs ont souffert en pensant que la gloire militaire, si chère aux anciens, manquait à leur législateur. Ils lui ont prêté des exploits guerriers que nous regardons comme entièrement fabuleux.

Flavius Joseph, qui voulait relever sa nation dans l'esprit des Grecs et des Romains, consigna le premier ces faits; la Bible n'en parle pas. Cet ouvrage patriotique, rappelant avec tant de complaisance les services administratifs rendus à l'Égypte par Joseph fils de Jacob, n'eût pas omis, s'ils avaient été réels, les services guerriers de Moïse.

L'invention se révèle d'ailleurs par les circonstances romanesques de ces exploits : qu'on en juge.

Les Éthiopiens avaient envahi l'Égypte; ils campaient sur les bords du Nil, près de Memphis. Dans cette extrémité, le commandement des troupes égyptiennes fut offert à Moïse dont on pressentait le génie. Faisant un long détour, il surprit le camp des Éthiopiens, les mit en déroute et les poursuivit jusque dans leur pays.

Joseph assure que, pour surprendre les Éthiopiens, Moïse dut traverser un pays rempli de serpents. « Il y en a, dit l'historien, qui ne se trouvent point ailleurs et qui ne sont pas seulement redoutables par leur venin, mais horribles à voir, parce qu'ayant des ailes ils attaquent les hommes sur la terre et s'élèvent dans l'air pour fondre sur eux. Moïse, pour s'en garantir, fit mettre dans des cages de jonc des oiseaux nommés ibis, qui sont fort apprivoisés avec les hommes et ennemis mortels des serpents[1]. »

Arrivé dans le pays des reptiles, Moïse lâcha ses ibis, qui les mirent en pièces et frayèrent la route à l'armée.

On peut rire d'un pareil récit; cependant il faudrait demander aux naturalistes quels faits ont pu donner l'idée de la guerre des ibis avec les serpents volants. Les témoignages abondent sur l'existence de ces derniers animaux. Hérodote dit avoir vu, dans une étroite vallée près de Butis, des squelettes de serpents amoncelés; on lui raconta que tous les ans une volée de serpents ailés venait d'Arabie, mais que les ibis les recevaient à coups de bec et en faisaient un grand carnage; il ajoute: « Ces serpents sont des hydres avec des ailes de chauve-souris[2]. »

Plusieurs modernes ont parlé des serpents volants égyptiens[3]. Belon, toujours naïf, écrit au-dessous d'un dessin fort curieux :

« Et pour ce que nous sommes trouvez à voir des corps embaumés et tous entiers de certains serpents œllés et qui ont pieds, qu'on dit voler de la partie d'Arabie en Égypte, en avons ci-devant mis le portraict remettans à en dire davantage au livre des serpents. »

Poursuivis par Moïse, les Éthiopiens sont assiégés

---

[1] Joseph, Antiq. jud. liv. 2, chap. 5.
[2] Hérodote, liv. 2.
[3] Maillet, lettre IX, p. 36.

dans leur ville de Saba. « Tharbis, fille du roi d'Éthiopie, vit du haut des murailles Moïse se distinguer dans une attaque. Elle entra dans une telle admiration de sa valeur qui avait relevé la fortune de l'Égypte et fait trembler l'Éthiopie, qu'elle conçut pour lui la passion la plus vive et lui offrit de l'épouser. Il accepta, pourvu que Tharbis lui remît la place entre les mains. Le traité fut exécuté de bonne foi de part et d'autre, et Moïse ramena les Égyptiens dans leur pays. »

Raconter cette histoire fantastique et sentimentale c'est la réfuter. Moïse fut un chef religieux et politique, mais non pas un guerrier. Jamais, dans le désert, il ne combattit à la tête d'Israël. Tandis que Josué guidait les tribus dans la mêlée, Moïse, sur la montagne, levait les mains vers le ciel ; s'il avait montré des talents militaires à la tête des Égyptiens, n'eût-on pas vu, dans le camp d'Israël, les restes de cette ancienne ardeur?

Moïse ne combattait pas en Égypte : il pensait. Que de méditations profondes, lorsqu'il voyait passer la *bari* d'Osiris sous un pylone de granit, lorsqu'à ses yeux les prêtres vêtus de lin et rasés, portant le *flabellum*, l'éventail blanc varié de rouge et de vert, faisaient cortége à l'arche sacrée ! Le chef de la magistrature et l'image de la vérité brillant sur sa poitrine n'attiraient pas moins l'attention de Moïse. Toutes ces formes, qu'il devait combiner et modifier un jour, se moulèrent d'abord dans sa pensée; un culte pompeux, une magistrature régulière, voilà ce qui le frappait chez les Égyptiens; chez les Hébreux, inférieurs à tout autre égard, il trouvait le monothéisme, la tradition d'Abraham obscurcie, non perdue; comment lui rendre son éclat et sa puissance? comment l'unir aux progrès sociaux de Mesraïm? En regardant ses frères, les fils d'Israël, Moïse pensait encore qu'ils avaient droit à l'indépendance et ne devaient pas se fondre avec les Égyptiens. La différence des types physiques ne constitue pas le caractère national, mais elle en est le signe, et les Hébreux, que les peintures antiques nous montrent jaunes et velus, les Égyptiens à la peau rouge et lisse, formaient nécessairement deux peuples.

Chez Moïse, se développait un vif patriotisme. Ce sentiment, qui distingua toujours les élus de Dieu dans Israël, était dans cette âme ardent, impétueux, on le vit de bonne heure : un Égyptien frappait un Juif; Moïse, indigné, tua l'oppresseur et l'enterra dans le sable[1].

Pour la première fois, sa main versait le sang dans lequel elle se plongea souvent. Si Moïse fut homicide comme Samuel, qui met en pièces un captif amalécite, comme Élie, qui fait égorger quatre cent cinquante prêtres de Baal, jamais, chez lui, la cruauté ne fut un plaisir; les textes font l'éloge de

---

[1] Exode II, 11, 12. Φασὶ δὲ οἱ μύσται λόγῳ μόνῳ ἀνελεῖν τὸν Αἰγύπτιον. Clément d'Alexandrie, Stromat, liv. I.

sa douceur [1]; il n'ordonne ou ne commet de meurtre que dans la violence du zèle et l'emportement d'une sainte colère.

Comme son patriotisme son ambition grandissait, ambition vive, mais sacrée; car elle était profitable à tous et complétement désintéressée. Moïse était un de ces hommes qui, dédaignant la dorure du pouvoir, ne voient en lui que l'instrument du bien public; il dédaigna le sceptre pour la verge.

En Égypte même, il ordonnait, il voulait régir les Hébreux. Le lendemain du meurtre qu'il avait commis, il vit une rixe entre deux Israélites et dit à celui qui avait tort : « Pourquoi frappes-tu ton frère ? »

« Celui-ci répondit : Qui t'a fait notre chef et notre juge ? Veux-tu me tuer comme hier tu as tué cet Égyptien. Moïse, effrayé, se dit : Comment l'a-t-on su [2] ? »

La Medrasch suppose ici que Moïse est arrêté, qu'on veut le décapiter; mais son cou devient de marbre; le glaive dont on le frappe se retourne et tue le bourreau [3]. La Bible dit seulement que le Pharaon fit chercher Moïse pour le mettre à mort et que le fils d'Amram, prenant la fuite, s'arrêta dans la terre de Madian.

---

[1] Erat enim Moses vir mitissimus super omnes homines qui morabantur in terrâ. Nombres XII, 3.

[2] Exode II, 14.

[3] La Medrasch citée par Bartoloccio, Bibliothèque rabbinique, t. I, p. 116.

Moïse portait alors le costume de l'Égypte, en parlait sans doute le langage. Les jeunes filles de Madian, qui l'aperçurent les premières, dirent à leur père : *Un Égyptien* nous a délivrées de la main des pasteurs [1].

Ici commence, dans l'éducation de Moïse, une seconde période.

Ami de Jéthro, grand prêtre des Madianites, mari de sa fille Séphora, Moïse trouva dans son beau-père un homme supérieur. Jéthro, que la Bible nomme aussi Raguel, conserva toujours une juste influence sur Moïse et devait, même après la sortie d'Égypte, lui donner, sur le gouvernement d'Israël, des conseils qui furent suivis. Pour l'enfant sauvé des eaux, la science égyptienne était explorée, il fallait chercher les rayons émanés de Babylone, ce phare immense de l'Asie; c'est dans le pays de Madian que Moïse apprit à connaître la Chaldée, qu'il recueillit sur Adam, Mathusalem, Noé, les traditions de ce pays; il prépara la généalogie des Hébreux dont il fit celle du monde, et commença peut-être à rédiger ces écrits, qui ne nous sont point parvenus. L'histoire des Chaldéens, modifiée suivant les besoins de la doctrine mosaïque, remplit la Genèse jusqu'à la vocation d'Abraham. Les cérémonies et les lois chaldéennes entrèrent sans doute pour quelque part dans la législation de Moïse, mais trop d'obscurités

---

[1] Exode II, 19.

entourent Babylone pour qu'on puisse signaler ces emprunts.

Il est difficile et faiblement utile de savoir si Moïse apprit à connaître la Chaldée par l'enseignement oral de Raguel ou dans ces livres sabéens, bizarres comme tout ce qui vient de Babylone, le livre *Hattel-esmaoth* ou des images qui parlent, le livre *Tamtam*, le livre *Maaloth-haggalgal-vehazzuroth-haoloth-becol-maaleh* [1].

Les souvenirs laissés par Abraham, l'Égypte, la Chaldée, Moïse consulta ces trois sources, le dire n'est pas diminuer sa gloire. La législation n'est pas une science divinatoire; dans les institutions sociales, les improvisations sont funestes; il faut, en perfectionnant, se rattacher au passé. Pourquoi l'homme ne prendrait-il pas pour point de départ le bien déjà réalisé? Pourquoi se lancerait-il inutilement dans l'inconnu? Sa tâche en serait plus dif-

---

[1] Ex libris porro illis sunt quoque *liber Haistamchus* qui Aristoteli sed falso attribuitur; liber item *Hattel-esmaoth* (hoc est de imaginibus loquentibus); *liber Tamtam*; *liber Hasscharabh*; *liber Maaloth-haggalgal-vehazzuroth-haoloth-becol-maaleh* (hoc est liber de gradibus orbium cœlestium et figuris ascendentibus in unoquoque gradu): *liber alius de Imaginibus loquentibus* qui etiam attribuitur Aristoteli; *liber quidam* qui attribuitur Hermeti; *liber Isaaci Zabii* in quo disputat pro lege Zabiorum; *liber* item *illius magnus de Consuetudinibus et particularibus legis Zabiorum:* ut de illorum festis, sacrificiis, precationibus, et aliis ad fidem ipsorum spectantibus. Hi omnes sunt libri de rebus idolatricis spectantes et in linguam arabicam translati; nec dubium est quin exigua pars sint, respectu illorum qui non sunt translati vel qui non amplius exstant sed longitudine temporis perierunt. *More Neboukim*, pars 3, cap. 29, p. 427.

ficile, mais non plus méritoire. Vaincre les difficultés qu'on s'est créées soi-même n'est pas un mérite, c'est de la force inutilement dépensée.

La vie de Moïse à Madian ne fut pas toujours sédentaire. Là, comme chez Laban, la richesse était toute pastorale; Moïse dut promener les troupeaux de son beau-père de l'Arabie dans l'Idumée. Ces soins matériels ne sont pas inconciliables avec le travail de la pensée. L'Arabe Murtadi l'a bien démontré tout en mêlant les grands noms de la Bible avec des illustrations musulmanes, souvent obscures pour nous.

« Les prophètes et les déuots, dit le bon Ismaélite, ont tousiours tasché de gagner de quoy viure par des voyes permises. Adam, à qui Dieu fasse paix, a esté laboureur; Seth a esté tisserand; Edrise a esté cousturier; Noé, charpentier; Cadar, muletier; David', cuirassier; Abraham, semeur, les autres disent, faiseur de crespes; Saliche, marchand; Moyse et Saguibe et Mahommet, à qui Dieu fasse paix et miséricorde, ont été bergers; Locman, cousturier; Jésus fils de Marie, pèlerin; Abubècre et Omar, et Othman, et Gali, et Gabdorrachamam fils de Guphe et Talche ont esté marchands de crespe; Maïmoune fils de Meharam, et Mahommet fils de Sirin ont aussi esté crespiers; le Zebire fils du Gavame, et Gamrou fils du Gaze, et Gamer fils de Carire ont esté marchands de soye; Job le pelletier vendoit des peaux de marroquin; Sagad fils d'Abuvacase faisoit marchandise de pastel; Othman fils de Mahommet le Lachamien estoit cousturier ; Malique fils de Dinare estoit escrivain[1]. »

La vie pastorale laisse la pensée libre; elle ne pouvait nuire à la mission de Moïse, elle y contribua même. La pensée de régénérer les Hébreux s'était présentée à lui avant le départ d'Égypte; elle revint dans la solitude. Il faut qu'Israël devienne un peuple agricole et libre. Où le transplanter? Madian confine le pays des Moabites; Moïse aperçut Kanahan, c'est là qu'Abraham avait erré; c'est là qu'il faudra fixer les Hébreux. Moïse parcourut toutes les contrées par lesquelles il devait les conduire : ce premier voyage fut comme une reconnaissance de la route. Il apprit où l'on trouvait les citernes, où l'eau vive coulait au pied des rochers; il admira la masse imposante du Sinaï et de l'Horeb. Sur cette dernière montagne, la législation qu'il va fonder, le Dieu qui la dominera tout entière, apparaissent clairement à son esprit. Le buisson de flamme au milieu duquel parle Jehovah, telle est l'ardente image qui symbolise dans la Bible cette illumination de sa pensée.

Les inquiétudes de Moïse, son irrésolution, la lutte intérieure entre une ambition sainte et la défiance de soi-même, sont exprimées sous la forme d'un dialogue avec Dieu ; mais le retour en Égypte est résolu.

---

[1] L'Égypte de Murtadi, traduite par Vattier, *professeur du roy en langue arabique*, p. 302.

Moïse, comme autrefois Jacob, avait recruté sa famille sur une terre infidèle. Avant de se présenter aux Israélites, il fait circoncire son fils par sa femme Séphora, mais elle le quitte en l'appelant homme de sang.

Ce divorce n'est que le prélude et l'image de celui d'Israël avec l'Égypte. Le plan de Moïse est arrêté; il faut restaurer et compléter la religion d'Abraham, qui vit dans les traditions israélites. Cette religion sera le sommet d'un édifice social : un culte complet, des lois écrites, une magistrature régulière, des règlements agricoles, mettront les Hébreux au niveau des Égyptiens; leur dogme doit les mettre au-dessus de toute la terre.

Ce monument ne pouvait-il se construire que dans la terre de Kanahan; fallait-il, pour socialiser les Hébreux, les tirer de l'Égypte? Oui sans doute, ils n'y pouvaient espérer d'autre sort que celui des Gabaonites en Judée, des Ilotes à Sparte. Moïse devait-il travailler à faire admettre les Hébreux dans les castes égyptiennes? C'eût été tuer leur avenir national, et les nations ont le droit de vivre; le génie de chacune d'elles est utile au monde. Avant de s'associer ensemble elles doivent être assez grandes, assez fortes, pour que l'embrassement ne les étouffe pas. Si les Hébreux n'étaient pas sortis de l'Égypte, de combien de temps n'eussent pas été retardés la civilisation et le christianisme?

A l'époque où Moïse faisait route vers Memphis, son extérieur seul était fait pour impressionner la foule; il était d'une haute taille; sa démarche était grave et majestueuse, son teint basané ne nuisait pas à l'austère beauté de ses traits; sa barbe, sa chevelure, étaient noires, abondantes, mais de bonne heure elles blanchirent [1].

La facilité d'élocution lui manquait, mais son frère Aaron vint à sa rencontre. A Moïse, l'homme de la conception, de la volonté, s'adjoint Aaron, l'homme de la parole. C'est ce dernier qui, devant les Hébreux, devant le Pharaon, doit prêter un organe aux sentiments impétueux de son frère.

En arrivant au milieu des Israélites, Moïse annonce qu'il a vu dans le désert le Dieu d'Abraham, d'Isaac, de Jacob; il est cru, son empire commence. Toutefois, dans l'exécution de son vaste plan, Moïse rencontra deux obstacles, le roi d'Égypte, qui voulait garder ses esclaves; les Hébreux même, qui ne sentaient pas le besoin d'un meilleur sort. Le fils d'Amram sut vaincre la tyrannie de l'un, l'abaissement moral des autres. Comment s'opéra le départ des Israélites? Hérodote, Strabon, les regardent comme une colonie égyptienne, ce qui n'explique rien. Trois auteurs égyptiens, dont les fragments sont conservés par Flavius Joseph, donnent plus de détails, mais la haine nationale les emporte, leur narration n'est qu'une longue invective.

Il existait à l'orient de Mesraïm un peuple scé-

---

[1] Eusèbe, liv. 9, chap. 27. — Suidas, *Verbo Moyses*.

nite, nommé les *Hycsos* ou pasteurs[1]. Ils firent de fréquentes incursions dans l'Égypte, lui imposèrent même une dynastie. Suivant Manethon, l'une de leurs tribus entra dans l'Égypte en armes. Assiégée, mais non forcée dans la ville d'Avaris, elle en sortit par une première émigration, qui, sous le règne de Thummosis, se rendit en Palestine et bâtit Jérusalem. De seconds pasteurs apparurent en conquérants comme les premiers, mais les maladies de peau, la lèpre surtout, les mirent bientôt hors d'état de se défendre. Le roi Aménophis, dont la curiosité religieuse n'était pas satisfaite par la vue des chats et des crocodiles, pria les prêtres de lui faire voir les véritables dieux. On le lui promit s'il chassait d'Égypte tous les lépreux. Le roi les rassembla au nombre de quatre-vingt mille et les envoya tailler les pierres dans les carrières de la haute Égypte; il leur assigna pour demeure la ville d'Avaris. Munis de cette place forte, les lépreux se révoltèrent; ils prirent pour chef un prêtre d'Héliopolis, adorateur d'Osiris et appelé du nom de son dieu, *Osarsiph*. En se mettant à leur tête il prit le nom de *Moïse*. Ils jurèrent de lui obéir en tout. Ce prêtre leur donna pour loi de ne pas adorer d'idoles, de mépriser les animaux sacrés des Égyptiens, de ne prendre de femmes que dans leurs familles. Après leur avoir donné une législation complète, fort différente de

---

[1] Ἱκσώς. Τοῦτο δέ ἐστι βασιλεῖς ποιμένες. Τὸ γὰρ ὑκ καθ' ἱερὰν γλῶσσαν βασιλέα σημαίνει, τὸ δὲ σὼς ποιμήν ἐστι καὶ ποιμένες κατὰ τὴν κοινὴν διάλεκτον. **Joseph contre Apion, liv. 1.**

celle des Égyptiens, il se prépara à la guerre; il lui vint pour auxiliaires dix mille des habitants de la Palestine, de ces pasteurs qui, 518 ans auparavant, avaient bâti Jérusalem.

Avec ces alliés, les lépreux mirent l'Égypte à feu et à sang, forçant les prêtres à tuer leurs animaux sacrés. Suivant Lysimaque, l'expulsion des lépreux aurait eu lieu sous Bocchoris. Une famine désolait l'Égypte. Au lieu de s'en prendre au Nil, ou peut-être à la mauvaise culture, à la mauvaise administration, l'on consulta l'oracle. Il répondit qu'il fallait chasser les hommes impurs, noyer les lépreux et les galeux. C'était indiquer les Hycsos ou les Hébreux, confondus ensemble par l'histoire égyptienne. Ceux qui avaient la gale ou la lèpre furent enveloppés de lames de plomb et jetés à la mer, les autres poussés dans le désert. Ils y prirent pour chef un certain Moïse, qui leur enseigna d'être durs pour tous les hommes, de renverser partout les autels et les temples. Il les conduisit à travers le désert jusque dans une terre cultivée. Ce pays s'appela Judée. Ils y bâtirent une ville appelée Jérusalem [1] ; mais le Pharaon, qui s'était d'abord réfugié en Éthiopie, rassembla bientôt son armée, gagna sur eux une bataille, et les poursuivit jusqu'aux frontières de la Syrie.

Suivant Chérémon, la déesse Isis troublait Aménophis par des rêves effrayants. Les prêtres assuré-

---

[1] Joseph contre Apion, liv. I.

rent au Pharaon, qu'il serait délivré s'il expulsait d'Égypte les lépreux. On en chassa deux cent cinquante mille. Ils avaient pour chefs deux écrivains sacrés, Tisithès, qui prit le nom de Moïse, et Pétésiph, qui s'appela Joseph. Ces lépreux rencontrèrent à Péluse trois cent quatre-vingt mille séditieux, avec lesquels ils ravagèrent l'Égypte. Même fuite d'Aménophis en Éthiopie; même victoire des Égyptiens sur les Hébreux et poursuite jusqu'en Syrie.

L'Égyptien Apion, habitant d'Alexandrie, répéta ces histoires; il y ajouta que les Hébreux, pour quitter l'Égypte, marchèrent six jours; il leur vint des ulcères à l'aine, mais ils recouvrèrent la santé le septième jour et l'appelèrent *sabbat*, parce que les Égyptiens donnaient à ces ulcères le nom de *sabbatosim*[1]. Ainsi l'on substituait une injure à l'étymologie certaine de sabbat. Ce mot signifie repos.

Les récits de Manéthon, Chérémon, Lysimaque, ne s'accordent, ni sur la cause de l'expulsion des lépreux ni sur leur nombre, ni sur le prince qui les chassa; nous rejetterons ces inventions de la haine. Cependant, pour admettre la version de la Bible, il faut la dégager de ces événements miraculeux appelés *les dix plaies d'Égypte*.

A l'époque où fut rédigée l'Exode, Moïse passait pour avoir joui d'un pouvoir surnaturel; on devait

---

[1] Joseph contre Apion, liv. 2, chap. 1.

penser qu'il en avait fait usage pour tirer son peuple du milieu des Égyptiens ; on accumula les prodiges. Moïse avait réclamé la liberté de ses frères ; sur le refus du Pharaon, le Nil se change en sang ; — les grenouilles couvrent la terre ; — les hommes et les animaux sont dévorés par les poux ; — les mouches noircissent l'air ; — la contagion se met sur les bestiaux ; — tous les êtres vivants sont rongés d'ulcères ; — la grêle se mêle au tonnerre ; — les sauterelles détruisent toute la végétation ; — l'Égypte est enveloppée de ténèbres palpables[1]. La dixième plaie fut peut-être plus réelle que toutes les autres : ce sont les premiers-nés des hommes et des bestiaux égyptiens frappés la nuit par l'ange exterminateur ; l'ange exterminateur c'est le massacre poétisé. Les Hébreux purent, en se retirant, verser du sang dans les villes qu'ils traversèrent.

Quelque disposé que l'on soit à vanter comme poésie ce que l'on ne peut admettre comme réalité, l'idée de Dieu, de l'Être infini, de l'âme du monde donnant de la vermine aux Égyptiens, n'a rien d'admirable. Les rédacteurs de l'Exode ne furent pas seuls à broder sur le départ des Hébreux : on raconte[2] que le Pharaon jeta Moïse dans un cachot ; la nuit, les portes de la prison s'ouvrent d'elles-mêmes ; les armes des soldats sont brisées ; les uns

---

[1] Dixit autem Dominus ad Moysen : Extende manum tuam in cœlum : et sint tenebræ super terram Ægypti tam densæ ut palpari queant. Exode x, 21.
[2] Artapanus cité par Eusèbe, liv. 9, chap. 27.

sont frappés de mort subite, les autres s'endorment profondément. Moïse marche droit au palais; les portes s'ouvrent encore. Le chef des Hébreux trouve toute la cour plongée dans le sommeil; il réveille le Pharaon, qui lui demande au nom de quel dieu s'accomplissaient ces miracles. Moïse lui prononce à l'oreille le nom de *Jehovah*; le roi tombe à la renverse. Moïse le relève, écrit le nom de Dieu et le lui montre; un prêtre égyptien qui veut rire et blasphémer périt dans des convulsions. Ce conte est l'œuvre des cabalistes, qui vénéraient le mot de Jehovah jusqu'à lui supposer une puissance magique.

Si l'on écarte le merveilleux, il restera, dans le récit de la Bible, que Moïse demanda la permission pour les Hébreux d'aller sacrifier dans le désert. Le prétexte du voyage était spécieux. « Notre Dieu, disait Moïse, veut qu'on lui sacrifie les animaux qui sont adorés par les Égyptiens. Ce n'est pas en Égypte que nous pourrions lui rendre un pareil culte. » On n'avait pas envie de revenir, le Pharaon le sentait bien; il hésita, puis il cessa de retenir par force un peuple turbulent: les Hébreux se mirent en route.

Avant de partir, chacun d'eux emprunta de son hôte des vases d'or et d'argent, des vêtements qu'on ne rendit jamais; les Hébreux ne s'enfuirent qu'en dépouillant leurs oppresseurs [1].

---

[1] Fecerunt filii Israel sicut præceperat Moyses et petierunt ab Ægyptiis vasa argentea et aurea vestemque plurimam.

Dominus autem dedit gratiam populo coram Ægyptiis ut commodarent eis, et spoliaverunt Ægyptios. Exode xii, 35, 36.

Pour justifier ce trait de caractère, les Pères de l'église ont fait observer que, depuis longues années, les Hébreux, courbés vers le sol, travaillaient pour les Égyptiens; au prix de leurs sueurs, ils laissaient construites les deux villes que la Bible appelle Phiton et Rhamessès. Quelques vases, quelques vêtements ne furent-ils pas le juste salaire de leurs fatigues[1]? C'est une opinion bien hardie, car elle donne aux peuples révoltés le droit de se payer eux-mêmes et de faire leur part à défaut de juges. Dom Calmet, qui reproduit cet avis, est plus révolutionnaire qu'il ne pense. Nous excluons de l'avenir les progrès qui s'opèrent par la spoliation et la violence. Pour juger le passé, faut-il accepter une autre règle? L'extrême opposition des intérêts, l'impossibilité de les concilier, purent-elles permettre d'en sacrifier quelques uns? C'est la question la plus profonde de l'histoire; nous n'osons pas la décider.

S'apercevant que les Hébreux partaient en dépouillant l'Égypte, entendant les cris des mères dont on avait tué les enfants, le Pharaon poursuivit les Israélites; mais le flux de la mer Rouge servit de barrière à son armée.

---

[1] Voyez Clément d'Alexandrie, Stromat., liv. I. — Dom Calmet, Commentaire littéral : – Exode.

TRAVAUX LÉGISLATIFS DE MOISE.

Il y avait quatre cent trente ans, suivant la Bible, deux cent cinquante seulement suivant Eusèbe, que la famille de Jacob s'était établie en Égypte quand Israël, affranchi malgré lui-même, déroula dans le désert son immense caravane.

Israël comptait alors, suivant l'Exode, six cent trois mille cinq cent cinquante hommes sous les armes[1].

Moïse était devenu le maître absolu de cette multitude; il avait renoncé, sans doute avec regret, mais l'ignorance du temps le voulait, à ne parler qu'au nom de la raison. Depuis son séjour dans le pays de Madian, Dieu se montrait à lui face à face et le faisait agir. Le dialogue de l'homme avec sa conscience devenait un entretien avec l'Être suprême. En rendant compte de ces relations miraculeuses, l'Exode conserve bien la distance du créateur à la créature. Jehovah parle caché par un nuage et ne se laisse pas voir, car l'éclat de ses rayons serait mortel.

Moïse lui dit un jour : Montre-moi ta gloire.

Dieu répond : Tu ne verras pas ma face; tout homme qui la voit doit mourir; mais je passerai devant toi; tu regarderas quand j'aurai le dos tourné[2].

---

[1] Exode, XXXVIII, 25.
[2] Exode, XXXIII, 18.

Cette idée que la Divinité ne se laisse pas voir de face, mais par derrière, se retrouvera chez les Grecs.

Dans la Bible, toute prescription religieuse ou civile est précédée par cette phrase : Dieu dit à Moïse.

Cette formule est celle de presque tous les législateurs antiques. Le prestige dont s'enveloppait Moïse et qui n'est pas entièrement déchiré pour tous nos contemporains, fut apprécié par plusieurs écrivains de l'antiquité. Tous ne commirent pas, comme Pline, l'erreur de voir dans Moïse un magicien [1]. La sagacité de plusieurs n'eut qu'un tort, c'est d'être prématurée. Nul ne devait avoir raison contre Moïse avant que le mosaïsme et le christianisme eussent accompli leur œuvre.

« Menès, dit Diodore de Sicile, est le premier qui sut persuader aux Égyptiens de vivre suivant des lois écrites ; il leur dit qu'Hermès les lui avait données comme une source de grands biens pour tous. C'est ce que firent parmi les Grecs, en Crète Minos, à Lacédémone Lycurgue. L'un donna ses lois comme venant de Jupiter, l'autre les mit sur le compte d'Apollon [2]. Cette espèce de fraude fut employée chez un grand nombre de peuples. Elle fut très salutaire peut-être aux hommes qui se laissèrent persuader. Chez les Arimaspes, Zathraustes dit que l'au-

---

[1] Est et alia magices factio a Mose et Jamne et Jotape judæis pendens, sed multis millibus annorum post Zoroastrem. Pline, Histoire naturelle, xxx, § 2, art. 6.

[2] Joseph, Réponse à Apion, liv. 2, chap. 6.

teur de ses lois était un génie bienfaisant. Chez les Gètes, qui croient à l'immortalité de l'âme, Zalmoxis attribua le même rôle à Vesta ; chez les Juifs, *Moïse fit croire qu'il tenait ses lois du dieu* Jahoh[1]. »

Strabon parle de Moïse à peu près dans les mêmes termes :

« Un prêtre égyptien, Moïse, qui occupait une partie de l'Égypte, mécontent de la religion établie, sortit du pays suivi d'une foule d'hommes qui adoraient comme lui *le Divin*[2]. » Strabon part de cette idée pour attribuer à Moïse une philosophie moins juive que grecque; il le conduit jusqu'à Jérusalem dont il fait cette peinture : « Moïse n'eut pas de peine à s'emparer d'un lieu qui n'était nullement digne d'envie et dont personne ne pouvait être tenté de lui disputer la possession, car le terrain de Jérusalem est pierreux. La ville contient, il est vrai, de l'eau en abondance ; mais les environs, dans un rayon de soixante stades, sont stériles, arides et rocailleux. »

Strabon connaît peu la biographie de Moïse, qui ne vit pas Jérusalem ; mais le géographe interprète justement cette vie, lorsque, après avoir nommé Tirésias, Amphiaraüs, Trophonius, Orphée, Musée, Zalmoxis, il ajoute : Tels furent Moïse et ses successeurs.

Diodore et Strabon parlent avec éloge du chef

---

[1] Diodore de Sicile, liv. 1 ; Amsterdam, 1746, t. 1, p. 105.
[2] Τὸ θεῖον, Strabon, liv. 16.

israélite ; ils comprennent qu'il s'entoura de prestiges dans un but salutaire et social; leur critique est impartiale; ils sont du dix-neuvième siècle Celsus, le fougueux adversaire d'Origènes, est du dix-huitième. « A mon avis, s'écrie-t-il, qu'on appelle Dieu, le Très-Haut ou Zenès, Adonaï ou Sabaoth, Ammoun comme les Égyptiens, ou Papée comme les Scythes, la différence n'est pas grande. Les Juifs seraient-ils plus saints que d'autres parce qu'ils sont circoncis? Les Égyptiens, les habitants de la Colchide l'étaient les premiers. — Sont-ils saints parce qu'ils ne mangent pas de porc? Les Égyptiens n'en mangent pas non plus et s'abstiennent encore du bouc, du mouton, de la vache et des poissons. Pythagore et ses disciples retranchent de leur nourriture les fèves et tout ce qui a eu vie. Ainsi ne croyons pas que les Juifs soient plus amis de Dieu que les autres hommes, qu'il envoie à ce peuple des anges, ou qu'il les ait mis en possession de quelque région bienheureuse. Nous savons ce que c'est que leur pays et quelles faveurs ils ont reçues. Ce vil troupeau paie justement son arrogance ; il n'a pas connu le vrai Dieu ; mais fasciné, trompé par Moïse, il s'est soumis, pour son malheur, aux inventions de cet homme[1]. »

Il est bien vrai que les miracles dont la biographie de Moïse est ornée ne s'expliquent pas tous par l'ignorance et l'imagination poétique des Hé-

---

[1] Origènes, *contra Celsum*, lib. 5.

brux; Moïse usa d'artifice, mais la moralité de son œuvre le justifie. Nous lui appliquerons ce passage de l'Évangile : Vous jugerez l'arbre par ses fruits.

CIRCONSTANCES QUI CARACTÉRISENT LES INSTITUTIONS HÉBRAIQUES.

DEGRÉ DE PROGRÈS SOCIAL.

Les Hébreux étaient des barbares, mais des barbares plus éloignés de la civilisation, plus voisins de l'état sauvage que les Égyptiens. Moïse, écrivant des lois pour Israël, fut obligé de proscrire à plusieurs reprises :

Les sacrifices humains,

L'usage de manger la chair vivante,

L'habitude de se faire des incisions dans les cérémonies funèbres,

Et, ce qu'on pourrait appeler la livrée de l'état sauvage, le tatouage.

La tendance vers les deux premiers et les plus graves de ces abus, déjà condamnée par Noé, par Abraham, était encore forte; Israël n'y résistait pas toujours. Parmi les sacrificateurs de victimes humaines, nous ne savons pas d'autre nom que celui de Jephté; mais, pendant longues années, Moloch, l'odieuse idole à tête de taureau, consuma des enfants dans ses bras d'airain sous les murs de Jérusalem. Pour que les tendances des Hébreux vers l'état sauvage fussent complètes, l'anthropophagie leur manquait seule. Voltaire leur attribue ce dernier trait; mais c'est à tort. Les exemples de cannibalisme qui se trouvent dans l'histoire israélite sont toujours occasionnés par un long blocus et par la famine. Il est vrai que ces horreurs sont fréquentes. La mère qui mange son fils, au siége de Jérusalem, n'est pas un individu, mais un type. Lisez le siége de Samarie :

« Le roi d'Israël passait sur le rempart; une femme l'appela, criant : Roi, sauvez-moi ! »

« Cette femme m'a dit : Donne-moi ton fils; nous le mangerons aujourd'hui; demain nous mangerons le mien.

« J'ai fait cuire mon fils; nous l'avons mangé. Le lendemain je lui ai dit : A ton tour, donne-moi ton enfant; mais elle l'a caché. »

Les femmes, dit Jérémie annonçant une guerre, seront-elles réduites à dévorer le fruit de leurs entrailles, leurs enfants hauts d'une palme ?[1].

Et plus loin :

« Les femmes les plus douces ont de leurs mains fait cuire leurs enfants. Ils sont devenus leur nourriture pendant l'humiliation de Jérusalem [2]. »

Le même prophète menace les Juifs d'un long siége.

« Je les nourrirai de la chair de leurs fils et de la chair de leurs filles. Chacun mangera la chair de son

---

[1] Jérémie, Lam., II, 20.
[2] Jeremie, Lam., IV, 10.

ami pendant le siége, et dans l'angoisse où les enfermeront leurs ennemis et ceux qui cherchent leur vie[1]. »

« Le Seigneur, dit Baruch, a fait tomber sur nous les plus grands maux, nous en sommes venus à ce point,

« Que l'homme mange la chair de son fils et la chair de sa fille[2]. »

La menace de réduire les pères à manger leurs enfants et les enfants à manger leurs pères, se trouve encore dans Ézéchiel[3].

Chez tous les peuples, on a vu de grandes calamités reproduire l'anthropophagie par intervalles. En Égypte, l'an 597 de l'hégyre, la crue du Nil fut insuffisante, il n'y eut pas de récolte; les hommes se mangèrent. On trouva dans une maison quatre cents têtes en magasin. Les Égyptiens convaincus d'anthropophagie étaient condamnés au feu; mais le peuple, qui entourait le bûcher, se disputait leurs restes et se félicitait de les avoir tout rôtis[4]. En France même, la mauvaise administration du moyen âge produisit des faits analogues. Le cannibalisme des Hébreux fut accidentel; c'est une calamité qu'ils subirent par intervalles, comme presque toutes les nations. Leurs mœurs présentaient, du reste, les traits de la vie sauvage en assez grand nombre, pour

---

[1] Jérémie, proph. xix, 9.
[2] Baruch, ii, 3.
[3] Ézéchiel, v, 10.
[4] Abd-Allatif, liv. 2, chap. 2, p. 360.

que l'on conçoive quels obstacles dut rencontrer la haute intelligence de Moïse.

Par une singularité qui fait l'importance historique du peuple hébreu, placé si bas pour tout le reste sur l'échelle des nations, il avait reçu d'Abraham une religion supérieure à celle de toutes les sociétés antiques, sans excepter les Égyptiens, les Romains, les Grecs. Moïse remarqua cette précieuse anomalie; il voulut mettre chez les Hébreux toutes les institutions au niveau du dogme; il entreprit la tâche pénible et glorieuse de rendre Israël digne de Jehovah.

CARACTÈRE DE LA NATION.

Si le caractère d'un peuple influe sur ses lois, les lois peuvent influer aussi sur le caractère national. Ce principe fut vrai surtout pour les Juifs. Par sa législation rigoureuse, Moïse les façonna. C'est de lui qu'ils tiennent plusieurs traits de leur physionomie morale, et ce n'est peut-être qu'après avoir exposé leur législation qu'il faudrait esquisser leur portrait.

Comme les Égyptiens, les Hébreux offraient toutes les qualités, ou plutôt tous les défauts des anciens; matérialisme, amour terrestre et sans pudeur, dureté; leur esprit de corps, qui fut très-vif, est une création de Moïse. On sait combien le sentiment religieux et le goût du merveilleux furent chez eux remarquables.

Les passions, communes à tous les anciens, se manifestèrent chez les différents peuples par des traits particuliers. Le matérialisme hébraïque eut surtout pour objet les sons et les caractères qui forment les mots. Tous les anciens, sans en excepter les Romains, ont eu, pour le texte des lois et les formules juridiques, une vénération matérialiste, mais c'est avec raison qu'on a signalé l'attachement des Juifs pour *la lettre*, et que le matérialisme de l'interprétation judaïque est devenu proverbial.

Cette adoration de la lettre, dont on peut trouver le germe dans la bénédiction sacramentelle des patriarches, devint, pour les rabbins thalmudistes, une curieuse monomanie. Le fait qui la développa fut la distance qui séparait la loi des Juifs de leur intelligence.

La supériorité de Moïse sur ses contemporains fut immense; ils ne comprirent pas sa loi. Cependant, comme il s'arma, pour l'établir, d'une rigueur extrême et la grava dans leur âme comme on grave sur la pierre, c'est-à-dire avec du fer; comme, d'ailleurs, la beauté morale de cette loi transpirait à travers le nuage, elle fut entourée d'une vénération craintive; acceptée comme divine, elle fut adorée tout entière, sens, lettre et ponctuation. Les rabbins, après la captivité de Babylone, tout en remarquant dans la loi de Moïse quelques dispositions arriérées, d'autres incomplètes, tout en cherchant à la perfectionner, n'en effacèrent ni un *ghimel*, ni un *samech*. Ils cherchèrent à montrer que leurs innovations même étaient comprises dans le texte; par ce respect, ils conservèrent une autorité qu'ils n'eussent jamais acquise en leur nom personnel.

Un autre fait n'augmenta pas chez les Juifs le culte de la lettre, mais le mit en lumière et le rendit célèbre. Ce fut leur polémique avec le christianisme. Les chrétiens faussaient la Bible, mais pour la spiritualiser; détruisant la vérité historique au profit de la vérité morale, changeant les lois en symboles, les faits en prophéties, ils s'indignèrent de trouver de la résistance chez les Juifs attachés à un sens étroit, stérile, il est vrai, mais historique et textuel; on accusa les Juifs d'entêtement, d'endurcissement, et quelque Buxtorf écrivit un livre peu fait pour convertir, si l'on gagne les âmes par la douceur, le Maillet de l'obstination judaïque, *Malleum obstinationis judaicæ*.

L'esprit de corps, le patriotisme d'Israël était nécessaire à l'accomplissement des desseins de Moïse. Ce sentiment manquait à ses Hébreux: il le forgea. L'Israélite apprit qu'il faisait partie d'un peuple choisi, du peuple de Dieu, que le Seigneur avait fait alliance avec Abraham, avec Moïse; cette nationalité morale fut manifestée par des formes. L'orgueil de la corporation, la solidarité d'honneur s'établira toujours entre les hommes qu'on réunira par un signe commun: ces signes, Moïse les multiplia. La circoncision remise en vigueur, la communauté du festin pascal, les thephilin ou totaphot, les tsitsith, distinguèrent les Juifs de toutes les nations. Contrairement aux Égyptiens, ils durent laisser pousser leur barbe et leur chevelure. Ce n'est pas tout, la coutume qu'avaient déjà les patriarches de se marier dans leur race fut érigée par Moïse en loi sévère. Dès lors, le sang du Juif ne se mêla plus; le type physique et moral de la nation devint indélébile, éternel; Moïse obtint ce qu'il avait voulu, l'orgueil patriotique excessif, la fraternité, le sentiment secourable pour les enfants d'Israël, mais la haine et le mépris pour les étrangers, pour ces hommes que Dieu même ne connaissait pas. Moïse voulut modérer ce dernier sentiment par quelques dispositions légales en faveur de l'Égyptien, de l'Iduméen, mais il ne put réagir contre l'impulsion qu'il avait donnée lui-même, impulsion si forte et si conforme au génie de l'antiquité. Malgré des défaites, des captivités continuelles, mêlés sans cesse à leurs vainqueurs, les Juifs ne disparurent pas; l'orgueil de la race, la perpétuité du mariage israélite, l'aversion pour l'étranger, les conservèrent, mais les rendirent odieux. Les Grecs et les Romains, qui n'avaient pas de Christ à venger, détestaient déjà les Juifs; l'empereur Caligula reçut Philon d'Alexandrie avec une dérision toute voltairienne.

Un sentiment déjà saillant chez les patriarches, l'amour de la progéniture, ne se perdit pas. L'Israélite aspire à couvrir la terre de ses descendants. La passion de Jacob, le sentiment de propriété, pousnt l'envie d'acquérir jusqu'à la cupidité, l'envie de conserver jusqu'à l'avarice, ne se perdit pas davantage; l'or est le Dieu des Israélites : non-seulement ils le comptent et le font circuler, mais ils le façonnent; non-seulement ils l'enferment dans leurs coffres, mais ils le suspendent en grappes à l'oreille des femmes ou le font ruisseler en chaînes sur leurs épaules. Ils ne quittent le lingot d'Abraham que pour le bracelet d'Éliezer. Chez l'Israélite la science financière et la bijouterie sont en progrès sur toute autre application de la pensée. Il est usurier s'il n'est pas orfévre.

Bien qu'obligés sans cesse à la guerre, les Israélites ne sont pas guerriers. Comment en Égypte la bravoure leur fût-elle venue? Leurs annalistes ne réussissent point à nous cacher qu'ils furent subjugués sans cesse. Israël fut délivré de Chusan, roi de Syrie, par Othoniel; d'Églon, roi des Moabites, par Aod; de Jabin, roi des Kananéens, par Débora; des Madianites par Gédéon; des Ammonites, par Jephté; des Philistins, par Samson; mais le grand nombre de ses libérateurs prouve celui de ses servitudes. Israël conquit lentement et péniblement son territoire. Les Jébuséens occupaient encore les hauteurs de Sion du temps de David.

Sous le règne de Saül, après une déclaration de guerre des Philistins, les Israélites se cachèrent dans les grottes et les citernes [1]. Leur mauvaise réputation militaire était grande au temps de Judith [2].

---

[1] Rois, liv. I, xiii, 6.
[2] Judith v, 27.

Dans les guerres dont l'Orient fut le théâtre, les Israélites ne surent pas interdire aux conquérants leur territoire, chemin naturel d'Asie en Égypte. Après la domination des Babyloniens et des Perses, ils subirent celle des Romains. La guerre des Maccabées, la furieuse défense de Jérusalem, furent des explosions des sentiments patriotique et religieux, poussés à bout par les derniers outrages.

Les Juifs n'étaient pas militaires; ils manquaient de bravoure, mais ils avaient leur courage : c'est la lutte de la volonté contre le bien-être et l'amour de la vie; c'est le courage *passif*; persécutés pour leurs richesses, qui leur sont chères, pour leur religion, qui leur est plus chère encore, nous devons le dire à leur honneur, ils subiront les tortures comme s'ils étaient impassibles. Azaël, Mizaël et Azarias, le prouvèrent dans la fournaise ardente; le vieil Éléazar, les *sept* frères Maccabées, le prouvèrent dans les mains des bourreaux macédoniens. Le peuple tout entier le prouva, lorsque Pétrone, gouverneur de Syrie, voulut faire placer dans le Saint des saints la statue de l'empereur Caligula. Tous les habitants de Jérusalem se couchèrent sur la place publique et tendirent la gorge aux épées romaines. Tuez-nous, disaient-ils, mais nous ne voulons pas voir cette profanation [1].

La constance des Juifs dans les tourments s'est montrée dans tous les temps, dans tous les pays;

---

[1] Joseph, Antiq. jud., liv. 18, chap. 11.

partout et toujours ils ont souffert. Un voyageur en Orient, Pietro della Valle, raconte la mort du rabbin Abba, qui se laissa déchirer par les chiens d'un roi de Perse au lieu d'abjurer sa religion. Nourri dans un catholicisme intolérant, le voyageur ne sait pas apprécier ce martyre, et se contente de dire : « Bien heureux eust-il esté en mourant de la sorte s'il eust esté chrestien, mais, estant juif comme il estoit, ces souffrances ne lui servirent qu'à commencer son enfer, en ce monde, un peu plus tost qu'il n'eust fait[1]. »

La constance du Juif dans la douleur et les outrages, est accompagnée d'une haine intérieure d'autant plus vive qu'elle est refoulée. O Babylone, chantaient doucement aux sons de la harpe les jeunes filles de Juda; Babylone, qui prendra tes enfants et les écrasera contre les pierres? Les Samaritains, exclus du temple avec mépris, excommuniés tous les ans au son des trompettes, ont fait l'épreuve de la haine juive. Encore aujourd'hui, dans l'intérieur des synagogues, les chrétiens sont maudits par des prières imprécatoires. Ajoutons que les Israélites les plus éclairés demandent que ces prières disparaissent du rituel[2]. Tant que dura l'aversion réciproque du juif et du chrétien (puisse-t-elle bientôt finir!), la haine des chrétiens était démonstrative, insolente; celle du juif, profonde et silencieuse, était la plus forte.

[1] Pietro della Valle, t. 3, p. 87.
[2] Voyez les Archives israélites, n° d'avril 1841, p. 233.

A défaut de bravoure, le juif possède l'arme du faible, la ruse; si vous contractez avec lui, soyez prudent: il n'a pas le glaive pour frapper son ennemi, mais le filet qui l'enveloppe.

Il n'est pas inutile d'ajouter que le juif est sale; il faut le savoir pour comprendre une grande partie des lois mosaïques, pour apprécier toute l'horreur qu'un *juif* inspirait au moyen-âge.

Avec cette vénération pour la lettre, cet esprit de corps, cet amour de la progéniture, cette cupidité, cette lâcheté sur le champ de bataille, ce courage passif, cette ruse, cette saleté, les Juifs eussent pu devenir ce qu'ils furent quand ils eurent tué de leurs propres mains leur importance religieuse sur le Calvaire, une race commerçante, utile à la circulation des valeurs, comme les Arméniens, comme les Banians; mais nous n'avons nommé que les traits caractéristiques des enfants de Jacob. — Les fils d'Abraham ont des qualités qui les relèvent de tout mépris, qui leur donnent une grande place dans l'histoire.

Il ne suffit pas de dire que les Juifs furent religieux comme tous les peuples de l'antiquité, car ils le furent autrement et mieux. Leur religion, supérieure à toutes celles du vieux monde, est la plus belle de leurs gloires.

Qu'on n'oublie pas non plus cette moralité précoce, que Moïse sut régénérer chez les Hébreux et qui les distingua des nations orientales. Un sentiment profond du devoir anime tous leurs livres; il éclate avec majesté dans le Décalogue et s'épanouit avec charme dans les histoires de Joseph, de Ruth, de Tobie.

Comment oublier encore le sentiment des arts, quand on nomme les frères de David et d'Isaïe. Ce sentiment ne se révéla point par la peinture ni la sculpture: la loi de Moïse, proscrivant les images, tua ces développements du génie israélite; l'architecture ne fut pas davantage une des gloires de la nation, les Égyptiens l'avaient dégoûtée de bâtir, et le temple de Salomon fut édifié par les Phéniciens; mais l'art hébraïque eut un développement magnifique, la poésie.

Cette poésie, souvent brusque, incorrecte, s'échappant en versets qu'elle ne mesure pas, se distingue de l'art grec par les différences qui séparent le style romantique du style classique; la Bible fait parler l'âne de Balaam, l'Iliade les chevaux d'Achille, et ces chevaux sont fils du Soleil. Les Hébreux ont la vérité, l'énergie de l'expression, les Grecs la pureté, l'harmonie; mais il y a puissance, création, beauté des deux parts.

La poésie hébraïque fut surtout l'exhalation du sentiment religieux: elle meurt avec le Christ; la poésie qu'on rencontre parfois dans le Thalmud, pleine de récits incohérents et merveilleux, n'est plus juive, mais arabe.

Israël eut des grands hommes; nous ne pouvons pas dire qu'il fût plus ingrat à leur égard que les autres nations: Athènes empoisonna Socrate; mais il le fut beaucoup; Moïse voulut donner aux Juifs une patrie: ils contristèrent sa vie par leurs murmures; Jésus-Christ voulut leur donner le monde : ils le tuèrent.

Les Israélites semblent cesser d'avoir des grands hommes, au moment où leur poésie meurt, à l'ère chrétienne. Il n'y a pas d'Abraham, de Moïse, d'Isaïe parmi les rabbins; cependant à notre époque où finissent les préjugés, l'opinion publique rendra sans doute une part de gloire au disciple d'Averroès, à Moïse fils de Maïmon, plus connu sous le nom de Maïmonides, ou bien encore appelé RaMBaM, par la réunion de ses initiales Rabbi-Mosché-Ben-Maïmon; la solidité, la lucidité de cette intelligence sont admirables; les livres de Maïmonides sont écrits avec une plume de lumière.

Spinosa, bien qu'il ait rompu avec la synagogue, n'est pas pour la race juive une faible gloire.

NATURE DE LA PALESTINE.

Si le caractère juif est en grande partie postérieur à Moïse, il est encore plus évident qu'on occupa la Palestine après que la législation mosaïque eut été promulguée. Toutefois, nous parlerons dès à présent de cette terre qui fut promise avant le départ d'Égypte, et vers laquelle, pendant la vie errante du désert, toutes les imaginations étaient tournées. Moïse en avait pu voir la frontière; il avait pu modeler quelques-unes de ses lois sur les productions et la nature de ce terroir; sait-on d'ailleurs si les prescriptions agricoles que nous lisons dans le Pentateuque ne furent pas complétées au temps des rois?

Un voyage en Abyssinie, en Égypte, en Syrie surtout, serait nécessaire à qui veut expliquer la Bible; en Orient, les mœurs et les costumes sont éternels. Le soleil éclaire encore aujourd'hui le pasteur, la tente, les chameaux près de la citerne, peut-être même les jeunes filles qui viennent, l'urne sur la tête, pour abreuver un autre Éliézer. Il faudrait voir, lire ne suffit pas. Cependant, si les narrations des voyageurs peuvent être utiles, l'Orient en a reçu d'illustres; il nous est décrit par MM. Chateaubriand, de Lamartine, et par Volney qui joint à la précision d'un voyageur qui écrit le style d'un écrivain qui voyage.

La Palestine, ainsi nommée, suivant l'historien Joseph, du premier peuple qui l'ait habitée, les Philistins, est située à l'orient de la Méditerranée, entre l'Asie mineure et l'Égypte. Il est difficile d'indiquer avec précision les limites de ce pays; elles varièrent sans cesse. La domination des Kananéens, la conquête des Hébreux, le schisme d'Israël, l'empire exercé par les Babyloniens, les Perses, les successeurs d'Alexandre, les Romains, influèrent sur la géographie politique; elle ne traça que des lignes mouvantes.

Cependant le pays que ses différents possesseurs s'accordèrent à nommer Palestine est borné au nord par la Célé-Syrie ou basse Syrie, située dans les vallées du Liban, l'Iturie et la Trachonite; à l'ouest, par le pays des Ammonites et des Moabites, soumis à la visite fréquente des Arabes; au sud, par l'Idumée; à l'est, par la mer. C'est dans ce cadre que fut dessinée la division territoriale des douze tribus. Un fleuve peu considérable, mais grand par les faits qu'il rappelle, le Jourdain, coupe la Palestine en deux parties à peu près égales. Parti de l'extrémité nord, il traverse, en coulant vers le sud, le lac de Genesareth et va se perdre dans la mer Morte, dont l'eau plombée ressemble au tain d'une glace. Le torrent du Cédron, venu de l'est, ce torrent célèbre, que David, poursuivi par Absalon, franchit à pied sec, longe les murs de Jérusalem en passant au fond de la vallée de Josaphat, et se perd comme le fleuve dans la mer Morte.

Entre le Jourdain et la Méditerranée, la Palestine est très-montueuse; elle est traversée, dans le sens de la longueur, par une chaîne qui changeait de nom en franchissant une tribu nouvelle, et s'appelait successivement montagnes d'Ephraïm, montagnes de Juda; plusieurs sommets surtout en sont célèbres. Nous ne parlons pas du Liban, qui forme à lui seul une chaîne: d'une part, il se ramifie dans la Célé-Syrie; de l'autre, il enserre la Phénicie et la presse contre la mer. Le Liban n'est pas en Palestine; mais on peut citer, au nord de cette contrée, le Carmel, que le navigateur voit de loin saillir sur la mer, en promontoire. La gloire au Liban, dit Isaïe, la grâce au Carmel et à Sárons[1]. En allant au sud-est, on trouve la montagne de *Garizim ;* c'est là qu'après la ruine du royaume d'Israël les Samaritains construisirent leur temple; en descendant encore, à trois lieues de Nazareth, le Thabor, conique et verdoyant ; mais voici la plus célèbre et la plus imposante réunion de cimes. Le mont Acra, Sion, Moriah qu'on peut regarder comme une partie de cette montagne sainte; Moriah, lieu de la profession de foi d'Abraham suivant les Chaldéens, et du sacrifice d'Isaac suivant la Bible ; le Calvaire, autrefois séparé de Jérusalem, supportent aujourd'hui les édifices de cette cité désolée. C'est du mont des Oliviers, séparé de la ville par l'étroite et profonde vallée de Josaphat, qu'on découvre le mieux Jérusalem. Au-dessous du voyageur, dans la montagne même, s'ouvre la grotte où Jésus priait quand il fut saisi par Judas; tout auprès on vous montrera l'empreinte des pieds du Sauveur, car il n'est pas de lieu dans cette région sainte que la tradition n'ait consacré : vos regards plongent sur la vallée du jugement dernier, ce lieu, qu'un texte du prophète Joël a rendu terrible pour les Juifs, les chrétiens et les musulmans[2]. Dans le lointain s'ouvre une vallée non moins sinistre, le *Ghé-Hinnom,* où les Israélites plaçaient l'enfer.

Au fond de Josaphat, voici le pont sur lequel le

---

[1] Isaïe, xxxv, 2.

[2] Consurgant et ascendant gentes in vallem Josaphat, quia ibi sedebo ut judicem omnes gentes in circuitu. Joel, III, 12.

Sauveur du monde, entouré de satellites, passa le Cédron pour rentrer dans Jérusalem. En face de vous s'élève le vaste escarpement du mont Moriah; la ville tout entière, entourée d'un mur crénelé, s'étale sur un plateau. Vous comprenez cette locution des livres juifs : *Monter à Jérusalem.* Sur Moriah même était bâti le temple. A la place de cet édifice, apparaît devant vous une mosquée octogone, ornée de pilastres et d'arcades ogivales, surmontée par un dôme enflé comme une tulipe qui va s'ouvrir; c'est la mosquée d'Omar. Le croissant brille au-dessus d'elle. Plus loin, les maisons carrées, massives, percées de meurtrières plutôt que de fenêtres, et terminées, soit en terrasse, soit en dômes, s'étagent sur des plans divers; les derniers paraissent bleus, et le paysage est encadré par des solitudes sans bornes.

Qui n'a vu Jérusalem au moins par la pensée? Nous pourrions vous indiquer le prétoire de Pilate, les maisons d'Anne et de Caïphe, la voie Douloureuse qui conduit au Calvaire, et nous ferions une station à l'endroit où Jésus s'écria : Filles de Jérusalem, ne pleurez pas sur moi, mais sur vos maris et vos enfants. Nous pourrions vous montrer encore la piscine probatique, et près du mur de la ville la colonne tronquée où Mahomet doit siéger au jugement dernier pour plaider la cause des Musulmans.

Aujourd'hui les deux capitales du monde chrétien, Jérusalem et Rome, sont enveloppées d'un même deuil. Sans doute, les villes et villages de la

Palestine, Rama, Bethléem, Hébron, Jéricho, Silo, dépositaire de l'arche jusqu'au jour où Jérusalem la reçut, Sichem, capitale du royaume d'Israël avant qu'Amri, l'usurpateur, eût bâti Samarie; ces cités construites, soit en pierre, soit en boue sèche, avec des remparts d'épines[1], furent comme Jérusalem, d'un aspect religieux et grave. La Palestine, avec un peu plus de richesse et de vie qu'aujourd'hui, fut toujours la terre des impressions mélancoliques et saintes.

Dans les montagnes de ce pays, s'ouvrent de profondes cavernes. Elles jouèrent un grand rôle dans l'histoire juive. David y rencontra Saül, et se contenta de lui couper son manteau. Des souterrains, soit naturels, soit factices, communiquent souvent avec les citernes; c'est là que les Juifs se cachèrent après les victoires des Philistins. Aujourd'hui, dans la profonde vallée de Siloa, des cavernes, ouvertes comme les alvéoles d'une ruche, abritent une population d'Arabes[2]. De toute antiquité, ces cryptes ont été le refuge des hommes proscrits et désespérés. C'est là que le roi Hérode extermina des brigands[3]. Mais les brigands juifs, il faudra le dire plus d'une fois, étaient à plaindre : c'étaient les débiteurs insolvables. Dans les pays mal administrés, le volé est une victime, le voleur en est une aussi.

Ce qui frappe dans la Palestine, ce sont ses val-

---

[1] M. de Lamartine, Voyage en Orient, t. 2, p. 223; t. 3, p. 87.
[2] M. de Lamartine, Voyage en Orient, t. 3, p. 200.
[3] Joseph, Antiq. jud., liv. 14, chap. 27; liv. 15, chap. 13.

lées pierreuses. Sur le flanc des montagnes rocheuses, des murs soutiennent la terre végétale. Sur ces étages l'olivier déploie sa verdure grise et poudreuse; à cet arbre se mêlent par intervalles le palmier, le nopal, ouvrant comme autant de mains ses raquettes épineuses. On trouve encore dans ces régions le cyprès et le térébinthe, le tamarin [1], le figuier, qui fournit une allégorie au poëme de Jonas; le sycomore, le dattier, dont les fruits tombés étaient ramassés par le pauvre, *dactyli decidui.* L'arbre qui produit le baume se multiplia surtout dans les environs de Jéricho [2].

Parmi les plantes plus modestes croissent les céréales, le blé surtout; l'hyssope, symbole de la pureté comme en Égypte ; le lin, la laitue, les concombres, les melons, les pastèques, la mandragore, qui dut à la ressemblance de ses racines avec le corps de l'homme une grande importance dans la magie. La vallée d'Ascalon produit les échalottes; plus poétique, la vallée de Sârons est célèbre par ses roses.

La Palestine, semblable à plus d'un égard au midi de la France, à la Provence, est plus désolée; bien que cette austère nature ait plus d'un sourire, l'ensemble afflige la vue; importants par les souvenirs qu'ils retracent, le Jourdain, le Cédron, sont :

---

[1] Arvieux, t. 2, p. 336.
[2] Dioscorides, lib. 1, cap. 18, *de Balsamo.* — *Balsamum uni terrarum Judeæ concessum.* Pline, Histoire naturelle, XII, 54.

le premier, une rivière à demi tarie, l'autre une ravine [1].

Moïse comprit, en étudiant l'Égypte, que l'industrie, les arts, le développement complet de l'intelligence, tout ce qui distingue un peuple socialisé, n'est possible que dans les états sédentaires ; que la vie nomade enchaîne le progrès des nations ; il eut raison de conduire les Hébreux vers le seul pays qui fût à leur portée. En présentant la Palestine comme un pays délicieux où coule le lait et le miel, il comptait sur l'aridité du désert dans lequel les Hébreux devaient errer longtemps, et qui, par le contraste, devait embellir à leurs yeux toute région cultivée. Ajoutons que la terre promise n'est pas nécessairement stérile : quand les Hébreux habitaient ce pays, les rochers, les montagnes, couverts de terre végétale par des travaux dont il reste encore des vestiges, présentaient à la culture plus d'espace que si le sol eût été plat [2]. La Palestine est actuellement désolée, elle l'est depuis longtemps, puisque Strabon et Celsus la déprécient dans les mêmes termes que Voltaire ; mais elle peut être fertile, et la civilisation qui va l'exploiter saura bien retrouver les sources de son ancienne richesse.

Lorsque les Hébreux arrivèrent en Égypte, ils

---

[1] In his tractibus navigerum nusquam viditur flumen et in locis plurimis aquæ suapte natura calentes emergunt ad usus aptæ multiplicium medelarum. Ammien Marcellin, liv. xiv, p. 22.

[2] Maundrell, Voyage à Jérusalem, p. 108. — Belon, Observations, p. 313. — Hasselquist, p. 191.

menaient la vie de pasteurs, et le Pharaon choisit les plus intelligents d'entre eux pour être les gardiens de ses troupeaux[1]. Les Égyptiens, tout en forçant la race hébraïque au travail industriel, ne lui enlevèrent pas sa richesse pastorale. Les Israélites emmenèrent de Mesraïm leurs brebis, leurs ânes, leurs bœufs[2]. Presque tous les Hébreux possédaient des animaux de ces trois espèces, les riches avaient des chevaux et des chameaux[3]. Dans la Palestine, les Hébreux trouvèrent le bouc, le porc, pour lequel Moïse entretint l'horreur égyptienne; le chien, presque aussi méprisé; le loup, le chacal, le renard qui figure dans les exploits de Samson; l'onagre, c'est-à-dire l'âne sauvage. De nombreux passages dans la Bible attestent l'existence de l'ours et du lion. Si nous en croyons le Lévitique et la Mischna, la Palestine eût abrité l'ibis d'Égypte, avec ses longues échasses, son plumage mi-parti de blanc et de noir.

Les insectes auxquels se rattachent le plus de souvenirs bibliques, sont : l'abeille, déposant dans les troncs d'arbres un miel sauvage, et la sauterelle, qui, faisant invasion dans les récoltes, laisse souvent la plaine rasée.

---

[1] Gen. XLVII, 6.
[2] Oves vestras et armenta assumite ut petieratis et abeuptes benedicite mihi. Exode, XII, 32.
[3] *More Neboukim*, pars 3, cap. 39, p. 455.

PREMIERS ACTES LÉGISLATIFS DE MOISE.

Avant de donner aux Hébreux cette législation complète qui ne date que du Sinaï, Moïse promulgua les lois qui lui parurent les plus urgentes. Près de quitter l'Égypte, il resserra dans Israël la fraternité religieuse par la circoncision et le festin pascal.

La circoncision n'était plus un usage universel; Moïse comprit que ce signe, qui n'était pas une distinction parmi les Égyptiens, caractériserait les Hébreux et maintiendrait chez eux l'esprit de corps quand ils arriveraient dans la Palestine incirconcise. Il voulut aussi que le dernier repas des Hébreux sur la terre d'esclavage devînt la première solennité de leur foi régénérée. Chaque année, à la même époque, ils se réuniront le soir autour d'une table, conviant leurs voisins si la famille ne suffit pas, et debout, tenant le bâton de voyage, ils mangeront l'agneau de la pâque, c'est-à-dire du passage, *Phasé*[1].

L'obligation que Moïse établit pour les Hébreux, de ne manger que des pains azymes ou sans levain, depuis le jour de Pâques jusqu'à l'octave, eut encore pour but d'éterniser les circonstances du départ d'Égypte. Les habitants de Mesraïm, impatients de se délivrer des Hébreux, qui troublaient le pays, les pressèrent tellement de partir, que nul Israélite

---

[1] פסח Transire, pasca. Exode, xii, 9; xiii, 6, 7.

n'eut le temps de faire fermenter son pain, ils furent obligés d'emporter la farine dans leurs manteaux [1].

Au moment où l'on quitta l'Égypte, la circoncision des Israélites et l'immolation de l'agneau pascal s'accomplirent à la fois. « Ils se circoncirent en si grand nombre, dit Maïmonides, que leur sang se mêlait à celui de la victime pascale, comme nous en voyons la trace dans le prophète Ézéchiel; il dit à la nation juive : Je t'ai vue foulée aux pieds *dans tes sangs*, c'est-à-dire le sang de la circoncision et le sang pascal [2]. »

L'agneau doit être sans tache. Maïmonides pense que les laitues amères dont il est toujours assaisonné rappellent l'amertume de la servitude égyptienne [3]. Nul incirconcis ne doit s'approcher du banquet sacré.

Les prêtres égyptiens punissaient de mort la violation de certains rites, par exemple, l'immolation du bœuf non scellé; Moïse leur emprunta cette sévérité. Si pendant la semaine pascale on trouve du levain dans la maison d'un homme, cet homme sera puni de mort.

L'institution du festin pascal fut puissante pour entretenir un lien moral entre les Israélites; Moïse grava dans leur mémoire le souvenir du départ d'Égypte, de ce jour qui les constituait en nation par un moyen plus matériel et non moins efficace.

[1] Exode, XIII, 39.
[2] Ezéchiel, XVI, 6. — *More Neboukim*, pars 3, cap. 46, p. 485.
[3] Maïmonides, *de Ritibus cœnæ paschalis*, § 4.

Les Égyptiens portaient des amulettes, qui ne sont pas rares dans nos musées; on les nomme *scarabées*[1]; sculptés dans une substance minérale, habituellement le basalte[2], ces amulettes représentent par dessus l'insecte emblème de la régénération ; le dessous est un ovale plat couvert d'hiéroglyphes[3]; les scarabées sont percés latéralement; on les suspendait par un fil[4]. Moïse, modifiant cet usage au profit de sa religion, fit du scarabée les *thephilin*, nommés par les Grecs *phylactères*[5].

Ces objets, ce dernier nom l'indique, étaient une *sauvegarde*, ils protégeaient les Juifs contre l'idolâtrie.

Ces phylactères étaient deux morceaux de parchemin qui se fixaient par des bandelettes de cuir, l'un au front, l'autre à la main droite.

Les phylactères contiennent des passages de l'Exode. Dans le premier[6], Moïse rappelle au peuple que Dieu l'a tiré d'Égypte; il ordonne aux pères de raconter cette grande histoire à leurs enfants et de manger les azymes pendant la semaine qui précède le jour pascal; il termine par ce verset sur lequel se fonde l'usage des thephilin :

---

[1] Voyez le Musée égyptien.
[2] Belzoni, t. 1, p. 268.
[3] Zoega, t. 1, p. 7, 64. — Denon, pl. 97.
[4] Description de l'Égypte, texte, t. 1, p. 40.
[5] Kircher, t. 1, p. 246, 250. — *Phylacteria Israelitarum ab Ægypto*. Voyez t. 2, p. 525.
[6] Exode, XIII, 1-10.

« Il y aura comme un signe dans ta main et quelque chose de suspendu entre tes yeux, en souvenir de ce que le Seigneur t'a fait sortir d'Égypte¹. »

L'inscription du second phylactère² contient, en d'autres termes, des idées semblables.

Un autre passage de la Bible³ dut s'afficher, sous le nom de *Mezuza*, sur la porte de chaque maison :

« Écoute, Israël : Il n'y a qu'un Dieu, qui est le Dieu notre Seigneur.

« Tu aimeras le Seigneur ton Dieu de tout ton cœur, de toute ton âme et de toutes tes forces.

« Et ces paroles que je t'adresse maintenant resteront gravées dans ton cœur.

« Et tu les raconteras à tes fils, et tu méditeras sur elles assis dans ta demeure et marchant en voyage, à ton coucher et à ton lever.

« Et tu les attacheras, comme un signe, à ta main; elles seront suspendues entre tes yeux.

« Tu les écriras au seuil et sur la porte de ta maison. »

Ainsi l'Hébreu ne peut lever la main, ne peut s'arrêter au seuil de sa maison sans se rappeler qu'il n'y a qu'un Dieu, que ce Dieu l'a tiré d'Égypte; pour

---

¹ Et erit quasi signum in manu tua, et quasi monimentum ante oculos tuos et ut lex Domini semper sit in ore tuo, in manu enim forti eduxit te Dominus de Ægypto.

² Exode, XIII, 11-16. Erit igitur quasi signum in manu tua, et quasi appensum quid, ob recordationem, inter oculos tuos : eo quod in manu forti eduxit nos Dominus de Ægypto.

³ Deut., VI, 4-9.

mieux graver ces idées dans la tête du Juif, Moïse les lui écrit sur le front. Il y a dans ces prescriptions une intelligence bien profonde du matérialisme israélite.

Les phylactères étaient encore en usage au temps du Christ; les Pharisiens les portaient plus larges que les autres Juifs et faisaient ainsi parade de leur vénération pour la loi. De nos jours, les Juifs de Syrie s'ajustent les thephilin aux heures de prière.

Avant de quitter l'Égypte, Moïse prit des mesures contre le retour d'un rite sauvage, l'immolation des premiers-nés.

Rien ne prouve que, depuis Abraham, un seul des Hébreux eût accompli cette cruauté; mais il n'y avait pas longtemps que, dans le peuple égyptien, les pères avaient cessé d'immoler leurs fils aux bêtes sacrées. Moïse savait quelles étaient, sur ce point, les mœurs de Kanahan. Le souvenir d'Abraham n'était pas une garantie suffisante contre la contagion de l'exemple. La substitution, dans le sacrifice, d'un animal à l'enfant devint une loi.

Moïse posa d'abord le principe admis alors dans tout l'Orient : « Le premier-né des hommes et des animaux appartient à l'autel du Seigneur[1]. »

Mais il imposa l'obligation de racheter le premier-né de l'homme par une offrande pécuniaire[2].

---

[1] Exode, XIII, 2, 12.
[2] Primogenitum asini mutabis ove; quod si non redimeris inter-

Le premier-né des animaux n'échappera pas au sacrifice ; toutefois on peut racheter l'âne en offrant une brebis.

Si l'âne est écarté de l'autel, ce n'est point par ce mépris égyptien qui le jugeait indigne du sacrifice ; c'est par un sentiment tout contraire : l'âne, compagnon de l'Israélite, est trop précieux pour qu'on l'immole ; l'âne oriental n'est point la bête humiliée que nous connaissons en France, c'est une monture vigoureuse, noble dans ses formes [1] ; souvent, dans la Bible, des guerriers sont comparés à l'âne sans aucune ironie. Issachar, dit Jacob à son lit de mort, Issachar est un âne fort, couché au milieu de son héritage. Pour vanter la fortune et la dignité d'un père de famille, le livre des Juges nous dit qu'il était en état de faire monter tous ses enfants sur des ânes. Absalon, dans la dernière bataille qu'il livre à son père, est monté sur une mule. David, pour investir Salomon de la puissance royale, le place sur sa mule avant de le faire asseoir sur son trône ; le prophète Zacharie annonçant aux Juifs captifs à Babylone un guerrier libérateur, s'écria : « Fille de Sion, voici ton roi qui vient monté sur une ânesse [2]. » Il ne crut pas nuire au triomphe du Messie en y faisant figu-

---

ficies. Omne autem primogenitum hominis de filiis tuis, pretio redimes. Exode, xiii, 13.

[1] Sonnini, t. 2, p. 263, 347. — M. de Forbin, Voyage au Levant, p. 71.

[2] Zacharie, ix, 9.

rer un animal estimé des Juifs. On sait que le Christ entra dans Jérusalem sur une ânesse pour qu'on lui fît l'application de ce passage[1].

Les Hébreux se sont rassemblés près de Memphis, à Ramessès ; il sont partis en faisant à Mara, dans le désert de Sin, à Raphidim, des stations qu'il est facile de suivre sur la carte. On a dit qu'ils avaient mis quarante ans à se rendre d'Égypte en Palestine ; c'est mal présenter les faits ; il faut dire que, pendant quarante années, ils reprirent la vie nomade ; Moïse ne les conduisit pas d'abord à la terre promise, il voulait, dans la solitude, les pénétrer de ses idées religieuses, les y fortifier par la pratique avant de les exposer au spectacle séduisant de l'idolâtrie. Le pèlerinage dans le désert se justifie par une autre cause, la lâcheté des Hébreux. Ces Kananéens qu'on voulait chasser de leur patrie étaient une race guerrière; ils se couvraient d'armures; tout fuyait devant leurs chars armés de faux. Les Israélites, en Égypte, n'avaient cessé de garder les brebis que pour pétrir des briques; avant de les mener combattre un peuple de soldats comme les Philistins, il fallait les aguerrir par une vie aventureuse [2].

Lorsque après plusieurs années de voyage, Moïse

---

[1] Hoc autem totum factum est ut impleretur quod dictum est per prophetam dicentem :

Dicite, filiæ Sion : ecce rex tuus venit tibi mansuetus, sedens super asinam et pullum filium subjugalis. Evang. Math. xxii, 4, 5.

[2] Exode xiii, 17. Igitur cum emisisset Pharao populum non eos duxit Deus per viam terræ Philisthiim quæ vicina est : repulans ne

enverra des espions dans la terre promise, quelle nouvelle apporteront-ils?

« Jamais nous ne pourrons approcher de ce peuple ; il est plus fort que nous.

« La terre que nous avons explorée dévore ses habitants. La race que nous avons vue est d'une haute stature.

« Là, nous avons aperçu des prodiges, des enfants d'Énak de la race des géants. Nous n'étions, près d'eux, que des sauterelles. »

Tandis que les longues privations du désert grossissaient aux Juifs les fruits de la terre promise, la terreur en grandissait les habitants. Moïse approcha plus d'une fois de la Palestine et fut plus d'une fois obligé de s'en éloigner par les murmures des Hébreux ; ils songeaient à retourner en Égypte [1].

On ne doit pas s'étonner du langage qu'ils tinrent à Moïse quand ils virent à leur poursuite l'armée du Pharaon :

« Il n'y avait peut-être pas assez de tombeaux en Égypte, c'est pour cela que tu nous mènes mourir dans le désert. Pourquoi as-tu voulu nous conduire hors de l'Égypte?

« Est-ce qu'en Égypte nous ne te disions pas toujours : Va-t-en ; laisse-nous servir les Égyptiens? Il

---

forte pœniteret eum, si vidisset adversum se bella consurgere, et reverteretur in Ægyptum.

[1] Nombres xiv, 4. Dixeruntque alter ad alterum : Constituamus nobis ducem et revertamur in Ægyptum.

vaut mieux être leur esclave que de mourir dans les solitudes. »

Pendant ces murmures, Marie la prophétesse, sœur d'Aaron, conduit le chœur des femmes israélites, et toutes, frappant sur des tambours, chantent les louanges d'Adonaï.

Voilà l'intérêt du voyage dans le désert; c'est cette opposition continuelle entre la confiance, l'exaltation religieuse de la famille mosaïque et l'abrutissement du peuple hébreu.

« Gloire à Jehovah, disent les uns, gloire au Seigneur! Il souffle sur ses ennemis et les disperse comme la paille; il les jette comme un plomb dans la mer [1] »

« Où sont, disent les autres, les marmites égyptiennes [2] ? »

« Nous n'avons pas oublié les poissons qu'on nous donnait gratis en Égypte. Nous nous souvenons des concombres, des porreaux, des oignons et de bien d'autres légumes [3]. »

Au sein du désert, donner à cette multitude le pain de l'âme et le pain du corps était une tâche pénible; plus d'une fois le découragement s'empara de Moïse.

Il dit à Dieu : « Pourquoi as-tu affligé ton serviteur? Pourquoi n'ai-je point trouvé grâce devant

---

[1] Exode xv, 7.
[2] Exode xvi, 3.
[3] Nombres xi, 5, 6.

toi et pourquoi m'as-tu imposé la charge de tout ce peuple ? »

« Est-ce que j'ai conçu ou engendré toute cette multitude pour que tu me dises : Porte-les dans ton sein comme la nourrice porte l'enfant, et dépose-les dans la terre qui a été promise à leurs pères. »

« Où trouverai-je assez de viande pour cette foule ? elle pleure contre moi, disant : Donne-nous de la viande que nous mangions. »

« Je ne puis, seul, soutenir le poids de ce peuple ; c'est trop pour moi. »

« Je te prie de me faire mourir ; que je reçoive de toi cette grâce et que je sois délivré de tant de maux [1]. »

Pourtant Moïse sut résister au désespoir ; sa force morale était grande, et, suivant le portrait qu'Eusèbe nous a laissé de lui, sa force physique était grande aussi.

La connaissance qu'il avait du désert fut plus d'une fois utile aux Hébreux. Cette foule altérée arrive au lieu nommé depuis Mara, n'y trouve qu'une source pleine d'une eau amère.

Suivant l'Exode, Moïse pria Dieu, jeta un morceau de bois dans la source, et l'eau devint douce [2]. Suivant Joseph, Moïse fit puiser et répandre une partie des eaux par les jeunes gens les plus vigoureux, l'eau qui resta dans le fond se trouva plus

---

[1] Nombres XI, 11-15.
[2] Exode XV, 23.

douce[1]. L'un ou l'autre de ces moyens ne pouvait agir que sur l'imagination des Israélites. L'eau de Mara est restée amère depuis leur départ; il faut en croire le voyageur Morison, qui en a bu par piété[2].

Dans une autre circonstance, en disant que Moïse frappa de sa verge un rocher et fit jaillir une source, les Hébreux ont poétisé légèrement une action très simple : Moïse indiqua de sa baguette une source qui coulait près d'un rocher. Un pieux voyageur auquel on montrait ce rocher consacré par la tradition, s'étonnait fort de voir une source couler à quelques pas et ne comprenait plus la nécessité du miracle; en retour, il aurait dû, ce nous semble, en comprendre la possibilité[3].

Les observations faites dans l'Arabie-Petrée par les voyageurs même les plus orthodoxes, ont dissipé depuis longtemps le nuage miraculeux dont les Hébreux ont couvert leur pèlerinage; on sait que la manne, don spécial de la Providence à leurs yeux, n'a jamais cessé de tomber dans la région qu'ils traversèrent; l'historien Joseph l'affirme. Morison le constate avec plus de détails, et son témoignage est précieux, car ce voyageur, chanoine de Bar-le-Duc et chevalier du Saint-Sépulcre, n'est pas seulement bon catholique, mais naturellement cré-

---

[1] Description de l'Égypte; Mémoire de M. Dubois-Aymé.
[2] Morison, Voyage au mont Sinaï et à Jérusalem, p. 116.
[3] Belon, p. 286.

dule. A peine se permet-il de légers doutes lorsqu'on lui fait voir en trois endroits de l'Italie le bras du même saint, et nous sommes étonnés de l'entendre faire des réclamations quand on lui montre, en Palestine, *le puits où est allée s'éteindre l'étoile des mages* [1].

« Il semble d'ailleurs, mon cher lecteur, dit-il au sujet de la manne, que Dieu veuille éterniser la mémoire de ce prodige, puisqu'il en fait encore tomber dans le même désert, et non ailleurs, régulièrement chaque année pendant les deux mois les plus chauds, qui sont juillet et août. Les Arabes de cette contrée, ainsi qu'ils nous l'ont raconté, vont, comme anciennement, la ramasser avant le lever du soleil, parce que, étant ardent presque aussitôt qu'il est levé, il liquéfie celle qui est restée et la mêle, étant fondue, avec le sable qui s'y attache; alors, pour en profiter, on la fait fondre de nouveau sur le feu, après quoi on la fait passer par un linge dans lequel le sable reste. Lorsque cette manne tombe, elle est blanche comme neige et de la grosseur d'un pois, mais non pas de sa rondeur, étant un peu plate. Quand elle est fondue, et encore chaude, on la mange sur du pain comme le miel, dont elle a la couleur et presque le goût; mais sitôt qu'elle est refroidie, elle durcit comme la cire [2]. »

---

[1] Morison, p. 470.
[2] Morison, p. 91. — Voyez Belon, 297. — Dom Calmet, Commentaire littéral : — Exode.

Ces détails coïncident parfaitement avec la description de la manne donnée par la Bible [1].

Les Juifs virent dans la manne un miracle, une attention de Dieu pour son peuple choisi; Moïse lui-même nourrit cette idée; plus tard, il ordonna, pour la perpétuer, qu'un gomor, c'est-à-dire une mesure [2] de manne, fût placé dans l'Arche avec la verge d'Aaron et les Tables de la Loi.

Moïse était dans le désert à la tête d'Israël, lorsque son beau-père Jéthro vint le visiter, lui ramenant Sephora, sa femme, et ses deux fils restés obscurs, Gersam et Éliézer. Lorsque Jethro eut pris avec Moïse et Aaron *le pain devant le Seigneur*, ce grand prêtre de Madian, savant dans l'art de dominer les hommes, examina le gouvernement de Moïse.

Chez les peuples naissants, les vieillards sont les magistrats naturels. Pendant le séjour des Hébreux en Égypte, ils reconnaissaient pour chefs les anciens du peuple [3]. Ce sont les anciens que Moïse et Aaron, les deux frères inspirés, allèrent trouver en descendant de la montagne. Moïse, en prenant la direction d'Israël, dépouilla les anciens de tout pouvoir.

---

[1] Apparuit in solitudine minutum, et quasi pilo tusum in similitudinem pruinæ super terram.

Appellavitque domus Israel nomen ejus man; quod erat quasi semen coriandri album, gustusque ejus quasi similæ cum melle. Exode XVI, 14, 31.

[2] Homer enim continebat tria ova gallinarum et quartam ovi partem. Theod. Dassovius, *Antiquitates hebr.*, p. 27.

[3] Exode III, 18; IV, 29.

Il le fallait. On sait combien les vieillards sont conservateurs, amis du passé. Le législateur des Hébreux eût trouvé dans cette magistrature une résistance continuelle à ses vues. Il prit le parti de concentrer tous les pouvoirs en sa personne et de juger toutes les affaires. Jéthro le vit dans cette fonction.

« Le lendemain, Moïse s'assit pour juger le peuple, qui se tenait près de lui depuis le matin jusqu'au soir.

« Son allié, voyant sa conduite à l'égard du peuple, lui dit : Que fais-tu là ? Pourquoi siéges-tu seul ? Pourquoi le peuple est-il dans l'attente depuis le matin jusqu'au soir ?

« Moïse lui répondit : Le peuple vient à moi cherchant le jugement de Dieu.

« Lorsqu'une contestation s'élève entre eux, ils viennent à moi pour que je décide et que je leur fasse connaître les préceptes du Seigneur et ses lois.

« Mais Jéthro répondit : Tu as tort.

« Vous vous consumez d'une fatigue inutile, et toi et le peuple qui t'accompagne ; l'entreprise est au-dessus de tes forces. Seul tu ne peux suffire à ce travail.

« Écoute mes paroles, mes conseils, et Dieu sera avec toi. Sois l'homme de la religion, l'intermédiaire entre le Seigneur et la nation.

« Enseigne au peuple les cérémonies et les formes du culte, la voie dans laquelle il faut marcher, les devoirs qu'il convient d'accomplir.

« Mais choisis dans tout le peuple des hommes considérés et craignant Dieu, qui possèdent le sentiment de la justice, détestent la cupidité ; fais-en des tribuns, des magistrats pour cent hommes, cinquante hommes, dix hommes.

Qu'ils jugent le peuple en tout temps, mais que les affaires majeures te soient référées. Ils jugeront les procès moins graves. Ainsi partagé le fardeau te sera moins lourd. »

Moïse apprécia le conseil ; il adopta ce partage qui lui laissait la décision des questions graves en le déchargeant d'une fatigue inutile, mais il ne confia pas les fonctions judiciaires aux anciens du peuple. Il les remit, suivant l'avis de Raguel, à des hommes de son choix, sans doute aux Israélites les mieux disposés pour les réformes qu'il voulait accomplir.

« Il choisit dans tout Israël des hommes éclairés et les constitua magistrats du peuple réparti par fractions de cent, de cinquante et de dix hommes. »

« Ils jugeaient le peuple en tout temps ; Moïse, au contraire, ne jugeait qu'à certains jours. »

« Ils référaient à Moïse toutes les affaires graves et ne décidaient que les plus simples. »

Lorsqu'on se fut établi dans la terre promise, les juges siégèrent aux portes des villes ; mais alors, et les lois de Moïse semblaient elles-mêmes le prévoir, les magistrats cessèrent d'être institués par une autorité supérieure. La nécessité politique qui força le législateur à faire un choix était passée. Sauf le cas où l'inspiration s'empara des fonctions judiciaires, comme on le voit par l'histoire de la prophétesse Olda, du jeune Daniel, les Juifs revinrent à la magistrature naturelle, aux vieillards. Dans les procès difficiles ils s'en référaient aux successeurs de Moïse, au corps des prêtres.

Le vieillard et le prêtre formaient deux degrés de juridiction, comme chez nous le juge et le conseiller.

Les magistrats étaient entourés d'une vénération presque religieuse ; la Bible les appelle les seigneurs ou plutôt les dieux, *Elohim* [1].

On jugea, dans le camp de Moïse, d'après les coutumes des patriarches et l'équité, jusqu'au jour où la loi du Sinaï fut promulguée.

LÉGISLATION COMPLÈTE.

PRÉAMBULE. — LE DÉCALOGUE.

Une législation complète, c'était le principal but du voyage ; l'esprit religieux et national, développé par le festin pascal et par les thephilin ; le rachat des premiers-nés, l'organisation des fonctions judiciaires ; c'étaient là des mesures urgentes et que

---

[1] Exode XXI, 6 ; XXII, 8. Capellus, *Critica sacra de nomine* אלהים *Diatriba*, cap. 5.

rien ne devait retarder; mais ce n'était pas encore une organisation sociale.

A deux grandes époques on voulut donner expressément à la loi la morale pour base; la morale a deux faces, chacune de ces époques en vit une. En 1789, au moment où le sentiment de la liberté, trop méconnu par le gouvernement français, fit explosion, lorsque l'assemblée constituante dut formuler une législation qui satisfît ce principe longtemps comprimé, la loi fut précédée par une déclaration *des droits* de l'homme.

Au temps de Moïse, époque de matérialisme et d'instincts grossiers, époque où peu de liens réunissaient les hommes, temps où l'ordre était le premier besoin, la législation fut précédée par une déclaration *des devoirs*.

Cette déclaration, mise dans la bouche de Dieu, s'appelle le Décalogue; elle fut proclamée dans des circonstances faites pour impressionner des imaginations orientales et barbares.

Moïse dirigeait l'itinéraire d'Israël vers un lieu dont il avait remarqué l'aspect imposant. Un jour, le peuple aperçut deux montagnes à peu près égales dressées l'une près de l'autre comme deux têtes de géants, l'Horeb et le Sinaï; c'est auprès du Sinaï que Moïse fit placer les tentes.

« La montagne de Sina, dit Joseph, est si pleine de rochers escarpés de tous côtés que, non-seulement on ne peut y monter sans beaucoup de peine, mais on ne saurait la regarder sans quelque frayeur, et comme la croyance commune est que Dieu y habite, ce lieu paraît redoutable et inaccessible [1]. »

Un jour que le Sinaï se couvrait de nuages, que sa tête lançait des éclairs et semblait le séjour d'un Dieu terrible, un jour d'orage Moïse fit sonner dans tout le camp la trompette, instrument sacré qui, dès-lors, donnait au peuple le signal des stations et des marches. Pendant que ces bruits divers étonnaient toutes les âmes, Moïse fit tracer un cercle autour de la montagne; celui qui le franchira sera puni de mort.

« Aucune main ne le touchera, mais il sera lapidé, percé de flèches. Soit homme, soit animal, il périra. »

Les flèches ne furent jamais rangées par Moïse au nombre des instruments officiels de supplice; mais il fallait au drame que méditait le chef des Hébreux une mise en scène singulière et terrible; l'être animé qui franchira l'enceinte est menacé d'un supplice presque divin, la mort lancée à distance.

Tandis que tout contribue à frapper Israël d'une terreur religieuse, Moïse monte sur le Sinaï, disparaît dans la brume qui couvre la cime; il y reste seul comme s'il s'entretenait avec Dieu. C'est en descendant qu'il publia le Décalogue.

Tout doit être cité, car tout est précieux dans

---

[1] Joseph, Antiq. jud. liv. 3, ch. 4.

ces dix sentences, qui sont la base de la morale juive et chrétienne.

I.

« Je suis le Seigneur ton Dieu, qui t'ai fait sortir d'Égypte, de la maison de servitude.

Tu n'auras point d'autre Dieu devant moi.

Tu ne feras point de figure taillée ni aucune image des êtres qui vivent dans le ciel, sur la terre ou dans les eaux.

Tu ne les adoreras pas, tu ne leur rendras pas de culte. Je suis le Seigneur ton Dieu, fort, jaloux; je punis chez les fils l'iniquité des pères; je la poursuis jusqu'à la troisième et quatrième génération de ceux qui me haïssent, et j'accorde mille bienfaits à ceux qui me chérissent et qui gardent mes préceptes.

II.

Tu ne prendras pas le nom du Seigneur ton Dieu en vain, car il pèche contre Dieu celui qui prend en vain son saint nom.

III.

Souviens-toi de sanctifier le jour du sabbat.

Six jours tu travailleras et vaqueras à tes occupations.

Le septième jour est le sabbat du Seigneur ton Dieu. Ce jour tu ne feras aucun travail ni toi, ni ton fils, ni ta fille, ni ton esclave, ni ta bête de somme, ni l'hôte que tu as reçu sous ta tente.

Car en six jours Dieu fit le ciel, la terre, la mer

et tout ce qu'ils renferment ; il se reposa le septième jour. C'est pourquoi Dieu bénit le jour du sabbat et le sanctifia.

IV.

Honore ton père et ta mère pour vivre longtemps sur la terre que le Seigneur ton Dieu te donnera.

V.

Tu ne tueras point.

VI.

Tu ne seras point luxurieux.

VII.

Tu ne voleras point.

VIII.

Tu ne porteras point faux témoignage contre ton prochain.

IX.

Tu ne convoiteras point la maison de ton prochain. Tu ne désireras point sa femme, son esclave, mâle où femelle, son bœuf, son âne, ni rien qui soit à lui. »

Ces paroles ne contiennent que neuf commandements ; pour en trouver dix et pour justifier le mot consacré de *décalogue*, il faut nécessairement distinguer de l'ordre d'adorer un seul Dieu la défense de faire des images. Les chrétiens, qui ont supprimé la prohibition des images et qui ont réhabilité les arts, ont mieux aimé diviser le neuvième précepte en deux parties et dire :

IX.

L'œuvre de chair ne désireras qu'en mariage seulement.

X.

Biens d'autrui ne convoiteras pour les avoir injustement.

Mais c'est un arrangement maladroit, car alors le neuvième commandement qu'on ajoute, et qui restreint l'œuvre de chair, n'est que la répétition du sixième.

La défense de faire aucune figure taillée, et généralement aucune image d'homme ou d'animal, avait pour but d'enlever aux grossiers Israélites toutes les occasions d'idolâtrie.

La promesse adressée à l'homme vertueux de le faire vivre longtemps en Palestine, la menace de poursuivre l'iniquité du coupable dans ses enfants, indiquent une loi faite pour un peuple intéressé, et qui n'avait pas une idée nette de l'immortalité de l'âme. Il fallait que Dieu punît ou récompensât dans ce monde.

Enfin les exemples de vol pris dans les bœufs et les ânes, constatent que l'enseignement s'adresse à des pasteurs. Voilà ce qu'il y a de local et de passager dans le décalogue ; mais ces détails eux-mêmes se rattachent à la morale éternelle en ce qu'ils étaient nécessaires pour faire accepter et comprendre une sainte loi. Le décalogue est saint parce qu'il est écrit dans toutes les âmes humaines, et que nul ne l'y a gravé, si ce n'est Dieu. Les hommes pénétrés de cette vérité n'ont plus besoin de respecter le prestige dont Moïse entoura son œuvre; que l'échafaudage tombe : l'édifice est construit.

DÉVELOPPEMENT DU DÉCALOGUE.

Après avoir établi la base religieuse et morale des institutions juives, il fallait arriver aux applications et déduire du décalogue une organisation sociale tout entière.

Ce travail ne fut pas produit comme les dix commandements par la seule intelligence de Moïse; il savait qu'il est nécessaire pour légiférer de consulter les hommes pratiques. Le génie inspire et dirige l'œuvre, mais il doit chercher près des hommes spéciaux la connaissance des détails. Pour transformer les règles posées par le Décalogue en législation, Moïse s'associa soixante-dix vieillards; l'Exode l'exprime en ces termes :

« Dieu dit à Moïse : Montez vers le Seigneur, toi, Aaron, Nadab, Abiu (fils d'Aaron), et soixante-dix vieillards d'Israël, tous se prosterneront en restant éloignés.

« Moïse seul montera jusqu'au Seigneur. Les

autres n'approcheront pas. Pour le peuple, qu'il demeure au bas de la montagne [1]. »

Ces conseillers, restés à mi-côte, reçurent un autre privilége que celui de gravir une partie du Sinaï : Moïse n'eut pas l'imprudence de leur confier le secret de ses entretiens avec Dieu, il ne leur dit pas qu'il n'avait d'autre révélation que sa conscience. Aaron son frère, Josué son secrétaire et son futur successeur, le savaient seuls; mais il mit en délibération devant les vieillards ses plans de réforme. Laissant toujours la décision à Jéhovah, il feignait de consulter le Seigneur en montant par intervalles sur la cime nébuleuse du Sinaï; Josué l'y suivait. Aaron, pendant leur absence, dirigeait la discussion des vieillards [2].

La nation, demeurée craintive au bas de la montagne, ne prit aucune part aux débats. Cependant, lorsqu'un chapitre était terminé, Moïse descendait pour le lire au peuple, qui le recevait avec acclamation.

La loi de Moïse était depuis longtemps le travail continuel de sa pensée. Pourtant, la rédaction fut longue; plus d'une fois le législateur, après avoir fait une lecture au peuple, remonta sur le Sinaï. La loi civile et la loi religieuse sont séparées l'une de l'autre par une ascension de quarante jours.

---

[1] Exode xxiv, 1, 2.
[2] Senioribus ait : Exspectate hic donec revertamur ad vos. Habetis Aaron et Hur vobiscum; si quid natum fuerit quæstionis, referetis ad eos. Exode xxiv, 14.

La législation mosaïque n'est pas exposée avec ordre dans le Pentateuque; les répétitions sont nombreuses, les sujets mêlés, les dispositions légales entrecoupées de récits; il faut, pour des lecteurs français, introduire une division qui soit conforme à la marche des intelligences modernes.

S'il est vrai que chez tous les anciens la religion soit inséparable des lois, ce fait est surtout remarquable chez les Hébreux; il n'est pas une prescription législative dont Jéhovah ne soit la source. Le droit international des Juifs, sauf deux exceptions en faveur de l'Iduméen et de l'Egyptien, se résume dans ce principe, qu'il faut exterminer l'étranger comme idolâtre, principe puisé dans la religion.

Le gouvernement c'est la religion ; Dieu régit lui-même son peuple; la religion nourrit le pauvre, modère la servitude de l'esclave israélite. Quel était ce dogme sur lequel est fondée la société mosaïque tout entière ?

RELIGION.

DOGME.

Le Dieu des Israélites est un être unique, nécessaire, immatériel, sinon pour le vulgaire, du moins dans la pensée de Moïse et pour la partie éclairée de la nation : Jéhovah est tout-puissant : c'est le vrai Dieu. Tout en admettant que les astres ne sont pas seulement les flambeaux de notre globe, on trouvera beaucoup de poésie et de vérité religieuse dans ce passage du Deutéronome :

« Lorsqu'en élevant les yeux vers le ciel, vous voyez le soleil, la lune, tous les astres; ne vous laissez pas égarer jusqu'à rendre un culte à ces créatures que le Seigneur a placées dans le ciel pour éclairer tous les habitants de la terre [1]. »

Ainsi la nation juive est délivrée de ce lent et laborieux effort par lequel les Egyptiens remontaient à la cause première du monde ; point de sabéisme, de fétichisme, d'animaux sacrés, d'Osiris : l'homme a trouvé Dieu.

La croyance à l'immortalité de l'âme, aux peines et récompenses de l'autre vie, ne fut pas enseignée par Moïse. Il est vrai que l'idée, sombre et confuse encore, d'une existence après la mort apparaît en plusieurs endroits du Pentateuque. Jacob s'écrie en ne voyant pas revenir Benjamin : Je descendrai plein de tristesse dans les *bas lieux*. Bien que le terme employé par la Bible désigne quelquefois la sépulture [2], nous pensons qu'il faut voir dans ce passage un séjour analogue à l'*Amenti* des Egyptiens, à l'*Adès* des Grecs. Il faut reconnaître encore quelque idée de la seconde vie dans cette locution par laquelle

---

[1] Deutéronome IV, 19.
[2] Quamvis non negârim aliquot loca per sepulcrum reddita non male fuisse, uti nonnulli non infimi nominis interpretes reddiderunt. Bibliothèque rabbinique, t. 2, p. 133. — Voyez Nicolaï, *de Sepulcris Hebræorum*.

est exprimée la mort des patriarches : « *Et il alla rejoindre son peuple* [1]. »

Mais ces passages sont étrangers à l'enseignement de Moïse, ils furent écrits lorsqu'on rédigea le Pentateuque, au temps de David. Pour assurer que Moïse annonça l'immortalité de l'âme, il ne doit pas suffire de recueillir et d'interpréter des textes épars dans la partie historique, dans les récits. Il faudrait que la vie future eût un rang dans l'exposé du dogme, que Moïse eût dit dans un passage formel : l'homme après la mort commence une autre vie pendant laquelle il est puni, récompensé selon ses œuvres; ce passage n'existe pas [2].

Le matérialisme des Israélites, la difficulté qu'il éprouvait à les arracher de l'idolâtrie, purent décider Moïse à cacher, comme trop supérieur à leurs conceptions, un dogme qui quinze cents ans plus tard, enseigné par le Christ et par saint Paul, fit hausser les épaules aux Sadducéens dans Jérusalem, et à toute la population dans Corinthe.

Remarquons aussi que pour les vives imaginations hébraïques, l'idée d'une autre vie était inséparable de l'idolâtrie égyptienne, de Caron et sa barque, du monstre aux trois natures, d'Isis et

---

[1] Gen. xxv, 8 ; xlix, 32.

[2] Voyez Warburton, *The divine legation of Moses demonstrated on the principles of the religious deist, from the omission of the doctrine of a future state of reward and punishment in the jewish dispensation.* — Voyez Gibbon, Décadence de l'empire romain, t. 3, p. 46, et la note de M. Guizot.

d'Osiris juges infernaux, de Thméi et sa balance, Moïse craignit de réveiller dans la mémoire israélite des sujets retracés sur les monuments de l'Egypte entière. Si de son temps l'existence de la vie future était admise par quelques Hébreux, ce n'était pas à l'état de croyance religieuse mais plutôt de superstition. On évoquait les âmes des morts. Moïse ne favorisa pas, il combattit au contraire une doctrine dangereuse parce qu'elle était mal comprise, il prohiba la nécromancie [1]. C'est la seule mention qu'il ait faite de l'immortalité de l'âme.

On sait combien le catholicisme attache d'importance aux prières pour les morts, à l'intervention de la religion dans les derniers moments de l'homme. Le prêtre catholique a le premier rang dans les obsèques; il conduit le corps à la terre et l'âme au ciel.

Dans la loi de Moïse il est défendu aux prêtres d'assister aux cérémonies funèbres. Elles n'ont rien de religieux. En Egypte, bien que le contact du cadavre fût impur, on priait pour le mort, on lui faisait cortége ; chez les Hébreux, l'impureté du cadavre est considérée comme bien plus grande, et cette idée n'est corrigée par aucune autre. Le roi Josias, restaurateur zélé des principes mosaïques, détruisit les bois sacrés de l'idolâtrie; pour flétrir la place qu'ils occupaient, pour en éloigner à jamais la vénération des hommes, *il y fit enterrer les os*

---

[1] Deutéronome, XVIII, 11.

des morts. Comparez ce fait avec le respect des Egyptiens pour leurs cryptes, des chrétiens pour leurs cimetières ! Josias veut-il faire à l'autel des faux dieux le dernier des outrages, il y brûle des ossements humains. Peu de temps après le règne d'Hérode, les Samaritains voulant profaner le temple de Jérusalem y semèrent des os de morts [1]. Pour les Hébreux, le cadavre n'est pas le temple de l'esprit saint, ce n'est pas un séjour consacré par le passage d'une âme immortelle ; c'est un objet vil, une charogne. Nul autre mot ne rendrait l'idée juive.

Aussi le simple prêtre ne peut-il s'approcher des funérailles [2] : à grand'peine on lui permet de rendre les derniers devoirs à son père, à sa mère, à son fils, à sa fille, à son frère, à sa sœur, morte vierge, mais il profanerait son caractère s'il assistait aux obsèques de tout autre, fût-ce du chef du peuple.

Quant au grand prêtre, il est exclu, sans exception, de toutes les cérémonies funèbres.

La négation de l'autre vie est encore évidente dans les promesses et les menaces que le législateur adresse aux Hébreux.

La religion, pour agir sur les enfants intéressés de Jacob, ne pouvait se passer de récompenses et de peines. Jamais, pour encourager ou pour effrayer, elle n'indique une autre vie, jamais, ni dans le Décalogue, nous l'avons vu, ni dans cette litanie de bénédictions et d'anathèmes qui termine

---

[1] Joseph, Antiq. jud. liv. 18, ch. 3.
[2] Lévitique, XXI, 1.

la législation tout entière et la consacre [1]. On flatte l'Hébreu dans sa cupidité, surtout dans son amour de la progéniture. L'immortalité de la race est pour lui la seule manière de se survivre. L'homme juste vivra longtemps sur la terre, et *la terre* signifie la Palestine, le pays où coule le lait et le miel, comme *le fleuve* veut dire l'Euphrate.

« La race du fidèle ne périra jamais; ses rejetons formeront des peuples.

« La femme du juste sera dans sa demeure une vigne fertile.

« Ses fils entoureront sa table comme de jeunes oliviers [2].

« Les enfants des enfants seront la couronne des vieillards [3]. »

Les menaces ne sont pas moins terrestres; point de damnation, point d'enfer. La contagion sera sur vos bestiaux, dit le Seigneur, vous mourrez sans voir la terre promise; vos femmes seront stériles, je poursuivrai votre iniquité dans vos enfants, je retrancherai votre race du sein des hommes; jamais les encouragements divins, jamais les célestes imprécations ne supposent qu'il survive au corps une âme responsable.

Si nous avions encore besoin de prouver que Moïse laissa dans son enseignement cette lacune, si l'abandon plein de mépris dans lequel la reli-

---

[1] Lévitique, xxvi. — Deutéronome, xxviii.
[2] Psaume cxxvii, 3, 4.
[3] Proverbes, xvii, 6.

gion laisse le mort, si le caractère exclusivement terrestre des promesses et des menaces qu'elle adresse n'étaient pas concluants, nous rappellerions comment le Pentateuque fut interprété par les juifs.

Après Moïse, surtout à partir de Salomon et de ses écrits, la croyance à l'immortalité de l'âme se montra, se développa toujours; mais les Sadducéens, c'est-à-dire les juifs conservateurs et fidèles au sens littéral de la Bible, rejetèrent constamment cette doctrine, bien que les prophètes l'eusssent annoncée et que les Pharisiens, c'est-à-dire les hommes progressifs, l'eussent admise. La même résistance à cette croyance nouvelle se trouve chez les Samaritains, qui reçurent le Pentateuque comme inspiré, mais qui jugèrent apocryphes tous les livres postérieurs [1]. Le silence gardé par Moïse influa même sur les sectes juives qui admirent l'immortalité de l'âme; faute de règle commune, une anarchie complète régna dans leurs opinions. L'immortalité des Pharisiens, qui croient à plusieurs vies successives de l'homme sur la terre, n'est pas celle des Esséniens, qui placent la vie future dans le ciel; même après la destruction de Jérusalem, dans les temps modernes, il y eut des juifs partisans de la métempsychose [2].

Cependant, l'immortalité de l'âme ne fut pas tou-

---

[1] Ghémara Sanhédrin, xi, 8. — Cocceius, p. 309.
[2] Léon de Modène. Paris, 1681, p. 206.

jours ignorée des Israélites. Depuis Moïse jusqu'à Jésus-Christ, la religion juive, en apparence invariable, fit des progrès réels. L'opinion de David sur l'autre vie est celle que de son temps on consignait dans la partie historique du Pentateuque ; il entrevoit un séjour sombre et souterrain, les *bas lieux*. Que sa tête blanche ne descende pas tranquillement dans les bas lieux, dit-il en ordonnant le trépas de Joab ; il emploie la même expression dans ses psaumes [1].

Dans le livre de la Sagesse [2], Salomon fut plus clair, il présente d'abord comme répandue chez les Juifs cette idée que tout l'homme finit à la mort.

« Après elle, notre corps ne sera que cendre, notre esprit se dissipera comme un vent léger, notre vie ne laissera pas plus de trace que le nuage au ciel, elle fondra comme la nuée sous les rayons du soleil. »

Le roi-poëte réclame contre ces maximes. L'homme est fait à l'image de Dieu, avait dit la Genèse ; dans cette ressemblance où l'on n'avait encore vu que la liberté, la vie, Salomon trouva l'immortalité : « Ils ne savent pas, dit-il, que l'homme ne peut être anéanti, car il est semblable à Dieu. »

Après Salomon, le témoignage le plus formel est celui de Daniel :

« Ceux qui dorment dans la poussière se réveille-

[1] Psaume, LXII, 10.
[2] Sagesse, II.

ront, les uns pour la vie éternelle, les autres pour un opprobre sans fin.

« Ceux qui auront connu la loi brilleront comme l'éclat du firmament; ceux qui l'auront enseignée resplendiront comme les étoiles [1]. »

Dans le développement de la croyance à l'immortalité de l'âme nous ne tenons pas compte du livre de Job. Cet ouvrage ne jette sur la question qu'une lueur douteuse et vacillante.

« Est-ce que le peu de jours qui me sont accordés ne seront pas bientôt finis? Laissez-moi donc exhaler ma douleur,

« Avant que j'aille sans retour vers la région ténébreuse et couverte de l'obscurité de la mort,

« Région de misère et de ténèbres, région livrée à la nuit de la mort, où l'ordre n'existe plus, et qu'habite une horreur éternelle [2]. »

Si ce passage indique une autre vie, c'est une immortalité triste et confuse; on croit voir l'âme enfermée dans la tombe, vivant assez pour frissonner du froid et des ténèbres, pas assez pour soulever la pierre et monter aux cieux !

Un autre passage du même livre paraît relatif à la même question, mais il est plus obscur encore [3].

On ne saurait voir l'immortalité dans ce passage d'Ézéchiel où le prophète nous montre des osse-

---

[1] Daniel, XII, 2, 3.
[2] Job. X, 20, 21, 22.
[3] Non allegavi illud Job cap. XIX, vers. 25: « Ego scio Redemptorem meum vivum et novissimus super pulverem consistet. » Nihil

ments desséchés couverts de chair et rendus à la vie. Ézéchiel ne prétend pas énoncer un dogme, mais employer une comparaison pour indiquer aux Juifs que Dieu, malgré l'endurcissement de leur cœur, pourra les rendre à la foi. Ce qu'il y a de certain, c'est que Moïse n'enseigna pas l'immortalité de l'âme ; que cette doctrine fut entrevue par David, proclamée par Salomon, par Daniel ; au temps du Christ elle n'était pas universelle, mais dominante en Judée.

MORALE.

Indépendamment du Décalogue, Moïse émit des préceptes qu'on ne peut faire rentrer dans la législation proprement dite, car la pénalité ne les sanctionne pas. Ils se rattachent plutôt à la morale religieuse. Moïse recommanda le respect de la vieillesse dans les mêmes termes que les Égyptiens.

« Lève-toi devant une tête blanche. »

Mais ce qui lui appartient, ce qui fait pressentir le christianisme, c'est le précepte d'oublier les offenses.

« Ne cherche pas la vengeance : oublie le mal que t'ont fait tes concitoyens.

« Si tu rencontres le bœuf ou l'âne de ton ennemi égaré, ramene-les vers lui.

enim in eo est quod ad resurrectionem pertinet, neque ullus Hebræorum reperitur qui verba hæc in istam sententiam exposuit :

Menasseh ben Israel, *de Resurrectione mortuorum libri tres quibus animæ immortalitas contra Zaducæos comprobatur*, cap. 3.

« Si tu vois l'âne de ton ennemi succomber sous le fardeau, tu t'arrêteras et tu aideras l'animal à soulever sa charge [1].

Une douce charité respire dans les dispositions qui abandonnent au pauvre, à l'étranger, les épis oubliés par la faucille du moissonneur, et même la gerbe laissée par terre, l'olive restée sur la branche, et la grappe échappée à la main du vigneron.

« En entrant dans la vigne de ton prochain mange autant de raisin que tu voudras, pourvu que tu n'en emportes pas.

« Dans le champ de ton voisin tu peux froisser les épis, cueillir quelques grains, mais tu ne dois pas les faucher. »

Les disciples du Christ usèrent une fois de cette licence : ils entrèrent dans un champ pour arracher quelques épis [2].

La bonté de Moïse s'étend jusqu'aux animaux : il s'oppose à la destruction des races.

« Lorsqu'en passant tu trouveras sur un arbre, ou par terre, un nid d'oiseaux, et la mère échauffant de ses ailes ses œufs ou ses petits; tu ne la feras pas captive avec toute sa couvée.

« Si tu gardes les petits, tu laisseras la mère s'envoler pour que tu sois heureux et que ta vie soit longue. »

Les Égyptiens, au lieu de battre leur grain, le

---

[1] Exode, xxiii, 4, 5.
[2] Math., xii. — Marc, ii. — Luc, vi.

faisaient fouler par des bœufs, et chantaient pendant cette opération rustique une chanson que les hiéroglyphes nous ont conservée ; M. Champollion l'a traduite.

« Battez pour vous, — ô bœufs ! — battez pour vous, — des boisseaux pour vos maîtres [1]. »

Bien que traduite, cette chanson n'est pas claire ; nous ignorons si les Hébreux l'adoptèrent ; mais comme les Égyptiens, ils firent fouler leur blé par des bœufs.

Tu ne lieras point, dit Moïse, la bouche du bœuf qui foule ton grain [2] ; c'est-à-dire tu ne lui refuseras pas une juste nourriture.

A cette tendresse, à cette vive sympathie pour tout être animé se reconnaît un grand législateur. Moïse sait qu'il se doit à tous ; toute souffrance répond dans son âme ; il ressent la faim du pauvre qui n'a pas de moisson, de vigne ni d'olive, et lui assure, à défaut de propriété, le superflu du riche ; législateur égoïste, ces deux mots seraient une contradiction.

CULTE.

Personnel du culte.

DU PRÊTRE CONSIDÉRÉ COMME FONCTIONNAIRE RELIGIEUX.

La partie dogmatique de la religion ne suffisait pas aux Hébreux et n'a jamais suffi nulle part ; un

---

[1] Lettres d'Égypte et de Nubie, p. 196.
[2] Deut. xxv, 4.

culte est nécessaire. Il fallait à Moïse un corps sacerdotal : il choisit Aaron pour grand prêtre¹. Le législateur ne voulut pas se charger lui-même de ces fonctions qui entraînaient trop de pratiques minutieuses. Son intelligence devait rester libre ; il fallait d'ailleurs au vulgaire un orateur. Aaron, servant d'intermédiaire à Moïse, avait acquis de la popularité. Les fils d'Aaron, Nadab et Abiu, Éléazar et Ithamar, furent institués prêtres. Les fonctions sacerdotales furent déclarées héréditaires dans cette famille.

En interdisant l'immolation des premiers-nés, Moïse n'avait pas voulu détruire cette idée qu'ils étaient consacrés à Dieu d'une manière spéciale. Si depuis le rachat, la prise de possession du Seigneur n'était pas sanglante, les aînés faisaient le service de l'autel ². Ils exercèrent ces fonctions jusqu'au moment où Moïse, au lieu de recruter son clergé par le hasard des naissances, voulut créer un corps et un esprit sacerdotaux.

Il fallait à Dieu de nombreux serviteurs ; il fallait aux institutions de Moïse, qui ne s'établirent pas sans résistance, une espèce d'armée ; il était naturel que le chef des Hébreux choisît pour remplir ce rôle la tribu de Lévi, la sienne, celle d'Aaron ; mais il attendit avant de se prononcer que cette tribu lui eût donné un témoignage éclatant de fidélité, qu'elle

---

¹ Exode, xxviii.
² Nombres iii.

se fût montrée plus attachée à la loi nouvelle qu'à tout Israël.

Toutes les révolutions se ressemblent. Si l'enlèvement des vases d'Égypte fait songer à la spoliation de l'aristocratie française; si le Décalogue, posant les principes de la morale avant la promulgation de la loi, ressemble à cette déclaration des droits de l'homme qui prélude à la constitution de 1791, le sang versé par flots ne manque pas à ces deux rénovations sociales. Est-il vrai que Pierre-le-Grand n'ait pu régénérer la Russie sans exterminer le corps des strélitz? que Mahmoud, pour ouvrir à la Turquie cet avenir dans lequel elle n'est pas entrée, ait à bon droit massacré les janissaires? que Moïse, pour tracer l'enceinte du tabernacle, ait dû s'ouvrir avec le glaive un large cercle? On ne saurait trop ajourner la réponse à ces questions : que de méditations n'exigent-elles pas? Elles n'ont pas aujourd'hui d'intérêt pratique. Il y eut en France et en Europe des intérêts contraires au progrès, des obstacles dont la force pouvait seule triompher: l'emploi de la force à l'intérieur ce fut la révolution française; l'emploi de la force à l'extérieur ce fut l'empire; mais aujourd'hui le sol est à peu près aplani : on peut avancer sans employer le pic et la mine. Si l'on examine le droit qu'auraient eu les grands révolutionnaires d'exterminer des factions hostiles au bien public, ce ne doit pas être pour justifier à l'avenir l'emploi de pareils moyens, nulle école intelligente et morale n'y peut songer, c'est pour apprécier le passé, pour être juste envers les personnages historiques. Nous ne jugeons ni Pierre-le-Grand ni Mahmoud, mais nous voudrions absoudre Moïse. La douceur évidente de son âme prouve qu'il fut sanguinaire malgré lui; si de son temps il avait existé un moyen de réaliser le bien sans violence, son cœur l'eût cherché sans doute et son intelligence l'eût trouvé.

Les Hébreux campés au pied du Sina, l'imagination remplie encore par les rites pompeux de l'Égypte, voyaient avec ennui le dieu dont leur chef leur parlait sans cesse rester invisible. Les divinités de Mesraïm valaient bien mieux. Si les Israélites n'avaient pas vu la procession de Saïs promener ce bœuf de bois doré dans lequel reposa, comme dans un cercueil, la fille de Mycérinus, bœuf vêtu de pourpre, portant un zodiaque d'or entre ses cornes[1]; ils connaissaient, du moins, l'adoration des Apis et voulurent la reproduire. Réunissant une masse d'or, ils demandèrent au grand prêtre Aaron, resté ce jour au milieu d'eux, de leur couler un Apis[2].

Était-ce un bœuf, était-ce un veau qu'Aaron fabriqua, la Bible emploie les deux termes[3]; l'expression de *veau d'or* a prévalu.

Ce sont encore des veaux d'or que le premier roi d'Israël, Jéroboam, fit élever pour les opposer à la

---

[1] Hérodote, liv. 2.

[2] Kircher, t. 1, p. 250, *Apis in deserto cultus*; 262, *Apis seu vitulus aureus.* — Voyez Morison, Voyage, p. 103; de Jurieu, p. 503.

[3] עגל שור

religion de Moïse. On peut dire que les Hébreux prirent en Egypte le culte licite, les pompes consacrées à Jéhovah, et le culte illicite, l'idolâtrie. Ézéchiel leur a reproché les superstitions de Mesraïm[1].

Aaron, moins énergique que son frère, n'avait pas su résister aux cris du peuple : le veau d'or s'était élevé. Moïse descendit de la montagne, rapportant deux tables de pierre sur lesquelles était gravé le Décalogue, et qu'il voulait présenter comme écrites du doigt de Dieu. Il vit le peuple dansant en signe de joie autour d'une odieuse idole.

Rien de plus beau que son indignation lorsqu'à cette vue il brise les deux tables de la loi.

Il renverse le veau d'or et le réduit en poudre. Ce n'est pas tout : la nation contient un élément idolâtrique à jamais incorrigible; il faut l'extirper.

Aaron, croyant qu'une purification symbolique du corps et des vêtements suffirait à l'expiation de la faute, dépouilla le peuple de ses habits[2]; mais ce n'était pas assez pour Moïse; se tenant à la porte du camp, il s'écria : Qui aime le Seigneur se joigne à moi! Toute la tribu de Lévi se réunit autour de lui.

Voici, continue Moïse, ce qu'ordonne le Seigneur Dieu d'Israël : Que chaque homme attache son glaive sur sa cuisse; allez d'une porte à l'autre en traversant au milieu du camp : que chacun tue son frère, son ami, son prochain.

Les fils de Lévi obéirent à Moïse. Ils traversèrent,

[1] Ézéchiel, xx.
[2] Exode xxxii, 25.

le glaive en main, la foule nue et désarmée. Vingt-trois mille hommes environ, furent tués dans cette journée.

« Et Moïse dit : Vous avez aujourd'hui consacré vos mains au Seigneur dans le sang de vos fils, de vos frères et vous en serez bénis. »

Voici l'adieu que le législateur mourant devait laisser aux Lévites :

« Honneur à la tribu de Lévi.

« Elle a dit à son père, à sa mère : Qui êtes-vous ? A ses frères : Je ne vous connais pas. »

Si la descendance de Lévi répondit la première à l'appel de Moïse, c'est que le législateur était sorti de son sein. L'esprit qui la réunit fut celui du clan montagnard se rassemblant autour de la croix de feu. Moïse assuré de la tribu lévitique par cette sanglante épreuve, en fit son instrument de défense. Les Lévites furent consacrés à Jéhovah ; seuls ils purent toucher au matériel du culte ; ils en furent les gardiens. Lévi se partageait en trois familles parmi lesquelles s'établit le principe de la division du travail.

Caath, la famille privilégiée, veillait sur l'arche, la table d'or, le chandelier à *sept* branches, l'autel, les vases du sanctuaire.

Gerson protégeait le tabernacle, ses cordes et ses tentures.

Mérari gardait l'enceinte extérieure du parvis, la menuiserie, les colonnes.

Au sein de la famille de Caath il faut distinguer

les fils d'Aaron et leur descendance. Supérieurs aux Lévites, ils sont prêtres. La dignité de souverain pontife appartient, par héritage, à l'aîné de cette race.

Ainsi, Moïse créa comme en Egypte une caste sacerdotale dans laquelle tout fut héréditaire, diversité de fonctions, hiérarchie.

Moïse ne punit pas Aaron d'avoir coulé le veau d'or; l'influence de ce frère lui était nécessaire. Aaron d'ailleurs savait que Dieu ne s'était rendu visible à Moïse ni sur l'Horeb ni sur le Sinaï; devenu ennemi, ce confident eût été redoutable : il eût facilement détruit l'autorité que Moïse avait péniblement acquise; il eût pu s'ériger en pontife d'idoles, et les grossières sympathies du peuple ne lui eussent pas manqué. Moïse dut ménager son frère et considérer l'érection du veau d'or comme une faiblesse pardonnable. Plus tard, il apprit lui-même qu'il est difficile de résister à la foule. Aaron fit un veau d'or, Moïse fit un serpent d'airain.

La province égyptienne d'Onuphis, désolée par les serpents, avait pris cet animal pour emblème. En l'adorant, elle croyait le fléchir. L'image d'un serpent, érigée en plein air, passait pour une sauvegarde contre le fléau [1]. Dans le désert, Israël fut attaqué par les reptiles, et Moïse contraint par le peuple à se servir du préservatif égyptien [2]. Pour tout palliatif contre l'idolâtrie, il enseigna que le

---

[1] Kircher, t. 1, p. 19.
[2] Voyez Hesychius, liv. 4, *in æneum serpentem*.

serpent d'airain n'était pas efficace par lui-même, mais par la volonté de Jéhovah; c'était une distinction trop subtile pour les Hébreux. Le serpent d'airain devint une idole adorée jusqu'au règne d'Ézéchias. Ce roi, dit l'histoire juive,

« Proscrivit le culte des hauts lieux, brisa les statues, brûla les bois sacrés, mit en pièces le serpent d'airain construit par Moïse. Les fils d'Israël lui avaient brûlé de l'encens jusqu'à ce jour. »

Moïse laissa donc Aaron grand prêtre.

Le droit héréditaire n'est pas la seule condition du souverain sacerdoce : la parfaite régularité du corps est nécessaire au grand prêtre; chez lui, point de mutilation, point d'infirmité; la loi mesure jusqu'aux proportions de son nez [1].

La religion parle au peuple, et le peuple est poëte; il lui faut des formes; il en fallait surtout au matérialisme hébraïque. La philosophie ne s'adresse qu'aux intelligences, et la laideur de Socrate, le pied boiteux d'Épictète n'excluent pas du sacerdoce qu'elle confère.

La loi de Moïse, relative à la perfection physique du grand prêtre, fut scrupuleusement observée. Pendant l'anarchie qui précéda le règne d'Hérode, on coupa les oreilles d'Hircan, descendant des Maccabées, pour l'empêcher de devenir souverain pontife [2].

---

[1] Ne accedat ad ministerium Dei vel parvo, vel grandi, vel torto naso.

[2] Joseph, Antiq. jud., liv. 14, chap. 25. — Guerre des Juifs, liv. 2, chap. 11.

Soit par une libre inspiration de la barbarie, soit par imitation du Pentateuque, la loi politique d'Abyssinie déclare indigne du trône l'homme qui n'a pas tous ses membres. Tant que la race de Salomon fut puissante, chaque *négus* régnant retint captives toutes les personnes de la famille royale sur une montagne inaccessible. On leur donna successivement pour prison les sommets de Dévra-Damo, de Dher, de Wechné. Lorsqu'un prince parvenait à s'échapper, on lui coupait un membre, ne fût-ce qu'un doigt, c'était assez pour rendre son ambition sans danger ; il était incapable de régner. Au dix-neuvième siècle encore, le chef Galla Gojy fit couper un doigt au gouverneur du Lasta, Ayto-Aylo, devenu son prisonnier, pour le déconsidérer dans l'esprit des Abyssins [1].

Le grand prêtre d'Israël, entrant en fonctions, est consacré par une huile sainte qu'on lui verse sur le front. C'est un baume spécial ; les prêtres en gardent la recette comme celle de l'encens qu'ils brûlent dans le tabernacle. Contrefaire ces compositions précieuses ou les employer à des usages profanes serait un crime puni de mort.

Il est naturel à tous les peuples d'attribuer aux objets qu'ils vénèrent une origine céleste. Les Juifs croyaient que le baume sacerdotal avait été fait par Moïse et que jamais la quantité de la précieuse liqueur ne pourrait diminuer [2]. Sous la restauration,

---

[1] Salt, deuxième Voyage, t. 2, p. 18.
[2] Abarbanel, *Critici sacri*, t. 1, p. 754.

les hommes chargés d'instruire l'enfance, avaient le tort de lui dire que le baume destiné au sacre des rois de France avait été apporté du ciel par un ange pour le couronnement de Clovis. Le sacre de quatre-vingts rois n'avait pas tari la fiole merveilleuse, la *sainte ampoule*.

La principale fonction du prêtre israélite était de sacrifier, de tuer des animaux ; la loi de Moïse l'investit de cet emploi sanglant par un symbole assez grossier. Aaron et ses fils, vêtus de leur costume, assistent à l'holocauste d'un bélier ; Moïse leur marque avec du sang l'oreille droite, le pouce droit, le pied droit, et finit par les asperger complètement de cette liqueur fumante. C'était une prise de possession sale et bien conforme au matérialisme d'Israël.

Il n'est pas impossible qu'il y eût, dans ces rites, de la part de Moïse, une intention dérisoire contre les sacrifices d'animaux, culte barbare qu'il admettait malgré lui, contre lequel Isaïe réclame avec tant de force.

Les Abyssins, vénérant sans distinction tout ce qui se trouve dans la Bible, considèrent encore les aspersions de sang comme une pratique sainte. Des voyageurs virent un chrétien d'Abyssinie qui venait d'égorger un mouton tremper son doigt dans le sang et s'en marquer le nez et le front avant de dépecer l'animal [1].

---

[1] Combes et Tamisier, t. 2, p. 213.

Le lévite admis à remplir ses fonctions pour la première fois reçoit lui-même une espèce de consécration ; il est aspergé d'eau lustrale, lave ses vêtements et se rase tous les poils du corps [1]. On sait que les prêtres égyptiens accomplissaient tous les jours ce dernier acte.

La consécration mosaïque du grand prêtre et du lévite put devenir le sacrement de *l'ordre* lorsque le christianisme eut introduit dans le culte le système et la classification.

Au temps de Moïse, on sentait que la résistance aux instincts les plus grossiers, les plus matériels, est conforme aux inspirations religieuses. L'Égypte éloigne la prostitution des temples et ne permet à ses prêtres qu'une épouse. Moïse défend à son souverain pontife le mariage avec la veuve et la répudiée ; il ne peut épouser qu'une vierge.

Les simples prêtres ont plus de liberté ; cependant le mariage leur est interdit avec une prostituée [2].

La résistance aux inspirations des sens apparaît encore ailleurs dans la vie du prêtre israélite.

Les jours où son service l'appelle dans le tabernacle, il ne boira ni vin ni liqueur fermentée [3].

Le grand prêtre, le prêtre, le lévite, voilà dans le personnel du culte, trois degrés héréditaires.

Moïse, en confiant les fonctions sacerdotales à la

---

[1] Nombres, VIII, 7.
[2] Lévitique, XXI, 7.
[3] Lévitique, X, 9.

tribu dont il était sûr, ne fit pas la faute d'exclure entièrement du service des autels ceux qu'y poussait une ferveur sincère ; en dehors de la tribu sacrée, l'homme et même la femme que le zèle anime peuvent se vouer au Seigneur [1]. Du mot *nazar*, se séparer, se sanctifier [2], on les a nommés *nazaréens*. Leur vœu les engage au moins pour trente jours, et, s'ils l'ont voulu, pour toute la vie. On les reconnaît à la longueur de leur barbe et de leur chevelure. S'ils sont consacrés dès l'enfance par leurs parents, qui avaient ce droit, on ne les rase jamais. Ni les ciseaux ni le rasoir ne touchèrent Samson ni Samuel [3], ces modèles du nazaréen. Quand un adulte se consacre lui-même, on le rase entièrement devant la porte du tabernacle ; cette cérémonie est empruntée de l'Égypte ; mais les cheveux de l'Égyptien étaient rachetés au poids de l'argent dans l'intérêt des animaux sacrés ; dans le tabernacle de Moïse, il n'y a pas de rançon ni de bêtes sacrées ; la chevelure est brûlée [4].

Après cette cérémonie, le nazaréen ne touche plus à ses cheveux ni à sa barbe pendant le temps de sa consécration, qu'elle soit temporaire ou bien à vie.

Les autres Israélites pouvaient élaguer leur barbe ou leur chevelure, mais légèrement et sans en altérer

---

[1] Nombres, vi, 2.
[2] נָזַר
[3] Juges, xvi, 17.
[4] Nombres, vi, 18.

la forme. Moïse leur défend de se couper les cheveux en rond et de raser *les angles* de leur barbe.

Cette défense n'a rien de puéril, elle dut contribuer à créer chez les Juifs l'esprit national. La coutume égyptienne de se raser la tête, était suivie par les prêtres de Babylone, originaires d'Egypte, et par tous ces petits peuples, Aracéens, Amorrhéens, qui subissaient l'influence de la grande capitale asiatique. La défense de couper les cheveux en rond distinguait l'Hébreu des idolâtres [1], spécialement des Arabes de cette époque, qui se rasaient la tête en se laissant une couronne monacale [2].

L'Hébreu conservera les angles de sa barbe, ce trait le séparera des Egyptiens : on sait qu'ils se rasaient les joues et ne gardaient, quand ils portaient leur barbe, qu'un bouquet souvent représenté sur les cercueils de momies.

Si la barbe épaisse, la chevelure touffue caractérisaient le peuple de Dieu, l'on conçoit que, chez les personnes consacrées d'une manière spéciale, on ait encore exagéré ces signes de sainteté. Des enfants poursuivirent Élisée de leurs clameurs, parce qu'ils voyaient dans ce vieillard une anomalie complète, un prophète chauve [3]. La race juive était digne de produire la chevelure mirifique et proverbiale d'Absalon [4].

[1] *More Neboukim*, pars 3, cap. 37, p. 447.
[2] Hérodote, édit. Kreuzer, t. 2, p. 12.
[3] Illudebant ei dicentes: Ascende, calve, ascende, calve. Rois, l. 4, II, 23.
[4] Rois, l. 2, XIV, 26.

Jeter sur sa tête de la cendre ou de la terre, souiller sa chevelure était une grande marque de douleur. Dans le dernier désespoir on la coupait. Jérémie se rasa la tête parce que les Juifs ne voulaient pas l'écouter [1].

Couper la barbe d'un Israélite, c'était lui faire le dernier des outrages. Hanon, roi des Ammonites, déclare la guerre à David en rasant ses ambassadeurs.

Voici comment Isaïe prédit une défaite aux Moabites :

« Tous les fronts de Moab seront chauves, toutes ses barbes seront rasées [2]. »

Même locution dans Jérémie :

« Dans Moab vaincu toute tête sera chauve, toute barbe rasée, toute main liée, toute épaule portera le cilice [3]. »

Gaza est devenue chauve, dit le même prophète, pour exprimer une défaite des Philistins.

Le respect pour la barbe est général chez les nations encore grossières. Pierre-le-Grand le combattit chez les Moscovites; on le retrouve aujourd'hui chez les Arabes. Le signe de la virilité, de la force, est honoré par ceux qui n'estiment que la puissance matérielle et qui regardent la femme comme un être inférieur.

---

[1] Jérémie, proph., VII, 29.
[2] Isaïe, XV, 2.
[3] Jérémie, XLVIII, 37, etc. etc.

Chez les Hébreux, les nazaréens devaient comme le prêtre s'éloigner avec horreur des funérailles.

« Les nazaréens s'abstiendront de vin, de tout ce qui peut enivrer. Ils ne boiront pas de vinaigre, qu'il provienne du vin ou de toute autre substance. Ils ne toucheront pas au jus de la vigne, ni même au raisin, fût-il sec. »

Le nazaréen n'avait pas à réclamer contre cette abstinence plus complète que celle du prêtre, puisque ses vœux étaient volontaires. Cette privation n'était pas seulement une victoire sur les sens. Bien que Moïse n'ait pas osé la généraliser, il la jugeait sans doute utile sous le climat oriental. On sait que Mahomet étendit à tous ses croyants la prohibition des liqueurs fermentées.

La classe des nazaréens fut très-honorée. Jérémie veut-il peindre les beaux jours de sa nation :

« Les nazaréens, dit-il, étaient plus éclatants que la neige, plus blancs que le lait, plus brillants que l'ivoire, plus beaux que le saphir [1]. »

DU PRÊTRE CONSIDÉRÉ COMME FONCTIONNAIRE ADMINISTRATIF.

Moïse voulut que le prêtre d'Israël comme celui d'Égypte exerçât des fonctions qui ne se rattachaient pas nécessairement au culte. Cependant il garde le silence sur l'enseignement ; c'est seulement après la captivité de Babylone que nous voyons parmi les

---

[1] Jérémie, Lam., IV.

Juifs des écoles, des académies florissantes. Plusieurs textes de la Bible font penser que jusqu'à cette époque, le corps sacerdotal formait les jeunes lévites à leurs fonctions, et que chaque père de famille instruisait ses enfants dans Israël; c'était suivant ce mode que l'Égypte transmettait ses connaissances, mais elle en avait plus à transmettre; ses lumières étaient moins pures mais plus nombreuses que celles d'Israël. Quant aux arts, le prêtre hébreu ne les réglementa pas moins despotiquement que celui de Memphis; l'art fut exclusivement religieux, et dans le tabernacle il n'entra pas un ustensile dont Moïse ou plutôt, suivant les Juifs, Dieu n'eût donné la forme et la mesure. On ne pouvait rien modifier sans impiété, mais Moïse, par précaution contre l'idolâtrie, toléra si peu d'emblèmes, que, chez les Hébreux, les arts de la forme furent à peu près nuls. Le pouvoir administratif des prêtres eut donc à s'exercer principalement sur l'hygiène. Cependant il faut remarquer encore qu'ils furent dépositaires de l'unité de *poids* et *mesure*. Dans toute évaluation légale on s'en rapporte au poids du sanctuaire.

L'unité, sous ces points de vue, est en France une idée nouvelle. Chez les Juifs, au temps de Moïse, c'était déjà la loi de la nation. Dans tout ce qui touche au commerce, à la banque, la race hébraïque fut précoce; n'oublions pas d'ailleurs que la législation de Moïse est fondée tout entière sur un principe religieux : il n'y a qu'un Dieu, qu'une arche, qu'un sanctuaire; il n'y aura dans la Palestine qu'un temple; de cette unité religieuse une centralisation dut résulter.

Le sicle est l'unité de poids. Ne serait-ce pas aussi, dès l'époque de Moïse, l'unité de monnaie? Plusieurs textes du Pentateuque semblent prouver que dès lors le sicle d'argent se divisait en vingt oboles de cuivre; ne serait-ce pas là de la monnaie égyptienne que les Hébreux auraient emportée et qu'ils imitètèrent en Palestine aussitôt qu'ils en eurent les moyens?

HYGIÈNE.

Le prêtre israélite fut, plus minutieusement encore que l'égyptien, le surveillant de la santé publique.

Propreté.

Moïse savait combien la chaleur du climat et le caractère des Hébreux les porteraient à négliger le soin de leur corps; il n'ignorait pas non plus que la propreté est la première condition de l'hygiène. Le conseil de se laver fréquemment n'eût pas été suivi: le législateur indiqua, au nom de Jéhovah, dans quelles circonstances le Juif devenait impur et devait purifier par l'eau son corps et ses vêtements. Ces circonstances sont si nombreuses qu'il était impossible de les éviter toutes, et que les ablutions étaient fréquentes.

Les pères de l'impureté, disent les rabbins résumant les prescriptions mosaïques, sont LE REPTILE, — LA GONORRHÉE, — LE CADAVRE — et LA LÈPRE.

Pour apprécier le travail de Moïse, il faudrait connaître avec détail les institutions religieuses de deux peuples, les *Égyptiens* et les *Araméens*, c'est-à-dire les habitants de la Mésopotamie [1] et de Kanahan, descendus, suivant les Juifs, d'Aram, fils de Sem [2]. Il est certain que Moïse étudia l'organisation de ces deux sociétés, qu'il les imita dans ce qu'elles présentaient de moral et de compatible avec le monothéisme, qu'il s'attacha sur le reste à leur résister, à les contredire. De nos jours, on peut apprécier l'imitation, la résistance, en ce qui touche les Égyptiens, mais les peuples araméens sont entrevus sous un jour plus douteux. L'écriture cunéiforme garde mieux que les hiéroglyphes les secrets qui lui ont été confiés.

Les prêtres chaldéens, dont il ne faudrait pas maudire la sagesse par cela seul que Moïse les a surpassés, avaient senti le besoin, dans un climat chaud, parmi des nations superstitieuses, de faire de la propreté une obligation religieuse; ils avaient tellement multiplié les impuretés et les purifications, que Moïse ne jugea pas à propos de les imiter en tout. En Chaldée, la femme, pendant le temps de son infirmité périodique, habitait une demeure isolée; on brûlait tous les objets sur lesquels elle avait marché; la personne qui lui parlait devenait

---

[1] פַּדַּן אֲרָם *padan Aram*, plaine d'Aram.
[2] Gen., X, 22.

impure; le vent qui soufflait à la fois sur elle et sur d'autres individus propageait l'impureté ; tout objet détaché du corps humain était impur, qu'il vînt de la chevelure, des ongles, ou que ce fût une goutte de sang. Les barbiers vivaient dans une impureté perpétuelle et communicative : l'homme touché par leur rasoir devait se laver dans une eau de source, claire et limpide. On devine le but et le résultat de ces préceptes ; mais ils étaient trop assujettissants pour les Juifs [1].

« J'affirme, dit le rabbin Maïmonides, avec cette clarté, cette sûreté de jugement qui le caractérise, que la loi de Moïse eut pour but de restreindre les rites et de simplifier le culte. Si dans cette loi nous trouvons encore des prescriptions gênantes, c'est que nous ne connaissons pas les habitudes religieuses de cette époque.

« Voyez quelle différence existe entre l'idolâtre qui brûle son propre fils pour honorer son Dieu, et l'Hébreu qui, devenu père, ne brûle sur l'autel de Jéhovah qu'une colombe [2] ».

Moïse énumère huit REPTILES, ou insectes, qu'on ne pouvait toucher sans laver son corps et ses vêtements. Il vit encore une cause d'impureté dans la GONORRHÉE, à laquelle les Hébreux comme les Égyptiens paraissent avoir été particulièrement sujets ; de cette maladie on peut rapprocher *la*

---

[1] *More Neboukim*, pars 3, cap. 47, p. 493.
[2] Ibid., p. 491.

pollution nocturne, *le flux de sang*, *l'infirmité périodique des femmes* et *l'enfantement.*

La situation mensuelle des femmes fut, pour l'antiquité tout entière, un objet d'horreur superstitieuse. Suivant Pline, quand la femme souillée s'approche, le vin s'aigrit, les fruits se flétrissent, le miroir se ternit, le fer se rouille [1]. C'était avec joie, avec emphase, que l'orgueil viril et barbare constatait chez la femme une infériorité physique.

Dans cet état, la femme israélite habite hors du camp, elle n'y rentre qu'après s'être purifiée. Cet isolement temporaire des femmes était-il égyptien? Nous l'ignorons, mais les usages de l'Égypte ancienne, on a pu le remarquer, sont ceux d'une grande partie de l'Afrique, et, suivant M. Levaillant, chez les Hottentots gonaquois, la femme ou fille qui reconnaît les signes de son infirmité périodique abandonne aussitôt la hutte de son mari ou de ses parents; elle se retire à quelque distance de la horde, avec laquelle elle ne communique plus, se construit une espèce de cabane et s'y tient recluse jusqu'à ce que, purifiée par des bains, elle soit en état de se représenter [2].

Le commerce avec une femme dans l'état d'isolement légal serait encore aujourd'hui désapprouvé par la médecine [3] et par la morale. Moïse fit considérer de pareilles relations comme abominables;

[1] Pline, Hist. nat., VII.
[2] Levaillant. Paris, an VIII; deuxième Voyage, t. 2, p. 56.
[3] M. Rostan, Cours élémentaire d'Hygiène; 2ᵉ édit., t. 2.

l'horreur pour un commerce de cette nature demeura grande chez les israélites. Dans le *toldos jeschu*[1], violente, mais impuissante explosion de colère contre le Christ, on suppose que sa mère était en état de souillure légale quand il fut conçu. Jamais l'auteur ne prononce le nom de Jésus sans y joindre cette injure. On ne trouve dans cette biographie du Christ ni vraisemblance ni talent, mais elle est remarquable par l'intensité de la haine.

Moïse range encore parmi les souillures la maternité.

La mère d'un garçon n'est impure que *sept* jours; la mère d'une fille demeure impure deux semaines.

Celui qui les touche devient impur comme elles.

A la fin de ce délai, la purification commence; elle dure trente jours après la naissance d'un garçon, soixante après celle d'une fille.

Cette inégalité n'est qu'un détail, n'est que l'application d'un grand principe, l'humiliation, l'infériorité de la femme dans les sociétés barbares. Moïse ne pouvait détruire une opinion générale; peut-être, car on est toujours un peu de son époque, lui-même la partageait-il.

La mère purifiée offre à Dieu, suivant sa fortune, soit un agneau, soit une colombe; cette dernière offrande, la plus modeste, fut celle de Marie après la naissance du Christ.

---

[1] Tela ignea Satanæ, *Hoc est arcani et horribiles Judæorum adversus Christum Deum et christianam religionem libri;* edidit Christophorus Wagenseilius, 1681.

Le CADAVRE, nous en avons cru Jamblique, était impur chez les Égyptiens; mais, s'ils évitaient de le toucher, ils avaient cependant pour lui de l'affection et du respect. On sait combien la répugnance pour les morts fut absolue chez les Hébreux. Quittant l'Égypte, où les corps, entourés de bandelettes n'exhalaient qu'une odeur aromatique, où, pour les animaux eux-mêmes, on savait déguiser la mort, l'Égypte qui avait fait de Jacob et de Joseph des momies peintes et dorées, les Hébreux, dans le désert, laissèrent des cadavres sur le terrain de leurs campements; alors, pour la première fois, ils furent témoins de la décomposition de l'homme; ils la virent accélérée par les bêtes féroces et les oiseaux de proie: l'horreur qui résulta de ce tableau fut extrême. La souillure contractée par l'attouchement d'un mort ne peut être effacée qu'après sept jours [1].

L'aversion pour le cadavre comprend la bête morte; les Israélites ne mangent point, ne peuvent pas même toucher l'animal mort, s'il n'a point péri sous les coups du chasseur ou du boucher.

« Vous ne mangerez point, dit Moïse, la chair goûtée par les bêtes féroces, vous la laisserez aux chiens [2]. »

Les Abyssins ont adopté cette loi mosaïque, mais avec une restriction : l'homme ne croit pas s'avilir en achevant le repas du lion.

[1] *More Neboukim*, pars 3, cap. 47, p. 493.
[2] Exode, XXII, 31.

Bruce trouva dans une de ses courses une antilope à moitié dévorée par un lion. « Chacun de mes compagnons, dit ce voyageur, en coupa un grand morceau pour sa provision, les Abyssins firent comme les autres; en général, leur aversion pour les animaux qu'ils n'ont pas tués avec leurs couteaux est telle que, quand ils relèvent un oiseau tué d'un coup de fusil, ils n'osent le toucher que par l'extrémité des ailes. Ils ne pouvaient pas dire qu'ils eussent faim; car ils avaient mangé toute la journée, mais l'usage du pays les autorisait à ne point montrer de répugnance cette fois-ci. Ils peuvent, disaient-ils, manger tous les animaux tués par le lion, mais non ceux qui sont tués par l'hyène, par le tigre ou par quelque autre bête féroce. Je crois qu'il ne serait pas aisé de montrer où ils ont pris cette doctrine; mais les *Falachas* admettent la même distinction en faveur du lion »

Les Falachas sont les Juifs d'Abyssinie. Nous ne savons si, malgré la défense générale de Moïse, l'usage autorisa chez les Israélites la communauté du repas avec le lion; mais, dans toutes les régions où vit cet animal, l'opinion populaire lui attribua la générosité, le courage; il était l'emblème de la tribu de Juda. Salomon mettait en regard deux animaux, l'un très-méprisé, l'autre très-admiré de ses sujets, quand il écrivait :

« Un chien vivant vaut mieux qu'un lion mort. »

La dernière impureté, la plus grave, c'est la LÈPRE, encore plus commune chez les Hébreux que chez les Égyptiens[1]. Nous ne reproduirons pas le tableau tracé de cette maladie par la *Bible*, qui la compare à la neige[2]. La minutie et le pittoresque des détails prouvent que la lèpre était fréquemment observée dans Israël. Moïse ordonne à l'homme suspecté de cette maladie de se montrer au prêtre, qui le déclare impur et l'envoie demeurer hors du camp. Pendant le temps de son impureté, il doit marcher les vêtements décousus, pour laisser voir les traces du mal, la tête nue, la bouche couverte par un pan de son manteau, comme pour retenir son haleine, et crier de temps en temps : Je suis impur ! Le passant qui le toucherait contracterait une souillure[3].

Si la lèpre guérit, le malade rentre avec l'autorisation sacerdotale au milieu du camp; mais ce n'est pas sans avoir subi à deux reprises, séparées par un intervalle de *sept* jours, une purification, qui ne consiste pas seulement à se laver le corps et les vêtements, mais encore à se raser complètement à l'égyptienne.

Moïse profita de la terreur qu'inspirait le mot de lèpre en appelant lèpre toute espèce de saleté; il soumet à des purifications la *maison lépreuse*, c'est-à-dire celle qui laisse apparaître sur ses murs l'efflorescence du salpêtre, les *vêtements lépreux*, peut-être attaqués par les insectes. « Ces maladies des

---

[1] Sonnini, t. 3, p. 75, 117.
[2] Exode, IV, 6.
[3] Lévitique, XIII, XIV.

choses inanimées, qui servaient uniquement à former les Juifs aux détails de la propreté, dit un voyageur, ont disparu de l'Orient avec le peuple sale pour lequel elles étaient imaginées [1]. »

D'après la loi de Moïse, les *grandes souillures* sont la gonorrhée, l'infirmité mensuelle, l'enfantement et la lèpre; les personnes qui en sont polluées souillent non-seulement leur lit, mais les hommes, les animaux, les meubles qu'elles touchent; l'ustensile devenu impur est lavé s'il est de bois, passé au feu s'il est de métal; s'il est de terre, on le brise. Les souillures *accidentelles*, moins graves et non communicatives, sont causées par toutes les autres impuretés, telles que le contact du reptile, du cadavre ou d'une personne polluée par l'une des grandes souillures.

Il est facile de comprendre qu'en observant les lois de Moïse sans intelligence, mais avec une exactitude scrupuleuse, les Juifs se trouvèrent suffisamment lavés, ainsi que leurs vêtements et leurs demeures. La Bible excite les Hébreux à entrer dans le temple, d'autre part elle défend aux hommes souillés d'y mettre les pieds sans se purifier. « Il y a tant de genres de souillures, dit Maïmonides, que bien peu d'Hébreux sont en état d'entrer dans le temple, si même il y en a [2]. Celui qui pourra s'affranchir du contact des cadavres ne manquera pas de toucher les huit reptiles ou insectes impurs: ils

---

[1] Sonnini, t. 3, p. 126.
[2] *More Neboukim*, pars 3, cap. 47, p. 492.

se trouveront dans sa maison, jusque dans ses aliments, dans sa boisson; peut-être il marchera dessus dans la rue; s'il en est quitte, évitera-t-il toute femme soumise à son infirmité périodique ou malade d'un flux de sang, ou bien tout lépreux? Ne touchera-t-il pas au moins le lit de ces personnes, impur comme elles? S'il demeure intact au milieu de ces impuretés, la société de sa femme, un accident nocturne, l'obligent encore aux ablutions. »

Si le précepte des ablutions renfermait surtout une pensée d'hygiène, un symbole religieux s'y mêla: la pureté du corps ne représente-t-elle pas celle de l'âme?

Par degrés l'usage de se verser de l'eau sur la tête, siége présumé de l'âme, s'établit, et cet acte prit le nom de *baptême*. Si la coutume en fut employée plus tard pour consacrer les étrangers qui se faisaient Juifs, les prosélytes; si elle fut généralisée par saint Jean, devint surtout célèbre dans l'église chrétienne, le mot se trouve dans la Bible dès le temps de Judith.

« Judith allait la nuit dans la vallée de Béthulie et se *baptisait* avec l'eau d'une fontaine. »

L'idée de pureté religieuse mêlée aux ablutions est indiquée dans la loi de Moïse par deux détails : on n'est complètement délivré des grandes souillures qu'après avoir offert un sacrifice au Seigneur. Il faut voir encore un emblème religieux dans les cendres de la vache rousse [1].

---

[1] Nombres, XIX.

« Prenez, dit Moïse, une vache rousse qui n'ait point de tache et n'ait jamais porté le joug. »

Il y a certainement dans la couleur exigée, couleur exécrée par les habitants de Mesraïm, une réminiscence des hommes typhoniens et des bœufs roux qu'on égorgeait en Égypte. Cependant Moïse combat l'idolâtrie égyptienne en attirant l'aversion traditionnelle, non plus sur le bœuf, mais sur la vache, l'animal d'Isis, l'animal inviolable en Égypte. La vache rousse est immolée d'après les rites observés sur le tombeau d'Osiris; on l'égorge, puis on la brûle entièrement, et ses cendres sont gardées hors du camp; ces cendres contiennent les souillures de tout Israël. L'homme qui se purifie en prend une pincée qu'il jette sur ses vêtements et qu'il fait disparaître ensuite avec l'eau lustrale; il enlève ainsi l'impureté matérialisée.

Moïse vient de flétrir la vache; nous le verrons, par un autre rite, avilir le bouc, autre objet des adorations égyptiennes.

Régime.

Après la propreté, Moïse régla le régime; pour les mets, il ne distingua pas, comme l'Égypte, entre le prêtre et le laïque; la règle fut uniforme.

Tout n'est pas hygiénique dans ses prohibitions; des traditions nationales, des raisons d'humanité, excluaient certains plats de la table des Hébreux.

Même antérieurement à Moïse, ils ne mangeaient

dans aucun animal un des muscles de la cuisse. Cette coutume remontait à Jacob : il était devenu boiteux par un accident dont nous ignorons les détails, mais que la tradition poétisa ; l'on dit qu'il avait lutté soit avec un ange, soit avec Dieu [1]. Le muscle qui fut paralysé chez lui devint sacré pour les Israélites.

Moïse défendit de faire cuire le chevreau dans le lait de sa mère [2] ; c'était, à ses yeux, une barbarie.

Dans un même sentiment de bonté, le législateur revient sur la prescription que la Genèse fait remonter jusqu'à Noé. Déjà les Hébreux ont reçu la défense de manger crue aucune partie de l'agneau pascal [3] ; par un précepte plus général, Moïse ordonne de répandre le sang des animaux avant de les dévorer ; il empêche ainsi de manger la chair vivante ; la bête meurt par une large effusion de son sang ; il empêche aussi de boire le sang lui-même :

« J'ai dit aux fils d'Israël : Nul d'entre vous, ni des étrangers qui habitent parmi vous, ne mangera le sang.

« Si l'un des enfants d'Israël, ou l'un des étrangers qui habitent parmi vous, prend, soit à la chasse à courre, soit à la chasse au vol, une bête fauve ou un oiseau dont il soit permis de se nourrir, qu'il en répande le sang et le recouvre de terre.

[1] Gen., xxxii, 24 et suiv.
[2] Exode, xxiii, 19.
[3] Non comedetis ex eo crudum quid. Exode, xii, 9.

« Car la vie de toute chair est dans le sang. Voilà pourquoi j'ai dit aux fils d'Israël : Vous ne mangerez le sang d'aucune chair, parce que la vie de la chair est dans le sang, et quiconque le mangera sera puni de mort[1]. »

Malgré la rigueur habituelle de la loi mosaïque, elle ne ferait pas intervenir ici la peine capitale pour sanctionner l'observation d'un rite sans importance; le but de la loi, c'est de proscrire une coutume révoltante et qui devait entretenir la férocité des mœurs.

Lorsque les Juifs furent sortis de la barbarie primitive, la tentation de boire le sang chaud, de dévorer la chair vivante, n'exista plus; mais, dans toutes les religions on a perpétué les rites en l'absence et dans l'ignorance des causes qui les avaient motivés. Le Juif s'abstint des mets faits avec le sang, eut horreur des animaux étouffés, et le boucher israélite fit saigner le bétail à grands flots.

Il y a sans doute un peu d'hygiène dans la défense de manger le sang; l'hygiène seule inspire la loi générale qui proscrit la graisse (dans tout animal, elle sera brûlée)[2]; et surtout la distinction des animaux en purs et impurs[3].

Moïse permet aux Hébreux de manger, parmi les quadrupèdes, tous ceux qui ont le pied fendu et qui ruminent.

---

[1] Lévitique, xvii, 12, 13, 14.
[2] Lévitique, vii, 26, 27.
[3] Ibid., xi.

Cette double règle, que nous croyons empruntée à l'Égypte, n'était qu'un moyen de reconnaissance. Dans la pensée du législateur, elle donnait l'exclusion à toutes les bêtes malsaines ou jugées telles. Ainsi les Hébreux conservèrent l'abomination du cochon prise en Égypte; ils gardèrent aussi l'aversion qu'éprouvait le prêtre égyptien pour le lièvre, nourriture inoffensive dans nos climats; mais qui, dans un pays très-chaud, pouvait avoir des inconvénients. Il est remarquable qu'au midi de l'Afrique on s'abstient de cette viande[1]. Énumérer tous les animaux permis ou défendus par le Lévitique[2] aurait peu d'intérêt de nos jours et serait, d'ailleurs, impossible. Le texte hébreu contient des mots que personne n'a su faire concorder avec les nomenclatures modernes et que la Vulgate a rendus, à la grande joie de Voltaire, par des noms d'êtres fabuleux, tels que tragélaphe ou bouc à tête de cerf, griffon, ixion. Nous renvoyons le lecteur aux travaux entrepris pour faire correspondre ce bouc à tête de cerf, soit avec le bouquetin, soit avec la gazelle, et retrouver, sous des titres bizarres, des animaux réels[3].

Quant aux oiseaux, la défense de manger des bêtes coriaces, comme l'aigle, le vautour, le cor-

---

[1] Levaillant. Paris, 1790.

[2] Voyez les Questions de Michaelis.

[3] Dom Calmet, Commentaire littéral sur le Lévitique. — Bochart, *Hierozoici operis*, pars 2, lib. 6; *De dubiis vel fabulosis.* — Belon, Observations, p. 122. — Portrait du Tragelaphus.

beau, paraît sage et n'impose pas un grand sacrifice. La loi de Moïse ne défendit pas tous les poissons ; mais elle garda de l'Égypte l'horreur des mollusques, des *poissons sans écailles*.

Parmi les insectes, Moïse permit de manger l'attachus, le bruchus, l'ophiomachus et la locuste ; ce sont quatre espèces de sauterelles.

Réunies par légions volantes, les sauterelles de l'Égypte et de la Palestine devenaient un terrible fléau ; les Prophètes, l'Apocalypse [1] n'en parlent qu'avec horreur. Pline assure qu'une grande sauterelle asiatique peut lutter contre un serpent. L'étymologie d'*ophiomachus* [2], est complice de son exagération. Souvent un nuage de ces insectes s'abattait sur la terre, traversait les villes ; entraînée par les vents, cette armée bruyante se jouait des incendies allumés sur son passage et rongeait le sol jusqu'à la mer où ses bataillons s'engouffraient en ouvrant des ailes dorées.

En Egypte les sauterelles viennent du sud ; elles sont poussées par le vent le long de cette pente qui s'étend depuis les montagnes d'Abyssinie jusqu'à la Méditerranée. Un voyageur du xviᵉ siècle, le moine Alvarès, a décrit les sauterelles d'Éthiopie avec de curieux détails.

« Le païs est affligé d'une grande plaie de locustes sans nombre qui mangent et consument tous les

---

[1] Apoc., ix.
[2] Ὄφις, serpent ; μάχομαι, combattre.

blés et arbres, étant la quantité de ces animaux si grande qu'elle excède le croire raisonnable; tellement que l'infinie multitude d'icelle couvre la terre et remplit l'air; si qu'il est difficile que les rayons du soleil puissent pénétrer jusque ça bas et y transmettre leur lumière accoutumée. — Elles laissent la terre où elles se posent en pire état que si le feu y avoit passé et sont de la grandeur des cigales ayant les ailes jaunes. »

« Nous fûmes avertis de leur venue un jour avant qu'elles arrivassent au pays où nous étions, non pas que nous les vissions, mais nous les connûmes à la splendeur du soleil qui tirait sur le jaune: indice certain de leur arrivée en quelque païs que ce soit, tellement que la terre en reçoit une couleur jaune par la réverbération des rayons du soleil contre leurs ailes, qui étonne si fort les gens qu'ils demeurent comme morts et transis. »

Le bon moine n'imagina rien de mieux contre le fléau que d'ordonner une procession de Portugais, chantant des psaumes, et d'Abyssins, criant avec accompagnement de sonnettes: *Zio marina Christos*, Christ ayez pitié de nous.

« Et ainsi chantant nous acheminâmes en une campagne là où étoient les froments qui tenoient l'espace d'un mille, jusques au pied d'une montagne ou parvenu je fey prendre assez de ces locustes auxquelles je fey une conjuration que je portois sur moi en écrit, par moi composée la nuit précédente, les requérant, amonétant et *excommuniant*, puis leur enchargeay que dans trois heures elles eussent à vider de là et tirer à la volte de la mer, ou prendre la route de la terre des Maures, ou se transporter sur les montagnes désertes, abandonnant les terres des chrétiens, en refus de quoi j'adjurois et convoquois tous les oiseaux du ciel, les animaux de la terre et toutes les tempêtes de l'air à les dissiper, détruire et dévorer, et pour cette amonition fey saisir une certaine quantité de ces locustes, prononçant ces paroles en leur présence, puis les laissay aller [1]. »

La Palestine n'était pas mieux à l'abri du fléau que l'Éthiopie et l'Égypte. Les deux premiers chapitres du poëte Joël décrivent une invasion de sauterelles dans la Judée. La peinture est grande et terrible. On croit voir un peuple guerrier, on entend le bruit des ailes, le frémissement de la moisson qui tombe sous la morsure des insectes, comme des rangs entiers sous les chars armés de faux. Le poëte finit en excitant le peuple au repentir, à la prière.

L'invasion des sauterelles présentait une assez triste compensation : ces animaux étaient mangeables [2]. Le prophète Amos, poétique sauvage, habillé de peau de bêtes, saint Jean dans le désert, usaient de cette nourriture; c'était celle des pauvres, Moïse ne voulut pas la leur enlever. Cependant la salubrité de cet aliment fut très contestée par les anciens. Le géographe Agatharchides classe les Éthio-

[1] Alvarez, Description de l'Éthiopie, p. 48.
[2] Hasselquist, 2ᵉ partie, p. 56.

piens en mangeurs d'éléphants, mangeurs d'autruches et mangeurs de sauterelles. Ils dit de ces derniers :

« A peu de distance se trouvent les Acridophages, plus petits que les autres Éthiopiens ; c'est une race grêle, maigre et remarquablement noire. Lorsque vient l'équinoxe du printemps les vents leur apportent, de régions inconnues, une multitude innombrable de grandes sauterelles. Pour la force du vol elles diffèrent peu des oiseaux, mais elles s'en distinguent beaucoup par la forme du corps. Les Acridophages se nourrissent de cet insecte toute l'année, ils le mangent frais ou salé. Leur chasse consiste à enfumer les sauterelles par de grands feux pour les faire tomber à terre. Les Acridophages sont agiles, bon coureurs, mais leur vie ne passe point quarante ans ; lorsqu'ils approchent de cet âge, une vermine ailée naît de leur corps, à commencer par le ventre. » Agatharchides décrit avec de longs détails comment l'Éthiopien meurt, tandis que son corps se décompose en animaux qui s'envolent [1].

Nous ignorons si les naturalistes de nos jours seront crédules à ce récit ; mais, au siècle dernier, Buffon l'admettait sans balancer, et le citait même à l'appui d'un système sur l'organisation de la matière.

La distinction mosaïque des animaux purs et impurs, fut importée en Abyssinie ; mais la zoologie du pays n'était pas celle de la Palestine, et l'ap-

---

[1] Agatharchides, Περὶ ἀκριδοφάγων.

plication des règles bibliques fut difficile. C'est à peu près au hasard que les Abyssins exécrèrent les animaux, ou les admirent à leur table. Ils ont encore aujourd'hui de l'horreur pour le gibier, et ne tuent les oies ou canards sauvages que pour montrer leur adresse [1]. L'idée de manger des coquillages, des mollusques, excite chez eux un geste d'horreur [2].

C'est surtout en parcourant les lois hygiéniques de Moïse qu'on reconnaît combien est juste la comparaison des nations sauvages et barbares avec les enfants. Les Hébreux sont des enfants. Moïse est un homme jeté par le sort au milieu d'eux. Il n'essaie pas de raisonner avec un troupeau qui ne pourrait le comprendre, il ne dit pas : Cette nourriture est malsaine; mais : Dieu vous défend de toucher à cela; c'est impur et abominable [3].

Aujourd'hui les hommes ont assez d'intelligence et d'instruction pour veiller eux-mêmes à leur santé. Les animaux jugés malsains par la Bible n'existent point dans nos climats, ou n'y offrent point d'inconvénients. Quelques-uns d'entre eux ont pu disparaître de la Palestine même, car la nature des contrées varie, et dans l'Égypte moderne l'existence de l'ibis, du papyrus, du lotus, est un problème. Si, loin de toutes les circonstances qui justifient les prohibitions mosaïques, il était des personnes qui voulussent les observer de nos jours, on peut dire

---

[1] Combes, t. 2, p. 251.
[2] Ibid., p. 301.
[3] Abominabile, execrabile erit vobis. Lévitique, XI, 10, 23.

qu'elles prolongeraient à plaisir leur enfance intellectuelle.

Matériel du culte.

En réglant le matériel du culte, le législateur des Hébreux emprunte aux prêtres de l'Égypte leur absolutisme en fait d'art. Il décrit les formes et les proportions du tabernacle, des ustensiles sacrés, des costumes, avec une telle minutie, que l'on pourrait les exécuter sans dessin, d'après ses seules paroles. Comme le prêtre de Thèbes et de Philœ, mais dans un intérêt plus élevé, Moïse s'érige en maître de la charpente, de la fonderie, de la ciselure, de la broderie. Deux hommes industrieux, le joaillier Beséléel et le menuisier Oholiab, doivent se conformer à ses plans.

Il fallait parler avec une précision rigoureuse pour écarter toutes les occasions d'idolâtrie.

L'Hébreu, si nous prenons le type populaire, était peu supérieur aux peuples qui l'entouraient; la foi de Moïse était pour lui trop abstraite. Une religion qui eût toléré les tableaux, les statues, eût été plus conforme à sa nature. Mais pour des esprits sans lumière, l'image n'est pas un emblème de Dieu, elle devient Dieu même; au lieu de symboliser, elle matérialise. Pour arrêter son peuple sur la pente de l'idolâtrie, Moïse proscrivit absolument toute représentation d'être animé. C'est le second mot du Décalogue. Dans le même but, dans le même climat, au même degré de progrès social, Mahomet reproduisit cette défense. Les représentations que le Décalogue proscrivit les premières, ce sont les images *taillées*. Les Juifs, attachant beaucoup d'importance à l'ordre des mots, conçurent plus d'horreur pour les statues et les bas-reliefs que pour les peintures. Les Abyssins, qui ornent leurs églises de tableaux, ont encore de la répugnance pour les figures en relief.

Si les Juifs avaient pu sculpter l'image de Dieu, leur prière, fatiguée de monter vers le ciel, se fût reposée en chemin sur l'objet que le bronze ou la pierre leur eût offert. Ajoutons, pour expliquer la prohibition de représenter des êtres animés, que les sculpteurs et les peintres qui se trouvaient parmi les Hébreux avaient appris en Égypte la pratique de leur art; il leur eût été difficile de produire autre chose que les types sacerdotaux, les images consacrées des dieux égyptiens.

Moïse ne défendit pas seulement de sculpter et de peindre Jéhovah, mais encore de planter des arbres autour de son autel[1].

Il avait raison; sans cette prohibition, les Israélites, étendant leur respect pour le temple aux objets qui l'entouraient, n'eussent pas manqué d'adorer les arbres, et fussent ainsi rentrés dans ce fétichisme primitif qui embrassait toute la nature. Les Kananéens supposaient aux arbres et aux végétaux dont

---

[1] Deutéronome, XVI.

ils environnaient leurs temples le mouvement et la vie. Le rameau détaché des forêts saintes et jeté sur le sol, rampait aussitôt comme un serpent. Les rédacteurs du Pentateuque étaient préoccupés de cette croyance populaire lorsqu'ils changèrent en serpent la verge de Moïse. Les livres chaldéens ne se contentent pas de signaler dans la racine de la mandragore une ressemblance avec le corps de l'homme, ils disent que cette racine parle distinctement, et ne vantent pas moins une herbe qui rend invisible quand on la porte suspendue au cou. Si vous la brûlez en plein air, vous entendrez un roulement de tonnerre tout le temps que la fumée montera vers le ciel [1].

Moïse, surveillant sévère, éclairé, se chargea de réaliser, pour les Hébreux, le matériel nécessaire au culte.

Un jour, au milieu du camp, les Israélites virent tracer une enceinte carrée, formée de piliers qui soutenaient une draperie. Cette enceinte à ciel découvert était le parvis; elle peut être comprise sous le nom du temple dont elle devint plus tard une cour. Le parvis était vaste sans doute, car il était accessible à tout Israélite. On en excluait les étrangers, mais avec des distinctions.

L'Ammonite et le Moabite, que leur situation géographique rendait ennemis irréconciliables d'Israël, n'entreront jamais dans le temple du Seigneur,

---

[1] *More Neboukim*, p. 427.

même après un nombre infini de générations.

Après trois générations, l'Iduméen, l'Égyptien, peuvent y pénétrer.

L'Iduméen, fils d'Esaü, descend d'Abraham et d'Isaac; quant aux Égyptiens, Moïse, leur hôte et leur disciple, acquitte une dette de reconnaissance.

Les sociétés dans lesquelles le principe de la responsabilité individuelle a prévalu, sont indulgentes pour l'enfant naturel, ou plutôt elles savent qu'elles n'ont rien à lui pardonner; une société fondée sur l'esprit de famille exclusif, flétrit les malheureux qui naissent en dehors de ses classifications. La loi mosaïque défend au bâtard, *Mamzer*, et à sa postérité d'entrer dans le temple jusqu'à la dixième génération.

L'eunuque est également exclu du parvis; nous retrouvons là ce respect pour le principe générateur qui avait inspiré aux patriarches leur serment le plus solennel. Rien ne prouve qu'il y eût des eunuques dans le camp d'Abraham et de Jacob, mais la mutilation de l'homme dans un intérêt de jalousie fut apprise par les Hébreux en Égypte. En entrant dans le désert, ils avaient des eunuques, ils en eurent constamment depuis; ce n'est pas que Moïse, toujours intelligent et bon, n'eût interdit cette cruauté dans les termes les plus formels; il défendit même de mutiler les animaux [1].

---

[1] Omne animal quod vel contritis, vel tusis, vel sectis ablatisque testiculis est, non offeretis Domino et in terra vestra hoc omnino ne faciatis. Lévitique, XXII. 24.

Malgré cette prohibition Salomon, celui de tous les princes hébreux qui fut le plus oriental par ses mœurs, fit garder son sérail par des mutilés. Le roi Hérode avait trois eunuques favoris : l'un d'eux lui servait d'échanson, l'autre de maître d'hôtel, le troisième de valet de chambre. Le même prince fit présent à Archélaüs, roi de Cappadoce, de soixante-dix talents, d'un trône d'or enrichi de pierreries, de plusieurs eunuques et d'une fort belle fille, nommée Paniche[1]. L'historien Joseph, qui nous raconte ces faits, donna lui-même un esclave eunuque pour précepteur à ses fils[2].

Au milieu du parvis, Moïse plaça la tente de Jéhovah, le tabernacle. Intérieurement, un voile transversal le séparait en deux parties. La première est le sanctuaire où les prêtres sont admis, dont les Israélites sont exclus, la seconde est le Saint des saints. Celui qui voudrait y pénétrer, fût-il prêtre, serait puni de mort.

Moïse et Aaron, seuls exceptés de la règle qu'ils ont posée, disent que, dans le Saint des saints, Jéhovah, sous forme de nuage, vient s'entretenir avec eux. Il existait dans tous les temples de l'antiquité une partie réservée, semblable au Saint des saints de Moïse, c'est l'*adytus*. « Ce réduit du temple auquel on ne peut pas toucher, qui est saint, qui n'a pas été vu, qui ne doit pas l'être, et qui rend

---

[1] Joseph, Guerre des Juifs, liv. 1, chap. 17.
[2] Vie de Joseph, écrite par lui-même.

des oracles [1] ». Dans toutes les contrées on employa des moyens analogues pour conduire la religieuse antiquité.

Les Orientaux quittent leur chaussure en entrant dans une demeure privée; en signe d'un respect plus profond, les prêtres d'Israël, à l'entrée du sanctuaire, se lavent les pieds et les mains dans un vase de bronze. Ce vase, agrandi par Salomon jusqu'aux proportions colossales de la *mer d'airain*, diminuera dans les églises chrétiennes jusqu'à la dimension du bénitier.

Le mobilier qui garnit toutes les parties du tabernacle est riche, mais la vie nomade est indiquée par la construction du temple même (c'est une tente : tout jusqu'à l'enceinte du parvis est mobile) et par la forme des ustensiles sacrés, tous peuvent être soulevés par des bâtons passés dans leurs anneaux.

Dans le Saint des saints l'*arche* seule est déposée. Si le livre des Juifs s'appela le livre unique, le premier des livres, *la Bible*, leur châsse mystérieuse fut aussi la cassette par excellence, *arca*. Quant au dessin, l'arche fut une légère modification des *baris* égyptiennes. Le bateau dans lequel les prêtres d'Osiris portaient le plus souvent le coffret sacré, pouvait être une embarcation véritable destinée à franchir, dans les processions, le Nil ou des canaux; ses vastes dimensions permettent de le croire; mais,

[1] Pollux, Onomasticon, liv. 1, chap. 1. Deorum et rerum quæ ad eos pertinent nomina.

propre à des usages réels ou seulement symbolique, cette barque n'avait plus d'application ni de sens, dans le sable du désert ou dans les rochers de Kanahan. Moïse la supprima ; il conserva le coffret, l'arche proprement dite, et prescrivit de la faire avec les substances les plus précieuses qu'on pût employer alors, du bois de sétim couvert de lames d'or à l'intérieur et à l'extérieur. Moïse assigna pour dimensions à l'arche deux coudées et demie de long, une coudée et demie de large ; elle était surmontée d'une couronne d'or.

Comme en Égypte, l'arche d'Israël fut portée à l'aide de bâtons, et même l'esprit d'imitation l'emporta sur le commandement du décalogue, qui défend toute représentation d'êtres animés : Moïse conserva les ornements de l'arche égyptienne, les chérubins étendant leurs ailes.

L'art d'Égypte représente souvent des anges, si l'on entend par ce mot un homme ailé ; mais les anges de l'Égypte sont défigurés, le plus souvent, par un masque d'animal ; la direction de leurs ailes paraît bizarre.

Les personnages égyptiens sculptés sur des frises, sont presque toujours de profil ; dans cette position il était difficile de leur donner des ailes déployées ; vues seulement dans leur épaisseur, elles doivent se montrer étroites et minces. Quand on étudie aussi peu la perspective que les Égyptiens, c'est une grande difficulté ; pour en sortir on ramena les ailes des anges de manière à couvrir le devant de leur corps. Tranchant ainsi la question de raccourci, les Égyptiens, incorrects dans les lignes générales, mais très soigneux des accessoires, s'amusèrent à détailler les plumes.

L'aile d'Égypte dirigée en avant se retrouve dans les chérubins de Moïse, dans les visions d'Isaïe, d'Ézéchiel, de Daniel, et même dans l'Apocalypse.

Les chérubins mosaïques furent encore égyptiens par le masque, ils eurent des têtes de taureaux, dans la langue hébraïque un même mot, *abirim* [1], veut dire anges et taureaux.

Ces chérubins sont un oubli de la loi : Tu ne feras point d'image taillée ; c'est un sacrifice fait sans doute à l'éducation trop égyptienne du joaillier Béseleel ; pour orner l'arche, il n'eût pas su faire autre chose. Salomon mit en oubli la même défense quand il donna pour support à sa mer d'airain douze taureaux de bronze, pour degrés à son trône douze lionceaux ; mais il était presque impossible d'observer toujours et partout une loi qui supprimait l'art.

L'arche de Moïse ne ressemble à celle d'Égypte que par la forme ; cet accessoire de l'idolâtrie est purifié par l'usage qu'il reçoit dans une religion supérieure à toutes les croyances égyptiennes ; il ne s'agit plus de porter en triomphe, soit la momie d'Osiris, soit un gâteau de fange pétri dans le Nil, mais bien la règle éternelle du monde, ces tables de

---

[1] אַבִּירִים

la loi, dont les préceptes furent écrits par Dieu, sinon sur la pierre de Moïse, du moins dans le cœur de tous les hommes [1].

Dans le sanctuaire, nous trouvons la table des pains de proposition et le chandelier à sept branches.

La table des pains de proposition fut imitée de l'Égypte avec plus d'exactitude que l'arche même; on adopta jusqu'aux dimensions fixées dans Mesraïm par la caste sacerdotale [2]. Les savants de l'expédition française ont vu sur un bas-relief de la haute Égypte, dans l'île de Philœ, une table entourée d'un rebord et semblable, sous tous les rapports, à celle de Moïse [3]. Ils appliquèrent à ce bas-relief les mesures de la table des pains de proposition, données par la Bible; elles concordèrent exactement [4]. Si la table hébraïque se distinguait par les anneaux et les bâtons qui servent à la transporter, cette différence s'expliquerait par la vie nomade d'Israël; mais les Égyptiens avaient aussi des tables de proposition portatives [5].

[1] Lex omnibus universalis est, imo eam ex humana natura ita deduximus ut ipsa humanæ menti innata et quasi inscripta existimanda sit. Spinosa, *Tractatus theologico-politicus.*

[2] Kircher, t. 1, p. 250. *Hebræi in omnibus Ægyptios imitati sunt.*

[3] Facies et mensam de lignis setim, habentem duos cubitos longitudinis et in latitudine cubitum, et in altitudine cubitum ac semissem. Et inaurabis eam auro purissimo. Exode, xxv, 23, 24.

[4] Description de l'Égypte, texte, t. 1, île de Philœ, p. 31; — île d'Éléphantine, p. 10.

[5] Champollion, Grammaire égyptienne, p. 52. — Kreuzer, Religions de l'antiquité, t. 4, pl. XLII, n° 174.

Ne pourrait-on pas dire que l'offrande perpétuelle des pains placés dans le sanctuaire, plus près de l'arche et de Dieu que l'autel des holocaustes, était un culte selon le cœur de Moïse, culte qu'il proposait aux Israélites comme devant remplacer un jour la barbare immolation des animaux? Nous ne savons si telle fut la pensée de Moïse; mais c'est ainsi que Jésus-Christ l'a comprise.

Le chandelier d'or exprime un rapprochement que l'homme fit toujours entre l'intelligence et la lumière; il a sept branches, c'est-à-dire la flamme, le rayonnant symbole de la pensée, est multipliée par le nombre sacré des Hébreux, le nombre qui préside à la création. Les branches, d'un style égyptien, furent composées de grenades, d'une fleur analogue au lotus et de petites coupes.

Dans le sanctuaire encore, mais près de l'entrée, fumait *l'autel des parfums;* Moïse l'avait érigé pour honorer Dieu par une vapeur agréable, peut-être aussi pour neutraliser l'odeur de boucherie qui s'exhalait des sacrifices sanglants [1].

La contrefaçon, la profanation du parfum sacré était sévèrement punie.

Pour les holocaustes, Moïse ne fit pas construire d'autel en pierre, mais il prévit qu'on en érigerait en Palestine; il craignit qu'on n'y sculptât des figures idolâtriques, et dit aux Hébreux : « Si vous me faites un autel de pierre, ne le construisez pas

---

[1] *More Neboukim*, pars 3, cap. 45, p. 479.

de pierres taillées; si vous levez le ciseau sur cet autel, il sera souillé [1] ».

L'autel des holocaustes fut de bois de sétim, assez léger pour être portatif et couvert d'airain; il était creux, garni d'une grille sur laquelle on posait les victimes; on remarquait aux angles quatre pointes, appelées les cornes; il fallait tenir ces cornes quand on voulait jouir du droit d'asile.

Saint Jean, dont l'imagination n'était remplie que de poésie biblique, vit dans le ciel un autel d'or à quatre cornes [2].

A l'entrée du sanctuaire une lampe était toujours allumée; cette perpétuité de la prière, représentée par celle de la flamme, est un emblème confié aux fils d'Aaron, comme il le fut aux mages dans la Perse, aux vestales dans Rome. Une lampe brûle aujourd'hui devant les autels catholiques.

Comme tout le matériel du culte, les costumes sacerdotaux furent égyptiens; dans Israël, le lin demeura l'étoffe sainte, et tous les lévites durent en être vêtus.

La mitre distingua les prêtres [3] : le grand-prêtre porte sur la sienne une lame d'or placée au-dessus du front; on y lit le nom de Jéhovah; sur sa robe, le pontife revêt une tunique tombant jusqu'aux

---

[1] Exode, xx, 25. — Deutéronome, xxvii, 5.
[2] Apoc. ix, 13.
[3] Filios quoque illius applicabis et indues tunicis lineis cingesque balteo.
Aaron scilicet et liberos ejus et impones eis mitras : eruntque sacerdotes. Exode, xxix, 8, 9.

genoux, c'est l'*éphod* [1], serré par une ceinture; il est bordé de grenades et de clochettes d'or.

Le *rational* [2] décore la poitrine pontificale, c'est une plaque d'or où sont enchâssées douze pierres précieuses, topazes, émeraudes, rubis ou saphirs; elles retracent les noms des douze tribus.

La chaîne qui attache le rational, et qui se croise sur le dos du grand prêtre comme l'étole des Égyptiens [3], maintient sur ses épaules deux calcédoines montées en or; on lit sur chacune d'elles les noms de six tribus. A l'Égypte il faut rapporter une partie du costume pontifical qui a soulevé de longues controverses, et qu'il ne faut pas confondre, bien qu'on l'ait fait [4], avec les pierres du rational; c'est l'*urim* et le *thummim*, que la Vulgate rend par ces mots, *doctrina et veritas*. Moïse portait cet ornement; en instituant Aaron grand prêtre, il le lui transmit et lui ordonna de le suspendre sur sa poitrine. L'urim et le thummim rendaient des oracles; voilà tout ce qu'en dit la Bible [5].

Ces passages amenèrent les interprétations les plus folles. Dom Calmet, fidèle au système des érudits, qui ont soin d'émettre, sur chaque matière, les opinions de tous les auteurs et de finir par ne rien conclure, énonce entre autres cette idée : L'u-

---

[1] אֵפֹד de אָפַד cingere.

[2] חֹשֶׁן

[3] Caillaud, t. 1, p. 260.

[4] Targum hierosolymitanum Fagii, *Paraph. in Exod.*, cap. xxviii.

[5] Exode, xxviii, 30. — Lévitique, viii, 8.

rim et le thummim pourraient bien être de petites idoles suspendues de chaque côté du rational, et qui, pour rendre des oracles, auraient parlé comme des marionnettes à ressort. Les rabbins ne voient dans l'urim et le thummim qu'un ornement composé de deux pierres précieuses; c'est un oracle que le grand prêtre consultait sur la demande d'un roi, d'un président de sanhédrin, ou d'un ambassadeur israélite. Le grand prêtre se tournait vers l'arche, l'homme qui le consultait se tenait à quelques pas derrière lui; le pontife regardait les pierres précieuses; il voyait des lettres merveilleuses y paraître en relief, de manière à former une réponse[1]. Comme le monarque, le président ou l'ambassadeur se tenaient derrière le pontife et ne surveillaient pas le miracle, il a pu s'opérer. Toutefois, il existe, pour les mots d'urim et de thummim, une interprétation beaucoup plus simple. Le chef de la magistrature égyptienne se suspendait au cou l'image de la Vérité; cette image était d'or, enrichie de pierreries. Moïse, devenu chef du peuple hébreu, porta, comme signe de ses fonctions judiciaires, sinon la figurine égyptienne, du moins un ornement composé de deux pierres précieuses et s'appelant *la doctrine* et *la vérité*. Lorsqu'il eut organisé l'administration de la justice et fait du souverain pontificat la souveraine magistrature, il transmit l'urim et le thummim à Aaron et à ses descendants. Comme en

---

[1] Cunæus, *de Republica Hebræorum*.

Égypte, le dignitaire hébreu tournait ce joyau du côté du plaideur qui avait gagné sa cause ; c'est ainsi qu'il rendait des oracles [1].

Lorsque le second temple fut rebâti par Zorobabel, on cisela de nouveau l'urim et le thummim, qui s'étaient perdus, et on les fit porter au grand prêtre ; il fallait que pour officier dans le temple, il revêtît le costume fixé par le Deutéronome ; on le regardait comme un profane s'il en manquait la moindre partie. Les Juifs s'étaient imaginé que l'urim et le thummim de leurs anciens pontifes avaient rendu des oracles matériels, comme ceux dont parle dom Calmet. C'est une grande question pour leurs docteurs que de savoir pourquoi ce miracle ne s'est pas reproduit dans le second temple.

Égyptien comme l'arche, quant à la forme, le costume du grand prêtre juif était anobli comme elle, par la pensée ; il présentait réunis ce que les Hébreux ne séparèrent jamais, la religion nationale et le patriotisme. Le nom de Jéhovah brille sur la mitre ; ceux des douze tribus sont gravés sur le rational. C'est assez pour qu'il y ait dans le costume du grand prêtre une puissante originalité. Quand les distinctions de tribus s'effacèrent, le clergé, conservateur en tout pays, protesta, dans Israël, contre la fusion ; toujours il réclama les institutions de Moïse : le grand prêtre en costume était une protestation vivante.

L'expression religieuse et nationale du costume

[1] Mauritius cité par Nicolaï, *de Synedrio Ægyptiorum*, p. 28.

pontifical est assez claire pour qu'on nous dispense de reproduire les subtilités symboliques de Joseph et de Philon d'Alexandrie; nous ne pouvons, comme eux, reconnaître, dans ce costume, la terre, l'eau, l'air et le feu, voir les éclairs dans les brillantes grenades d'or, et dans les clochettes, le tonnerre [1]. Joseph ne dit pas de moins belles choses sur un tapis de plusieurs couleurs qui se trouvait dans le temple, le tout pour montrer à l'Occident comment un Juif savait manier la phrase grecque [2].

Si l'on voyait dans le costume du grand prêtre la généalogie d'Israël et la division par tribus, cette division se montrait d'une manière plus pittoresque lorsqu'on apercevait le camp des Hébreux. Tous les fils d'Israël, dit le livre des Nombres, camperont en cercle autour du tabernacle de l'alliance, chacun sous son étendard, dans sa division et avec sa famille.

Israël formait quatre divisions, dans lesquelles la tribu de Lévi ne compte pas; elle entoure de près le tabernacle, de manière à former trois camps, celui de Dieu, celui des lévites, celui d'Israël. Chaque division avait son étendart et se composait de trois tribus. *Juda* conduisait Issachar et Zabulon; *Ruben* dirigeait Siméon et Gad; à *Éphraïm* se ralliaient Manassé et Benjamin; sous l'étendard de *Dan* marchaient Aser et Nephtali.

Les rabbins se sont demandé comment se distin-

---

[1] Philon d'Alexandrie, Vie de Moïse, liv. 3.
[2] Joseph, Guerre des Juifs, liv. 5, chap. 14.

guaient les étendards ; ils ont pensé avec vraisemblance que les quatre grandes tribus avaient adopté la couleur de la pierre précieuse sur laquelle était gravé leur nom dans le rational ; mais la nature et la couleur de ces pierres sont fort controversées ; nous dirons seulement que le drapeau de Juda était vert, l'enseigne de Ruben rouge, celle d'Éphraïm orange ; celle de Dan blanc mêlé de rouge.

Nous ne croyons pas que ce sétendards aient porté, pendant la vie de Moïse, autre chose que le nom des tribus qui formaient chaque division : on n'y broda point d'emblème ; Moïse avait defendu les images, il n'avait pas oublié que l'ibis conduisait les Égyptiens au combat; sans doute, il ne souffrit rien d'analogue à cette coutume idolâtrique ; les Juifs eux-mêmes, sous Pilate, interdirent, par un motif de piété, l'entrée de Jérusalem aux aigles romaines. Cependant, après Moïse, pendant l'anarchie des Juges et sous les premiers rois qui cherchèrent à développer l'esprit militaire, des images d'animaux ont pu figurer sur les enseignes des tribus. Voici la tradition rabbinique à cet égard.

Juda, comparé par Jacob mourant au petit du lion, prit pour emblème un lion avec cette légende : Que le Seigneur se lève et que vos ennemis fuient devant vous. Ce blason paraît authentique; les rois d'Abyssinie l'adoptèrent en ne changeant que la devise.

Les armes de Ruben étaient une tête d'homme, suivant d'autres un enfant, peut-être parce que cette tribu remontait à l'aîné des enfants de Jacob; sa légende était : Écoute, Israël : Le Seigneur ton Dieu est le seul Dieu.

Le symbole d'Éphraïm fut un veau, attendu que Jacob, dont les dernières paroles sont le trésor héraldique d'Israël, avait comparé Joseph, père d'Éphraïm, à un jeune taureau ; pour écarter le souvenir humiliant du veau d'or, on remplaça cet animal par un cerf. La nuée du Seigneur était sur eux pendant le jour lorsqu'ils partaient du camp, telle fut la devise.

Dan est comparé par la Genèse au serpent. Le basilic se déroula d'abord sur le drapeau jaspé de cette division ; plus tard, pour ennoblir le symbole, on mit le serpent dans les serres d'un aigle qui prend son vol ; enfin l'aigle demeura seul. Dan porta pour légende : Venez, Seigneur, et demeurez avec votre gloire au milieu des troupes d'Israël [1].

Le lion, l'homme, le bœuf, l'aigle, ces quatre emblèmes du peuple israélite, furent réunis par Ézéchiel pour former les anges monstrueux de ses visions.

Actes du culte.

PRIÈRES, SACREMENTS.

Nous ne trouvons dans la loi de Moïse rien qui soit relatif à la prière, à moins que l'on ne considère comme telle la lecture forcée des Théphilin et de la

[1] Dom Calmet, Commentaire littéral, Nombres, chap. 2.

Mezuza. Le législateur n'abandonne jamais à elle-même la dévotion des Hébreux, toujours il les rattache au culte public.

La circoncision était rigoureusement obligatoire le huitième jour après la naissance, suivant l'institution d'Abraham. Avant la loi de Moïse et même depuis, cet acte ne fut pas accompli par un personnage officiel; une femme, Séphora, circoncit elle-même son fils.

Lors de la circoncision, un nom était donné à l'enfant par l'un des parents, c'était habituellement le père; aucun texte de la loi mosaïque ne rend l'intervention du prêtre indispensable [1]. Cependant, par le fait, cette intervention s'établit, les prêtres enregistrèrent les circoncisions faites et les noms donnés. Il le fallait, pour asseoir, d'après le nombre et l'âge des Israélites, le revenu le plus régulier du clergé, la capitation du *demi-sicle.*

Il est vrai qu'au moment où Moïse fit construire et meubler le tabernacle, un élan religieux d'Israël suffit à toutes les dépenses [2]. On mit aux pieds du législateur l'or et l'argent pris à l'Égypte; les femmes donnèrent jusqu'aux anneaux qui paraient leurs oreilles et leurs narines, mais il ne fallait pas compter sur la perpétuité de cette ferveur.

Au recensement annuel des fils d'Israël, chacun d'eux paie un demi-sicle, c'est-à-dire dix oboles.

---

[1] Nullus in lege certus et constitutus circumcisionis minister. Pineda, *de Rebus Salomonis.*

[2] Exode, xxxvi, 5.

On est soumis à cette imposition personnelle à partir de vingt ans.

La répartition n'est pas proportionnelle, mais égale.

« Le riche n'ajoutera pas au demi-sicle. Le pauvre n'en retranchera rien. »

Les prêtres devinrent, on peut le dire, dépositaires des registres de l'état civil ; la possession de ces registres, honorifique et lucrative à la fois, fut un objet de lutte entre les pouvoirs spirituel et temporel, au moment où le roi, le grand prêtre, se livrèrent en Judée la guerre éternelle de la puissance séculière et de la théocratie. On sait avec quelle amertume la Bible reproche à David d'avoir empiété sur les attributions sacerdotales, en voulant faire le dénombrement de son peuple.

SACRIFICES.

L'acte principal des cultes barbares, c'est l'offrande à Dieu. On lui donne des êtres animés en les faisant passer dans l'autre monde, en les tuant, c'est ainsi qu'on les rend saints, qu'on les sacrifie, *sacrum facere* ; pour offrir les autres biens de la terre, comme la farine, on en saupoudre souvent la victime embrasée. Quant au vin, à l'huile, on en fait des libations, c'est-à-dire on les répand sur l'autel.

Telles étaient les bases du culte égyptien, Moïse les conserva. Des sacrifices d'animaux, il avait retranché l'homme ; restaient dans son camp, des troupeaux de bœufs, de moutons, de boucs et de chèvres, des colombes, car les Israélites en élevèrent de tout temps : il fallut régler les immolations de ces différentes victimes.

Non-seulement toutes les fêtes hébraïques étaient célébrées par des sacrifices, mais Moïse, craignant qu'on ne se livrât à l'écart au culte des faux dieux, défendit formellement d'égorger aucun animal ailleurs que sur l'autel des holocaustes, aussi ruisselait-il de sang presque sans interruption.

Les différentes espèces d'animaux nourris par les Israélites, devinrent sur l'autel les caractères d'un alphabet symbolique. Suivant le but plus ou moins important des sacrifices, on y verra figurer les espèces bovine, ovine, ou seulement hircine ; la colombe sera l'offrande du pauvre ou l'expiation de la faute la plus légère.

Conformément aux opinions de l'époque, le mâle, dans chaque espèce, sera la victime la plus honorable. Cependant nous avons vu Moïse, sans avoir égard à cette gradation, flétrir dans la vache l'animal d'Isis. Nous le verrons maudire dans le bouc le dieu révoltant de Mendès.

Chez les Hébreux, la forme la plus religieuse et la plus solennelle des sacrifices, est, comme en Égypte, *l'holocauste*, qui dévore la victime entière, l'homme ne se réserve rien, toute l'offrande est consommée par le Seigneur.

Viennent ensuite les sacrifices *expiatoires* privés et publics; Moïse voulut pénétrer les Israélites de cette idée, que tous leurs péchés étaient un manque de respect envers Dieu, dont la présence remplissait leur camp; pour ces délits religieux, il fallut une réparation religieuse. Plusieurs infractions doivent s'expier par une immolation, c'est ce que la Bible appelle sacrifice pour la faute grave[1] ou pour la faute légère[2].

L'animal tué représente la faute qu'on efface; plus elle est grave, plus il doit être vil; pour l'acte idolâtrique commis par erreur, car l'idolâtrie volontaire serait punie de mort, on offre une chèvre; pour des péchés graves encore, mais moins odieux, on peut présenter une brebis, toujours une femelle, parce qu'elle est moins estimée que le mâle.

Celui qui a entendu un blasphème et qui ne l'a pas dénoncé;

Celui qui a touché un animal impur;

Celui qui a juré;

Doivent offrir, soit une brebis, soit une chèvre.

Sont-ils pauvres, ils donnent deux tourterelles ou deux pigeons.

Le grand prêtre seul, à cause de sa dignité, doit présenter, au lieu de la chèvre, le bouc, au lieu de la brebis, le taureau[3].

Lorsqu'il s'agit d'une faute légère, l'Israélite offrira toujours une victime plus honorable, un mâle.

[1] חֲטָאָה

[2] אָשָׁם

[3] *More Neboukim*, pars 3, cap. 46, p. 487.

Le dépositaire infidèle, jugé moins coupable que l'idolâtre involontaire ou le complice du blasphémateur, parce que sa faute ne blesse pas directement Jéhovah;

L'homme qui, par ignorance, enfreint certains rites religieux sans importance, doivent offrir un bélier sans tache, du poids de dix sicles.

Ces sacrifices pour la faute entretenaient le sentiment religieux ; de plus, ils produisaient comme pénalité l'effet des amendes; l'Hébreu payait avec sa principale richesse, des bestiaux.

Avant d'immoler la victime offerte, le prêtre posait la main sur la tête de l'animal, et l'on priait Dieu de faire retomber sur cette victime le péché commis. L'imposition des mains avait lieu dans tout sacrifice, quel qu'il fût. De ce rite emprunté aux Égyptiens résulta la locution juive : Que ce sang retombe *sur notre tête* et sur celle de nos enfants [1].

Que le christianisme spiritualise le sacrifice expiatoire des Hébreux, nous aurons le sacrement de pénitence.

S'il est des sacrifices expiatoires pour l'individu, il en est pour le peuple entier. Moïse ne voulut pas que les Israélites se crussent chargés devant Dieu des péchés de leur vie entière. La difficulté de ren-

---

[1] Tam in pacificis quam expiatoriis sacrificiis adhibebatur ritus imponendi manus super caput victimæ. Peccator scilicet precabatur ut quidquid pœnarum immineret, converteretur in victimam. Per Ægyptum universam similis erat sacrificandi ritus. Marsham, *Canon chronicus*, p. 208.

trer en grâce avec le ciel les eût endurcis. Cependant le mal commis entraîne une responsabilité. Les anciens croyaient que des châtiments célestes correspondaient à toutes les fautes; c'est pour détourner d'eux-mêmes ces châtiments que les Égyptiens jetaient des pierres à leurs prosecteurs; la tête maudite dans les sacrifices, portait aux Grecs ou noyait dans le Nil tous les fléaux destinés à Mesraïm. On pensait que tout mal commis engendrait pour ainsi dire un tonnerre suspendu dans les airs : sur qui tombera-t-il? Tout en craignant les dieux, on leur attribuait si peu de discernement, qu'on croyait pouvoir faire accepter à leur vengeance un animal ou même un objet inerte au lieu d'un homme. Les barbares offrent d'autant plus facilement ces compensations à leur Dieu, qu'eux-mêmes les acceptent.

En 1768, les janissaires d'*Yambo*, ville située aux bords de la mer Rouge, se battirent à coups de fusil pendant huit jours, avec les Arabes du pays. Pour terminer le combat, les vieillards des deux partis, magistrats par l'âge, décidèrent que tout le tort serait mis sur le compte d'un chameau. On mena l'animal hors de la ville, on lui reprocha d'avoir tué des hommes, d'avoir voulu incendier Yambo, d'avoir maudit le grand seigneur et le schérif de la Mecque, souverains des deux partis. Après l'avoir accablé d'imprécations, chaque assistant le perça de sa lance [1].

Pour donner aux Hébreux de la confiance dans les bontés et la protection du ciel, Moïse voulut

[1] Bruce, Voyage en Nubie et en Abyssinie, t. 1, chap. 10.

attirer sur une victime tous les malheurs mérités qui pouvaient menacer les Israélites; il fit tomber la malédiction, et par suite l'exécration publique, sur l'animal adoré dans la province de Mendès, sur l'objet des passions les plus dépravées, sur le bouc, flétrissant ainsi l'idolâtrie et la bestialité, pour laquelle les Hébreux, en quittant la basse Égypte, avaient conservé des penchants.

Annuellement on amène un bouc au grand prêtre, qui pose la main sur la tête de l'animal en le chargeant solennellement des iniquités d'Israël. Ainsi maudite, la bête est chassée vers les solitudes. C'est le *bouc émissaire*.

On n'immolait point cet animal sur l'autel, parce qu'il n'en était pas digne. Cependant, pour que la malédiction ne fût pas inutile, il fallait que malheur lui advînt. Des hommes étaient chargés de le suivre et de le tuer, comme les Égyptiens tuaient l'âne, en le précipitant du haut d'un rocher.

Après l'holocauste et les sacrifices expiatoires viennent les sacrifices nommés *pacifiques* (*schelamim*)[1], ou ce qui revient au même eucharistiques, ce sont des dévotions spontanées.

Ici Moïse dut résister encore à des tendances sauvages. Souvent l'Hébreu vouait au Seigneur ses bestiaux : on les sacrifiait ; sa maison : le clergé la faisait vendre. Que faire si l'Hébreu vouait sa vie ou celle de ses enfants ?

---

[1] שְׁלָמִים

Moïse, qui avait imposé l'obligation de racheter les premiers nés, considérés comme prémices, repoussa, de la même manière, le sacrifice humain qui reparaissait sous forme de vœux. La tête vouée à l'autel est rachetée suivant un tarif :

Depuis la naissance jusqu'à cinq ans, l'homme vaut cinq sicles, la femme trois.

Depuis cinq ans jusqu'à vingt, l'homme est estimé vingt sicles, la femme dix.

Depuis vingt ans jusqu'à soixante, l'homme s'élève à cinquante sicles, la femme à trente.

Après soixante ans, l'homme tombe à quinze sicles, la femme à dix.

Cette substitution d'une offrande pécuniaire à l'exécution matérielle et sanguinaire des vœux, paraît en opposition formelle avec un passage du Lévitique :

« Tout ce qui est consacré à Dieu, soit homme, soit animal, soit terre, ne peut être vendu ni racheté ; ce qui a été consacré une fois est saint des saints pour le Seigneur. »

« Et tout être consacré par l'homme ne sera pas racheté, mais mourra de mort [1]. »

Nous n'avons trouvé nulle part une explication satisfaisante de cette antinomie. Y a-t-il obscurité dans le texte du Lévitique ? Il paraît formel et clair. Il faut voir, dans cette contradiction, le résultat inévitable de la manière dont fut rédigé le Pentateuque ; on employa plusieurs documents, les uns

---

[1] Lévitique xxvii, 28, 29.

reproduisant la pensée de Moïse, les autres, venus du peuple et n'exprimant que sa barbarie, comme deux procédures qui nous surprendront bientôt, *l'eau de jalousie* et *les preuves de la virginité*.

A tous les sacrifices on joignait des libations d'huile; on brûlait des parfums. Le sel apparaît aussi dans toutes les immolations. L'idée d'assaisonnement parut symboliser, bien matériellement, il est vrai, l'idée d'alliance.

« Tu assaisonneras de sel tout ce que tu offriras en sacrifice. Jamais tu ne retrancheras du sacrifice le sel, emblème de l'alliance divine. Dans toute oblation, tu offriras le sel. »

L'oblation, non plus accessoire, mais distincte, spéciale, de la farine et de l'huile, s'appelle *min' chah*[1], c'est-à-dire proprement offrande.

Les sacrifices et les offrandes nourrissaient le prêtre israélite. De toute victime qui n'était pas consumée en holocauste il gardait au moins la partie la meilleure et la plus honorable, l'épaule droite; Moïse ne mit aucune barrière à la générosité des fidèles, si ce n'est qu'il défendit d'offrir, dans le temple, le salaire d'une prostitution ou le prix d'un chien[2].

L'idée que les Égyptiens avaient conçue de la chasteté des temples, idée bien plus nette et plus absolue chez Moïse que chez eux, explique la première de ces prohibitions. Quant au chien, sa voracité lui

---

[1] מִנְחָה

[2] Deut., XXIII, 18.

fit perdre, en Égypte même, l'importance religieuse qui le plaçait sur le rang du bœuf, du chat, de l'ibis et de l'épervier. Lorsque le roi Cambyse tua le bœuf Apis et fit jeter le corps dans les champs, nul animal n'y toucha, si ce n'est le chien [1].

Bien avant cet événement, les Hébreux méprisaient le chien par deux raisons. Ces meutes errantes qu'on rencontre encore dans tout l'Orient suivaient les tribus et dévoraient les corps des hommes et des animaux morts, les cadavres maudits par la loi de Moïse.

Le chien venait, après la lapidation, boire le sang des suppliciés [2].

Dans la Bible, un travail sans but est exprimé par ce proverbe : Chercher un chien mort. Quand l'injure la plus habituelle : fils de Bélial, ne suffit pas, les personnages bibliques emploient, comme superlatif, l'expression de *chien mort*. C'est un nom que les vaincus se donnent eux-mêmes en signe d'humilité. Le prophète Élie dit à Jézabel : Tu seras mangée par les chiens. Sous le règne d'Hérode, le peuple ameuté contre un dénonciateur, le mit en pièces et le fit manger par les chiens [3].

Si Moïse eût permis d'offrir à Dieu le prix de ces animaux méprisés, il eût avili le sanctuaire.

Holocaustes, expiations, sacrifices pacifiques, il ne suffit pas de classer les immolations. Le Lévitique,

---

[1] Plutarque, Isis et Osiris.
[2] Rois, liv. 3, XXI, 19.
[3] Joseph, Antiq. jud., liv. 15, chap. 11.

code du sacrificateur, en réglemente le mode; il précise tout, depuis la mort du bœuf jusqu'à celle de la colombe qui ne périt point par le fer; le prêtre lui tord le cou, et répand sur l'autel le sang de la blessure. Ces rites ne sont pas des créations arbitraires; la plupart viennent de l'Égypte. Le prêtre d'Israël examine la victime, et ne l'immole que lorsqu'elle est sans tache[1]. On exige qu'il n'y ait pas d'imperfection physique dans l'animal ni dans l'Israélite qui le conduit à l'autel. Nous avons vu que l'Hébreu comme l'Égyptien, commence tout sacrifice par l'imposition des mains, et se réserve quand il n'y a pas holocauste, l'épaule droite de la victime.

Les rites qui ne sont pas empruntés à l'Égypte, sont des idées mosaïques, pleines d'intelligence et de bonté. Moïse n'abolit point les sacrifices d'animaux, parce que sa religion n'était que trop spiritualisée pour les Hébreux; c'était bien assez d'obtenir qu'ils n'immolassent pas des hommes.

Mais chez les idolâtres le mode des sacrifices était cruel; Moïse, qui avait empêché qu'on dépeçât la victime vivante, voulut épargner aux animaux jusqu'aux douleurs morales. Il défendit de sacrifier à la fois une femelle et son petit[2].

SOLENNITÉS.

Malgré l'immense révolution religieuse dont Abraham fut le chef, et dont nous profitons tous,

[1] Lévitique, xxii, 21.
[2] Lévitique, xxii, 28. — *More Neboukim*, pars 3, cap. 48, p. 497.

des vestiges des cultes antérieurs au monothéisme sont faciles à signaler dans la Bible; nous en avons indiqué plusieurs. Des rites fétichistes ou sabéens sont employés à glorifier Jéhovah; ce sont des pierres d'idoles brisées dont on se servirait pour bâtir un temple au vrai Dieu. Le plus remarquable de ces débris est la vénération du nombre *sept*, devenu sacré depuis que les nomades ont distingué sept astres principaux sur la voûte du ciel. Le sabéisme fut universel, la vénération du nombre sept ne l'est pas moins. Elle exista de toute antiquité chez les Arabes [1].

Le Perse Assuérus, a sept eunuques dans son sérail, sept sages dans son conseil [2]. Quand il veut choisir une favorite on lui présente sept jeunes filles [3].

Les relations avec la Perse, qui sut ranimer chez les juifs la vénération des bons anges, et qui leur fit connaître les mauvais, redoublèrent dans Israël la ferveur pour le nombre sept. Les livres écrits pendant la captivité, *Tobie*, *Esther*, citent plusieurs fois ce chiffre. A l'imitation d'Assuérus et de sa cour, Jéhovah, dans le ciel, a sept anges, qui sont continuellement devant sa face.

Comme la Perse, la Grèce eut sept sages, et ce nombre lui parut si précieux, qu'il est resté traditionnel et populaire, bien que certains auteurs ne

[1] Hérodote; édit. Kreuzer.
[2] Esther I, 10, 14.
[3] Esther II, 19.

— 509 —

reconnaissent que cinq ou six sages, que d'autres en admettent neuf ou dix.

Ils serait trop long d'énumérer les emplois que la Bible fait du nombre sacré, depuis les sept années du travail de Jacob jusqu'aux sept processions que font les lévites autour des murs de Jéricho. Toutes les fois que les écrivains juifs ont été libres de fixer un nombre, c'est celui-là qu'ils ont choisi.

Le christianisme instituant sept sacrements, conserva cette vénération traditionnelle. Dans l'Apocalypse, réminiscence confuse de la poésie hébraïque, nous trouvons cette phrase :

« Les sept étoiles que tu as vues dans ma main droite et les sept chandeliers d'or sont un symbole; les chandeliers sont les sept églises d'Asie Mineure, et les sept étoiles sont les anges des sept églises [1] ».

D'après le même ouvrage, sept lampes brûlent devant le trône du Seigneur [2]; un mystérieux livre est scellé de sept sceaux [3]; l'Agneau céleste a sept cornes et autant d'yeux [4]; sept anges embouchent sept trompettes [5]; débouchent sept fioles, et la terre est frappée de sept plaies [6]; sept tonnerres se font entendre [7]; sept mille hommes périssent dans un

---

[1] Apoc. 1, 20.
[2] Ibid. iv, 5.
[3] Ibid., v, 1.
[4] Ibid., v, 6.
[5] Ibid., viii, 2.
[6] Ibid., xv, 1.
[7] Ibid., x, 3.

— 510 —

tremblement de terre [1]. Le dragon de l'enfer porte sept couronnes sur autant de têtes [2].

Nous avons indiqué, en retraçant la cosmogonie hébraïque, l'origine de ce respect universel pour le même chiffre. Elle devient évidente si nous comparons les mots qui désignent, chez les différents peuples, les jours de la semaine, *septimana*; presque toutes les langues s'accordent à consacrer successivement un jour au soleil, à la lune, à Mars, à Mercure, à Jupiter, à Vénus et à Saturne.

Cette unanimité est d'autant plus remarquable que les Hébreux font exception [3]. Chez eux les jours de la semaine se distinguent seulement par des numéros. Il faut reconnaître ici la volonté de Moïse; il effaça les anciens noms, sans doute égyptiens, et entachés de sabéisme. S'il conserva la division septimale, il la fit remonter à Jéhovah, créant le monde en sept jours.

La première solennité des Juifs eut pour but de glorifier l'œuvre divine. A l'exemple du Seigneur,

---

[1] Apoc., xi, 13.
[2] Ibid. xii, 3.
[3]

	Latin.	Français.	Anglais.	Allemand.	Hébreu.	
Soleil	dies dominica	dimanche	*sonday*	*sonntag*	יוֹם רִאשׁוֹן	(1er jour)
Lune	*lunæ dies*	lundi	*monday*	*montag*	שֵׁנִי	2e
Mars	*Martis dies*	mardi	*tuesday*	*dienstag*	שְׁלִישִׁי	3e
Mercure	*Mercurii dies*	mercredi	*wednesday*	*mittvoche*	רְבִיעִי	4e
Jupiter	*Jovis dies*	jeudi	*thursday*	*donnerstag*	חֲמִישִׁי	5e
Vénus	*Veneris dies*	vendredi	*friday*	*freytag*	שִׁשִּׁי	6e
Saturne	sabbathi dies	samedi	*saturday*	*samstag*	שְׁבִיעִי	7e

l'homme dut travailler six jours et se reposer le septième. Après les travaux manuels, il fallait donner une place au sentiment religieux et au besoin du repos. Les Juifs reçurent l'ordre de sanctifier le sabbat peu de temps après la sortie d'Égypte.

Pour annoncer les solennités, Moïse fit faire deux trompettes d'argent; elles résonnaient le vendredi soir; aussitôt, à l'entrée de chaque tente, dans le désert, de chaque maison, quand on eut conquis la Palestine, les femmes allumaient une lampe.

Le jour du sabbat personne ne doit travailler; dans le désert on ne ramassait point de manne, on évitait même de sortir, si ce n'est pour se rendre au tabernacle; l'Exode avait dit : Que chacun reste chez soi; que nul ne sorte le septième jour [1].

A l'exemple des Falachas, les Abyssins fêtèrent le sabbat. Cette observance resta dans leurs mœurs, malgré leur conversion au christianisme. Le roi Socinios, au commencement du XVII⁰ siècle, fut obligé de déclarer :

« Que tout travail hors des maisons, comme de labourer et d'ensemencer la terre, serait fait publiquement le samedi, sous peine de payer une pièce de coton la première fois qu'on y manquerait, et d'avoir son mobilier confisqué la seconde fois [2]. »

Cette ordonnance révolta toute la contrée. Un abbé du pays, nommé Philippe, « partit incontinent avec ses religieux, chargé de ses livres, pour aller

---

[1] Exode, XVI, 29.
[2] Bruce, t. 4, p. 168.

trouver le roi, auquel il montra par vives raisons confirmées par le témoignage de ses Écritures, comme Dieu avait expressément ordonné le sabbat devoir être être solennisé et gardé, et les délinquants ou infracteurs de ce divin commandement, rigoureusement punis, et maintint cet article disputant et tenant bon contre tous les religieux de l'Éthiopie, et en ce fait il s'acquit un grand honneur et renom auprès du roi, par quoi ils l'estiment être saint [1]. »

Les Abyssins attachent un vif intérêt à la controverse théologique; ils ont raison. C'est leur éducation religieuse, plus avancée, qui rend leur barbarie moins profonde que celle de leurs voisins; c'est par cette ouverture qu'ils reçoivent un rayon de lumière intellectuelle.

Le mouvement, et surtout le plus grand des mouvements, celui des astres, est la mesure naturelle du temps. Les Égyptiens avaient, d'après le cours de la lune, divisé l'année en douze mois. Les Hébreux emportèrent de Mesraïm l'usage de célébrer la nouvelle lune.

Les Grecs, dont la langue a pénétré dans la Judée après Alexandre, les Grecs, auteurs des mots de sanhédrin, synagogue, phylactère, nous ont fait connaître la fête du nouveau mois, sous le nom de *néoménie*.

Les autres fêtes des Juifs ont toutes une origine historique et nationale. Nous savons que *Pâques*, la

---

[1] Alvarèz, Description de l'Éthiopie, p. 25.

fête du passage, était le premier et le plus célèbre jour de la semaine des Azymes.

Sept semaines ou quarante-neuf jours après Pâques, la loi de Moïse ordonne de célébrer la fête des semaines ou *Pentecôte*. C'est l'anniversaire du jour auquel Dieu donna le décalogue sur le Sinaï. Le jour de cette fête avait lieu l'offrande des prémices. C'est alors qu'on présentait au Seigneur la première gerbe coupée; vient ensuite la fête des *tabernacles*, en grec scénopégie. Pendant sept jours, chaque famille, en mémoire du désert et de la sortie d'Égypte, devait camper sous la tente; c'était une semaine de joie. Chacun se couronnait de fruits et de feuillages; on agitait des palmes. Ce panache verdoyant, signe d'allégresse, que la nature orientale offrait aux mains des Égyptiens et des Juifs, est resté, malgré la différence des climats, dans les pompes de l'église chrétienne. Une palme figure dans les cérémonies de la semaine sainte.

Nous avons nommé les trois grandes solennités juives, Pâques, la Pentecôte et les Tabernacles; dans ces trois occasions, les premiers-nés mâles, qu'on pouvait appeler *serviteurs* de Jéhovah, dans le sens des Romains, sauvés de la mort, *servati*, se présentaient, une offrande à la main, devant l'autel [1].

Après la fête *des trompettes*, qui ouvre bruyamment l'année civile, vient la solennité des *expia-*

---

[1] Tribus vicibus per singulos annos mihi festa celebrabitis.

Ter in anno apparebit omne masculinum tuum coram Domino Deo tuo. Exode, XXIII, 14, 17.

tions, seule occasion pour laquelle un jeûne public fût imposé; c'était l'anniversaire du jour où Moïse, descendant du Sinaï avec les secondes tables, annonça au peuple que l'idolâtrie du veau d'or était pardonnée [1]. Le jour des expiations, on jeûnait en souvenir de l'égarement d'Israël.

Par degré, le calendrier juif s'enrichit de plusieurs anniversaires historiques; il y eut quatre encœnia, ou dédicaces de temples instituées par Salomon, par Zorobabel, par Juda Machabée, par Hérode; on les célébrait par des illuminations.

La division septimale réunit par groupes sacrés chez les Juifs, non-seulement les jours, mais les années; il y a des semaines d'années.

« Pendant six ans tu sèmeras la terre, et tu recueilleras ses produits.

« La septième année tu la laisseras en jachères, pour que les pauvres de ton peuple se nourrissent de ses fruits sauvages et que les animaux dévorent le reste.

« Tu feras de même dans ta vigne et dans ton plant d'oliviers. »

Ce repos du sol tous les sept ans, c'était le *sabbat de la terre*. L'année de son échéance s'appelait année sabbatique. Dans la loi de Moïse tout prend un caractère religieux, jusqu'aux systèmes d'agriculture.

L'année sabbatique opère deux autres effets que

---

[1] *More Neboukim*, pars 3, cap. 43, p. 471.

le repos de la terre, ce sont l'affranchissement légal de tous les esclaves israélites et la remise des dettes.

Les simples semaines d'années sont groupées à leur tour; il y a des semaines d'années sabbatiques. On compte sept fois sept, ou quarante-neuf années, la cinquantième est l'échéance du jubilé, qui produit tous les effets de l'année sabbatique, et, de plus, rescinde toutes les ventes d'immeubles faites dans la dernière période de cinquante ans. Le jubilé chasse les acquéreurs, il rend les terres et les maisons à leurs propriétaires primitifs.

Ainsi les aliénations d'immeubles chez les Juifs n'étaient pas complètes, on ne vendait qu'un usufruit. Le prix de vente se calculait sur le nombre de récoltes à faire jusqu'au premier jubilé. Pendant l'année qui le précédait la terre ne valait qu'une récolte.

L'esprit de cette institution était de maintenir l'égalité civile et politique : l'égalité civile entre les israélites, car chez les Juifs l'usure était dévorante; elle ruinait une partie de la nation, la dépouillait de son mobilier, de sa terre, de sa liberté même, l'eût exterminée sans le revirement subit qui rétablissait l'ancienne distribution de la richesse.

Mais le but de Moïse c'était surtout l'égalité politique entre les tribus. Le peuple juif, sous la direction de son génie, formait un état fédéral composé de douze tribus; chacune d'elles avait ses droits au partage futur *de la terre*. Déjà Moïse avait distribué les lots; il fallait les proportionner à la population de chaque tribu, donner, par exemple, une part double aux nombreux descendants de Manassé; mais empêcher l'inégalité de s'accroître, le fort d'empiéter sur le territoire du faible; il fallait maintenir sur une petite échelle l'équilibre que la diplomatie européenne a voulu conserver jusqu'ici par l'égalité de contrainte, et que la diplomatie future conservera par l'égalité de développement. S'il était impossible à Moïse d'interdire les ventes d'immeubles entre les tribus, si parfois le mouvement commercial altérait les démarcations, toujours le jubilé rétablissait la division primitive.

Les lignes géographiques de Moïse sont une rosace à compartiments, sculptée dans un bassin de marbre; les flots s'agitent; sous l'écume le dessin disparaît par intervalles, mais bientôt l'onde reposée nous laisse voir à travers son cristal la ciselure éternelle.

Nous n'ignorons pas ce qu'il y a de faux dans l'espoir d'éterniser un état social quelconque, mais il est certain qu'entre Abraham, qui personnifia sa famille, et Salomon, brillante représentation du royaume, Moïse fut l'homme de la tribu.

Son système était nuisible au crédit, surtout au commerce avec les étrangers; exclus du partage primitif, ils ne pouvaient obtenir dans la Palestine aucune possession immobilière qui fût durable et sérieuse. Moïse comprit que l'exécution rigoureuse de la loi du jubilé dans les villes, où règne toujours une grande activité commerciale, où les étrangers doivent affluer, serait funeste à la prospérité d'Israël. Dans les villes, le vendeur d'un immeuble ne garda que le droit de rachat pendant une année; mais le jubilé conserva tout son effet quant aux maisons des lévites; on en devine la raison, la tribu de Lévi n'avait pas de territoire, elle ne possédait que des villes, il fallait que cette part, qui soutenait son existence, lui fût conservée.

OBSERVANCES DE DÉTAIL.

En dehors du culte public, la Bible nous fait connaître chez les israélites des observances de détail : les unes sont prescrites par la loi, les autres inspirées par une dévotion libre.

Les Hébreux contemporains de Moïse portaient le costume des Arabes actuels. Pour compléter le système qui distinguait les Juifs, qui les constituait en nation par des signes extérieurs et leur donnait, pour ainsi dire, la livrée de Dieu, Moïse leur ordonna de coudre aux quatre coins de leurs *burnous* une houppe, elle devait être hyacinthe; cette couleur, qui se rapproche du bleu céleste, symbolisait l'alliance d'Israël avec Dieu. Les houppes s'appelaient *tsitsith*[1]; les pharisiens en exagérèrent la dimension comme celle de leurs phylactères. Jésus-Christ, généralement fidèle à la loi de Moïse, portait les tsitsith[2].

[1] Voyez Maïmonides, *de Jure fimbriarum*.
[2] Et rogabant eum ut vel fimbriam vestimenti ejus tangerent. Évang. Math., xiv, 36.

Moïse dirigea son attention vers les cérémonies funèbres; on y remarquait, chez les israélites, des coutumes sales et sauvages; Moïse ne condamna que les secondes.

La saleté, chez tous les peuples primitifs, est un signe de deuil; tout entier à sa douleur, l'homme affligé ne doit plus songer à se tenir propre; les barbares, toujours démonstratifs, allèrent plus loin, ils se salirent à dessein. Dans les obsèques, les Égyptiens eux-mêmes se jetaient de la terre sur la tête; les Juifs les imitèrent encore en cela; chez eux, trois signes annoncèrent le grand deuil, la barbe rasée, les habits déchirés, une saleté complète [1].

Ce n'était pas seulement à la mort d'un parent qu'on donnait ces signes de désespoir, l'israélite qui apprend une nouvelle fâcheuse déchire ses vêtements, se jette sur la tête des cendres ou de la terre. La fille de David, Thamar, outragée par son frère Ammon, déchire sa robe, couvre sa chevelure de cendre, met les mains sur sa tête et sort en poussant des cris.

Lorsque David rentre à Jérusalem, dont la révolte l'avait éloigné pendant plusieurs années, Miphiboseth, fils de Saül, vient à sa rencontre; il n'avait pas lavé ses pieds, fait sa barbe ni blanchi ses vêtements depuis le départ de son roi [2].

La saleté, de nos jours encore, est un signe de deuil en Abyssinie; le *choum*, ou si l'on veut le chef

---

[1] Jérémie, XLI, 5.
[2] Rois, l. 2, XIX, 24.

municipal des villages de Débra Multaï, s'excusa de paraître devant M. Salt avec un vêtement sale, en disant qu'il était en deuil de son frère; sa chemise était noircie avec de la boue, et il devait la porter quatre-vingts jours [1]. Comme les anciens juifs, les chrétiens d'Abyssinie, dans les obsèques, revêtent un sac, se couvrent la tête de cendres et se déchirent la peau des tempes.

La coutume abyssine de se déchirer les tempes, attestée par plusieurs voyageurs, paraît se perdre dans les hautes classes, mais elle existe encore aujourd'hui chez le bas peuple, la partie la moins éclairée de la nation [2].

« Hier, dit M. Salt, j'ai vu les funérailles de la femme d'un des principaux habitants de Muculla. Je n'ai pu savoir si c'était la coutume constante à la mort d'une femme, qu'il n'y eût que d'autres personnes du même sexe qui pleurassent et s'égratignassent, mais il est sûr qu'en cette occasion, il

---

[1] In the course of the day, Tigra Mokan Welleta Samuel chief of the villages of Debra Multaï came down from his hill, with a present of a sheep and milk, and also engaged to supply us with people at an early hour on the following morning. He made an excuse for appearing in a squalid dress by informing me that he was in mourning for his brother. His shirt was blackened with dirt, and was to be worn eighty days. In confirmation of this, Hadjee Hamed informed me that all the christians in Abyssinia mourn in the same way and also tear the skin of their temples, to shew their affection for the deceased. Salt, Voyages de Valentia, t. 3, p. 17; Salt, Paris, 1812, t. 1, p. 136.

[2] Salt, Deuxième Voyage, t. 1, p. 324; t. 2, p. 197. — Poncet, Lettres édifiantes, t. 3, p. 361.

n'y eut que des femmes qui manifestassent leur affliction soit par des larmes, soit en s'enlevant la peau des tempes, du front et même du nez, jusqu'au point d'être aussi écorchée que de la *brinde* [1]. »

MM. Combes et Tamisier ont encore vu les Abyssins se déchirer les tempes avec leurs ongles et de manière à laisser des cicatrices. Ils ont vérifié ce que soupçonnait Salt, c'est que cette marque d'honneur et de regret n'est accordée par les hommes qu'aux morts de leur sexe. Pour une femme, les femmes s'écorchent seules [2].

Bruce, plus érudit que les autres voyageurs en Abyssinie, ne s'était pas contenté de dire que les Abyssins laissent toujours croître un de leurs ongles pour se faire, aux funérailles, sur chaque tempe, une incision de la largeur d'une pièce de *six pence*. Il avait reconnu que cet usage fut répandu dans tout l'Orient, et, la Bible à la main, l'avait signalé chez les Juifs [3].

Moïse, en effet, vit les Israélites s'écorcher les tempes. Il jugea nécessaire d'effacer ce vestige de l'état sauvage, qui conservait le matérialisme et les habitudes sanguinaires dans les tribus. Moïse écrivit dans le Lévitique : « Vous ne couperez point votre chair pour un mort [4]. » Plus loin, s'adressant aux prêtres, il leur défend de se raser la chevelure et la

---

[1] Salt. Paris, 1812, t. 1, p. 292.
[2] Combes et Tamisier, t. 3, p. 204.
[3] Bruce, t. 5, p. 103.
[4] Lévitique, XIX, 28.

barbe en signe de deuil, et de faire des incisions dans leur chair [1]

Ces coutumes sanglantes furent bien générales dans l'enfance des nations, puisque le plus ancien monument qui nous soit resté de la législation romaine, la loi des Douze Tables, défend aux pleureuses de s'écorcher les joues. Ce trait n'est pas le seul qui rapproche la barbarie romaine de la barbarie abyssine ou juive. A plus d'un égard, les tables de pierre de Moïse sont identiques avec les tables de bois d'Appius.

La loi de Moïse contre la pantomine sanglante de la douleur, fut l'effort impuissant du génie contre les mœurs à demi sauvages de tout un peuple. Ces mœurs reprirent le dessus. Un passage de Jérémie nous prouve qu'au temps de ce prophète on se rasait et *l'on se faisait des incisions* dans les funérailles [2].

Le cadavre des riches Hébreux était suivi de pleureuses [3] qui frappaient dans leurs mains en signe de douleur [4]. Plus d'un monument nous montre les femmes égyptiennes dans la même attitude.

Des flûtes précédaient le cortége [5]. Il est certain que les corps étaient souvent brûlés. Tu mourras en paix, dit le prophète Jérémie au roi Sédécias, et, comme ont été brûlés les rois tes prédécesseurs, ainsi tu seras brûlé et l'on fera ton deuil en criant :

[1] Lévitique, xxi, 5.
[2] Jérémie, Proph., xvi, 6.
[3] Jérémie, Proph., ix, 17.
[4] Mischna. Surenhusius, t. 2, p. 412.
[5] Évang. Math. ix, 23.

Hélas Seigneur[1]! Amos nous montre le Juif entraîné en captivité, brûlant les corps de ses parents pour en emporter les os[2]. Cependant, cet usage n'était pas universel. On enterrait aussi. La Mischna trace minutieusement les proportions du sépulcre. Les cavernes de la Judée, fermées par une grosse pierre, devenaient facilement des tombeaux. C'est ainsi que par les soins du pharisien Nicodème et de Joseph d'Arimathie, Jésus-Christ fut enseveli couvert de parfums, entouré de bandelettes. Telle fut la sépulture du rabbin Akiba.

Lorsque le corps avait été soit brûlé, soit enseveli, les parents ne se séparaient pas sans faire un grand repas.

« Après les obsèques, dit Jérémie annonçant une épidémie, on ne brisera pas le pain; nul ne le présentera à l'affligé pour le consoler. On ne remplira pas le calice pour l'offrir à celui qui vient de perdre son père et sa mère [3].

Les funérailles du roi Hérode se terminèrent par un festin splendide.

Après la défense de se faire des incisions dans la chair, vient naturellement la prohibition du tatouage[4]. Dans une société civilisée comme la nôtre, il est sans inconvénient que les soldats et les mate-

---

[1] Jérémie, xxxiv, 5.
[2] Amos, vi, 10.
[3] Jérémie, xvi, 7.
[4] Lévitique, xix, 28. Et super mortuo non incidetis carnem vestram, *neque figuras aliquas aut stigmata facietis vobis.*

lots se tracent parfois sur la poitrine des dessins ineffaçables; mais chez les Hébreux le tatouage rappelait l'état sauvage, qui n'était pas éloigné, vers lequel le retour était possible.

Les hommes primitifs sentent peu le besoin d'être vêtus. La pudeur et l'amour du bien-être qui nous portent à nous couvrir, sont chez eux peu délicats; comme les enfants, ils possèdent en surabondance l'activité physique; il faut qu'ils déploient leurs membres; non-seulement ils n'ont pas l'industrie de se faire des habillements complets, mais ils n'en porteraient pas sans beaucoup de gêne. Cependant ils éprouvent l'amour des couleurs vives et de la parure; ils trouvent moyen de concilier ce goût avec leur nudité par le tatouage.

Tous les sauvages sont plus ou moins tatoués. Pendant la phase barbare cet usage peut se prolonger, mais en s'affaiblissant. Les femmes de l'ancienne Égypte se noircissaient les sourcils et le bord des paupières avec du *stibium*, c'est-à-dire de l'antimoine réduit en poudre. On trouve dans les caveaux funéraires, des pots remplis de cette substance; des momies de femmes conservent la trace encore vive de ces peintures, tandis que la couleur rousse de leurs ongles indique l'usage de la plante appelée henné [1].

Les femmes d'Israël prirent ces modes en Égypte. La Bible nous apprend en plusieurs endroits, qu'elles

---

[1] Denon, p. 283. — Caillaud, t. 1, p. 259; t. 3, p. 130.

se noircissaient le tour des yeux avec le stibium. La reine Jésabel en fit usage avant de se montrer à Jéhu.

« Habille-toi de pourpre, dit le prophète Jérémie; mets ton collier d'or; peins-toi les yeux avec du stibium [1]. »

« Tu te parfumes, dit Ézéchiel, comparant Jérusalem à une femme; tu as entouré tes yeux de lignes de stibium [2].

Ce n'est pas là *se farder*, comme écrivent les traducteurs. Racine connaissait bien les antiquités hébraïques; il l'a prouvé souvent. Toutefois, quand il dit de Jésabel :

> Même elle avait encor cet éclat emprunté
> Dont elle eut soin de peindre et d'orner son visage
> Pour réparer des ans l'irréparable outrage,

son beau style ne nous montre pas la Juive dans sa vérité. L'auteur nous dissimule une enluminure, dont la cour de Louis XIV eût été choquée sans doute, mais qui se trouvait en harmonie avec les costumes, les mœurs, la vie entière de la Palestine barbare.

L'usage de l'antimoine en poudre existe encore chez les femmes arabes [3], qui nomment cette substance *cohul*. Les Abyssines, lors même qu'elles

---

[1] Jérémie, Proph. IV, 30.

[2] Ezéchiel, XXIII, 40.

[3] Pietro della Valle, t. 1, p. 204. — Savary, Lettres sur l'Égypte, p. 131. — M. de Lamartine, Voyage en Orient, t. 1, p. 234.

portent leur collier de verroterie et qu'elles ont graissé leur chevelure avec du beurre, ne croient pas leur parure complète si elles ne se noircissent pas le tour des yeux [1].

Ce ne sont point ces peintures que Moïse entendit proscrire, le corps n'en est point stigmatisé, c'est le véritable tatouage, le tatouage ineffaçable.

Dès le temps de Moïse, on comprenait qu'il y a dans le principe religieux une déclaration de guerre contre la chair, le cilice figurait parmi les dévotions hébraïques ; le jeûne, déjà pratiqué par les Égyptiens, était en Israël, tantôt privé, tantôt public [2] ; il était imposé à tous lors de la fête des expiations. Dans les circonstances graves on l'ordonnait à tout le peuple, usage renouvelé par Cromwell : nous trouvons le cilice et le jeûne public à Ninive pendant la prédication de Jonas. [3]

Ce jeûne même est plus complet que la raison ne l'eût voulu.

« Que les hommes, les chevaux, les bœufs, les brebis ne goûtent rien, n'entrent pas dans les pâturages et ne boivent pas d'eau. »

Les vœux étaient encore une dévotion fréquente chez les Israélites.

Ils étaient de toute nature, non-seulement on vouait au Seigneur, comme nous l'avons déjà vu, ses troupeaux, sa maison, ses enfants même, mais

---

[1] Combes et Tamisier, Voyage en Abyssinie, t. 2, p. 35.
[2] Nombres, xxx, 14.
[3] Jonas, III, 7.

on s'imposait les obligations les plus variées ; les interdictions portées par la loi contre certains mets avaient fait penser qu'il y aurait de la sainteté à s'en interdire un plus grand nombre encore, on faisait vœu de ne pas voir telle ou telle personne, de ne pas se servir d'un meuble. Une liberté complète dans l'accomplissement de ces vœux eût rendu la vie intérieure impossible[1]. Comment approvisionner une famille dans laquelle le plat licite au mari eût été abominable pour la femme ou les enfants? Moïse investit avec raison le père de famille d'une complète juridiction sur les vœux.

L'homme qui a fait un vœu au Seigneur est tenu de l'accomplir.

Sans doute la loi désigne ici l'homme âgé de plus de vingt ans. Bien que Moïse ne détermine pas en termes explicites ce que nous appelons majorité, c'est à partir de cet âge qu'on paie le demi-sicle et qu'on est compté parmi ceux qui portent les armes.

Si la femme encore jeune, et vivant dans la maison paternelle, prononce un pareil engagement, il n'est valable que par le consentement formel ou tacite de son père.

Le mariage ne rend pas la femme libre. A la nécessité du consentement paternel succède la nécessité de l'autorisation maritale.

La veuve et la répudiée possèdent seules une liberté complète[2].

---

[1] *More Neboukim*, pars 3, cap. 48, p. 497.
[2] Nombres, xxx

Avant d'aborder la loi civile de Moïse, jetons un regard sur son édifice religieux.

Le dogme est vrai, la morale est pure et même tendre; le culte a de la noblesse. Sans doute l'immortalité de l'ame n'est pas enseignée, les sacrifices d'animaux sont admis, ce qui rattache cette religion, civilisée du reste, aux cultes barbares. Mais il ne faut pas s'étonner de trouver chez un peuple antique, cette double empreinte de matérialisme. L'enseignement de Moïse n'était que trop supérieur à la conception des Hébreux; spiritualisé d'un degré encore, il n'eût jamais pu s'établir.

Moïse ne se contente pas de satisfaire dignement l'instinct religieux; au nom de ce noble sentiment, il veille sur l'hygiène publique. Ablutions, interdictions des viandes insalubres, isolement de la lèpre, jugée contagieuse à cette époque; telles sont ses bienfaisantes mesures.

Par ses institutions religieuses, Moïse servit le progrès social aussi directement que les législateurs qui ont pris formellement pour devise ce mot tout moderne de progrès. Ses Hébreux étaient trop loin de l'harmonie pour qu'il pût les y conduire. Mais déjà nous l'avons vu proscrire les quatre vestiges de sauvagerie pour lesquels il connaissait le faible des Israélites : sacrifices humains, repas de chair vivante, incisions funéraires, tatouage.

Les bienfaits de la religion mosaïque ne se bornent pas là. C'est sur elle que se fondent toutes les améliorations contenues dans la législation civile et pénale.

GOUVERNEMENT.

Le gouvernement de Moïse fut la théocratie la plus complète qui ait jamais existé. Du haut du Sinaï, du fond du Saint des saints, c'est Dieu qui régit les Hébreux. Ce système de gouvernement, le plus fort de tous, une fois qu'il est accepté par les sujets, est aussi le plus moral, quand des hommes tels que Moïse l'appliquent. Le législateur espéra que sa théocratie, dont Josué, sons uccesseur futur, avait déjà le secret, pourrait se perpétuer par une succession d'hommes de génie. Cependant il est possible que les inspirés viennent à manquer. Sans cesse en lutte avec des monarchies guerrières, les Hébreux demanderont un roi qui les mène au combat. Dans cette prévision, Moïse prit quelques mesures qui avaient pour but de sauver ses trois créations, la religion, la loi, la nationalité d'Israël.

Le roi ne sera choisi que parmi les Israélites.

Il ne ramènera pas le peuple en Égypte.

Lorsqu'il sera monté sur le trône, il se fera donner un exemplaire de la loi par les lévites, et copiera le volume de sa main, pour le garder partout avec lui[1].

Outre ces trois règles les plus importantes, Moïse défend au roi d'avoir beaucoup de chevaux, de peur

[1] Deutéronome, xvii, 14.

que dans un esprit de conquête aventureux, il ne compromît l'existence d'Israël. Il défend encore au prince de posséder beaucoup de femmes et beaucoup d'argent. Moïse ne voulait pas, à la tête de ses Hébreux, un potentat asiatique, mais un homme dévoué comme lui-même au bien social.

Ces conseils n'organisaient pas le gouvernement d'une manière complète. Comment le roi sera-t-il institué? Quelle limite séparera les pouvoirs de l'homme qui tient le glaive et le sceptre, et ceux du grand prêtre qui demeure en possession de l'oracle, du Saint des saints? Sur la politique comme sur l'immortalité de l'âme, Moïse laissa les Hébreux dans l'incertitude; les attributions du monarque et du corps sacerdotal n'étant pas fixées, la lutte de ces deux puissances devint le fléau d'Israël.

LÉGISLATION CIVILE.

DES PERSONNES.

Chez les Hébreux les fonctions héréditaires des prêtres et des lévites rappellent seules la caste : du reste, égalité de naissance et de rang dans Israël. L'absence d'une noblesse s'explique par l'origine de cette nation. Rien de confus et de très lointain chez elle, au temps de Moïse; un homme, Abraham, est le père du peuple entier. La généalogie de ses enfants est conservée avec exactitude. L'égalité des douze tribus, pareille à celle de douze frères ou des douze pierres du rational, empêchait qu'il y eût des nobles israélites, ou plutôt ils l'étaient tous; outre cette unité historique d'origine, bien constatée, le caractère des Hébreux s'opposait à la formation d'une noblesse. En tous pays cette caste est essentiellement militaire : pour la créer il faut des exploits guerriers. Les Hébreux n'en firent pas.

Ils n'étaient pas braves, mais cupides et rusés; c'est par suite de ces penchants que l'inégalité fut introduite au milieu d'eux : les uns exploitèrent les autres. Malgré la rémission septennale des dettes et le jubilé, il y avait des *riches* et des *pauvres*. Ces deux mots ont, chez les Hébreux, un sens plus énergique que partout ailleurs; ils désignent bien deux classes[1], de nombreux faits nous le prouveront. C'est pour nourrir le pauvre expulsé de son héritage et l'étranger sans possession dans Israël que Moïse autorisa le glanage, qu'il permit d'emporter la gerbe et l'olive oubliée, de cueillir quelques grains de blé, quelques épis[2]. Au-dessous du pauvre, nous trouvons l'esclave.

De l'esclavage.

On devine, en lisant les lois de Moïse, que sa pensée intime était contraire à l'esclavage aussi bien qu'à la polygamie; cependant il n'abolit ni l'une ni

---

[1] Non deerunt pauperes in terra tua... populus meus pauper qui habitat tecum, etc.

[2] Maimonides, *de Jure pauperis et peregrini apud Hebræos*.

l'autre de ces institutions. Son pouvoir n'allait pas jusque-là ; il s'efforça seulement d'améliorer la condition des esclaves.

Ils étaient de deux sortes, les uns israélites, qui s'étaient vendus par misère; les autres, étrangers, achetés ou captifs; sur les uns comme sur les autres pesait un esclavage absolu dans la durée comme dans l'intensité; il donnait au maître le droit de vie et de mort et ne finissait qu'avec l'esclave. Moïse abrégea la *durée* de l'esclavage pour l'Israélite, modéra l'*intensité* du joug pour les esclaves de toutes les nations.

La révélation de la loi sur le Sinaï, l'adoption que Jéhovah faisait d'Israël pour son peuple, relevaient la dignité de tous les Hébreux. S'emparant de cette impression, Moïse modifia tellement la servitude de l'Israélite, que d'esclave il en fit un serviteur.

Le fils d'Israël peut toujours se racheter, et ses concitoyens sont invités à l'aider de leur fortune, à lui donner cet or qui dissout les fers.

Si l'Israélite est sans ressource, il servira; mais seulement six ans; au commencement de la *septième* année il sortira libre, sans rien payer.

La fixation de ce terme rappelle l'histoire de Jacob servant chez Laban.

« Qu'il sorte vêtu comme il l'était à son entrée. S'il était marié quand il est tombé dans la servitude, sa femme doit partir avec lui.

« Si c'est le maître qui lui a donné une femme

pour enfanter des fils et des filles esclaves, la femme et les enfants restent la propriété du maître ; mais l'Israélite sort toujours avec ses vêtements.

« Si l'esclave, retenu par son affection pour son maître et pour sa propre famille, ne veut pas reprendre sa liberté,

« Son maître le présente aux *élohim*, c'est-à-dire aux magistrats, et lui passe un anneau dans une oreille ; dès lors il est esclave pour toujours. »

La servitude, ainsi conçue, n'est pas encore le contrat librement consenti par le domestique ; elle s'en rapproche pourtant, la volonté du serviteur a déjà le droit de s'exprimer ; l'anneau la constate.

Quel est le sort de l'esclave que le patriotisme ne protége pas ?

Quelquefois il est amené par des caravanes ; plus souvent il est pris sur le champ de bataille ou dans une ville emportée d'assaut. Les armées victorieuses traînent toujours un cortége d'hommes, de femmes, d'enfants. C'est une population complète ; elle marche nue. Ses armes et ses vêtements servent de trophée [1].

L'usage de partager au sort les dépouilles des vaincus est rappelé par David dans un de ses psaumes :

« Mes ennemis se sont d'avance partagé mes vêtements ; ils ont tiré ma robe au sort [2]. »

Les chrétiens ont fait un rapprochement ingé-

---

[1] Paral., I, 2. XXVIII, 15.
[2] Ps., XXI, 19.

nieux entre ces paroles inspirées à David par les persécutions de Saül et les détails de la mort du Christ.

De retour dans leur camp, les Israélites, vainqueurs, tuaient d'abord les hommes, les femmes, et ne se réservaient que les vierges. Plus tard ils voulurent, par l'esclavage, utiliser tant de corps, ajouter à leurs troupeaux de bœufs, de moutons, une espèce nouvelle de bétail. On vit alors les femmes des Madianites distribuées par le sort entre les soldats. C'était l'usage de l'Orient tout entier. Holoferne, le chef assyrien, partage à ses guerriers les femmes juives.

L'étranger fait esclave est l'éternelle propriété de ses maîtres; son fils est l'esclave de leurs fils. Indépendamment de la période septennale, le jubilé est une ère de liberté pour l'Hébreu qui ne porte pas à l'oreille le sceau de son maître; mais cette époque solennelle ne brise pas les fers de l'étranger.

L'influence bienfaisante de Moïse s'étend toutefois à cet esclave. Les limites apportées à l'intensité de l'esclavage, c'est-à-dire à la cruauté du maître, ne font pas acception de nationalité [1].

Le droit de vie et de mort fut modifié; la restriction, cependant, est grossière, faite pour les intelligences du temps; elle juge le mal d'après les résultats matériels.

Si l'esclave flagellé meurt un ou deux jours après

---

[1] *More Neboukim*, pars 3, cap. 39, p. 455.

le supplice, le maître n'est pas coupable; il a disposé de sa chose.

Mais si l'esclave expire immédiatement sous la verge, le maître est responsable de sa mort.

Si le maître éborgne son esclave, qu'il lui donne la liberté en échange de l'œil dont il le prive; s'il lui fait sauter une dent, qu'il l'affranchisse encore.

Indépendamment de cet affranchissement forcé, la liberté devenait la récompense d'un grand service. L'histoire de Judith, comme celles d'Esther et de Ruth, douteuses quant à la vérité des faits, sont des renseignements précieux quant aux mœurs. Là suivante de Judith, cette femme qui reçut dans un sac la tête d'Holoferne, était une esclave; elle fut affranchie.

L'esclavage de la femme nécessitait un règlement spécial; il entraînait souvent, nous l'avons vu par l'histoire des patriarches, des unions presque conjugales entre la servante et le maître.

Le concubinat, qui s'est révélé à l'état de coutume dans la biographie d'Abraham, d'Isaac et de Jacob, reçut de Moïse une organisation régulière.

Parlons d'abord des Juives. Dans les deux sexes la nationalité modifie les conséquences de la servitude. L'échéance de la septième année n'affranchit pas la fille vendue pour devenir concubine.

« Déplaît-elle à son acheteur? Il la renvoie; mais, s'il a abusé d'elle, il n'a pas le droit de la revendre. »

Ainsi le maître, par son commerce avec une

femme esclave, perd la pleine propriété qu'il avait sur elle.

Un père peut acheter une concubine à son fils.

« Mais s'il donne à ce fils une seconde maîtresse, la première, en dédommagement, doit être élevée au rang d'épouse, recevoir la robe nuptiale et la dot. »

(On sait que, offerte par l'époux, elle s'appelait alors *prix de la virginité.*)

« Si l'on n'accorde pas à la jeune fille toutes ces compensations, son esclavage cesse; elle peut partir sans se racheter. »

Chez les Juifs, comme chez les Romains, le concubinat légal est un progrès sur l'avilissement primitif des femmes esclaves. Pendant la première période de l'esclavage, la vie de l'homme, l'honneur de la femme, étaient sans réserve la propriété du maître. De ce point de vue, l'union que nous venons de retracer, cette institution, qui serait chez nous un retour vers la barbarie, doit être appréciée comme une amélioration. La défense de revendre la femme quand on a abusé d'elle, l'obligation de donner à la première maîtresse le rang d'épouse ou la liberté, quand on en prend une seconde, rapprochent les relations du maître avec l'esclave du mariage véritable. Cette loi ne s'applique, il est vrai, qu'aux femmes juives. Plus d'une fois Moïse fit massacrer les prisonnières madianites et moabites, comme les instruments les plus dangereux de l'idolâtrie; mais il finit par se relâcher de sa rigueur : il admit qu'une captive étrangère pouvait éveiller l'amour, et que ce sentiment méritait la protection du législateur. Voici ses dispositions sur les filles et les femmes de l'étranger[1]:

« Si tu vois, dans le nombre des captives, une femme si belle que tu en deviennes amoureux et que tu veuilles l'épouser,

« Tu l'introduiras dans ta tente; elle rasera ses cheveux, coupera ses ongles;

« Elle quittera le vêtement sous lequel elle a été prise. »

On comprend tous ces symboles. Pour devenir femme d'un Israélite, l'étrangère, idolâtre sans doute, ne doit rien conserver de son origine; elle change de nature. La nouvelle religieuse abandonne aussi sa parure et ses cheveux.

La captive s'assied dans la maison du vainqueur. *Elle y pleure un mois son père et sa mère.* « Puis, dit Moïse, tu entreras, tu dormiras près d'elle; elle sera ton épouse.

« Si plus tard elle te déplaît, tu la renverras libre, et tu ne pourras ni la vendre ni la réduire à la condition des esclaves, car tu as abusé d'elle[2].

La loi de Moïse l'emporte ici par la moralité sur toutes les législations antiques. Le barbare, en arrachant les femmes du sein de leur patrie en feu, de leur famille égorgée, songe rarement que la captive a son père et sa mère à pleurer. Nous retrouvons sou-

[1] Deut. XXI, 12.
[2] Voyez Maimonides, *Tractatus de proselytis*, III.

vent dans les livres juifs la douceur personnelle de Moïse; elle se fait jour, autant que possible, malgré la dureté de son temps, de sa nation, de sa politique. La tente d'Achille n'offrait pas à Briséis le rang d'épouse ni des chances de liberté.

Les esclaves, hommes et femmes, sont sur le seuil de la famille, mais ils n'en font point partie; ils ne se rattachent pas au domicile de l'Israélite par les liens du sang, mais par des chaînes.

Franchissons cette triste enceinte, dont la concubine privilégiée se détache seule; pénétrons jusqu'au foyer. Nous y trouverons la femme libre, l'épouse.

Du mariage.

Moïse trouva chez les Hébreux le mariage des patriarches; on achetait autant de femmes qu'on voulait pour les traiter, suivant leur naissance, soit en épouses, soit en concubines. Au moindre caprice, rien n'empêchait de les chasser sans pourvoir à leur existence: de pareilles coutumes étaient l'oppression complète de la femme, Moïse ne manqua pas de les modifier.

Chez tous les peuples, le mariage par achat est nécessairement contemporain du patriarcat; l'homme qui veut avoir des femmes s'adressera forcément aux propriétaires de cette espèce de denrée, aux pères; ceux-ci donneront leurs filles moyennant un prix, et le mariage sans consécration religieuse ne sera qu'un contrat civil, une vente; l'exemple des Mandingues nous a déjà prouvé la généralité de ces faits. En Abyssinie on les retrouve; là, suivant les voyageurs les plus récents, lorsqu'un homme veut épouser une jeune fille, une vierge, il s'adresse au père ou à la mère et leur offre une somme, qui diffère selon le rang, la fortune ou la beauté de celle qu'il demande pour femme; a-t-il obtenu leur consentement, l'affaire est terminée; il emmène avec lui sa fiancée, qui n'est jamais consultée sérieusement [1].

Don Santos, dans sa description de l'Éthiopie orientale, nous montre les Caffres au même degré de progrès social.

« Quand ils veulent se marier, ils commencent de bonne heure à traiter avec le père et la mère de la fille qu'ils désirent avoir, non pas comme épouse et compagne, mais comme esclave; ils conviennent du prix comme d'une marchandise qu'ils veulent acheter, troquer, et offrent de donner en échange de la femme qu'ils veulent avoir un certain nombre de vaches et de moutons; lorsqu'on est d'accord, on assemble les parents et amis des deux côtés pour le prétendu mariage qui ne consiste qu'à livrer cette pauvre fille. »

Moïse n'entoura le mariage israélite d'aucune cérémonie, n'empêcha point la vente des femmes;

---

[1] Salt, Deuxième Voyage, t. 2, p. 164. — Combes et Tamisier, t. 2, p. 106.

cependant, à son époque, les pères, propriétaires souverains de leurs filles, ne les aliénaient pas toujours d'une manière définitive: ils se croyaient le droit de louer, c'est-à-dire de prostituer; Moïse le défendit.

Chez tous les barbares c'est une virginité que le mari prétend acheter; les valeurs qu'il fournit s'appelant expressément *prix de la virginité*, s'il ne trouve pas ce qu'il a payé, il croit avoir le droit de se venger sur la femme et sur le père qui a trompé sciemment ou *qui n'a pas su garder la virginité de sa fille.*

Pour prévenir ces plaintes, on conserve les traces de la consommation du mariage.

« Dans les noces mandingues, le nouveau couple est ordinairement troublé, vers le matin, par les femmes qui s'assemblent pour examiner la couche nuptiale et danser à l'entour. Cette cérémonie est considérée comme indispensablement nécessaire, et le mariage ne serait pas regardé comme valable si elle avait été omise [1]. »

« Chez les Abyssins, quand le mari soupçonne sa femme de n'être pas vierge, il la renvoie honteusement à sa famille; le lien conjugal est dissous. Mais si les preuves matérielles du mariage consommé peuvent être fournies, on les remet le lendemain de la noce à la mère ou la plus proche parente de la mariée, qui les conserve comme un témoignage à

---

[1] Mungo-Park. Paris, an VIII, t. 2, p. 15.

produire si, dans la suite, il y avait querelle entre les époux [1]. »

Chez les Hébreux, les parents d'une épouse nouvelle conservaient le même dépôt. Le Deutéronome nous prouve qu'ils y avaient un intérêt personnel.

Lorsqu'un Israélite a dit : En épousant cette femme, je ne l'ai pas trouvée vierge,

Les parents de la femme la conduisent aux magistrats, c'est-à-dire, quand les Hébreux occupèrent la Palestine, aux vieillards assis à la porte de la ville. Ils montrent, sur un drap déployé, ce que le texte appelle preuves de la virginité.

A la vue de ces pièces de conviction, les juges saisissent le mari et le font battre de verges.

Il paie en outre à son beau-père cent sicles d'argent, car il l'a diffamé en l'accusant d'avoir mal gardé sa fille.

Mais si la virginité ne peut pas se démontrer ainsi, la femme est lapidée [2].

Jusqu'ici, sauf la défense faite au père de prostituer sa fille, le génie de Moïse n'a point modifié les relations entre les sexes, et le mariage hébraïque est la barbarie toute pure. L'art du législateur commence à se montrer dans les dispositions qui proscrivent le mariage pour cause de parenté.

Les relations sexuelles entre proches parents sont réprouvées très-vivement par la conscience; c'est assez pour qu'on doive s'en abstenir. Mais, nous le

---

[1] Salt, Deuxième Voyage, t. 2, p. 184.
[2] Deut., XXII.

savons, nul précepte moral n'est arbitraire. Refaisons par le raisonnement le calcul dont la conscience nous donne la somme avec une autorité infaillible, nous trouverons que tous les sentiments que la Providence a mis dans notre cœur doivent être conservés, et l'inceste détruit les affections de famille. Il remplace par un amour matériel, égoïste et jaloux, la protection pure et désintéressée que la mère doit au fils, le père à la fille. La famille dans laquelle il s'introduit n'existe plus.

En outre, il favorise des excès énervants.

« Si nos rapports avec nos parentes, dit Maimo« nides, étaient ceux que nous avons avec toute « femme libre, non mariée, si elles pouvaient deve« nir nos épouses, et si cela n'était pas interdit sous « les peines les plus graves, les hommes tomberaient « dans les excès; presque tous vivraient dans une « débauche continuelle. Mais comme l'union phy« sique avec ces femmes est sévèrement défendue, « comme nul ne peut espérer que cette loi reçoive « exception, chacun prend l'habitude d'écarter de « ses parentes sa pensée et ses désirs; autrement il « est manifeste que les relations entre les sexes au« raient lieu avec une extrême facilité : l'homme « marié ne demeure-t-il pas souvent avec sa mère, « sa belle-mère, sa fille, sa sœur ou sa bru? Soit qu'il « entre, soit qu'il sorte, ne les a-t-il pas toujours « sous les yeux? L'épouse, de son côté, vit avec « les frères, le père, les enfants de son mari. La gran« deur du danger, le but de la loi, qui nous éloigne

« de toutes ces personnes, sont plus clairs que le
« soleil en plein midi [1]. »

Un troisième inconvénient des unions incestueuses, c'est qu'elles perpétuent les infirmités héréditaires. Toutes les constitutions ont des tendances vers une maladie, les fortes sont disposées à l'inflammation, les faibles au scrofule. Si les proches parents se mariaient ensemble, les défauts de leur tempérament commun deviendraient plus sensibles chez leurs enfants; après quelques générations, la race naîtrait maladive, si même elle ne périssait pas. Les avantages du croisement des races, qui corrige les mauvaises tendances de chaque souche, sont depuis longtemps reconnus à l'égard des animaux, mais l'espèce humaine est de toutes la plus négligée. On n'a pas observé que l'amour, dont nous faisons beaucoup de cas au théâtre et dans les romans, mais que nous excluons de la vie réelle, avec le plus grand soin, n'est pas seulement un signe d'harmonie entre les âmes, mais encore entre les tempéraments. Il indique, avec certitude, quelles seraient les alliances non-seulement les plus heureuses, mais les plus utiles à la société. Les produits rachitiques des unions de convenance entre une jeune femme et un vieux blason, ou bien entre un château et une terre, la beauté fréquente des bâtards, appelés proverbialement enfants de l'amour, devraient donner à penser. Il est urgent de mettre en harmonie l'amour et le mariage, de placer la consécration

---

[1] *More Neboukim*, pars 3, cap. 49, p. 503.

légale là où la nature place le désir, et non pas ailleurs. La législation française opérera cette révolution. Déjà Moïse avait fait un pas vers l'organisation divine et providentielle du mariage, lorsqu'il défendit aux plus proches parents de s'unir ensemble.

En ligne directe, suivant le Lévitique, le mariage est prohibé entre les ascendants et descendants, à tous les degrés [1]. En ligne collatérale, le mariage est interdit entre le frère et la sœur, soit de mère, soit de père, soit nés à la maison, soit dehors, c'est-à-dire soit légitimes, soit naturels [2].

Par cette défense, Moïse ne se met pas en opposition avec la Genèse, qui suppose le mariage des frères et des sœurs dans la famille d'Adam : ce fait exceptionnel, justifié par la nécessité, n'est que la conséquence du système qui fait sortir d'Adam le genre humain tout entier ; mais le second livre des Rois présente une difficulté grave.

Ammon, fils de David, veut abuser de sa sœur Thamar.

« Ne me fais pas violence, dit-elle, cela n'est pas permis dans Israël, mon frère ; ne fais pas cette folie : je ne pourrais supporter mon opprobre, et tu serais regardé comme un insensé dans Israël.

« Va plutôt me demander au roi notre père, et il me donnera à toi [3]. »

---

[1] Lévit., XVIII, 7, 10,
[2] Lévit., XVIII, 9, 11.
[3] Rois, liv. 2, XIII, 12.

David eût-il marié ensemble son fils et sa fille? Sous ce prince religieux, la loi de Moïse était-elle oubliée sur un point aussi grave? Nous ne le croyons pas. On allègue vainement qu'Ammon et Thamar pouvaient se marier parce qu'ils n'étaient frères et sœurs que de père. La prohibition de Moïse rejette expressément cette distinction. Nous aimons mieux penser que la jeune fille parlait au hasard, et seulement pour arrêter son frère.

Le mariage est encore prohibé entre l'oncle et la nièce, la tante et le neveu [1].

Telles sont les prohibitions qui résultent de la parenté. Voici celles qui sont causées par l'alliance:

On ne peut épouser ses alliés en ligne directe ascendante, comme l'épouse de son père [2]; ou descendante, comme l'épouse de son fils [3].

En ligne collatérale, il est défendu de se marier avec deux sœurs *à la fois* [4]. Mais nul texte n'empêche de les prendre pour femmes l'une après l'autre.

On ne peut épouser la femme de son frère [5].

Le mariage d'un Israélite avec la femme de son frère, soit vivant si elle était répudiée, soit mort avec des enfants qui pussent perpétuer sa race, n'était pas toléré parmi les Juifs. L'historien Joseph

---

[1] Lévitique, xviii, 12, 13, 14.
[2] Lévit. xviii, 8.
[3] Lévit., xviii, 15.
[4] Lévit., xviii, 18.
[5] Lévit., xviii, 16.

cite un exemple d'une pareille union[1], comme un affreux scandale; et la famille d'Hérode était seule assez puissante pour le donner.

Il est une circonstance où le mariage de l'Israélite avec la veuve de son frère n'était pas seulement toléré, mais exigé par les mœurs; c'est le cas où le frère mort n'a pas laissé d'enfants; sa race doit être perpétuée. Les contemporains de Moïse mettaient en pratique l'obligation patriarcale du lévirat. C'est une coutume que le législateur hébreu n'abolit point. Cependant il savait que les Israélites, ne cherchant dans le mariage que la progéniture, avaient de la répugnance pour des unions qui ne les rendaient pas pères pour leur compte; l'histoire d'Onan le dit assez. Moïse sentait d'ailleurs que le mariage, pour remplir son but, doit unir des êtres sympathiques; les hasards du lévirat pouvaient rapprocher les personnes les plus différentes d'âge et de caractère. Il n'eût pas été sage d'imposer, avec une rigueur absolue, une institution que les traditions hébraïques rendaient respectable au peuple, mais que la logique ne justifiait pas. Dans le cas où le *lévir* ne veut pas remplir son obligation, la belle-sœur, suivant la loi de Moïse, ne peut exercer, à son égard, qu'une contrainte toute morale, celle de la honte et du ridicule. Elle arrive aux portes de la ville, et dit aux vieillards :

« Le frère de mon mari ne veut pas faire revivre

---

[1] Joseph, Antiq. jud., XVII, 15; XVIII, 7.

le nom de son frère, en Israël, ni me prendre pour épouse. »

On le fait venir, on l'interroge, s'il répond : Je ne veux pas d'elle,

La femme s'approche de lui, le déchausse, et lui crache au visage en disant : Ainsi soit traité celui qui ne soutient pas la maison de son frère.

Cette cérémonie, favorable à la femme en apparence, consacrait au fond la liberté du lévir. Il pouvait refuser le mariage, sauf à se laisser déchausser en public; et comme cet acte prouvait à tout Israël que la femme était refusée, c'est sur elle que vint à retomber l'opprobre. La femme *qui avait déchaussé* n'était pas plus estimée que la répudiée. La mischna défend au grand prêtre d'épouser l'une ou l'autre [1].

L'Hébreu ne peut épouser la femme de son oncle [2].

En beaucoup de points, les prohibitions mosaïques coïncident avec celles du Code civil [3]. Dans les deux législations, le mariage entre parents et alliés en ligne directe, entre parents collatéraux au degré de frère et de sœur, est absolument interdit. L'analogie nous paraît exister encore, quant au mariage des beaux-frères et belles-sœurs. En règle générale, il est prohibé par les deux législations;

---

[1] Mischna, édit. Surenhusius, t. 4, p. 281.
[2] Lév., XVIII, 14.
[3] Cod. civ., 162, 163.

mais chez les Hébreux, le droit d'épouser successivement deux sœurs et la loi du lévirat, chez les Français, l'autorisation royale, font intervenir des exceptions.

Le mariage entre les parents au degré d'oncle et nièce, tante et neveu, n'est jamais autorisé chez les Hébreux ; il peut l'être en France. L'union des alliés au même degré, proscrite par le Lévitique, est laissée par le Code civil entièrement libre. Il est donc permis de dire, en prenant les deux législations dans leur ensemble, que la loi juive est plus sévère que la nôtre. Il en devait être ainsi. Dans un état social où les liens de famille étaient étroits, où les personnes unies par le sang l'étaient encore par la cohabitation ; il fallait étendre les prohibitions, développer l'horreur pour l'inceste, parce qu'il était facile à commettre. En France, où les membres de la même famille sont promptement écartés les uns des autres par des fonctions sociales, le danger n'existe pas dans le même rayon ; les prohibitions seront moins nombreuses.

Indépendamment des défenses qu'il exprime, le texte du Lévitique est remarquable par son style. Il ne dit point, par exemple : Tu n'épouseras pas la sœur de ton père ; mais : Tu ne dévoileras pas ses parties honteuses [1].

Le matérialisme de l'époque autorisait ce lan-

---

[1] Lév., XVIII, 12, : Non revelabis turpitudinem ejus.

gage; la Bible ne parle des mariages et des naissances qu'en style de vétérinaire[1].

Le motif qu'elle énonce pour justifier les prohibitions est également caractéristique : Tu ne la dévoileras point, parce que c'est la chair de ton père. La communauté de chair et de sang est le principe sur lequel étaient fondées toutes les lois relatives aux personnes. La veuve, sans enfants, épouse son beau-frère, parce que c'est la chair de son mari ; souvent malgré la prescription mosaïque, on lapide avec un criminel ses enfants, parce que c'est la chair du coupable.

Lorsqu'un mariage est malheureux, lorsque la cohabitation devient un scandale et peut conduire au crime, aucune législation ne contraint les époux à vivre ensemble. Plusieurs leur permettent de former de nouveaux liens. C'est le vœu de la nature, c'est l'intérêt de la société. Que le mariage soit indissoluble, mais pour ceux qui s'aiment. Pourquoi rendre deux antipathies plus douloureuses et plus vives par un rapprochement perpétuel ? Enchaîner ce n'est pas unir.

Moïse ne trouva point dans les mœurs hébraïques le divorce, c'est-à-dire le mode également offert à l'homme et à la femme, de réparer une méprise sociale, mais bien la répudiation, c'est-à-dire le divorce au profit de l'homme seul, c'est-à-dire le

---

[1] *Sanctifica mihi omne primogenitum quod aperit vulvam in filiis Israel.* Exode, XIII, 2.

divorce capricieux, qui flétrit la femme et l'abandonne, qui jette hors de la tente l'épouse légitime, comme une esclave.

Le divorce tel que les modernes le comprennent n'est qu'un moyen de faire du mariage un lien plus indissoluble en rendant toute erreur de choix réparable, en rapprochant les âmes faites pour s'entendre; la répudiation, telle que la pratiquaient les Juifs, était la négation du mariage.

Ce despotisme de l'homme, cette manière arbitraire dont il brisait le lien conjugal, rappelait trop que le mariage hébraïque n'était pas l'union de deux êtres libres, l'accord de deux volontés, mais la suite d'un achat. Le mari se débarrassait d'un objet qu'il avait payé, qui lui appartenait pleinement, mais dont il ne voulait plus se servir. Le droit de répudiation résulte aussi, chez les Caffres, du mariage par achat, que nous a dépeint don Santos [1].

Cette oppression du sexe féminin, parut abusive à Moïse. Il n'abolit pas la répudiation, mais il la restreignit, en donnant deux garanties à la victime. Désormais la femme ne sera plus expulsée sans motif; il faut écrire la *lettre de répudiation*, et la lui mettre à la main quand on la renvoie.

La répudiation cessera d'être un jeu frivole en devenant irrévocable; qu'on y réfléchisse, on ne pourra plus reprendre la femme répudiée.

[1] Don Santos, Éthiopie orientale, p. 84.

Cette dernière loi fournit un beau rapprochement au prophète Jérémie.

« Lorsqu'un homme a répudié sa femme, lorsque s'éloignant de lui, elle a épousé un autre homme, le premier reviendra-t-il vers elle ? Ne sera-t-elle pas souillée et perdue pour lui ? Toi, Jérusalem, tu t'es livrée à de nombreux amants; pourtant, dit le Seigneur, reviens à moi je te reprendrai[1]. »

Du pouvoir paternel.

Moïse conservait, tout en les épurant, les mœurs de la période patriarcale. Le fait dominant de cette époque, la puissance paternelle, fut proclamée par ces paroles du Décalogue : Honore ton père et ta mère. On doit s'attendre à la retrouver dans la législation de Moïse.

En consacrant le pouvoir paternel, il utilisait un élément d'association précieux; quand l'état, quand le pouvoir central n'est pas complètement organisé, c'est sur la famille qu'il faut compter, c'est chez elle que la force gouvernementale se trouve. Il va sans dire que l'état, en se constituant, reprend au père des attributions judiciaires, administratives, qui ne lui étaient conférées que par intérim.

Le père, en Abyssinie, peut encore aujourd'hui mettre à mort ses enfants. Des voyageurs ont vu naguère dans les rues d'Axum un homme, saisi d'un accès de colère, tuer sa fille d'un coup de pierre;

[1] Jérém , Proph. III.

ils demandèrent si le meurtrier ne serait pas arrêté; on leur répondit : « N'est-il pas assez malheureux d'avoir perdu sa fille ?[1] »

Le père, avant Moïse, pouvait vendre ses enfants ou les tuer. Le législateur ne défendit pas au père de vendre son fils; mais on sait par quelles restrictions il adoucit l'esclavage de tous les Israélites; quant à la fille, il défendit de la prostituer, c'est-à-dire de la louer temporairement; on pouvait la vendre, mais pour être soit concubine, soit épouse. Quant au droit de vie et de mort, la loi d'Égypte le réprouvait déjà, Moïse ne permit de l'exercer que sur l'enfant mâle qui s'était montré *incorrigible et rebelle*, et sous une condition, c'est que le père et la mère viendraient proclamer devant les juges les motifs de leur mécontentement.

« Un fils orgueilleux, insolent, méconnaît le pouvoir de son père et de sa mère. Sommé d'obéir, il a méprisé l'ordre.

« Son père et sa mère le saisissent alors et le conduisent aux vieillards de la ville, à la porte où se rend la justice.

« Ils disent : Voici notre fils, il est incorrigible, rebelle, n'écoute pas nos avis et ne songe qu'à l'ivresse, aux femmes, à la bonne chère.

« Les habitants de la ville l'écraseront de pierres, il mourra. »

Les juges ne sauraient entraver le droit du père,

---

[1] Combes et Tamisier, t. 1.

mais la nécessité de cette proclamation publique n'est-elle pas une sauvegarde pour l'accusé?

Si la loi des Israélites contient relativement aux personnes des institutions barbares : esclavage, concubinat, mariage par achat, polygamie, répudiation, lévirat, despotisme paternel, ce n'est pas à Moïse qu'il faut les reprocher; toutes remontent à l'époque patriarcale; ce qui appartient à Moïse, c'est la lutte contre ces abus. Par lui l'esclavage de l'Israélite devient temporaire, celui du Kananéen est modéré par l'obligation d'affranchir qui pèse sur le maître cruel; la condition de la concubine, soit juive, soit étrangère, est améliorée; l'épouse n'est plus répudiée que sérieusement et pour une cause exprimée; Moïse sanctionne si faiblement le lévirat qu'il détruit les inconvénients d'une union forcée entre la veuve et le beau-frère; enfin, la publicité donnée aux arrêts du père le contraint à la justice. Dans cette partie de sa législation, comme dans ses institutions religieuses, Moïse fit faire à la nation juive un progrès immense. Le navire auquel on a tant de fois comparé les nations arriverait vite au port, c'est-à-dire à la réalisation complète de l'harmonie, si les flots qui le portent recevaient souvent des coups de rame aussi énergiques et aussi sûrs.

DES BIENS.

Au temps de Moïse, les Hébreux n'avaient de propriété immobilière qu'en espérance; chaque tribu et chaque famille possédait un lot dans la terre à conquérir : il fut décidé qu'après l'occupation de la Palestine les terres assignées seraient limitées par des bornes.

Tu n'enlèveras point, dit Moïse, les bornes de ton prochain, placées par les générations qui t'ont précédé [1]. Lorsque la loi fut complète, lorsque le peuple entier prononça l'anathème contre ceux qui la violeraient, il maudit expressément l'homme qui déplacerait les bornes.

Moïse voulut aussi conserver à chacun sa propriété mobilière ; celui qui trouve une chose perdue ne doit pas se l'approprier ni la négliger comme indifférente ; qu'il la prenne et la remette au véritable maître [2].

Des successions.

Moïse adopta pour loi des successions la coutume patriarcale, mais il rendit obligatoire ce qui avait été volontaire et ne reconnut au testateur aucune liberté. Conservation des biens dans la famille avec avantage au fils aîné ; telles furent ses maximes, il ne les abandonna pas au caprice individuel.

Un homme a deux épouses [3], l'une chérie, l'autre détestée. C'était la position de Jacob entre Rachel et Lia. Toutes deux ont des enfants ; mais le fils

---

[1] Deut., XIX, 14 ; XXVII, 16, 17.
[2] Deut., XXII, 2.
[3] Deut., XXI, 15.

de la femme disgraciée vient au monde le premier.

Le père veut partager sa fortune entre ses fils. Il doit, sans consulter ses affections, suivre l'ordre naturel et traiter comme aîné le fils qui lui plaît le moins, c'est-à-dire lui faire une part double. Ainsi l'aîné de deux fils avait les deux tiers des biens, l'aîné de trois fils la moitié, toujours il comptait pour deux têtes.

Longtemps après que Moïse eut quitté le Sinaï, des faits imprévus lui donnèrent l'occasion de compléter son code ; nous réunissons au chapitre des successions l'histoire des filles de Salphaad.

On a vu dans les mœurs patriarcales la fille comptée pour rien. La loi de Moïse admit d'abord l'infériorité, disons mieux, la nullité du sexe féminin : la femme n'héritait pas, et c'était à son père qu'on payait la dot offerte par le mari, *le prix de la virginité*.

Cependant un Israélite de la tribu de Manassé, *Salphaad*, vient à mourir. Il laisse cinq filles qui se présentent à Moïse.

« Notre père, disent-elles, est mort dans le désert, sans enfant mâle. Sa race est-elle éteinte parce qu'il n'a pas de fils ? Admets-nous à la succession avec les parents de notre père. »

L'héritage de Salphaad n'était encore qu'une abstraction ; c'était le droit d'obtenir un lot dans la Palestine après la conquête.

Moïse trouve la requête juste ; il ajoute quelques articles à sa loi.

Quand un homme meurt, s'il n'a pas de fils, son héritage passe à sa fille.

S'il n'a pas de fille, ses héritiers sont ses frères; à défaut de frères, ses oncles ;

A défaut d'oncle, les parents du degré suivant.

Ainsi la femme n'est pas admise à l'égalité, elle n'hérite qu'à défaut d'enfants mâles; mais cette chance est pour elle une conquête.

Le principe admis par Moïse, celui de déférer l'héritage aux parents les plus proches, fut accepté par toutes les nations. C'est la plus simple des règles. Le propriétaire a le droit de disposer; le testament n'est qu'une forme choisie par sa volonté; qu'il donne pendant la vie, qu'il donne pour le temps qui suivra sa mort, son intention fera toujours loi. S'il meurt sans exprimer cette intention, la législation la présume; elle suppose, elle admet en règle générale, que les personnes qui lui touchent de plus près par le sang sont celles qu'il aimait le mieux, celles qu'il eût enrichies de préférence.

En appliquant à la femme ce principe des successions, Moïse admettait une règle d'humanité, de justice. Il semblait qu'il pût le faire sans danger; mais les institutions d'un peuple forment toujours un édifice : enlever une pierre, c'est ébranler l'ensemble, et la société juive était construite sur cette idée : les femmes n'hériteront pas. Au-dessus de l'esprit de famille, tout puissant chez les patriarches, s'était formé, dans Israël, l'esprit un peu plus large de tribu; ces petites nations, jalouses les unes des autres, voulaient se maintenir en équilibre pour ne pas être opprimées. Il fallait que chacune d'elles conservât, sans les aliéner jamais, ses terres, ses richesses; cet intérêt fut la pensée politique du jubilé. Tant que les biens se transmirent exclusivement de mâle en mâle, on n'empêcha pas les femmes de choisir leurs époux dans tout Israël. Elles n'entraînaient avec elles aucune partie de la richesse de leurs familles et ne dépouillaient pas la tribu; mais si la femme peut hériter, le mariage transportera dans Aser les biens de Benjamin, dans Juda ceux de Nephtali. Le jubilé, ramenant sans cesse les terres dans la famille des époux, éternisera la mutation.

Cette conséquence n'échappa nullement aux chefs de Manassé. Voici le discours qu'ils tinrent à Moïse :

« En réglant les lots de la terre promise, tu as donné aux filles de Salphaad la part due à leur père. Que des hommes étrangers à Manassé les épousent, voilà que leurs biens se détacheront de notre territoire pour agrandir une autre tribu; chaque jubilé, ramenant ces terres dans la famille des maris, rendra le changement irrévocable. »

Pour que les héritages ne sortissent pas des tribus, pour que la division territoriale ne fût pas altérée, il fallut, par une loi, prescrire aux Israélites de se marier dans leurs tribus. Ce que les femmes gagnèrent en fortune, elles le perdirent en liberté[1].

[1] Nomb., xxxvi.

L'espoir d'obtenir une terre en Palestine fut longtemps le seul héritage des filles de Salphaad; mais, enfin, nous voyons Josué, maître du sol, leur fixer une place dans le partage [1].

Des contrats.

Le louage d'ouvrage et d'industrie n'était pas inconnu des Juifs.

La loi ne veut pas qu'on force le mercenaire à travailler jusqu'au matin.

« Payez-lui sa journée chaque soir; il est dans la misère et ne pourrait pas attendre. »

L'Évangile emprunta de belles paraboles à cet usage de solder chaque soir le compte des vignerons.

L'écriture n'est pas répandue chez les Hébreux; les seules preuves des obligations dans la loi mosaïque sont le témoignage et le serment.

Un homme donne à garder à son prochain un âne, un bœuf, un mouton, ou tout autre animal; la bête meurt de maladie ou l'ennemi s'en empare; il n'y a pas de témoins.

Le gardien jure publiquement qu'il ne s'est pas approprié le bien de son prochain, le maître reçoit le serment et ne peut exiger rien autre chose.

Si la bête est dévorée par un animal féroce, le gardien doit en rapporter les restes.

---

[1] Josué, XVII.

Ce sont là des cas de force majeure; mais si la bête est volée, le gardien la paie: il était chargé de veiller sur elle.

On est indulgent pour le gardien, parce qu'il se rend utile au maître; on l'est moins pour l'emprunteur, qui n'a songé qu'à son propre avantage.

Un homme emprunte un animal; si la bête tombe malade ou meurt en l'absence du maître, il faut en rendre la valeur; la surveillance du propriétaire eût peut-être empêché l'accident.

Si le maître était présent, il n'y a pas de restitution.

Les exemples de valeurs mobilières sont toujours pris dans le bétail; c'était alors la forme principale de la richesse.

S'il n'y eut jamais chez les Juifs d'aristocratie militaire, de noblesse constituée, dès le temps de Moïse la classe riche, la classe pauvre, étaient profondément séparées. La première prêtait volontiers à la seconde, pour l'accabler ensuite d'exactions; telle était la situation respective des patriciens et des plébéiens au commencement de la république romaine. Le monde antique exploitait peu de mines; la rareté, la valeur excessive de l'or et de l'argent, la dureté des mœurs, expliquent les violences exercées contre les débiteurs sur tous les points de la terre; mais l'usure eut un séjour favori, ce fut la Judée. Partout ailleurs on lui dressa des autels; Israël lui servit de temple.

Il est rare que la culture absorbe tout l'effort d'un peuple ; il joint toujours aux travaux agricoles la guerre, l'industrie ou le commerce ; mais les Juifs ne furent guerriers que le moins possible. Leur industrie était une bijouterie qui ne pouvait occuper beaucoup de bras ; quant au commerce, on ne les vit point disputer aux Phéniciens l'empire des mers, et Salomon n'eut de flottes que parce qu'il était allié d'Hiram, roi de Tyr ; les Juifs ne pratiquèrent originairement qu'un commerce, celui de l'or et de l'argent ; ils furent banquiers.

Lorsqu'on sait à quel point le juif moderne, le juif sans patrie, mal voulu de l'opinion publique et des lois, a su pousser le génie des exactions, on ne s'étonnera pas de voir l'usure à Jérusalem, l'usure dans ses foyers, toucher les dernières limites de la tyrannie.

Prêter à intérêt, telle fut dès Moïse l'occupation chérie des Israélites. Le législateur ne ferma pas et ne devait pas fermer cette source de l'opulence nationale ; il savait que le Juif est intelligent, qu'il est rusé, qu'il est cupide, qu'il possède un talent merveilleux pour pomper les capitaux et les concentrer dans ses coffres, mais Moïse eût voulu que ce talent s'exerçât en dehors de la Palestine. Il désirait que les fils d'Israël, au lieu de s'épuiser mutuellement, missent à contribution tous les peuples et fissent affluer vers eux les richesses étrangères. D'une part, il permit, et même conseilla de prêter à intérêt aux étrangers; de l'autre, il défendit d'exiger aucun intérêt de l'Israélite [1].

« Tu prêteras à toutes les nations, dit-il encore; tu n'emprunteras d'aucune [2]. »

Lorsqu'un pauvre tend la main, le christianisme prescrit de lui faire l'aumône; la loi mosaïque ordonne seulement de lui prêter de l'argent.

« Tu ne fermeras pas ta main; tu ne refuseras pas au pauvre le prêt dont il a besoin [3]. »

Les Juifs comprirent les premiers que les capitaux sont productifs; ce n'est pas la seule idée dont la banque leur soit redevable. Une croyance répandue leur attribue la lettre de change. Lorsqu'un peuple est cupide et brave, il combat, il pille et fait des conquêtes; est-il cupide sans bravoure, il se voue au calcul et s'y rend habile. Les Juifs, malgré les humiliations que les chrétiens leur ont fait subir, ont toujours disposé des capitaux européens: ils en disposent encore.

Malgré la défense de Moïse, les Hébreux exigèrent de leurs frères des intérêts, et même des intérêts excessifs. Que produit dans Israël l'action continuelle, impitoyable, de l'usure? c'est que l'opulence du riche n'a pas de bornes; que sans danger,

---

[1] Non fœnerabis fratri tuo ad usuram pecuniam, nec fruges, nec quamlibet aliam rem;

Sed alieno. Fratri autem tuo absque usura id quod indiget commodabis. Deuter., XXIII, 19, 20.

[2] Deut., xv, 6.

[3] Deut., xv, 8.

sans travail, ses lingots d'or en produisent d'autres. Les intérêts des intérêts, calculés soigneusement, exigés sans miséricorde, se déploient, se multiplient, se croisent comme les branches, les rameaux, les rejetons d'un arbre immense; mais cet arbre aux pommes d'or épuise la séve de la terre. La pauvreté du peuple s'accroît sans mesure : d'abord il vit de la part que lui fait la loi, il ramasse la gerbe oubliée, l'olive perdue, il glane, il mendie; si sa famille augmente, réduit au désespoir, il se vend comme esclave, ou bien il renonce à payer ses créanciers, à leur donner son âme, son existence, se révolte contre une société qui ne sait pas le faire vivre, et devient bandit. Jephté fut chef de ces brigands; telle fut aussi pendant plusieurs années la destinée de David.

« Et vinrent à lui tous ceux qui étaient dans l'angoisse, tous ceux qui étaient chargés de dettes, et réduits au désespoir. Il devint leur chef et commanda près de quatre cents hommes [1] ».

Chez les Romains des causes analogues donnèrent à Catilina son armée. Pour soustraire le pauvre Israélite à la mendicité, à la servitude, au brigandage, Moïse fit des efforts qu'il faut honorer. Nous avons vu qu'il autorise l'indigent à ramasser le superflu du riche, c'est atténuer l'effet du mal ; mais il faut l'attaquer à sa source, l'usure.

Moïse voulut empêcher que le propriétaire d'un

---

[1] Rois, l. I, XXII, 2.

immeuble fût contraint, par un moment de gêne, à se déposséder sans retour; il proclama le droit de racheter la propriété vendue. Cette disposition produisit un effet contraire à ce qu'il attendait. La faculté de rachat (c'était une clause légale, universelle dans la Judée, restreinte seulement dans les villes au délai d'une année), fit languir l'agriculture en laissant tout acquéreur dans l'incertitude de son avenir. De plus elle favorisait l'usure. Recevoir d'un homme une somme d'argent, lui mettre ses biens entre les mains jusqu'à ce qu'on puisse le rembourser, n'est-ce pas engager sa terre? Le créancier, ainsi nanti, ne sera-t-il pas maître d'imposer les conditions les plus onéreuses?

Des terres, des maisons, voilà ce que l'usure prend au riche. Elle sait au besoin descendre à la rapine mobilière.

Mais elle doit s'arrêter à la porte de la demeure; Moïse lui défend de franchir le seuil. Le domicile est sacré.

« Lorsque tu réclameras de ton prochain ce qu'il te doit, tu n'entreras pas dans la maison pour prendre un gage, tu resteras dehors; le débiteur t'apportera ce qu'il a. »

Il est défendu de prendre au pauvre les deux meules entre lesquelles il écrasait son grain.

« Si tu reçois en gage de ton prochain son *burnous*, tu le lui rendras avant le coucher du soleil. »

Déjà pour désigner le vêtement des Israélites, nous avons employé ce mot de burnous. Les mêmes contrées, les mêmes climats amènent les mêmes costumes. Plusieurs voyageurs, parcourant l'Orient moderne, ont été frappés d'y retrouver les habillements bibliques [1]. Il s'agit ici du manteau de l'Arabe tour à tour vêtement et couverture.

« C'est le seul vêtement, continue la loi, dont il puisse couvrir sa chair, le seul lit sur lequel il dorme. S'il crie vers moi, je l'exaucerai, car je suis miséricordieux. »

On doit rendre au pauvre son vêtement avant le coucher du soleil; jamais on ne prend celui de la veuve [2].

La faculté du rachat, l'inviolabilité du domicile, la défense de prendre en gage le mobilier le plus essentiel, ne suffisaient pas. Moïse a déclaré que tous les cinquante ans, à l'époque du jubilé, les dettes seront remises et que les immeubles aliénés retourneront à leurs anciens propriétaires. Ce n'est pas encore assez; il attribue l'effet d'éteindre les dettes à l'année sabbatique, cette année pendant laquelle la terre était en jachères, et le serviteur recouvrait sa liberté. Ces termes n'étaient pas trop rapprochés. L'action de l'usure était si dévorante, si rapide, que le propriétaire d'une maison au commencement de la période, se vendait souvent comme esclave avant qu'elle fût écoulée. Dans la guerre qu'il entreprit contre l'usure, Moïse ne fut pas vainqueur. Nous

---

[1] Sicard, Lettres édifiantes, t. 5, p. 274. — Pietro della Valle, t. 1, p. 137.

[2] Deut., XXIV, 17.

avons indiqué les funestes effets de la faculté de rachat. Les dispositions relatives au nantissement mobilier furent salutaires ; mais les successeurs de Moïse ne les firent pas exécuter assez rigoureusement. Quant à la rémission des dettes par le jubilé, par l'échéance septennale, c'était le vrai moyen de paralyser le commerce sans atteindre l'usure ; assuré de perdre, tous les sept ans, une somme considérable, le prêteur élevait l'intérêt pour trouver une compensation. Plus le terme fatal approchait, plus le taux s'exhaussait, plus redoublaient les violences. L'usure est comme l'eau : quand elle rencontre une barrière, elle monte.

Dans la partie de sa législation qui est relative à la propriété, les intentions de Moïse furent aussi pures que dans ses lois sur la condition des personnes. Il maintient, mais détermine dans les successions le privilége du fils aîné, donne un rang à la fille : innovation bien contraire au génie barbare ; il consacre, comme preuve des obligations, le serment et le témoignage ; attaque l'usure par des prescriptions multipliées. Cette organisation de la propriété doit être appréciée comme le plus grand effort que le génie pût faire dans les circonstances où se trouvait Moïse. Il est vrai que, pour juger un recueil de lois, il faut le soumettre à l'épreuve de l'application. L'histoire des successeurs de Moïse nous prouvera que ses dispositions contre l'usure n'atteignirent pas le but proposé ; que souvent même elles furent nuisibles ; mais le problème était difficile à résoudre. Créer sur l'usure une bonne législation ! dix-neuf siècles après Jésus-Christ nous ne la possédons pas encore.

LÉGISLATION PÉNALE.

PRINCIPES GÉNÉRAUX.

Le point de vue matériel que toute l'antiquité portait dans le droit pénal, impose à Moïse la règle du *talion*, c'est-à-dire la symétrie mise à la place de la justice. Voici comment ce principe est exprimé dans l'Exode :

« OEil pour œil, dent pour dent, main pour main, pied pour pied.

« Brûlure pour brûlure, blessure pour blessure, plaie pour plaie. »

Cette manière de mesurer le châtiment satisfait le regard, nullement la pensée. Nous voyons d'une part, un plaignant éborgné violemment dans une rixe ; de l'autre, un coupable éborgné froidement par la justice ; le premier boitait en arrivant au tribunal ; le second boitera quand il sortira de l'audience. La régularité matérielle ne manque pas. S'il s'agit d'assassinat, les juges pourront charger d'un poids égal chaque plateau de leur balance ; ou si Thémis et ses attributs ne sont pas encore nés, planter un trophée de chaque côté de leurs siéges ; à droite, le crime ; à gauche, la punition ; à droite, la victime ; à gauche, le meurtrier : des deux côtés, une tête coupée.

Nous ne demanderons pas si c'est une bonne loi que celle qui multiplie les accidents et les malheurs, que celle qui estropie l'ouvrier, le père de famille; si c'est une loi humaine que celle qui prend la dimension des plaies, des brûlures, et les inflige en cérémonie loin de la lutte, loin des passions qui ont emporté le coupable. Nous demanderons seulement si la moralité, l'intention, se mesurent et se pèsent comme la matière; si deux blessures de même largeur indiquent toujours la même criminalité; le mouvement brusque ou prémédité, la provocation ou l'attaque, toutes ces nuances qui modifient la portée de l'acte, ne modifient pas votre peine. Cet homme insulté s'est défendu par un coup d'épée, — blessure pour blessure. — Cet autre, caché dans une caverne, attendait le riche passant pour l'égorger, — blessure pour blessure. — Qu'importe si la plus excusable est la plus profonde, si la plus coupable a seulement effleuré la peau! La justice reproduira sur la chair du meurtrier l'entaille qu'elle trouve sur la chair de la victime. Avouons que la loi du talion, que cette loi de l'antiquité, loi des Romains comme des Juifs, est une grossière inspiration de l'ignorance et de la barbarie.

Le talion semblait aux Hébreux, comme aujourd'hui peut-être aux personnes qui n'ont pas réfléchi sur le but des peines, la souveraine justice[1]. Si la

---

[1] Voyez Ludolf, *Hist. Æthiop.*, lib. 2, cap. 19. De judiciis et pœnis.

loi criminelle de Moïse n'eût pas débuté par ce principe, elle n'eût pas semblé équitable aux contemporains [1]; mais la conscience de Moïse n'était pas plus satisfaite par le talion que par l'esclavage, la polygamie et le devoir du lévirat; ce qui le prouve, c'est qu'il ne craignit pas de contredire le principe qu'il avait proclamé : il punit les coups et blessures par des réparations pécuniaires. Les rabbins affirment que le talion et le droit laissé au père de demander la mort de son fils, ne reçurent jamais d'application.

Moïse ne consacra la loi du talion que nominalement. Il est deux autres préjugés barbares contre lesquels il s'éleva, la solidarité de la famille dont un membre seul est coupable, et l'habitude qui autorisait la vengeance individuelle.

La notion la plus élémentaire du droit pénal, la responsabilité personnelle n'était pas clairement établie au temps de Moïse. Elle était même contredite par l'enseignement religieux. L'histoire d'Adam et Ève contient sans doute un sentiment précieux du remords et de la pudeur; mais en présentant les imperfections de la race humaine, les malheurs de cette vie comme la punition d'une première faute, cette allégorie dément la notion la plus simple de la justice, celle qui rend chaque individu responsable de ses œuvres. Moïse avait suivi les préjugés populaires en écrivant cette fable; il leur obéit en-

---

[1] *More Neboukim*, pars 3, cap. 40, p. 459.

core lorsqu'il mit ces mots dans la bouche du Seigneur :

« Je suis le Dieu fort et jaloux, je poursuis dans les enfants l'iniquité du père jusqu'à la troisième et quatrième génération. »

Bien que Moïse eût dans ces deux circonstances admis la solidarité complète de la famille, sa conscience se révolta quand il fut question de transporter cette idée barbare dans le droit pénal. Les mœurs de l'époque voulaient que l'homme convaincu d'un crime contre la religion, contre la chose publique, entraînât au supplice son père, ses frères, ses femmes, ses enfants ; une fleur s'était flétrie, la branche entière était arrachée. Moïse ne le permit pas ; il écrivit dans le Deutéronome :

« On ne tuera pas les pères pour les fils, ni les fils pour les pères. Chacun mourra pour son péché [1]. »

Chez les sauvages et même chez les barbares, quand la justice régulière tarde trop à s'organiser, le principe d'après lequel l'homme qui a commis le mal mérite le mal n'est pas appliqué par la société (elle n'existe pas sous le rapport judiciaire), mais par les intéressés. Lorsqu'un meurtre est commis c'est l'homme que l'on suppose le plus affectionné au mort, et qui d'ailleurs est son représentant, c'est le proche parent qui doit le venger. Il en résulte de grands abus : l'innocent frappé souvent pour le

---

[1] Deut., XXIV, 16.

coupable, car nulle procédure, nulle instruction régulière ne vient éclairer une pareille justice; la perpétuité des homicides, car la famille du meurtrier puni peut user de représailles; elle peut exercer contre un arrêt sauvage un recours non moins sauvage, l'assassinat : c'est le devoir de venger le sang versé qui, de nos jours encore, maintient une hostilité perpétuelle entre les tribus arabes. Cette guerre s'éteindrait si, chez cette race qui ne connaît rien au-dessus de la famille et de sa vengeance, il était possible de créer l'état et sa justice.

La vengeance traditionnelle, léguée comme un héritage, ce fait qui s'est perpétué jusqu'à nous dans la Corse, parce que la Corse est doublement isolée à titre d'île et de pays montagneux, la *vendetta* est un caractère général de la barbarie primitive.

Les erreurs commises par la vengeance des familles, la perpétuité des massacres enfantés par cette coutume n'en sont pas les seuls inconvénients; un troisième existe, *les compositions pécuniaires*. Les parents du mort, au lieu d'exercer leur vengeance, aiment souvent à l'utiliser, ils exigent du coupable une rançon; choquante injustice! on demande au criminel, s'il est riche, son or, son sang s'il est pauvre. On sait que chez les Germains l'usage des compositions pécuniaires avait établi l'impunité.

La vengeance familiale, avec tous les abus qu'elle engendre, existait dans Israël avant Moïse.

Le Pentateuque ne la fait connaître que par des

lois dirigées contre elle; mais nous ferons comprendre ce qu'elle était avant la réforme en la montrant libre et souveraine dans l'Abyssinie actuelle.

Lorsque le jésuite Jérôme Lobo se trouvait dans ce pays, deux assassins furent livrés aux parents de la victime; avant d'user de son droit, la famille célébra toute une nuit cette capture par des réjouissances.

« La manière la plus habituelle d'exercer la vengeance, c'est de percer le coupable à coups de zagaie (lance du pays). Le plus proche parent du mort donne le premier coup; les autres, suivant leur parenté, portent le second, le troisième ou le quatrième coup. Ceux qui viennent trop tard font la cérémonie de tremper le bout de leur zagaie dans le sang du mort pour montrer qu'ils prennent part à la vengeance. » Il arrive presque toujours, observe Lobo, que la famille du coupable veut aussi venger sa mort; ceux qui l'ont tué sont poursuivis; il leur en coûte souvent la vie [1].

Deux homicides étaient pris. Le jésuite, venu dans le pays comme missionnaire, voulut en faire des catholiques romains; il les exhorta, car, à vrai dire, malgré cette ardeur religieuse des Abyssins, dont nous avons cité plus d'une preuve, leurs observances judaïques, leur idolâtrie pour les images de la Vierge, leur habitude de se baptiser tous les

---

[1] Jérome Lobo, p. 18. — Voyez Salt, deuxième voyage, t. 2, p. 100, Histoire de Chélika Négusta.

ans la veille de Noël, nuisent à la pureté de leur orthodoxie chrétienne.

L'un des assassins ne voulut pas même écouter le jésuite et fut percé de zagaies.

« L'autre, plus docile, dit Lobo, vint à ma tente, où je l'instruisis et le catéchisai. Je fis tant que ses parties s'accommodèrent et lui remirent la peine de mort, pourvu qu'il leur donnât un certain nombre de vaches ou qu'il en payât la valeur. Ils demandaient mille vaches, il leur en offrit cinq seulement, enfin ils se contentèrent de douze, à condition qu'on les délivrerait sur l'heure. Les Abyssins sont extraordinairement charitables, et dans de semblables occasions les femmes donnent jusqu'à leurs colliers et leurs pendants d'oreilles. Ainsi je trouvai dans le camp, avec ce que je pouvais donner, de quoi satisfaire les parties, et tout le monde fut content. »

Si le coupable n'a fait qu'une blessure, il est retenu prisonnier pendant sept jours; délai jugé nécessaire pour savoir si le coup ne sera pas mortel; pendant ce temps une chaîne reste rivée, d'une part au bras du captif, de l'autre à celui d'un parent de la victime.

Récemment des voyageurs ont fait l'épreuve de cette coutume; le pistolet de leur drogman, parti par hasard, avait lésé le pied d'un Abyssin; l'interprète fut enchaîné pendant sept jours avec un parent du blessé [1]; le mal n'avait été qu'accidentel,

[1] Combes et Tamisier, t. I, p. 180. — Voyez Salt, Deuxième voyage, t. I, p. 314.

mais les barbares, préoccupés des résultats matériels, ne regardent pas l'absence d'intention comme une excuse; c'est un fait que nous retrouverons dans la France du moyen âge.

En Abyssinie, les compositions pécuniaires sont généralement acceptées; si le meurtrier, mis à la disposition de la famille, ne peut payer son rachat, on le conduit enchaîné de porte en porte et on le fait mendier jusqu'à ce qu'il ait recueilli la somme exigée [1].

Les faits que nous venons de retracer, vengeance du sang par la famille de tout homme assassiné, représailles, compositions pécuniaires, existaient chez les Hébreux avant Moïse.

Lorsqu'un Israélite avait commis un meurtre, tout parent du mort pouvait le tuer aussitôt qu'il le rencontrait [2].

Pour intimider les assassins, pour créer une pénalité qui fût égale pour tous et sérieuse, Moïse défendit aux *vengeurs du sang* de recevoir une rançon; quant au droit de tuer le meurtrier, il ne put le leur enlever absolument et déposséder une magistrature aussi populaire que celle de la famille au profit des juges qu'il avait institués; il ne put évoquer immédiatement à leur tribunal impartial, et représentant l'association publique, toutes les causes décidées avant lui par la passion et l'individualisme. Cependant, il trouva moyen de diminuer les

---

[1] Combes et Tamisier, t. 1, p. 213.
[2] Nombres, xxxv, 19.

abus de la vengeance familiale et de lui soustraire les innocents, tout en lui livrant les criminels. Entre le vengeur du sang et le meurtrier, il interposa le *droit d'asile.*

Le droit d'asile fut consacré par les lois de Moïse dans un but tout spécial.

Si nous avions à juger cette institution d'un point de vue général, nous dirions que ce fut à la fois un bien et un mal.

Un bien, car elle donne un refuge à l'innocent poursuivi par des lois aveugles et cruelles; un mal, car elle accorde souvent l'impunité à de véritables criminels.

Dans une législation dont les peines sont modérées, la procédure intelligente, lorsque l'instruction criminelle promet à l'accusateur, à l'accusé, des garanties égales, le droit d'asile cesse d'être nécessaire, et nous n'en voyons plus que les abus.

Mais chez les Israélites, le droit d'asile est complètement rationnel; il n'assure l'impunité à personne et substitue seulement la justice à la vengeance. Moïse, par cette institution, ne voulut sauver que le meurtrier involontaire, dont le matérialisme juif, comme celui des Abyssins, ne savait pas reconnaître l'innocence.

En entrant dans le lieu d'asile, l'homicide n'obtient qu'une chose, c'est d'être soustrait au vengeur du sang pour être jugé.

S'il n'y a pas eu d'intention dans l'homicide, le meurtrier sera protégé par l'asile; mais, s'il a médité son crime, qu'on l'arrache de l'autel même pour l'immoler ! »

Dans le désert, au milieu d'Israël voyageur, quand Dieu lui-même n'avait pour demeure qu'une tente, on revendiquait le droit d'asile en saisissant les cornes de l'autel. De là cette métaphore employée dans les psaumes de David et dans l'évangile : « Dieu, mon bouclier, Dieu, *la corne de mon salut*[1]. » Quand le peuple introduit en Palestine se répandit sur le sol, l'autel conserva son privilége, mais le droit d'asile reçut une extension nécessaire. On ne pouvait plus de toutes les parties du territoire courir au temple. Les lévites possédaient quarante-huit villes ; Moïse déclara que six d'entre elles seraient des cités de refuge. Elles étaient distribuées également de chaque côté du Jourdain, pour que le meurtrier parti de toutes les régions de la Palestine pût se renfermer dans leurs murs.

Ainsi, le droit d'asile, en se généralisant, conservait son caractère religieux ; on courait à la ville des lévites, vraie succursale du temple et de l'autel : c'était encore Dieu qui rendait la vie.

Protégé par le mur de la ville sainte, l'homicide ne pouvait plus être condamné que par des juges.

Ils faisaient le procès ; il s'agissait de savoir si le meurtrier avait commis le crime avec intention ;

Ou si la mort était l'effet d'un mouvement irréfléchi, d'un simple accident.

[1] Rois, liv. 2, xxii, 3. — Luc, 1, 69.

« Si, par exemple, un bûcheron, laissant échapper sa hache, a frappé le front de son compagnon. »

Qu'on se figure cette terrible procédure ; le meurtrier est jugé par les vieillards de la ville de refuge. Le parent de la victime, altéré de vengeance, demeure aux portes, attendant qu'elles s'ouvrent pour lui livrer sa proie.

L'homme est-il coupable, c'est-à-dire la perversité de son intention le rend-elle indigne de l'asile, les juges le conduisent hors des murs. Le vengeur lui jette la première pierre, le peuple l'achève.

Lorsque les vieillards déclaraient le meurtre involontaire, les parents du mort ne pouvaient plus toucher à l'assassin, pourvu qu'il restât dans la ville de refuge jusqu'à la mort du grand prêtre.

Restriction bizarre ! le droit de la vengeance familiale et la justice du talion sont si profondément gravés dans les idées de ce peuple, qu'il admet difficilement les atténuations et les excuses : le sang demande le sang. La cité lévitique a son privilége, soit ; mais hors de ses murs, le grand prêtre, le représentant du Seigneur, qui a vu commettre le crime, ne saurait empêcher le parent de prendre vie pour vie. Quant au successeur, il était sans pouvoir au moment du meurtre, sa responsabilité n'est pas engagée. Il pourra protéger l'homicide.

DES PEINES.

Nous avons trouvé chez les Égyptiens des peines exclusivement corporelles et graduées depuis la peine de mort, avec tortures, jusqu'à la bastonnade. Ce sont là des traits communs à toute pénalité barbare. Quant aux modes de supplice, le caractère de chaque nation les rend plus ou moins recherchés et cruels, il y a des peuples sanguinaires qui se font un plaisir d'inventer des souffrances pour les condamnés; la nature de chaque pays influe encore sur cette partie de la législation. Nous avons vu les roseaux tranchants du Nil intervenir en Égypte dans le supplice des parricides.

Le désert parcouru par les Israélites est pierreux, c'est l'Arabie Pétrée; la terre promise elle-même est remplie de rochers; l'instrument de mort, mis par la nature aux mains de tous, c'est la pierre : le coupable sera lapidé.

Le même supplice est employé dans l'Abyssinie. Bruce vit, sur une place publique de Gondar, trois monceaux de pierres, ils couvraient les cadavres de trois missionnaires, catholiques romains, lapidés au XVIIe siècle. L'un de ces prêtres avait un fils né d'une femme du pays. Cet enfant de six ans fut lapidé comme son père.

Au moment même où Moïse et les soixante-dix vieillards composaient les lois, on lapida un blasphémateur, puis un homme qui ramassait du bois le jour du sabbat. La profession de bourreau n'est pas constituée; c'est une absence de centralisation, c'est un malheur. Au moment d'appliquer le supplice, l'offensé ou le dénonciateur jetait la première pierre, le peuple achevait le criminel. L'expression *jeter la pierre* est encore proverbiale parmi nous.

Cette satisfaction matérielle qu'on accordait à l'offensé, dénote un état transitoire, le passage de la peine infligée par l'homme à la peine infligée par la société, de la vengeance à la justice. On ne saurait approuver la part prise au supplice par la foule; toute exécution publique a l'avantage de faire un exemple, mais aussi le danger d'habituer le peuple au sang. Que dirons-nous quand ce peuple au lieu d'être spectateur joue un rôle actif dans la mort des coupables?

La lapidation fut, dans la loi de Moïse, le supplice le plus général; toutefois, pour des cas particuliers, il en existait deux autres, le feu et le *bois*, c'est-à-dire la croix.

Au supplice du feu Moïse conserva l'emploi que lui avaient déjà donné les patriarches et les Égyptiens, il en menaça la luxure. Chez la fille d'un prêtre, on punissait par les flammes la prostitution. Nous croyons que ce mot désigne ici, d'une manière générale, la perte de la chasteté.

Quand un homme épousait à la fois la mère et la fille, on les brûlait tous trois[1]. Les criminels sont quelquefois brûlés en Abyssinie.

La croix, supplice connu dans l'Égypte, comme le prouve, dans l'histoire de Joseph, la mort du grand panetier, fut réservée par Moïse aux crimes politiques. On y suspendait les chefs de sédition

---

[1] Lévit., xx, 14.

comme un trophée. « Prenez, dit Moïse, les chefs du peuple, qu'on les attache à des croix en face du soleil [1]. » La loi prescrit d'ensevelir les crucifiés le jour même du supplice, avant que la nuit soit tombée [2]. Les Juifs étaient encore pénétrés de cette défense lorsqu'ils détachèrent de la croix le Christ et les deux voleurs [3].

L'Abyssinie fait usage de la croix dans sa pénalité; là, comme chez les Juifs, ce supplice est surtout politique. Nous lisons dans les annales éthiopiennes:

« Amdo fut livré. Convaincu de rébellion et de meurtre, il fut condamné à être cloué sur une croix jusqu'à ce qu'il expirât; mais les cris terribles, les lamentations douloureuses qu'il faisait entendre pendant qu'on le clouait, choquèrent si fort les oreilles du roi, que ce prince ordonna qu'on lui tranchât la tête [4]; l'ordre fut exécuté. »

Bien que les trois supplices capitaux institués par Moïse, se retrouvent en Abyssinie, on pend et on décolle dans ce pays; ce sont même les modes d'exécution les plus usités. La coutume qu'ont les guerriers éthiopiens de porter un large coutelas pour découper la brinde, leur a suggéré l'idée de tailler en pièces certains coupables; le despotisme des Négus a d'ailleurs, comme celui des rois juifs, modifié capricieusement la loi pénale.

---

[1] Nombres, xxv, 4.
[2] Deut. xxi, 23.
[3] Evang. Joan., xix, 31.
[4] Bruce, liv. 3, règne de Socinios ou Melec Ségued.

Après la peine de mort, on trouve chez tous les barbares la mutilation symbolique, l'amputation du membre qui a péché. Moïse n'ordonne d'exécutions semblables que dans un seul cas, celui où une femme luttant avec un homme osait le saisir par la partie du corps la plus vénérée à cette époque. La main de cette femme sera coupée.

Comme degré le plus faible de la pénalité, Moïse admet la bastonnade égyptienne. La Bible nous montre le coupable couché par terre [1]; ainsi nous le représentaient les bas-reliefs de Mesraïm.

Moïse défendit de donner au patient plus de quarante coups. Il est probable que cette règle, dictée par un sentiment d'humanité, était observée déjà par les Égyptiens; elle l'est encore aujourd'hui par les habitants de la Nigritie qui n'ont pas subi l'influence de la Bible et dont les coutumes sont identiques, sur tant de points, avec celles de l'ancienne Égypte.

Pendant le voyage de Mungo-Park, un nègre Buschréen fut convaincu d'adultère; *les anciens* le condamnèrent à être vendu comme esclave au profit du mari ou à fournir deux esclaves pour se racheter, si l'offensé voulait bien le permettre.

Mais le mari refusa les réparations pécuniaires, il exigea seulement que le coupable fût battu devant la porte de sa complice.

---

[1] Deut. xxv, 2. Sin autem eum qui peccavit dignum viderunt plagis, *prosternent* et coram se facient verberari. Pro mensura peccati erit et plagarum modus.

On y consentit, et la sentence fut aussitôt exécutée. Le coupable fut attaché par les mains à un grand poteau, le bourreau s'arma d'une longue baguette noire, la fit plusieurs fois tourner au-dessus de sa tête et en frappa le Buschréen si vertement, que ce malheureux fit retentir les bois de ses cris. La foule insultait au vieux séducteur par des huées, des éclats de rire, et, ce qu'il y a de très-remarquable, c'est que le nombre des coups de baguette qu'il reçut, fut précisément celui qui est ordonné par la loi de Moïse, *quarante moins un* [1].

En Abyssinie, certaines fautes sont punies par des coups [2]. Le moine Alvarez vit battre de verges le premier magistrat du pays qu'il appelle *la justice maïeur*. Les punitions corporelles semblent si naturelles à la nation, que le juge flagellé, loin d'être déshonoré, remontait immédiatement sur son siége.

Moïse ne condamne personne à l'emprisonnement. Il n'y eut de prison chez les Israélites, qu'après un établissement complet en Palestine. D'ailleurs, cette peine, nous l'avons dit, répugne au caractère des barbares. S'ils l'emploient c'est pour rester maîtres des criminels jusqu'au jugement ou jusqu'au supplice, mais ils ne condamnent pas, comme les peuples civilisés, à subir un temps déterminé d'emprisonnement. L'amende, c'est-à-dire la loi frappant le coupable dans sa propriété, n'est pas une peine barbare; elle s'insinue dans la loi de

---

[1] Mungo-Park, t. 2, p. 119.
[2] Combes et Tamisier, t. 2, p. 250.

Moïse, mais d'une manière déguisée. Ce sont des animaux qu'il faut sacrifier, pour la faute grave ou légère. Ce sont surtout des indemnités que réclament les parties lésées. Mais le sacrifice et les indemnités appartiennent plutôt aux institutions religieuses et au droit civil qu'à la législation pénale.

DES CRIMES

Contre la chose publique.

La chose publique, chez les Israélites, c'est la religion [1]. Sans Moïse, la race hébraïque se perpétuait, se multipliait peut-être, mais esclave. Contente de ramasser quelques miettes échappées aux convives de Memphis, elle consentait à vivre sous l'Égyptien, comme l'Ilote sous le Spartiate. De ce troupeau Moïse fit un peuple. Il l'arracha de l'*ergastulum* et le traîna vers une patrie. La religion fut son moyen d'action. Pour que son œuvre, achevée au prix de tant d'efforts, de larmes et de sang fût durable, il fallait se montrer sans pitié pour trois agents de corruption, l'idolâtre étranger, l'idolâtre israélite et le magicien. Les deux premiers prêchaient une foi religieuse, enseignaient une loi sociale bien inférieures à celles de Moïse. Le dernier s'emparait du merveilleux au profit des passions

---

[1] Præceptum idolatriæ quasi tanti ponderis est ac reliqua omnia mandata. Maimonides, *de Idolatria*, II, 7.

impures. Il prêchait la destruction de toute religion, de toute loi sociale.

On ne rendrait pas complète justice à Moïse si l'on ne voyait dans ses rigueurs que l'intention de faire prédominer une doctrine religieuse. Élever l'intelligence d'un peuple, le rapprocher de la vérité, lui montrer un Dieu digne de l'âme humaine, ce serait déjà lui rendre un grand service; mais l'œuvre est plus complète. A Jéhovah se rattache la pratique de la vertu, à Baal celle de tous les crimes; choisir entre les dogmes, c'est choisir entre les morales. Jéhovah prescrit à l'homme la pureté dans sa conduite individuelle, la justice dans les rapports sociaux; Baal conseille le vice, son culte n'est qu'une suite *d'abominations* : c'est l'expression de la Bible, elle n'est pas exagérée.

Souvent les Kananéens posaient au milieu d'un champ une pierre, pour l'adorer; ils avaient aussi des bois sacrés : la pierre levée, la forêt sainte, deux traits communs avec les Celtes.

Le druide, comme le prêtre de Baal, ensanglantait souvent la forêt et la pierre.

Les temples des faux dieux étaient en même temps des lieux de prostitution : la femme se donnait en l'honneur du dieu, quelquefois à l'idole même[1]. Les bois sacrés favorisaient une débauche fertile en raffinements; que se passait-il dans les grottes obscures de Béelphégor? Rassembler, au

---

[1] Ezech., XVI, 17.

sujet de ces tristes cultes, les révélations éparses dans les livres juifs, ce serait tracer un tableau bien repoussant.

L'établissement de ces religions elles-mêmes avait été, nous n'en doutons pas, une conquête pour la morale; elles s'étaient montrées ce que furent tous les dogmes, un progrès sur un état antérieur; mais leur rôle était fini, l'intelligence humaine les avait dépassées. Redescendre à leurs autels, c'était pour l'homme une chute profonde; et quand le buisson du mont Horeb eut lancé la lumière et la flamme, on cessa de voir la pâle auréole qui, peut-être, à la faveur des ténèbres, avait tremblé sur le front de Baal.

Moïse ordonne que la ville idolâtre soit complètement rasée [1].

Le vandalisme qui marqua la fin de l'empire romain, le commencement des sociétés modernes, est un fait commun à toutes les révolutions. Lorsqu'un peuple nouveau se fait une place, il détruit l'œuvre des générations vaincues et déblaie le sol de leurs monuments; ne faut-il pas qu'il élève sur ces ruines une société dont l'esprit lui soit propre? un art qui porte son cachet? Les époques sans originalité, sans pouvoir créateur, n'ont pas le droit d'être vandales, elles sont tenues de conserver les monuments antérieurs; pourquoi démoliraient-elles? elles n'ont rien à bâtir.

Mais Moïse, qui ne peut dans le désert dresser que

[1] Deut., xiii.

le tabernacle, offrir à Dieu qu'une tente de peaux de chèvres, entrevoit dans l'avenir la perspective infinie du temple de Salomon.

« Lorsque Dieu t'aura fait pénétrer dans la terre que tu dois posséder, lorsqu'il aura devant toi détruit plusieurs peuples, l'Héthéen, le Gergezéen, l'Amorrhéen, le Kananéen, le Pherezéen, l'Hévéen, le Jebuzéen, sept nations bien plus nombreuses et bien plus fortes que toi. »

On voit que Jéhovah prend sur lui tous les dangers de la lutte, langage rassurant qu'il fallait parler aux Juifs.

« Lorsque le Seigneur Dieu te les aura livrées, tu les frapperas jusqu'à l'extermination, tu ne feras pas d'alliance avec elles, tu n'en auras nulle pitié [1].

« Tu ne t'uniras pas avec elles par des mariages, tu ne leur donneras pas tes filles, tu ne recevras pas leurs vierges pour tes fils; elles les séduiraient pour les éloigner de mon culte et les conduire aux faux dieux.

« Mais voici ce que tu leur feras: renverse leurs autels, brise leurs statues, brûle leurs bois sacrés; tu fondras leurs figures moulées *sans regretter l'or et l'argent dont elles sont faites* [2]. »

Ce dernier trait nous montre chez le législateur une profonde intelligence du caractère israélite.

Moïse ordonna de détruire les idoles et défendit d'en tirer aucun bénéfice, c'est-à-dire de les acheter

---

[1] Deut., vii, 2; xii, 2, etc.
[2] Exode, xxiii, 24; xxxiv, 13. — Deut, vii, 25.

pour les revendre, d'en garder le métal après les avoir fondues. Les peuples de cette époque, par un vague instinct de la bonté divine, voyaient un Dieu dans toute chose dont émanait le bien. Le Nil a des poissons et féconde ses rives, le Nil est dieu; le bœuf cultive la terre, le bœuf est dieu. L'Hébreu, s'il avait tiré de quelque idole un profit, n'eût pas manqué d'adorer l'idole [1].

Moïse ordonna d'exterminer les étrangères ; on sait comment furent massacrées les femmes moabites, madianites, et leur princesse Cosbi [2]; c'étaient pour la loi mosaïque des adversaires dangereux. Les Kananéens comprenaient que le peuple israélite errant depuis longtemps sur leurs frontières, finiraient par se jeter sur leur territoire et par leur faire une guerre cruelle, au nom de Jéhovah; pour corrompre Israël, ils lui députaient leurs femmes et leurs filles, qui sans cesse entouraient le camp ; elles portaient dans leur sein les statuettes de leurs dieux, et ne se livraient aux Hébreux, dont elles irritaient les désirs, qu'après avoir exigé d'eux un acte d'idolâtrie.

Moïse punit également de mort les séductions venues de la nation même.

« Si ton frère, ton fils, ta fille, l'épouse qui repose dans ton sein, ou l'ami que tu chéris comme ta propre vie, te disent : Viens, adorons les dieux étrangers que toi ni tes pères n'avez connus,

---

[1] Deutéronome, vii. 25.
[2] Nombres, xxv.

« Ne l'écoute pas, sois sans pitié pour lui, ne cache pas son crime, qu'il soit mis à mort sur-le-champ ; mets le premier la main sur lui ; qu'ensuite le peuple entier le saisisse ;

« Qu'il soit écrasé de pierres, car il a voulu t'éloigner du Seigneur ton Dieu qui t'a fait sortir d'Égypte. »

Il n'est guère, même dans les détails, de prescription religieuse qui ne soit imposée sous peine de mort. Quand la Bible annonce qu'un homme est frappé par Dieu, c'est supplice, peine de mort qu'il faut entendre. Le peuple, décimé par ces rigueurs, en murmure plus d'une fois.

« Les fils d'Israël dirent à Moïse : Nous n'y résistons plus ; nous périssons tous ; tout homme qui s'approche du tabernacle est exterminé ; détruiras-tu la nation tout entière[1] ? »

Cette sévérité, sainte dans son but, ne doit pas être jugée du point de vue moderne. Dans une société qui n'a pas dépassé le degré de culture des Juifs, la peine de mort est un élément nécessaire, un ressort sans lequel l'autorité publique n'a pas de force. Le plus grand intérêt du gouvernement juif, du peuple lui-même, c'était le maintien du monothéisme. Sur ce principe Moïse avait fondé non-seulement sa hiérarchie religieuse, mais la prééminence morale de son peuple ; c'était en élevant la tourbe israélite jusqu'à la conception de Jéhovah,

---

[1] Nombres, XVII, 12.

c'était en l'initiant aux vérités renfermées dans le tabernacle, sous le voile des symboles, qu'on pouvait épurer l'intelligence, les mœurs de la nation. C'est comme adorateurs de Jéhovah, comme disciples de Moïse et précurseurs des chrétiens que les Juifs, sans importance dans l'histoire des faits, sont devenus un grand peuple dans l'histoire des idées.

L'idolâtrie, qu'elle vienne du dehors, qu'elle naisse au-dedans, n'est que la prédication d'un culte inférieur; mais le magicien nie tous les cultes : il rit de l'homme qui veut acheter par une vie de privations les récompenses religieuses; pour lui pas de morale, pas de foi; sa baguette de coudrier donne les trésors; sa coupe enchantée, les femmes; son armure, le salut dans les combats; plus de persévérance, plus de fidélité, plus de courage, il offre l'or sans travail, l'amour sans vertu, la victoire sans péril; que la volonté de l'homme disparaisse, qu'elle laisse le champ libre à la volonté du démon.

Moïse comprit le danger de ces lâches tendances; il ne voulut pas que son peuple y perdît toute énergie.

Le magicien sera puni de mort comme le nécromancien, le faux prophète, et l'interprète des songes [1].

Les principes de la magie venaient alors de Babylone; on les puisait dans les livres saints de la Chaldée. Suivant ces livres, la femme convient beau-

---

[1] Lévitique, xx, 27.

coup mieux que l'homme à l'œuvre magique; tout s'opère par deux puissances, les astres et la femme. Si l'on veut avoir de la pluie, dix vierges doivent se parer, s'habiller de rouge, et danser sur une file, tantôt en avançant, tantôt en reculant; elles tendent ensuite les mains vers le ciel : il ne manque jamais de pleuvoir; voulez-vous arrêter la grêle, quatre femmes se couchent sur le dos, et lèvent les jambes en l'air en frappant leurs pieds l'un contre l'autre [1].

Moïse connaissait l'importance du sexe féminin dans la sorcellerie; il savait aussi que par suite d'une magie qui influe ailleurs qu'en Chaldée, l'homme se décide difficilement à tuer les femmes. De peur qu'elles ne fussent exceptées de l'arrêt de mort porté contre les magiciens, il ne manqua pas d'ajouter, à plusieurs reprises, *et les magiciennes* [2].

La magie était chère aux Israélites; la Bible même ne s'est pas toujours défendue du faible national. Nous ne parlons pas du psaume qui vante le talent de l'enchanteur, pour *charmer*, c'est-à-dire pour engourdir les serpents [3]. La réalité de cet art est encore un sujet de discussion pour les voyageurs [4].

---

[1] *More Neboukim*, pars 3, cap. 37, p. 445.

[2] Lévitique, xx, 27. — Ghémara, sanhédrin. — Cocceius, p. 227. — *More Neboukim*, loc. cit.

[3] Psaume, LVII, 5, 6.

[4] Élien, *de Animalium natura*, 1, 57, *de Cerastis*; VI, 33, *de Ægyptiorum in aves et serpentes incantatione*; XVI, 27, 28, *de Psyllis*. — Hasselquist, p. 93, 96. — De Pauw, t. 1, p. 114. — Maillet, Lettre IX, p. 36. — Sonnini, t. 2, p. 43. — Savary, Lettres sur l'Égypte, p. 62. — Denon, p. 71.

Mais nous avons vu Abraham appeler les songes par un sacrifice; Joseph, fils de Jacob, se sert de sa coupe d'argent pour consulter le sort [1]. Nous apprendrons dans l'histoire de Tobie, que si l'on fait griller le foie d'un poisson, la fumée dispersera les démons; que le fiel du même animal, mis sur un œil malade, équivaut à l'opération de la cataracte [2].

Nous voudrions qu'une plume impartiale écrivît l'histoire de la magie. Elle serait intéressante. Cette monographie toucherait à l'histoire générale pour l'éclairer en bien des parties; d'ailleurs ce goût du merveilleux qui survit chez nous aux contes bleus de l'enfance, donnerait à la matière un attrait spécial. La magie fut poursuivie avec une rigueur cruelle dans les époques religieuses. Entre le prêtre et le sorcier, se déclare la rivalité de l'ange blanc et de l'ange noir. On lutte à qui sera l'intermédiaire entre l'homme et les puissances supérieures, à qui régnera sur l'imagination populaire. Tant que le peuple est crédule, tant qu'il peut être conduit par le goût des prodiges, une pareille lutte est sérieuse. C'est celle du bien et du mal. Au nom du miracle le prêtre enseigne la vertu; par le miracle le magicien promet de satisfaire tous les vices. Comme un homme enchaîné qui verrait son défenseur et son assassin se disputer un glaive, l'humanité voit le prêtre et le sorcier s'arracher la baguette merveil-

---

[1] Scyphus quem furati estis ipse est in quo bibit Dominus meus et in quo augurari solet. Genèse, XLIV, 5.

[2] Tobie, VI, 8, 9.

leuse ; pour le spectateur captif, l'issue du combat sera le mensonge ou la vérité, la mort ou la vie.

La lutte du prêtre juif contre la magie commença de bonne heure. Moïse avant de quitter la cour des Pharaons, maudit les enchanteurs égyptiens. Dans le désert, il emploie encore de brillants prestiges. Consulté sur des questions importantes, n'entre-t-il pas dans le sanctuaire? L'arche n'est-elle pas ornée de chérubins d'or? Dieu ne descend-il pas sur leurs ailes pour s'entretenir avec le législateur? C'était bien. Le génie est juge des moyens qu'il emploie. On passe une biche à Sertorius, une colombe à Mahomet. Pour les âmes insensibles à la religion pure, la superstition peut être un excitant salutaire. Ainsi le médecin supérieur fait usage des poisons, mais il empêche ces dangereuses substances de tomber en des mains maladroites ou malintentionnées. Telle fut la surveillance exercée sur la magie par le clergé de tous les temps. Au moyen-âge, nourri de la légende dorée, le moine attache un souvenir merveilleux à chaque relique de sa châsse, à chaque tombeau de son monastère, mais ce ne sont pour lui que les ornements d'une pure doctrine, que le cadre brillant d'un tableau sévère. Il poursuit en contrefaçon la Bohémienne écumant quelque marmite infernale, le chimiste qui perd son dernier souffle sur l'or en fusion. Les lois contre la sorcellerie ne furent pendant longtemps ni trop ignorantes, ni trop barbares. Il fallait frapper l'homme qui profanait la tombe pour y chercher des trésors, qui devenait agent de corruption près des femmes pour assurer la renommée de ses philtres; il fallait une arme à la société contre celui qui joignait à l'art du devin, l'art de l'empoisonneur, et qui perçait une image à coups d'épingle, en attendant qu'il pût frapper l'original d'un coup de poignard.

De nos jours, l'objet de la lutte n'existe plus. Ce talisman que s'arrachaient le prêtre et le magicien, a perdu toute sa valeur; la baguette que la foule voyait étinceler de pierreries, n'offre qu'un bois vulgaire à ses yeux dessillés. Trop isolé pour égarer l'intelligence, trop prudent pour conseiller à la volonté des crimes secrets, le sorcier se contente d'enlever quelque monnaie à l'homme simple; la magie n'est plus taxée de sacrilége, mais de fraude; du rang des crimes contre la sûreté publique, elle est descendue à l'échelon des escroqueries.

Crimes contre les particuliers.

DES PERSONNES.

Attentats contre la vie.

L'homicide est puni de mort.

Peine de mort pour celui qui frappe son père ou sa mère, ou qui les maudit.

Peine de mort pour le plagiaire qui enlève un homme et le vend comme esclave.

Deux hommes se sont battus; l'un d'eux a frappé son adversaire d'un coup de poing ou d'un coup de pierre; il ne l'a pas tué, mais obligé à garder le lit.

Pour évaluer la responsabilité, nos lois purement logiques supputeraient la durée de la maladie; le texte juif s'empreint du génie pittoresque de la nation.

« Si le battu se relève, *s'il peut sortir en s'appuyant sur un bâton,* celui qui l'a frappé n'encourt aucune peine, mais il doit indemniser de la suspension du travail, et solder les mémoires des médecins. »

Après avoir puni la violence volontaire, la loi règle les suites des homicides ou blessures par imprudence.

Deux hommes se battent. L'un d'eux, par hasard, heurte une femme enceinte et la fait avorter. Le mari demande des dommages-intérêts. Ils sont réglés par les juges.

Mais si la femme succombe, son meurtrier rendra vie pour vie.

D'autres accidents sont empruntés à la vie pastorale du peuple. Il conduit des troupeaux et boit l'eau des citernes. Il arrivera souvent qu'un taureau frappe de sa corne ou que des bestiaux périssent dans une citerne mal fermée.

Si un bœuf tue à coups de cornes soit un homme, soit une femme, qu'il soit lapidé. Nul ne touche à la chair de l'animal maudit; son maître n'est pas responsable.

Mais si le bœuf était furieux depuis quelques jours; si son maître duement averti avait refusé de l'enfermer; si ce bœuf cause ensuite la mort d'une personne, on lapide l'animal et le maître.

Si pourtant on lui demande une somme d'argent; qu'il la paie pour racheter sa vie.

C'est le seul vestige, conservé par Moïse, de ces compensations qu'il avait abolies. Il est vrai que son but est d'empêcher ici l'exécution d'une loi beaucoup trop dure.

Dans le tarif des sommes payées au moyen-âge pour le meurtre, d'un Franc, d'un Gallo-Romain, nos historiens ont trouvé des indications sur la condition des différentes races, au commencement de la monarchie française.

L'évaluation d'un coup de corne nous présente chez les Hébreux une pareille hiérarchie. Fidèle à son respect pour la fécondité, l'Exode place au premier rang l'homme et la femme mariés;

Au second, les célibataires;

Au troisième, l'esclave.

Sa mort ne coûte que trente sicles d'argent.

Le coup de corne peut avoir un résultat moins funeste encore. S'il n'a tué qu'un bœuf, le prix du bœuf vivant, le cadavre du bœuf mort se partagent entre les deux propriétaires; on répartit sur eux les chances du combat.

Mais si le maître de l'animal vainqueur connaissait depuis quelques jours la férocité de son bœuf, et ne l'avait pas enfermé, cette circonstance était toujours aggravante; il fallait alors se contenter du cadavre et rendre un bœuf vivant au propriétaire de la victime.

Dans ces plaines brûlantes où la citerne pouvait seule étancher la soif, les réservoirs d'eau pluviale devinrent un rendez-vous pour les pasteurs; une pierre en couvrait l'orifice. Souvent, pour abreuver les troupeaux d'une jeune fille, un berger soulevait le vaste couvercle. C'est ainsi que Jacob se rend agréable à Rachel, Moïse à Séphora. Creuser une citerne sans la couvrir d'une pierre était une imprudence punissable.

Un homme ouvre et creuse une citerne sans la couvrir; un bœuf, un âne s'y laissent tomber,

Le maître de la citerne doit payer le prix de l'animal, mais en gardant le cadavre.

Attentats à la pudeur.

Moïse punit de mort l'adultère dans les deux sexes.

La loi, si rigoureuse pour la femme mariée, se montre sévère, mais à des degrés différents, envers la fiancée et la vierge libre.

On abuse d'une fiancée dans l'enceinte d'une ville : elle est lapidée avec le séducteur, la femme parce qu'elle était dans la ville et qu'elle n'a pas crié, l'homme parce qu'il a flétri l'épouse promise à son frère.

Si le crime a lieu dans les champs, le ravisseur est seul puni de mort, car il a surpris la jeune fille comme un assassin.

« Seule dans les champs, elle a crié, mais personne ne l'a entendue [1]. »

On a souvent cité cette distinction de la ville et des champs comme judicieuse. La vraie morale ne voit pas le mal dans un fait matériel, mais dans l'intention. Ce n'est pas le viol qui souille : la femme qui ne consent pas reste pure.

S'agit-il chez les Hébreux d'une vierge libre, la loi devient indulgente, parce que les droits d'aucun homme n'ont été méconnus, et qu'un mariage peut tout purifier. Moïse consacre par une disposition légale la réparation que le prince de Sichem avait offerte pour la virginité de Dina.

Le ravisseur donne au père de la jeune fille cinq cents sicles à titre de dot, puis il épouse la vierge. La femme acquise de cette manière ne peut être répudiée par le mari. Il a commencé par flétrir son existence, comment pourrait-il l'abandonner?

Si le père de la vierge refuse cet arrangement, le ravisseur est tenu de payer une dot au père et une autre à la fille, en compensation du mariage qu'il a rendu pour elle presque impossible.

Après avoir interdit, sous peine de mort, la sodomie, Moïse condamne au même châtiment un crime étrange, la bestialité. Il la signale plusieurs fois comme une habitude de la nation [2].

C'est le séjour dans la basse Égypte, c'est le culte de Mendès qui avaient amené ces relations avec les

[1] Deut., XXII, 23.
[2] Lévitique, XX, 15.

boucs, flétries par la Bible. Souvent elle répète : Vous avez adoré les boucs et vous avez forniqué avec eux.

Cette tache n'est pas spéciale au peuple juif. Elle appartient à la pastorale antiquité. La Grèce trouva dans ses mœurs une origine pour les histoires de Léda, d'Europe, de Pasiphaé. Tels sont, dans la grossièreté des temps barbares et dans la solitude des champs, les égarements de l'humanité. Les sept sages que Plutarque fait asseoir à son festin supposé n'ont pour la bestialité que des plaisanteries. Élien, dans son histoire naturelle, parle d'un chevrier qui fut tué par un bouc, justement jaloux. Les habitants du voisinage élèvent au mort un mausolée et baptisent un fleuve de son nom glorieux [2]. Dieu nous préserve de l'Arcadie et de ses vertus !

La moralité des campagnes, opposée à la corruption des villes, est un de ces lieux communs dont il serait facile de démontrer la fausseté.

La prohibition de l'adultère commis avec l'épouse ou la fiancée, l'obligation d'accorder une réparation soit morale, soit pécuniaire à la jeune fille dont on a perdu l'avenir, la peine portée contre la sodomie, la bestialité, ne sont pas dans la loi mosaïque les seules dispositions relatives à la pudeur. Le chef des Hébreux interdit les travestissements : la femme ne portera pas les armes de l'homme, ni l'homme la robe de la femme. Ces actions sont abominables

---

[1] Élien, Hist. nat., VI, 42. Περὶ αἰγὸς ἧς ἠράσθη ὁ αἰπόλος Κράθις.

devant Dieu [1]. Ici Moïse proscrit une coutume idolâtrique. En Assyrie, les prêtres, en l'honneur de Vénus, revêtaient un costume de femme ; les femmes portaient une armure pour honorer Mars [2]. La loi voulait aussi prévenir une confusion qui facilite la débauche. A la fête d'Astarté, la Vénus phénicienne, les hommes et les femmes échangeaient leurs costumes et se cherchaient dans les ténèbres [3]. Ajoutons que le mélange des costumes semble diminuer l'odieux des passions contre nature, et les favorise. Elles sont communes chez les peuples qui ne mettent pas dans les costumes des deux sexes des différences assez tranchées.

Moïse, pour ôter aux Hébreux jusqu'à l'idée de ces unions monstrueuses, défendit d'accoupler, pour la génération, des animaux d'espèces différentes. Ces rapprochements, dit Maimonides, ne sont pas naturels ; l'animal ne s'y porte pas s'il n'y est excité par l'homme. Remplir ce rôle est-il digne d'une nfant d'Israël [4] ?

Moïse défendit d'atteler le bœuf et l'âne soit à la même charrue, soit à la même voiture. Proscrivant en toutes choses les mélanges contre nature, il interdit de jeter confusément sur le même terrain des graines différentes, et même de croiser la laine et le lin dans le même tissu [5]. Ce qui achevait de

[1] Deut., xxii, 5.
[2] Vossius, de Idolatriá, ii, p. 466.
[3] More Neboukim, pars 3, cap. 37.
[4] More Neboukim, pars 3, cap. 49, p. 505. — Lévit., xix, 19.
[5] Lévitique, xix, 19

rendre impure l'union de ces deux substances, c'est que les prêtres chaldéens se distinguaient par un anneau d'or, une robe de lin, un manteau de laine [1].

Les mœurs babyloniennes nous expliqueront encore pourquoi Moïse défendit *la greffe* [2]. On peut s'étonner de voir un législateur s'opposer aux progrès de l'agriculture; mais il fallait absolument purger Israël d'une habitude, symbolique si l'on veut, mais très-obscène, en vigueur dans la Chaldée. La greffe est pour les plantes une génération contre nature. Chez les Chaldéens, elle était faite par une femme tandis qu'un homme placé derrière elle accomplissait sur sa personne un acte dépravé [3].

Moïse écarta sagement des Israélites toute occasion d'imiter de pareils rites.

DES BIENS.

Nous savons que la vie pastorale fut la première des Hébreux, que les troupeaux, au temps de Moïse, sont encore leur principale fortune; c'est le bœuf, c'est le mouton qu'on offre à Dieu; c'est avec le bœuf et le mouton qu'on paie ses dettes, comme

---

[1] *More Neboukim*, pars 3, cap. 37, p. 447.

[2] Lévitique, XIX, 19.

[3] Scribunt etiam opportere ut cum una species in aliam inseritur, surculum inserendum manu sua teneat formosa quædam puella quam præter naturali ratione vir quidam vitiet et corrumpat, ipsaque, congressus hujus tempore, plantulam illam arbori infigat. *More Neboukim*, pars 3, cap. 37, p. 451.

avec une monnaie; c'est le bœuf et le mouton qui sont le principal objet de la concupiscence et du vol. Sous ce point de vue encore, le premier âge des Juifs ressemble au premier âge de tous les peuples. On se rappelle Hercule poursuivant Cacus, le voleur de ses génisses, quand on lit ce passage de l'Exode :

Un homme vole un bœuf, une brebis. S'il les vend ou les tue, il doit rendre cinq bœufs pour un, quatre brebis pour une.

Mais quand il n'a pas disposé de l'animal, quand on le retrouve vivant entre ses mains, il ne donne que deux bêtes pour une.

Si le voleur est surpris essayant de forcer une demeure, ou creusant la terre par dessous (les sables mouvants du désert favorisaient cette dernière tentative), le propriétaire qui le tue n'est pas responsable du sang versé :

Pourvu que le meurtre ait lieu la nuit, moment où le danger de l'attaque justifie l'énergie de la défense.

Il nous est impossible de ne pas franchir les contrées et les siècles pour mettre en regard de cette loi de Moïse les articles 329 et 397 du Code pénal :

« Est compris dans le cas de nécessité actuelle de défense, le cas suivant :

— Si l'homicide a été commis, si les blessures ont été faites, ou si les coups ont été portés en repoussant, *pendant la nuit*, l'escalade ou l'effraction des clôtures, murs ou entrées d'une maison ou d'un appartement habité, ou de leurs dépendances

« L'entrée par une ouverture souterraine, autre que celle qui a été établie pour servir d'entrée, est une circonstance de même gravité que l'escalade. »

Par respect pour l'ordre chronologique, nous réservons les autres rapprochements, mais nous pouvons affirmer que dans les principes comme dans les détails, la législation de Moïse, malgré sa poésie barbare, nos codes, malgré leur logique civilisée, offrent des identités nombreuses.

Un homme donne à garder à son ami, soit une somme d'argent, soit un meuble; le dépositaire prend la fuite: on lui fera payer le double aussitôt qu'on pourra le trouver.

Que ces restitutions du quadruple, du double sont romaines, ou plutôt universelles! En lisant l'Exode on croit parcourir un titre du Digeste.

Si le dépositaire infidèle reste caché, le maître de sa maison, suspecté de recel, est amené devant les magistrats; on lui fait jurer, dans les termes du Décalogue, qu'il n'a pas mis la main sur le bien de son prochain, qu'il n'a pris ni son bœuf, ni son âne, ni son mouton, ni son vêtement, ni rien qui soit à lui.

Lorsqu'un homme dégrade le champ ou la vigne de son voisin, lorsqu'il laisse paître son bétail sur le bien d'autrui, il doit payer le dommage en fruits de sa terre ou de sa vigne, choisis parmi les meilleurs.

Cette réparation en nature nous prouve la rareté de la monnaie.

Si le feu prend à des haies d'épines, s'il dévore des amas de récolte ou des moissons sur pied, celui qui a allumé le feu donne l'évaluation du dommage.

On voit qu'il s'agit d'une imprudence, non pas d'un incendie volontaire.

Lorsque le voleur ou le dépositaire infidèle ne pouvaient payer les indemnités auxquelles la loi les condamne, on les vendait comme esclaves, mais seulement à des Israélites pour que le bénéfice de l'année sabbatique ne leur fût pas refusé. L'un des actes tyraniques du roi Hérode, plus Romain que Juif par toutes ses habitudes, fut de vendre aux gentils des condamnés israélites.

PROCÉDURE.

La procédure des Hébreux était nécessairement très-simple ; on peut s'en faire une idée en lisant les détails que les voyageurs nous donnent sur la justice en Abyssinie.

« Lorsque les Abyssins ont des procès les uns contre les autres, les deux parties peuvent choisir un juge devant qui elles plaident leur cause, et si elles ne veulent pas convenir d'un homme, le gouverneur leur en donne un, de qui elles peuvent appeler au vice-roi (le ras) et au roi même (le négus). Tous les procès se jugent sur-le-champ ; il n'y a point d'écriture : le juge s'assied à terre, au milieu d'un chemin, et tout le monde peut s'y trouver. L'accusateur et l'accusé sont debout ; ils ont avec eux plusieurs amis qui sont comme leurs procureurs ; l'accusateur parle le premier, le coupable répond. Ils peuvent, de part et d'autre, parler et répliquer trois ou quatre fois ; puis le juge leur impose silence et prend l'avis de ceux qui sont autour de lui. Si les preuves sont suffisantes, il prononce la sentence qui, dans certains cas, est décisive et sans appel ; alors le juge se saisit du condamné et le retient jusqu'à ce qu'il ait satisfait ; mais si le crime est digne de mort, on livre le coupable à ses parties pour en disposer à leur volonté et lui ôter la vie [1]. »

Dans Israël toute procédure est publique ; le tribunal est à *la porte* de la ville ; les juges sont les vieillards, assis en cercle sur un banc de pierre ; les passants servent d'auditoire, au besoin d'exécuteurs ; le champ voisin sera le lieu du supplice.

A l'idée de porte se joint, en Orient, l'idée de pouvoir ; on sait ce que veut dire Porte Ottomane. — Tu posséderas les portes de tes ennemis, dit l'Ancien-Testament, dans ses félicitations ; quand l'Évangile parle des portes de l'enfer, il veut dire la sagesse, le conseil, *le divan* de l'enfer.

L'instruction criminelle des juifs est trop expéditive peut-être ; mais, qui ne la préfère à la justice

---

[1] Lobo, p. 75.

masquée du moyen âge? Confrontation, publicité, voilà des sauvegardes qu'on ne trouvait pas dans les oubliettes de la torture séculière, ni dans les trappes de l'inquisition. Comment des principes de justice, conquis si tard parmi nous, se sont-ils révélés de prime-abord à la nation hébraïque?

Sans doute ce développement des idées fut secondé par le climat : les juges siégeaient en plein air, parce que la chaleur se concentre dans les maisons orientales, et dans les mêmes contrées nous trouverions un cercle d'Arabes assis à la porte de chaque ville, comme les juges du Deutéronome ; mais l'influence matérielle n'agit pas seule. La loi de Moïse a montré sa haute moralité sur des points assez graves pour que nous puissions reconnaître aussi dans ce détail un développement précoce de l'équité.

L'instruction, suivant le droit mosaïque, est entièrement orale ; mais le législateur n'ignore pas que l'ignorance ou la passion peuvent égarer les témoins, et jamais on ne condamne à mort sur l'affirmation d'un homme seul [1]. Pour une condamnation capitale, deux témoignages au moins sont nécessaires.

Le faux témoin, Moïse conserva cette loi égyp-

---

[1] Homicida sub testibus punietur : ad unius testimonium nullus condemnabitur. Nomb., xxxv, 30.

In ore duorum aut trium testium peribit qui interficietur. Nemo occidatur, uno contra se dicente testimonium. Deut. xvii, 6.

tienne, subit la peine qu'il voulait faire infliger par sa calomnie.

Le juge, le témoin, trouvent dans le Pentateuque les préceptes les plus purs.

« Tu ne suivras point la foule pour faire le mal; es-tu juge, tu n'abandonneras pas la vérité pour te ranger à l'avis du plus grand nombre.

« Vous respecterez la veuve et l'orphelin.

« Si vous les opprimez, ils crieront vers moi, et j'entendrai leurs clameurs;

« Et ma colère s'emportera; je vous frapperai du glaive. Vos femmes deviendront veuves et vos fils orphelins.

« Le juge doit se montrer favorable au mineur. »

Toutes les législations aperçoivent ce principe dès qu'un rayon de civilisation les éclaire; mais le juge doit être encore le protecteur de l'étranger [1].

« Tu ne maltraiteras pas, tu n'affligeras pas l'étranger, car vous-mêmes, vous fûtes étrangers dans la terre d'Égypte [2]. »

Le juge ne doit pas céder à l'influence du riche. Il est une tentation plus dangereuse pour les âmes nobles, c'est la partialité pour l'indigence; la loi donne ce précepte remarquable:

« Tu ne jugeras point par compassion pour le pauvre [3].

---

[1] Deut., XXIV, 17.
[2] Exode, XXII, 21; XXIII, 9.
[3] Pauperis non misereberis in judicio.

« Tu ne recevras pas de présents ; ils aveuglent les sages et peuvent égarer la langue des justes. »

A l'auditoire on prescrit le respect et le silence.

« Tu n'insulteras pas les juges, tu ne maudiras pas les chefs de ton peuple. »

Aux témoins la vérité :

« Tu ne mentiras point ; ta voix ne s'élèvera pas pour porter un faux témoignage en faveur de l'homme inique. »

La procédure mosaïque, fondée sur la parole humaine, n'a que trois moyens d'instruction, l'audition des témoins, l'interrogatoire sur faits et articles, le serment ; privée de pièces écrites, elle est parfois obligée d'avouer son impuissance.

On trouve un cadavre dans les champs ; nul ne connaît le meurtrier.

Au lieu de ces investigations auxquelles se livrerait le parquet moderne, de ces preuves retrouvées par la chimie dans une goutte de sang, par la médecine dans l'empreinte d'une blessure, la magistrature hébraïque se borne à des cérémonies expiatoires.

On mesure la distance circulaire qui sépare le cadavre des villes les plus voisines. Le corps devient un centre de rayons prolongés en tous sens.

La cité qui se trouve la plus proche est suspecte ; il faut que ses vieillards, qui sont aussi ses magistrats, ses représentants, sacrifient, pour expier le crime, une génisse. Ils s'approchent ensuite de l'homme assassiné, et disent, en se lavant les mains :

Nous n'avons pas versé le sang de cet homme et nous ne l'avons pas vu répandre[1].

On voit que Pilate, en se lavant les mains du sang du Christ, s'appropriait une coutume juive.

La procédure des peuples naissants, maladroite, incomplète, désespérant d'obtenir la vérité par le moyen des hommes, la demande au ciel ; c'est l'intention cachée dans les *épreuves judiciaires ;* chez toute nation, cette enquête barbare fut admise. Dans le royaume de Siam, nous pourrions la montrer analogue à ce qu'elle fut dans la France du moyen-âge ; mais, pour nous écarter moins de la Palestine, de l'Égypte et de l'Abyssinie, parlons seulement des Caffres. Le Portugais Jean dos Santos, dans son histoire de l'Éthiopie orientale, qui n'est, à proprement parler, que l'histoire de la Caffrerie, prétend que trois épreuves judiciaires sont en usage dans ce pays. La première a lieu par le *poison* que l'accusé doit prendre ; la seconde, par le *fer rouge* qu'il faut saisir ; la troisième, par les *eaux amères.* On fait bouillir ensemble de mauvaises herbes : il en résulte un jus qui est fort amer, et que l'accusé doit boire ; s'il est coupable, il mourra sur l'heure.

L'épreuve des eaux amères paraît être, comme la circoncision, la limitation de la bastonnade à trente-neuf coups, une de ces coutumes nègres qui passèrent dans les mœurs israélites par l'intermé-

---

[1] Deut., XXI.

— 607 —

diaire de l'Égypte. Cette épreuve est, en effet, consacrée par le Pentateuque, mais seulement pour le cas d'adultère.

« Une femme a péché; méprisant son mari,

« Elle a dormi avec un autre homme. Le mari ne peut la surprendre. L'adultère ne peut être prouvé par des témoignages; la coupable n'a pas été prise sur le fait.

« Si l'esprit de jalousie excite cet homme contre sa femme qui est souillée peut-être, peut être soupçonnée à tort,

« Il la conduira devant le prêtre; il offrira pour elle un gâteau d'orge, sans y verser d'huile, sans y placer d'encens; c'est le sacrifice de la jalousie, l'offrande de celui qui recherche l'adultère. »

L'huile et les parfums sont écartés de ce sacrifice pour rendre l'épreuve plus humiliante [1].

« Le prêtre élèvera cette offrande et la placera sur l'autel.

« Prenant ensuite un vase d'argile plein d'eau consacrée, il y mêlera un peu de terre du sol même du tabernacle.

« La femme est debout; le prêtre lui dévoile la tête, place dans ses mains l'offrande de la jalousie; lui-même tient les eaux amères sur lesquelles il accumule les malédictions.

« Il adjure la femme, et lui dit : Si nul étranger n'a dormi avec toi, si tu n'as pas déserté la couche de

---

[1] *More Neboukim*, pars 3, cap. 46, p. 487.

ton mari pour te souiller, ces eaux amères et chargées de malédictions ne te feront pas de mal.

« S'il en est autrement, que Dieu te maudisse, deviens un redoutable exemple en Israël, que Dieu fasse pourrir ta cuisse, que ton ventre enfle et crève. La femme répond : Amen, amen.

« Le prêtre écrit ces menaces et les efface avec l'eau sacrée; cette eau les absorbe et les contient toutes.

« Puis il présente à la femme ce breuvage. Après qu'elle a bu,

« Le prêtre ôte de ses mains l'offrande, l'élève vers le Seigneur, et la replace sur l'autel. »

Le texte affirme que les résultats de l'épreuve seront infaillibles.

L'usage de l'eau amère ou de jalousie ne pouvait avoir aucun résultat, à moins que le prêtre n'empoisonnât quelquefois ce breuvage et n'acquît de la sorte, sur la vie des femmes, un odieux pouvoir. Une pareille procédure n'est certainement pas l'œuvre de Moïse : c'était une coutume africaine qui s'était glissée dans les mœurs du bas peuple israélite. Les rédacteurs du Pentateuque l'attribuèrent à Moïse, comme tous les usages dont l'origine leur était inconnue.

RÉSUMÉ DE LA LÉGISLATION MOSAÏQUE, ET MORT DE MOÏSE.

Moïse vient de terminer son œuvre; qu'on la compare à toutes les législations de l'antiquité, nulle ne comprit, n'exprima si franchement les principes éternels de la morale. Moïse a le droit de dire à ses Hébreux : Quel autre peuple a la gloire de posséder un culte régulier, des lois équitables, une législation complète comme celle que je présente à vos regards [1] ? Lycurgue n'écrivit pas pour un peuple, mais pour une garnison, ne constitua pas une ville, mais une caserne; sacrifiant tout à l'esprit militaire, il mutila l'humanité pour la faire mieux entrer dans l'armure. Solon, cédant à des influences contraires, ne résista pas toujours à l'enivrante volupté d'Athènes. Où trouver ailleurs que chez Moïse la conscience austère, incorruptible, cette morale supérieure à toute pensée politique qui régit l'humanité sans acception d'époques, de nations? La trompette du Sinaï trouve encore un écho dans nos consciences, le Décalogue est aujourd'hui même obligatoire pour nous tous.

Dans les dispositions pénales, Moïse paraît sévère jusqu'à la cruauté; mais la réaction contre la peine de mort est un fait moderne, un produit de la civilisation. Contemplez le passé, vous verrez partout l'emploi de la peine capitale fréquent; partout vous le verrez justifié par l'atrocité des crimes et par une habitude de privations, de souffrances, qui rendrait l'homme insensible à de moindres châtiments.

Accuserons-nous les lois de Moïse des usages barbares dont elles conservent la trace, des mœurs grossières qu'elles décèlent en cherchant à les réfor-

[1] Deut., IV, 8.

mer! Ce serait reprocher au médecin la maladie qu'il veut guérir. Les législateurs ne doivent pas être jugés d'après le point où ils sont arrivés, mais d'après le chemin qu'ils ont parcouru. Moïse adoucit l'esclavage ; il trouva le père investi du droit de vie et de mort sur ses enfants ; il ne détruisit pas cette puissance, mais la força de s'exercer en face du peuple, et sous l'influence grave de l'opinion publique. Moïse trouva la femme sans aucun droit, contrainte même, après de justes noces, à quitter la tente au premier signe de l'époux ou plutôt du maître ; il voulut que la répudiation fût motivée. La femme n'était pas admise à succéder ; un rang lui fut assigné. Quant à la législation pénale, la vengeance personnelle s'était exercée sans surveillance ni garantie ; Moïse, par un habile emploi du droit d'asile, étendit l'application de la justice régulière. Pour tout dire, il trouva les Juifs esclaves, abrutis sous la verge égyptienne ; il en fit, en dépit d'eux-mêmes, un peuple qui doit avoir une des premières places dans l'histoire ; il les laissa dépositaires d'une loi civile supérieure à toutes celles de l'Orient, et de la plus féconde des conceptions religieuses.

Moïse, qui n'a cessé d'entremêler sa loi de menaces et de promesses, la termine en offrant aux fidèles le tableau du plus brillant avenir, en adressant aux prévaricateurs les plus terribles imprécations.

L'homme qui suit la loi verra ses greniers se remplir, ses oliviers plier sous les fruits.

Il obtiendra le plus grand triomphe pour le Juif,

il prêtera à intérêt et n'empruntera pas ; créancier de tous, il ne sera le débiteur de personne [1].

Rien n'égale la verve des menaces dont on accable d'avance les délinquants. Ce sont des maux matériels comme les biens promis. Disette, maladies, captivité, rien ne manque à l'effrayante peinture. Les vainqueurs d'Israël s'élancent comme l'aigle en ouvrant des ailes bruyantes ; les murs ne défendent pas les villes et, pendant les siéges, la mère dispute au père leurs enfants communs pour les dévorer.

Si nous imitions le travail souvent ingénieux par lequel on a forcé les livres juifs à prédire l'avenir, et l'on a créé dans toute la Bible des allusions prophétiques, nous pourrions voir ici dans l'arrivée de l'aigle celle de Titus et des Romains. Le siége pendant lequel la mère mange son enfant serait le blocus de Jérusalem. Mais la comparaison d'une armée ennemie avec l'oiseau ravisseur, la menace adressée aux Juifs de les réduire au cannibalisme, sont fréquentes chez les écrivains hébreux. La poésie lugubre de Jérémie sera l'écho fidèle de ces menaces. Elle reproduira jusqu'à l'image de l'aigle, mais pour l'appliquer expressément à Babylone [2]. Il ne faut donc pas y voir l'emblème prophétique des légions.

Moïse avait persuadé aux Israélites que Dieu, préférant la race hébraïque à tous les peuples, avait

---

[1] Deut., xxviii, 12.
[2] Jérémie, xlviii, 40. — Voyez Ezéchiel, xvii, 3.

fait alliance avec Abraham, Isaac, Jacob. Après avoir terminé son travail législatif, il voulut renouveler d'une manière solennelle cette alliance avec le Seigneur. Un jour, au lever du soleil, avant de s'éloigner du Sinaï, le législateur construisit au pied de la montagne sainte un autel. C'était un monceau de pierres. Il y grava douze noms pour les douze tribus d'Israël.

On immole des veaux. Moïse verse sur l'autel la moitié de leur sang, recueille le reste dans des coupes.

Il ouvre ensuite le livre de l'alliance, le lit en présence du peuple, qui s'écrie : Nous ferons tout ce qu'ordonne le Seigneur et nous lui obéirons !

Alors Moïse saisit les coupes, il asperge de sang la multitude.

Le christianisme remplaça ces pluies de sang, fréquentes dans le rite juif, par des aspersions d'eau bénite.

Les cérémonies que nous venons de retracer sont celles de tous les traités antiques ; Salomon les renouvela lorsque, à la dédicace du temple, il immola des troupeaux entiers [1]. L'usage universel de frapper des victimes dans les traités a fait naître l'expression latine : frapper une alliance, *fœdus ferire*.

Souvent on ne se contentait pas de tuer l'animal, on le coupait en deux, et les contractants passaient entre les deux moitiés. Si nous sommes parjures,

---

[1] Rois, liv. 3, viii, 63.

que l'on nous traite comme cette victime; telle était la pensée cachée dans ce rite.

Quand la Palestine sera conquise, une cérémonie plus imposante encore doit frapper l'imagination d'Israël. Moïse ordonne qu'après le passage du Jourdain, les Hébreux dressent, sur la rive du fleuve, un immense autel, c'est-à-dire un amas de pierres; elles seront couvertes de chaux, sur cet enduit le fer tracera la loi de Moïse [1]. Au pied de cette pyramide, qui s'élève au milieu de la Palestine, la nation célébrera, par des sacrifices, les bienfaits du Seigneur et la possession d'une patrie.

La gloire qui couronne Moïse à l'achèvement de son œuvre est exprimée par une image.

Dans toute poésie, les êtres supérieurs ont été couronnés de lumière : la chevelure d'Apollon rayonne comme le soleil; un cercle d'or plane sur le front des saints catholiques; une goutte de feu brille sur la tête des sylphes; une étoile argente celle des génies. Pour rendre une même pensée, l'auréole multiplie ses formes; c'est sous l'apparence de deux rayons écartés, appelés *cornes* par la Bible, qu'elle éclaire le front de Moïse.

Le législateur donna volontairement naissance à ce poétique emblème : depuis ses ascensions sur le Sinaï, toujours il se montrait la tête couverte d'un voile et ne l'ôtait que *devant le Seigneur*. On en conclut

---

[1] Deut. xxvii, 2-8. — Josué, viii, 30, 31, 32.

que la face de Moïse était resplendissante et qu'il n'aurait pu se dévoiler sans éblouir [1].

Pour le travail législatif, Moïse s'était aidé d'un conseil de soixante-dix vieillards, l'Exode nous l'a fait entrevoir, le livre des Nombres nous montre ce conseil, qui avait contribué à la conception de la loi, partageant avec Moïse le pouvoir exécutif.

« Dieu dit à Moïse : Rassemble-moi soixante-dix vieillards d'Israël, de ceux que tu connais pour les anciens et les chefs du peuple, conduis-les à l'entrée du tabernacle : qu'ils s'y tiennent avec toi.

« Pour que je descende et que je te parle. Je retirerai une partie de l'esprit divin qui est en toi, je le leur donnerai pour qu'ils soutiennent avec toi le fardeau du gouvernement, et que tu n'en sois pas seul accablé [2]. »

Ce changement de gouvernement se retrouve avec de nouveaux détails dans le Deutéronome [3].

Il fallait faire ce sacrifice aux instincts démocratiques. Lorsqu'il s'agissait de fuir les Égyptiens, de passer la mer Rouge, nul ne contestait la dictature de Moïse. L'obéissance naissait du danger. Plus tard, il devint difficile de maintenir un absolutisme complet. C'est une loi de l'histoire. Lorsque le directoire laissa la France sans argent, sans marine, chassée par Souvarow de ses conquêtes d'Italie, et

---

[1] Exode, XXXIV, 33, 34, 35.
[2] Nomb., XI.
[3] Deut., I.

défendant à grand' peine ses frontières, faible au dehors, corrompue au dedans, qui n'eût appelé comme une Providence le despotisme de Napoléon? Retrouvez le même homme en 1815, lorsque son influence n'est plus un élément de salut, mais de ruine, lorsqu'il ne règne plus par l'intérêt général, mais par un dernier reflet de prestige personnel : il faudra qu'il fasse des sacrifices à la démocratie, ou qu'il tombe.

Le sacrifice que fit Moïse en instituant un sénat de soixante-dix vieillards n'étouffa pas complètement l'opposition. Aaron, dressant le veau d'or, fut un instant le chef d'une insurrection religieuse, des partisans de l'idolâtrie; la faction de Coré, Dathan, Abiron, fut un complot politique, une insurrection républicaine.

« Qu'il vous suffise, dirent-ils à Moïse, d'avoir fait de cette multitude un peuple de saints : l'esprit du Seigneur est en eux; pourquoi donc vous placez-vous au-dessus du peuple béni? »

Coré, Dathan, Abiron, furent brûlés vifs avec deux cent cinquante rebelles. La Bible nous montre la terre qui s'ouvre, des flammes qui s'en échappent, mais il y eut supplice, et la population contemporaine ne s'y méprit pas. Elle dit à Moïse, à son frère : Vous avez mis à mort le peuple de Dieu.

La Bible ne cache pas même qu'on les poursuivit pour les tuer, qu'une révolte éclata, qu'il y périt quatorze mille sept cents hommes.

On se fatiguerait à compter les massacres de

rebelles ou d'idolâtres. Un jour, entre autres, pour s'être laissé conduire par les filles de Moab aux autels de Belphégor, vingt-quatre mille hommes sont égorgés, leurs chefs crucifiés en face du soleil [1].

L'exagération dont la littérature juive donne tant de preuves a sans doute influé sur les chiffres. Cependant, si l'art de la peinture voulait retracer Moïse, il faudrait le montrer fier, inspiré, rayonnant, il faudrait qu'il s'appuyât d'une main sur les tables de pierre, mais il tiendrait de l'autre une épée sanglante.

La fin de ce grand homme est poétique. Craignant que la vue de son cadavre ne révélât trop clairement aux Hébreux que le miracle n'était jamais intervenu dans sa vie, voulant que le prestige qui l'avait rendu si puissant lui survécût et protégeât ses lois, Moïse, pour mourir, alla se cacher loin d'Israël. Dieu, dit la Bible, le conduisit sur une montagne; il y mourut, et nul ne connaît le lieu de sa sépulture. Il semble qu'il se soit perdu dans les nuages. Cette fin mystérieuse, dont Dieu fut le seul témoin, parut aux Juifs autre chose qu'un trépas terrestre. On ne croit pas encore à l'immortalité du vulgaire[2], on soupçonne déjà l'immortalité des hommes supérieurs. Moïse disparaît, un char de flamme enlèvera le prophète Elie. Toujours l'allé-

---

[1] Nomb., xxv.
[2] Videtur hic insinuare S. Ambrosius Mosen non esse mortuum, sed translatum instar, Enoch et Eliæ.

gorie devient plus claire et lance des rayons plus vifs, jusqu'au jour où Jésus-Christ s'envolera de la tombe en foudroyant la garde romaine.

Si de Moïse au Rédempteur la route est semée de traditions merveilleuses; si de chaque côté du chemin s'épanouissent ces fleurs de rubis dont la semence fut transportée plus tard dans le jardin des fées, on cherche en vain dans cet intervalle un génie comparable à celui de Moïse. Un seul en approche, c'est Isaïe. Il est grand par la pensée, mais l'action lui manque. Elle est belle sans doute la mission du poëte qui nous émeut jusqu'au fond de l'âme. Mais il est un rôle plus beau, celui de l'homme qui façonne et pétrit les nations, de la puissante intelligence qui creuse un moule pour y couler non pas une strophe, non pas un poëme, non pas une statue d'airain, mais un peuple.

FIN DU TOME PREMIER.

TABLE DES MATIÈRES

DU TOME PREMIER.

Plan d'études sur la législation.	1
Principes de la législation cherchés dans la nature morale de l'homme.	13
Introduction historique à l'étude de la législation française.	33
Études sur la législation française.	38
INTRODUCTION HISTORIQUE. — LES JUIFS.	49
Documents relatifs aux Juifs. — Sources.	54
Commentaire.	81
Division.	94
PREMIÈRE ÉPOQUE. — LES PATRIARCHES. — PRÉPARATION DE LA LOI. — Temps antérieurs a la vocation d'Abraham.	95
TEMPS POSTÉRIEURS A LA VOCATION D'ABRAHAM. — *Religion des Hébreux.* — Naissance du dogme.	123
Abraham en Chaldée.	124
Abraham dans la terre de Kanaban.	129
Abraham en Égypte.	136
Naissance du culte. — Circoncision.	140
Sacrifices.	146
Religion d'Isaac et de Jacob.	148
Coutumes civiles des Hébreux.	151
Des personnes. — Du pouvoir paternel.	152
De la femme et du mariage. — Du mariage par achat.	157
De la polygamie et du concubinat.	162

Du lévirat.	168
Des esclaves.	172
Des biens. — Partages au lit de mort.	177
De la vente.	182
De plusieurs contrats.	187
Résumé de l'époque patriarcale.	191
SECONDE ÉPOQUE. — MOISE. — PROMULGATION DE LA LOI.	200
ÉDUCATION DE MOÏSE.	205
L'Égypte.	210
Circonstances qui caractérisent les institutions de l'ancienne Égypte. — Degré de progrès social.	215
Caractère de la nation. — Traits communs à toute l'antiquité.	217
Traits spéciaux à l'Égypte. — Génie conservateur.	222
Constructivité.	232
Instinct hygiénique.	233
Nature du pays.	240
Religion. — Dogme.	254
Dogme réaliste et populaire.	255
Dogme symbolique ou sacerdotal.	270
Culte.	279
Personnel du culte. — Du prêtre considéré comme fonctionnaire religieux.	280
Du prêtre considéré comme fonctionnaire administratif. — Hygiène.	283
Enseignement.	293
Beaux-arts.	296
Matériel du culte.	301
Actes du culte. — Adoration des animaux.	307
Prières, sacrements.	310
Sacrifices.	311
Solennités.	320
Gouvernement.	324
Législation civile.	329

Des personnes. — Des castes.	330
Des esclaves.	339
De la femme et du mariage.	346
Du pouvoir paternel.	348
Des biens.	350
Procédure et pénalité.	355
Madian.	368
TRAVAUX LÉGISLATIFS DE MOÏSE.	386
Circonstances qui caractérisent les institutions hébraïques. — Degré de progrès social.	390
Caractère de la nation.	393
Nature de la Palestine.	402
Premiers actes législatifs de Moïse.	411
Législation complète. — Préambule. — Le décalogue.	426
Développement du décalogue.	432
Religion-dogme.	434
Morale.	443
Culte. — Personnel du culte. — Du prêtre considéré comme fonctionnaire religieux.	445
Du prêtre considéré comme fonctionnaire administratif.	459
Hygiène, — Propreté.	461
Régime.	471
Matériel du culte.	480
Actes du culte. — Prières, sacrements.	496
Sacrifices.	498
Solennités.	507
Observances de détail.	517
Gouvernement.	528
Législation civile. — Des personnes.	529
De l'esclavage.	530
Du mariage.	537
Du pouvoir paternel.	550
Des biens.	553

Des successions.	553
Des contrats.	557
Législation pénale. — Principes généraux.	565
Des peines.	575
Des crimes contre la chose publique.	581
Crimes contre les particuliers.—Des personnes.—Attentats contre la vie.	591
Attentats à la pudeur.	594
Des biens.	598
Procédure.	601
Résumé de la législation mosaïque, et mort de Moïse.	608

FIN DE LA TABLE.

www.ingramcontent.com/pod-product-compliance
Lightning Source LLC
Chambersburg PA
CBHW071151230426
43668CB00009B/910